T0278082

EL CAMINO DE LA VIDA

Esta obra ha recibido una ayuda a la edición del Ministerio de Cultura y Deporte

Diseño de colección: Manuel García Pallarés

Editorial EDAF, S. L. U.
Jorge Juan, 68. 28009 Madrid
Tfno. (34) 914358260. http://www.edaf.net
edaf@edaf.net

Ediciones Algaba, S. A. de C. V.
Colonia Belisario Domínguez, calle 21, Poniente 3323. Entre la 33 sur y la 35 sur, Puebla, 72180, México. Tfno.: 52 22 22 11 13 87
jaime.breton@edaf.com.mx

Edaf del Plata, S. A.
Chile, 2222
1227 Buenos Aires, Argentina
Telf: +54 11 4308-5222/+54 11 6784-9516
edafdelplata@gmail.com
fernando.barredo@edaf.com.mx

Edaf Chile, S.A.
Huérfanos 1179 - Oficina 501
Santiago - Chile
comercialedafchile@edafchile.cl
Telf: +56944680539/+56944680597

Septiembre de 2024
ISBN: 978-84-414-4332-7
Depósito legal: M-18155-2024

Impreso en España / Printed in Spain
Gráficas Cofás. Pol. Ind. Prado Regordoño. Móstoles (Madrid)
Papel 100 % procedente de bosques gestionados de acuerdo con criterios de sostenibilidad

EL CAMINO DE LA VIDA

León Tolstói

Traducción de
José Antonio Álvaro Garrido

MADRID – MÉXICO – BUENOS AIRES – SANTIAGO
2024

Índice

EL CAMINO DE LA VIDA I

FE

DIOS

EL ALMA

HAY UNA ÚNICA ALMA EN TODO

AMOR

EL CAMINO DE LA VIDA II

ESFUERZO

VIVIR EN EL PRESENTE

HACER EL BIEN Y LA BONDAD

SOBRE LA CONTENCIÓN

LA PALABRA HABLADA

EL CAMINO DE LA VIDA

HUMILDAD

I   Un hombre no puede estar orgulloso de sus actos, porque lo bueno que hace no lo hace por sí mismo, sino gracias al principio divino que reside en él 329

II   Todos los errores provienen del orgullo 330

III   La humildad une a los hombres en el amor 332

IV   La humildad une al hombre con Dios 333

V   Cómo combatir el orgullo 334

VI   Efectos del orgullo 336

VII   La humildad ofrece al hombre felicidad espiritual y fuerza para luchar contra las tentaciones 337

VERACIDAD

I   ¿Cuál debe ser nuestra actitud ante las convicciones y los argumentos preestablecidos? 339

II   Falsedades, sus causas y efectos 341

III   ¿Qué detrae la superstición? 343

IV   Supersticiones religiosas 344

V   El principio racional en el hombre 346

VI   La razón: el censor de los credos 349

LOS MALES DE LA VIDA

I   Lo que nosotros llamamos sufrimiento es una condición necesaria de la vida 352

II   Los sufrimientos estimulan la vida espiritual del hombre 354

III   Los sufrimientos enseñan al hombre a mantener una actitud racional ante la vida 356

IV   Las enfermedades no son un problema, sino una ayuda para alcanzar la vida verdadera 358

V   Las llamadas dolencias son solo nuestros propios errores 359

VI   El reconocimiento de la naturaleza benéfica de los sufrimientos anula su destructividad 361

VII   Los sufrimientos no pueden impedir que se cumpla la voluntad de Dios 364

16

Sobre el autor
León Tolstói

León Tolstói, nombre español de Lev Nikoláyevich Tolstói (Yásnaya Poliana, 9 de septiembre de 1828-Astápovo, 20 de noviembre de 1910), es un escritor ruso considerado unánimemente como uno de los autores más importantes de la literatura universal. Procedente de una familia noble muy conocida, fue el cuarto de cinco hijos del conde Nikolái Ilich Tolstói y la condesa Mariya Tolstaya. Ambos fallecieron prematuramente, siendo los niños muy pequeños, por lo que los hijos pasaron parte de su vida con una tía, en la finca familiar de Yásnaya, en la región rusa de Tula.

En 1844 comenzó estudios de Derecho y Lenguas Orientales en la Universidad de Kazán, que más tarde abandonaría para regresar a la finca familiar. Desde entonces su vida giraría entre Moscú y San Petersburgo.

Este periodo de su vida fue convulso y variable, con grandes indecisiones. Acosado por las deudas contraídas en el juego, se une finalmente a su hermano Nikolái, teniente de artillería, y en 1851 se dirigen al Cáucaso hasta el Valle del Térek. Durante los múltiples episodios vividos en el frente, Tolstói se desilusiona y se arrepiente de su viaje. Durante uno de estos episodios, en el que acompaña a su hermano escoltando un convoy de enfermos hasta el fuerte de Stary-Yurt, se detuvo en unos baños termales de Goriachevodsk, pues el escritor era reumático, donde conocerá a la cosaca Márenka. Este idilio aparecerá en su novela *Los cosacos*, publicada en 1863.

En 1853 se declaró la Guerra de Crimea y los hermanos Tolstói son testigos del sitio de Sebastopol, episodio que marcó el fin del conflicto y el retorno por tanto de Tolstoi a San Petersburgo, donde se entregaría a la frívola vida de la ciudad, sintiendo un gran vacío e inutilidad.

León Tolstói se casó con la fotógrafa y escritora rusa Sofía Andréyevna Behrs (1844-1919), con quien tuvo trece hijos, de los que solo ocho alcanzaron la adultez.

Ideológicamente hay que destacar que Tolstói tuvo una importante influencia en el desarrollo del movimiento anarquista, concretamente, como filósofo de la corriente anarquista cristiana y anarcopacifista, por lo que es muy común encontrarse con correspondencia y menciones a su figura con autores y personajes prestigiosos y de renombre de la época, como Mahatma Gandhi, George Bernard Shaw, Rainer Maria Rilke o el zar Nicolás II de Rusia.

También fue precursor de lo que poco después se denominaría *naturismo*, doctrina que preconiza el empleo de los agentes naturales para la conservación de la salud y el tratamiento de las enfermedades. En esta linea de pensmiento, Tolstói escribe en su postrer libro *Últimas palabras* (1909) que vivamos según la *ley de Cristo*, amándonos los unos a los otros, siendo vegetarianos y trabajando la tierra con nuestras propias manos. Esta filosofía de vida daría lugar al conocido como Movimiento tolstoyano.

En la útima etapa de su vida y tras distintas crisis existenciales, la contradicción entre su vivir cotidiano y su ideología, llevó a Tolstói a vivir una vida en el campo tranquila, alojándose de nuevo en la finca familiar de Yásnaya Poliana. Vivió entonces del oficio de zapatero, así como de sus escritos, que él mismo editaba, publicaba y utilizaba como libros de texto, ya que ejercía como profesor e instructor de los niños de la aldea. Además, impartía módulos de gimnasia, prefiriendo el jardín para dar las clases. En su labor como docente creó una pedagogía particular cuyos principios instruían en el respeto de sus alumnos a ellos mismos y a sus semejantes.

La producción literaria mayoritaria del autor fue escrita entre 1860 y 1870, entre la que cabe destacar las novelas *Guerra y paz*, *Anna Karenina* y *El mensajero ruso*. Ya en las siguientes décadas, fruto de su búsqueda espiritual, escribió las obras *Confesión*, *¿Cuál es mi fe?*, *Crítica* *de la teología dogmática, El evangelio abreviado, El reino de Dios está en vosotros* y *El camino de la vida,* publicado póstumamente en 1911. Muchas obras fueron perseguidas y prohibidas, entre las que cabe señalar el drama *El poder de las tinieblas* y su novela *Resurrección,* la cual provocó que fuera excomulgado en 1901.

Tolstói murió en 1910 a la edad de 82 años a causa de una neumonía, en la estación ferroviaria de Astápovo (actualmente Lev Tolstói), después de caer enfermo cuando abandonó su casa a mediados de invierno. Su muerte llegó tras huir del estilo de vida aristocrático y separarse de su esposa. Tolstói había intentado renunciar a sus propiedades en favor de los pobres, aunque su familia, en especial su esposa, Sofía Behrs, lo impidió. Este fue uno de los motivos por los que había decidido abandonar su hogar. La tumba de Tolstói se encuentra en la finca familiar de Yásnaya Poliana.

Cronología
León Tolstói y su tiempo

1828   El 9 de septiembre nace Lev Nikoláyevich Tolstói en Yásnaya Poliana, finca de la familia en la región rusa de Tula, en el seno de una familia aristocrática rusa.

Entre 1821 y 1829 se desarrolló la guerra de Independencia de Grecia, a través de la cual los griegos se independizaron del Imperio otomano, bajo cuyo dominio se encontraban desde el siglo XV.

Muerte de Simón Bolivar el 17 de diciembre de 1830, en Santa Marta, Colombia.

1837-1841   Muere su madre, la condesa Maríya Tolstaya y poco después en 1837 su padre.

Su tía Aleksandra se queda al cargo de los niños, en la Rusia occidental.

1838   La Reina Victoria del Reino Unido es coronada en Westminster (28 de junio).

1839-1842   Primera Guerra del Opio.

1844-1847   Comienza Derecho y Lenguas Orientales en la Universidad de Kazán. Abandona la universidad en 1847 sin título.

Lee con interés a Lawrence Sterne, Charles Dickens y la obra de Jean-Jacques Rousseau.

Abandona la universidad en 1847 y regresa a Yásnaya Poliana.

1848   Revoluciones en Europa.

Stuart Mill publica los *Principios de economía política*.

Publicación del *Manifiesto del Partido Comunista* de Friedrich Engels y Karl Marx. Propuso una nueva comprensión de las relaciones sociales y económicas capitalistas.

1851   *Parerga y paralipómena*, de Arthur Schopenhauer.

Gran Exposición Universal de Londres.

Experimento de Foucault, en el que se demuestra la rotación terrestre mediante un péndulo gigante.

1853   Trilogía semiautobiográfica con éxito literario: *Infancia, Adolescencia* y *Juventud* (1852-1856).

Estalla la Guerra de Crimea en 1853. Tolstói va al frente como suboficial y es testigo del sitio de Sebastopol el año siguiente.

En 1853, después de más de dos siglos de fronteras cerradas, Japón fue obligado a firmar una serie de acuerdos comerciales con Estados Unidos.

En 1854 aparece la continuación de su proyecto autobiográfico: *Adolescencia*.

En 1855 publica *Relatos de Sebastopol*.

Acaba su novela *Infancia*, publicada bajo seudónimo en la revista *El Contemporáneo*. También publica sus primeros relatos.

Publica *Relatos* en 1855.

1856 Publica *Dos húsares*.

Estalla la Segunda Guerra del Opio.

1857 Aparece la tercera parte del proyecto autobiográfico: *Juventud*.

1859 *Felicidad conyugal.*

Charles Darwin planteó la teoría de la evolución de las especies y la selección natural en su libro *Sobre el origen de las especies*.

1860-1870 Década de crisis profunda existencial de Tolstói.

Serie de artículos en su propio periódico: *Yasnaya Poliana*.

1861-1865 Guerra de Secesión, con Abraham Lincoln como presidente.

En 1862 se casa con la escritora y fotógrafa rusa Sofía Andréyevna Behrs.

1862 Otto von Bismark primer ministro de Prusia.

En 1863 publica *Los cosacos*.

Año en que se fundó la Cruz Roja Internacional.

Ascensión al trono de la dinastía Meiji en 1868, por lo que se se abrió a la occidentalización cultural, económica y política.

Aparece por primera vez la recopilación de *Guerra y paz* en 1869.

Julio Verne publica *20.000 leguas de viaje submarino*.

Publicación de *El sometimiento de las mujeres* de Stuart Mill.

Entre 1870 y 1871, la guerra franco-prusiana, con victoria de Prusia, tuvo como consecuencia la unificación de Alemania y la caída del Segundo Imperio francés.

1873   Muere Stuart Mill en Aviñón, Francia.

1875-1877   *Anna Karenina* se publica por entregas en *El mensajero ruso*, y aparecerá finalmente publicada en 1878.

1881   El 28 de noviembre nace Stefan Zweig en la ciudad de Viena.

1886   Novela *La muerte de Iván Ilich* y el drama *El poder de las tinieblas.* Cuento *Historia de un caballo.*

1891   *El evangelio abreviado.*

1894   *El reino de Dios está en vosotros.*

                  1895 los hermanos Lumiere inventan el cinematógrafo.

1897   Ensayo *¿Qué es el arte?*

1899   Novela *Resurrección.*

1900   Ensayo *Contra aquellos que nos gobiernan.*

1901   Es excomulgado por la Iglesia a causa de sus fuertes críticas.

                  Australia se independiza del Imperio británico.

1902-1910   Nominado para Premio Nobel de Literatura en 1902, 1906.

                  Nominado para premio Nobel de la Paz en 1901, 1902 y 1910.

                  Precursor del denominado naturismo, escribe *Últimas palabras*, en 1909.

                  Panamá se separa de Colombia en 1903 y los hermanos Wright realizan el primer vuelo de un avión a motor.

En 1903 nacen Marguerite Yourcenar y Georges Simenon.

El 17 de enero de 1904 en Moscú (Rusia) se estrena *El jardín de los cerezos*, de Antón Chéjov.

El 4 de marzo de 1905 en todo el territorio de Rusia suceden numerosas revueltas campesinas.

El 24 de enero de 1905 en Rusia, un decreto del zar Nicolás II establece la dictadura militar en San Petersburgo.

El 22 de enero de 1905 en San Petersburgo (Rusia Imperial) el Palacio de Invierno es tomado por 30.000 obreros encabezados por el pope Georgi Gapón.

El 11 de diciembre de 1905 en Kiev (Rusia zarista), un grupo de trabajadores establecen la República Shuliavka.

El 26 de noviembre de 1905 en Rusia se realiza una huelga ferroviaria de carácter revolucionario.

El 9 de enero de 1905 en Rusia se recrudece el movimiento huelguístico, que se convierte en revolucionario y culminará con la masacre del Domingo Sangriento, por parte de las tropas zaristas.

Noruega se independiza de Suecia en 1905.

1904-1905: Guerra ruso-japonesa.

1905. Albert Einstein realiza su famosa *Teoría de la relatividad*.

En 1907 se forma la Triple entente, que engloba Gran Bretaña, Francia y Rusia.

Revolución de los jóvenes turcos en 1908, y Bulgaria se independiza del Imperio otomano.

El 22 de enero de 1909 Rusia rechaza la petición finlandesa de conseguir el derecho a la autodeterminación.

El 19 de abril de 1909 Rusia y Bulgaria firman un tratado por el que se reconoce la independencia de esta última.

1910	Abandona a su mujer Sofía y se instala en su casa natal.
	Muere de neumonía en la estación ferroviaria de Astápovo (actualmente, Lev tolstói, en la óblast de Lípetsk).
1912	*Hadji Murat.*
1914	Estallido de la Primera Guerra Mundial.
1928-1958	Publicadas las *Obras completas* de Tolstói, novelas cuentos y ensayos, diario y correspondencia.

Prefacio del editor
de la edición inglesa

El camino de la vida es el mensaje póstumo de Tolstói a un mundo a la deriva y doliente. Nunca, desde los días en los que el mensaje de Cristo nos trajo vida y consuelo, desde el Cielo, a un mundo desgarrado por la guerra, pecador y sufriente, ha estado la humanidad tan ansiosa y madura para recibir un evangelio de vida adecuada y pensamiento correcto como lo está hoy, saliendo de la lucha titánica que tan profundamente ha despertado sus pasiones y emociones.

En concordancia con los grandes pensadores y maestros de todas las épocas, Tolstói, en el curso de su épica trayectoria, recopiló las perlas de la sabiduría de los tesoros espirituales de muchas razas y muchos períodos de la historia de la humanidad. Tolstói puso por escrito en su propio idioma todos estos elevados pensamientos, tocantes a las aspiraciones espirituales, las exigencias temporales y la conducta moral del hombre, ordenándolos bajo títulos adecuados e intercalándolos con las expresiones de su propia actitud ante los problemas de la vida. La obra monumental resultante se presenta por primera vez a la humanidad en estos dos volúmenes. Toda nueva presentación de la obra de Tolstói merece la atención del mundo entero. Pero en *El camino de la vida,* están presentes una curación de heridas y una inspiración divina que le confieren el valor añadido de su significativa actualidad.

Lleno del anhelo de ayudar al prójimo que luchaba contra el pecado, el error, la superstición y la tentación, el sabio trabajó en esta compilación hasta sus últimos días, retomando esta labor de amor incluso después de los angustiosos desmayos que precedieron a su fallecimiento, hasta que, muy poco antes de su muerte, en *El camino de la vida* logró recopilar el consenso de la sabiduría humana y el genio de todas las tierras y todas las eras, plasmados en un evangelio moderno que lleva la impronta evidente de la verdad y la inmortalidad divinas.

Los editores ofrecen, con reverencia, esta obra de Tolstói a la humanidad reflexiva.

Nota del traductor
de la edición inglesa

Sin ánimo de disculparse, pero sí de explicar, y para una mejor comprensión por parte del lector, el traductor se siente legitimado a abandonar, por un momento, la posición de discreto distanciamiento que caracteriza una buena traducción, para complementar el prefacio del editor con una nota propia.

La colección de pensamientos sobre los problemas espirituales de la vida que se ofrece en estos volúmenes contiene mucho material que, obviamente, el autor no tenía intención de publicar en su forma actual. La disposición general, los subtítulos y todos los párrafos y ensayos sin firma son del propio Tolstói. Muchos extractos parecen atribuidos a filósofos y sabios de diversos idiomas y periodos; pero, al verterlos al ruso, Tolstói siguió a los originales con cierta imprecisión, interpretando la idea, más bien que traduciéndola palabra por palabra, de modo que, en la retraducción, la redacción a menudo no coincide exactamente con el original, y los nombres que siguen a tales extractos pueden interpretarse como una mera indicación de su fuente y no de su autoría literal en todos los casos.

Aquí y allá, el lector encontrará crudezas en la forma de expresarse e incluso en la fraseología. Puede que sean intencionadas, ya que a Tolstói le gustaba utilizar un lenguaje tosco para transmitir ideas sencillas, del mismo modo que era sencillo en su atuendo personal y en su modo de vida; o puede que tales crudezas se deban a la naturaleza fragmentaria de parte del material, ya que los editores han incluido muchas redacciones y apuntes que el autor no tuvo oportunidad de repasar y revisar. El traductor se siente contento de haber resistido la tentación de retocar, con pincel profano, esas ligeras imperfecciones que no pueden estropear la grandeza de un templo a los ojos de quien lo contempla como un todo.

Para concluir, se agradecen las útiles sugerencias de la doctora Dorothy Brewster, que leyó el manuscrito durante la traducción.

Archibald J. Wolfe

Prólogo del autor

Los dichos recogidos en estos volúmenes son de diversa autoría, habiendo sido obtenidos de fuentes brahmánicas, confucianas y budistas, de los Evangelios y las Epístolas, así como de los trabajos de numerosos pensadores, tanto antiguos como modernos.

La mayor parte de estos dichos han sufrido alguna alteración en su forma, al ser traducidos o al ser reexpresados por mí y, por lo tanto, no es conveniente imprimirlos sobre las firmas de sus autores originales. Los mejores de entre estos dichos no firmados tienen su origen en las mentes de los sabios más destacados del mundo y no son de mi autoría.

Tolstói.

EL
CAMINO
DE LA
VIDA I

Fe

Para vivir de la manera apropiada, el hombre debe saber qué es lo que debe hacer y lo que no debe hacer. Y para saber tal cosa, necesita fe. La fe es el conocimiento de lo que el hombre es y cuál es el propósito de su existencia en este mundo. Y tal es la fe con la que contaban y cuentan todas las personas racionales.

I. ¿Qué es la auténtica fe?

1. Para vivir con corrección, es necesario comprender lo que es la vida, así como lo que hay que hacer y lo que no hay que hacer en esta vida. Tales cuestiones las han enseñado, en todos los tiempos, los hombres más sabios y mejor dotados de todas las razas. Las enseñanzas de todos estos sabios, en lo esencial, coinciden en una sola. Esta única doctrina, común a todos los pueblos, sobre qué es la existencia humana, y cómo vivirla, es la verdadera fe.

2. ¿Qué es este mundo, que no tiene límites en ninguna dirección, cuyo principio y fin me son por igual desconocidos, y cuál es mi vida en este mundo infinito, y cómo debo vivirla? Solo la fe puede responder a estas preguntas.

3. La verdadera religión reside en conocer esa ley que está por encima de todas las leyes humanas y que es la única ley para todos los pueblos del mundo.

4. Puede haber muchas creencias falsas, pero solo hay una fe verdadera.

Kant.

5. Si dudas de tu fe, ya no es fe. La fe solo es verdadera cuando ni siquiera albergas el pensamiento de que lo que crees podría no ser verdad.

6. Existen dos clases de fe: una es la confianza en lo que dice la gente: esa es la fe en un hombre o en la gente; esas fes son muchas y variadas.

Y está la fe que es mi dependencia de Aquel que me envió a este mundo. Esta es la fe en Dios, y tal fe es una para todas las personas.

II. La doctrina de la verdadera fe es siempre clara y sencilla

1. Tener fe es confiar en lo que se nos revela, sin preguntarnos por qué es así, ni qué saldrá de ello. Tal es la verdadera fe. Nos muestra lo que somos y lo que, por tanto, debemos hacer, pero no nos dice cuál será el resultado que obtendremos si hacemos lo que nuestra fe nos ordena.

Si tengo fe en Dios, no necesito preguntar cuál será el resultado de mi obediencia a Dios, porque sé que Dios es amor, y nada puede venir del amor sino lo que es bueno.

2. La verdadera ley de la vida es tan sencilla, clara e inteligible que los hombres no pueden tratar de excusar su mala vida alegando ignorancia de la ley. Si la gente vive en contra de la ley de la verdadera vida, solo les queda una cosa por hacer: abjurar de su razón. Y eso es exactamente lo que hacen.

3. Hay quien dice que el cumplimiento de la ley de Dios es difícil. No es verdad. La ley de la vida no nos pide otra cosa que amar al prójimo. Y amar no es difícil, sino agradable.

Scovoroda.

4. Cuando un hombre llega a conocer la verdadera fe, es como alguien que enciende una lámpara en una habitación oscura. Todas las cosas se aclaran y la alegría penetra en su alma.

III. La verdadera fe consiste en amar a Dios y al prójimo

1. «Amaos los unos a los otros como yo os he amado; así conocerán todos que sois mis discípulos, si os tenéis amor los unos por los otros», dijo Cristo. No dijo: «Si creéis en esto o en aquello», sino «si tenéis amor». La fe, en diferentes personas, y en diferentes tiempos, puede diferir, pero el amor es uno y el mismo en todo momento y con todas las personas.

2. La verdadera fe es una: amar todo lo que vive.

Ibrahim de Córdoba.

3. El amor otorga la bienaventuranza a las personas porque une al hombre con Dios.

4. Cristo reveló a los hombres que lo eterno no es idéntico a lo futuro, sino que lo eterno, lo invisible, habita en nosotros ahora mismo, en esta vida, y que alcanzamos la vida eterna cuando nos hacemos uno con Dios, el Espíritu en quien todas las cosas se mueven y tienen su ser.
Podemos alcanzar esta vida eterna solo a través del amor.

IV. La fe guía la vida del hombre

1. Solo conoce verdaderamente la ley de la vida quien hace aquello que considera propio de tal ley de la vida.

2. Toda fe no es más que una respuesta a esta pregunta: ¿cómo debo vivir en el mundo, pero no ante los hombres, sino ante Aquel que me envió al mundo?

3. En la verdadera fe no resulta importante poder hablar de manera interesante acerca de Dios, del alma, del pasado o del futuro, sino que una sola cosa es esencial: saber firmemente lo que debes hacer y lo que no debes hacer en esta vida.

Kant.

4. Si un hombre no vive feliz, es solo porque ese hombre no tiene fe.

Lo mismo puede ocurrir con naciones enteras. Si una nación no vive feliz, se debe solo a que ha perdido la fe.

5. La vida del hombre es buena o mala solo en la medida en que comprende la verdadera ley de la vida. Cuanto más claramente comprende el hombre la verdadera ley de la vida, mejor es su vida; cuanto más nebulosa es su comprensión de esa ley, peor es su vida.

6. Para salir del fango de pecado, vicio y miseria en que viven, los hombres necesitan una sola cosa: necesitan una fe en la que vivir, no como ahora —cada uno para sí mismo—, sino una vida común, reconociendo todos una sola ley y un solo fin. Solo entonces los hombres podrán repetir las palabras del Padrenuestro: «Venga a nosotros tu Reino, hágase tu voluntad en la tierra como en el Cielo», en la esperanza de que el Reino de Dios descenderá realmente sobre la tierra.

Mazzini.

7. Si alguna fe enseña que debemos renunciar a esta vida, a cambio de la vida eterna, es una fe falsa. Renunciar a esta vida por la vida eterna es imposible, porque la vida eterna ya está en esta vida.

Filosofía hindú.

8. Cuanto más fuerte es la fe del hombre, más firme es su vida. La vida del hombre sin fe es la vida de una bestia.

V. La falsa fe

1. La ley de la vida, es decir, amar a Dios y al prójimo, es simple y clara. Por tanto, si no fuera por las falsas enseñanzas, todos los hombres se adherirían a esta ley, y el Reino de los Cielos imperaría sobre la tierra.

Pero los falsos maestros, en todo tiempo y lugar, enseñaron a los hombres a reconocer como Dios lo que no era Dios, y como ley de Dios lo que no era ley de Dios. Y los hombres creyeron en estas falsas enseñanzas y se apartaron de la verdadera ley de la vida y del cumplimiento de Su verdadera ley, y esto hizo su vida más difícil de soportar y más infeliz.

Por lo tanto, no se debe creer en ninguna enseñanza que no esté de acuerdo con el amor a Dios y al prójimo.

2. No hay que pensar que, porque una fe sea antigua, es por ello verdadera. Al contrario, cuanto más vive la gente, con mayor claridad capta la verdadera ley de la vida. Pensar que, en nuestros tiempos, debemos creer en las mismas cosas en las que habían creído nuestros abuelos y nuestros bisabuelos es pensar que, cuando hayas crecido hasta alcanzar la estatura de un hombre, las prendas de tus hijos aún podrán quedarte bien.

3. Nos sentimos turbados porque ya no podemos creer en lo que creían nuestros padres. No debemos dejar que esto nos perturbe, sino que hemos de intentar establecer dentro de nosotros una fe en la que podamos creer tan firmemente como nuestros padres creyeron en la suya.

Martineau.

4. Para conocer la verdadera fe, el hombre debe primero renunciar por un tiempo a aquella en la que había creído ciegamente, y luego examinar, a la luz de su razón, todo lo que se le había enseñado desde la infancia.

5. Un obrero que vivía en la ciudad se dirigía un día a su casa después de terminar su trabajo. Al salir de su lugar de trabajo se encontró con un desconocido, y este le dijo: «Vayamos juntos, nos dirigimos al mismo lugar, y conozco bien el camino». El obrero le creyó y partieron juntos.

Habían caminado una hora o más, cuando el obrero se dio cuenta de que el camino era distinto del que tenía por costumbre tomar para ir a la ciudad. Y dijo: «Creo que este no es el camino correcto». Y el desconocido respondió: «Este es el único camino verdadero y el más corto. Créeme, pues lo conozco bien». El obrero le creyó y continuó siguiéndole. Pero cuanto más avanzaba, peor era el camino y más difícil la marcha. Y se vio obligado a gastar todo lo que ganaba para mantenerse, y aun así no consiguió llegar a casa. Sin embargo, cuanto más caminaba, más firmemente creía que estaba en el camino correcto, y por último se convenció de que era así. Y la razón por la que estaba tan convencido era porque no deseaba volver atrás, y siempre tenía la esperanza de que el camino le llevaría finalmente a su destino. Y se alejó mucho, mucho de casa, y fue desgraciado durante mucho tiempo.

Esto es lo que sucede a las personas que no escuchan la voz del espíritu dentro de sí mismas, sino que escuchan la voz de extraños con respecto a Dios y Su ley.

6. Es malo no conocer a Dios, pero es peor reconocer como Dios lo que no lo es.

VI. Culto externo

1. La verdadera fe es creer en esa única ley que conviene a todas las personas del mundo.

2. La verdadera fe entra en el corazón solo en la quietud y la soledad.

3. La verdadera fe consiste en vivir siempre una vida recta, amando a todos los hombres, haciendo a los demás lo que quieres que los demás hagan contigo.

Esta es, en verdad, la verdadera fe. Y esta es la fe que todos los hombres verdaderamente sabios y de vida santa han enseñado siempre entre todas las naciones.

4. Jesús no dijo a los samaritanos: «Dejad vuestras creencias por las de los judíos». No dijo a los judíos: «Uníos a los samaritanos». Por el contrario, dijo a los judíos y a los samaritanos: «Estáis igualmente en el error. No sirve de nada Garizim*, ni aun Jerusalén. Tiempo vendrá, es más, ya ha venido, en el que los hombres no adorarán al Padre ni en Garizim y ni siquiera en Jerusalén, sino que los verdaderos creyentes adorarán al Padre en espíritu y en la verdad, porque tales son los adoradores que el Padre busca».

Jesús buscaba tales adoradores en los días de Jerusalén. Él los está buscando todavía en estos días.

5. Un patrón tenía un jornalero. Este último vivía en la casa de su patrón y lo veía en persona muchas veces al día. El jornalero fue descuidando poco a poco sus labores, y finalmente se volvió tan perezoso que no hacía nada en absoluto. El patrón se dio cuenta de ello, pero no dijo nada y se limitaba a volverle la cara cada vez que se encontraba

---

* Monte sagrado para los samaritanos (*N. del T.* al español).

con él. El jornalero vio que su patrón no estaba satisfecho con él, y planeó recuperar el favor del mismo sin trabajar. Acudió a los amigos y conocidos de su patrón y les rogó que intercedieran ante él para que dejara de estar enfadado con él. El patrón se enteró de ello y, llamando al jornalero, le dijo: «¿Por qué pides a la gente que interceda por ti? Tú me tienes siempre contigo y puedes decirme cara a cara lo que sea necesario». Pero el jornalero no supo qué decir y se marchó. Y concibió un nuevo plan: recogió huevos que pertenecían a su patrón, cogió una de las aves del mismo y se las llevó como regalo para alejar su ira. Y el patrón le dijo: «Primero pides a mis amigos que aboguen por ti, aunque puedes hablarme libremente por ti mismo. Luego pretendes propiciarme con regalos. Pero todo lo que tienes ya es mío. Aunque me trajeras lo que es verdaderamente tuyo, no necesito regalos». Entonces, el jornalero adoptó un nuevo plan: compuso versos en honor de su amo y, de pie frente a la ventana de su amo, gritó y cantó en voz alta sus versos, llamando a su amo grande, omnipresente, padre todopoderoso, benefactor misericordioso. Entonces el patrón volvió a llamar al jornalero y le dijo: «Una vez intentaste complacerme a través de otros, luego me trajiste regalos de lo que era mío, y ahora tienes un plan aún más ridículo: gritas y cantas acerca de mí, diciendo que soy todopoderoso, misericordioso, esto y aquello. Cantas y gritas sobre mí, pero no me conoces, ni pareces querer conocerme. No necesito las súplicas de otros en tu favor, ni tus regalos, ni tus alabanzas respecto a cosas que no puedes conocer; todo lo que necesito de ti es tu trabajo».

Lo único que Dios exige de nosotros son buenas obras.

Esta es toda la ley de Dios.

VII. La idea de obtener una recompensa a cambio de una vida recta es ajena a la verdadera fe

1. Si un hombre se adhiere a una religión simplemente porque espera todo tipo de recompensas externas por cumplir los mandatos de su religión, eso no es fe sino cálculo y, en todo caso, además, cálculo erróneo. Y es cálculo erróneo porque la verdadera fe produce sus bendiciones solo en el presente, pero no da, no puede dar ninguna bendición externa en el futuro.

2. Un hombre decidió buscar trabajo como jornalero. Y se encontró con dos mayordomos que buscaban contratar jornaleros. Les dijo que buscaba trabajo. Y los dos comenzaron a invitarlo cada uno a trabajar para su amo. Uno le dijo: «Ven con mi amo, porque el suyo es un buen lugar. Por supuesto, si no le complaces, te azotará y te meterá en la cárcel; pero si le complaces, no podrás tener una vida mejor. Cuando tu trabajo termine, vivirás sin trabajar, disfrutando de un banquete interminable con vino, carnes de calidad y entretenimientos».

El otro mayordomo también le invitó a trabajar para su amo, pero no le dijo cómo le recompensaría su amo; ni siquiera le mencionó dónde y cómo viviría el trabajador, y si le pagaría o no, o si la tarea era dura o ligera, sino que se limitaba a afirmar que su amo era bueno, que no infligía castigos, y que convivía con sus propios jornaleros.

Y el hombre pensó así del primer amo: «Promete demasiado. Para ser justos, no hace falta prometer tanto. Tentado por la promesa de una vida de placer, podría encontrarme muy mal. Y el amo, sin duda, es muy severo, pues castiga duramente a los que no hacen lo que él dice. Creo que preferiré ir con el segundo amo pues, aunque no promete nada, dicen que es amable y vive en común con sus peones».

Lo mismo ocurre con las enseñanzas religiosas. Algunos maestros engatusan a los hombres para que vivan bien, aterrorizándolos con amenazas de castigo y engañándolos con promesas de recompensas en otro mundo que nadie ha visto jamás. Otros maestros enseñan que el amor, principio de vida, habita en el alma de los hombres, y quien se une a él es feliz.

3. Si sirves a Dios en aras de la bienaventuranza eterna, no sirves a Dios, sino que sirves a tus propios fines.

4. La principal diferencia entre la fe verdadera y la falsa es esta: en la fe falsa el hombre desea que Dios le recompense por sus sacrificios y oraciones. En la fe verdadera el hombre busca una sola cosa: aprender a agradar a Dios.

VIII. La razón verifica los principios de la fe

1. Para conocer la verdadera fe no es necesario suprimir la voz de la razón, sino que, por el contrario, la razón debe ser purificada y ejercitada para que podamos examinar por ella lo que enseñan los maestros de religión.

2. La fe no se alcanza mediante la razón. Pero la razón es necesaria para examinar la fe que se nos enseña.

3. No temas eliminar de tu fe todo lo superfluo, lo carnal, lo visible, lo susceptible a los sentidos, así como todo lo confuso y falto de claridad; cuanto mejor purifiques el núcleo de tu espiritualidad, más claramente comprenderás la verdadera ley de la vida.

4. No es un incrédulo aquel que no cree todo lo que cree la gente que le rodea, sino que es realmente un incrédulo quien piensa y afirma que cree en algo en lo que en realidad no cree.

IX. La conciencia religiosa de las personas se esfuerza constantemente por perfeccionarse

1. Debemos beneficiarnos de las enseñanzas de los hombres sabios y santos de la antigüedad sobre la ley de la vida, pero debemos también examinarlas a la luz de nuestra propia razón, aceptando todo lo que esté de acuerdo con la razón y rechazando todo lo que esté en conflicto con ella.

2. Si, para no apartarse de la ley de Dios, el hombre vacila en abandonar la fe que otrora adoptase, se asemeja a un hombre que se ató con una cuerda a un poste para no perder el camino.

Lucy Mallory.

3. Es extraño que la mayoría de la gente crea firmemente en las enseñanzas religiosas más antiguas, que ya no son adecuadas para nuestro tiempo, pero rechace todas las nuevas enseñanzas como superfluas y perjudiciales. Tales hombres olvidan que, si Dios reveló la verdad a los antiguos, Él sigue siendo el mismo y también puede revelarla a los hombres que vivieron en los últimos tiempos, así como a los que viven hoy en día.

Thoreau.

4. La ley de la vida no puede cambiar, pero la gente puede comprenderla cada vez más claramente y aprender a cumplirla en la vida.

5. La religión no es verdadera por el hecho de que hombres santos la hayan predicado, sino que hombres santos la han predicado por el hecho de que es verdadera.

Lessing.

6. Cuando el agua de lluvia fluye por el canalón del tejado, nos parece como si viniera del mismo. Pero lo cierto es que la lluvia cae de arriba. Igual sucede con las enseñanzas de los hombres sabios y los santos: pensamos que las enseñanzas emanan de ellos, pero lo cierto es que provienen de Dios.

Del Rama-Krishna.

Dios

Además de todo lo que es corpóreo en nosotros mismos y en todo el universo, sabemos que existe algo incorpóreo que da vida a nuestro cuerpo y está conectado con el mismo. A ese algo incorpóreo, conectado con nuestro cuerpo, lo llamamos alma. A ese mismo algo incorpóreo, pero no conectado con nada, y que da vida a todo lo que existe, lo llamamos Dios.

I. El hombre conoce a Dios en su interior

1. La base de toda fe reside en el hecho de que, además de lo que vemos y sentimos en nuestros cuerpos y en los cuerpos de otras criaturas, existe algo más que es invisible, incorpóreo, y sin embargo nos da vida a nosotros mismos, así como a todo lo que es visible y corpóreo.

2. Sé que hay algo dentro de mí sin lo cual no habría nada. Es lo que yo llamo Dios.

Angelus.

3. Todo hombre que medita sobre lo que es no puede dejar de ver que no es todo, sino una parte específica y separada de algo. Y habiéndolo comprendido, el hombre suele pensar que ese algo del que está separado es ese mundo material que ve, esa tierra en la que vive y en la que sus antepasados vivieron antes que él, ese cielo, esas estrellas y ese sol que ve.

Pero si un hombre reflexiona un poco más sobre este tema o descubre que los sabios de este mundo han reflexionado sobre el mismo, debe darse cuenta de que ese ALGO del que los hombres se sienten separados no es el mundo material que se extiende en todas direcciones en el espacio, y también sin fin en el tiempo, sino que es otra cosa.

Si un hombre medita con mayor profundidad sobre este tema, y aprende lo que los sabios siempre han creído al respecto, debe darse cuenta de que el mundo material, que no tuvo principio ni tendrá fin y que no tiene ni puede tener límites en el espacio, no es nada real, sino que es solo un sueño nuestro, y por lo tanto, ese ALGO del que nos sentimos separados es algo que no tiene principio ni fin en el tiempo ni en el espacio, sino que es algo inmaterial, algo espiritual.

Ese algo espiritual que el hombre reconoce como su principio es lo mismo que todos los sabios han llamado siempre, y siguen llamando, Dios.

4. Conocer a Dios solo es posible dentro de uno mismo. Hasta que no encuentres a Dios dentro de ti, no lo encontrarás en ninguna parte.

No hay Dios para quien no lo encuentra en sí mismo.

5. Conozco dentro de mí un ser espiritual que es aparte de todo lo demás. Conozco también el mismo ser espiritual, ajeno a todo lo demás, en otras personas. Pero si conozco a este ser espiritual en mi interior y en los demás, no puede sino existir dentro de sí mismo. A este ser espiritual dentro de sí mismo lo llamamos Dios.

6. No eres tú quien vive; aquello a lo que tú llamas ti mismo está muerto. Lo que te anima es Dios.

Angelus.

7. No pienses que puedes ganar méritos ante Dios con las obras; todas las obras son igual a nada ante Dios. No es necesario hacer méritos ante Dios, sino ser Dios.

Angelus.

8. Si no viéramos con los ojos, oyéramos con los oídos y tocáramos con los dedos, no podríamos saber nada sobre lo que nos rodea. Y si no conociéramos a Dios en nuestro interior, no podríamos conocernos a nosotros mismos, no podríamos conocer aquello que en nuestro interior ve, oye y toca el mundo que nos rodea.

9. El que no sabe cómo convertirse en hijo de Dios, permanecerá para siempre en el nivel de lo animal.

Angelus.

10. Si vivo una vida mundana, puedo llevarla a cabo prescindiendo de Dios. Pero si tan solo pienso en lo que soy, de dónde vengo, cuándo nací, adónde iré cuando muera, debo admitir que existe algo de lo que surgí y a lo que voy. No puedo negar que vine a este mundo de algo que me es incomprensible, y que voy a algo igualmente incomprensible para mí.

A ese algo incomprensible del que vengo y al que voy lo llamo Dios.

11. Dicen que Dios es Amor, o que el Amor es Dios. Dicen también que Dios es Razón, o que la Razón es Dios. Ninguna de las dos cosas es estrictamente cierta. El Amor y la Razón son las características de Dios que reconocemos en nosotros mismos, pero lo que Él es en sí mismo no podemos saberlo.

12. Está bien temer a Dios, pero es mejor amarle. Pero lo mejor de todo es resucitarle por dentro.

Angelus.

13. El hombre debe amar, pero solo se puede amar de verdad aquello en lo que no existe el mal. Y solo hay un Ser en el que no existe el mal: Dios.

14. Si Dios no se amara a sí mismo en ti, nunca podrías amarte a ti mismo, ni a Dios ni a tu prójimo.

Angelus.

15. Aunque los hombres difieren en cuanto a lo que es Dios, sin embargo, todos los que creen en Dios siempre están de acuerdo en lo que Dios quiere de ellos.

16. Dios ama la soledad. Él entrará en tu corazón cuando Él pueda estar allí solo; cuando pienses en Él, y solo en Él.

Angelus.

17. Los árabes cuentan una historia sobre Moisés. Deambulando por el desierto, Moisés oyó a un pastor rezando a Dios. Y así es como el pastor rezaba: «Dios, ¡oh, si pudiera conoceros cara a cara y convertir-

me en vuestro siervo! Con qué alegría os lavaría los pies, os besaría, os calzaría sandalias, os peinaría, os lavaría el vestido, cuidaría de vuestra morada, os llevaría la leche de mi rebaño. Mi corazón lo anhela». Y Moisés, oyendo estas palabras del pastor, se enojó y dijo: «¡Blasfemo! Dios no tiene cuerpo. No necesita vestido, ni morada, ni el cuidado de siervos. Tus palabras son perversas». Y el pastor se entristeció. No podía imaginarse a Dios sin cuerpo y sin necesidades corporales, y siendo incapaz de orar a Dios y de servirle como debía, cayó en la desesperación. Entonces, Dios dijo a Moisés: «¿Por qué te has apartado de Mí, siervo fiel? Cada hombre tiene sus propios pensamientos y sus propias palabras. Lo que es bueno para uno es malo para otro. Lo que para ti es veneno, para otro puede ser miel. Las palabras no significan nada. Yo veo en el corazón del que se vuelve hacia Mí».

18. Los hombres hablan de Dios de diversas maneras, pero lo sienten y lo comprenden de la misma forma.

19. El hombre no puede evitar creer en Dios, como tampoco puede evitar caminar sobre dos pies. La creencia en él puede adoptar diferentes formas, puede suprimirse por completo, pero sin su creencia no puede entenderse a sí mismo.

Lichtenberg.

20. Aunque el hombre no sepa que respira aire, sabe, cuando se asfixia, que le falta algo sin lo cual no puede vivir. Lo mismo ocurre con el hombre que ha perdido a Dios, aunque no sepa por qué está sufriendo.

II. Un hombre racional está obligado a reconocer a Dios

1. Algunos dicen de Dios que habita en el cielo. También se dice que habita en el hombre. Ambas afirmaciones son ciertas: Él está en el cielo, es decir, en el universo ilimitado, y también está en el alma del hombre.

2. Sintiendo la existencia, dentro de su propio cuerpo individual, de un ser espiritual e indivisible —es decir, Dios—, y viendo al mismo Dios en todo lo viviente, el hombre se pregunta: ¿por qué Dios, un ser espiritual uno e indivisible, se ha confinado dentro de cuerpos individuales de cria-

turas, como el mío y los demás? ¿Por qué un ser espiritual, una Unidad, se ha dividido, por así decirlo, dentro de sí mismo? ¿Por qué lo espiritual e indivisible se ha vuelto separado y corpóreo? ¿Por qué lo inmortal se ha aliado con lo mortal?

Y solo puede responder a tales preguntas aquel hombre que cumple la voluntad de Aquel que le ha enviado a este mundo.

«Todo esto se hace en pro de mi bienestar», podría decir un hombre así, «le doy gracias y no hago más preguntas».

3. Lo que llamamos Dios lo vemos tanto en los cielos como en cada hombre.

En una noche de invierno, si miras al cielo y ves estrellas y más estrellas, sin fin, y consideras que muchas de esas estrellas son mucho más grandes que esta tierra nuestra en la que vivimos, y que detrás de las estrellas que vemos existen cientos, miles, millones de estrellas tan grandes e incluso más grandes, y que no hay fin para las estrellas y los cielos, debes darte cuenta de que hay algo que no puedes comprender. Pero, si miramos en nuestro interior y percibimos lo que llamamos nuestra alma, cuando vemos dentro de nosotros algo que tampoco podemos comprender, y que sin embargo es algo que conocemos con más certeza que cualquier otra cosa, y a través de lo cual conocemos todo lo que es, entonces vemos incluso en nuestra propia alma algo aún más incomprensible, algo aún mayor que lo que vemos en los cielos.

Lo que vemos en el cielo y sentimos en nuestra alma es lo que llamamos Dios.

4. En todas las épocas y entre todos los pueblos ha existido la creencia en algún poder invisible que sostiene el mundo.

Los antiguos lo llamaban razón universal, naturaleza, vida, eternidad; los cristianos lo llaman Espíritu, Padre, Señor, Razón, Verdad.

El mundo visible y cambiante es como una sombra de este poder.

Así como Dios es eterno, también el mundo visible, su sombra, es eterno. Pero el mundo visible no es más que la sombra. Solo el poder invisible —Dios— existe de verdad.

Scovoroda.

5. He aquí un ser sin el cual ni el cielo ni la tierra podrían existir. Su ser es sereno e incorpóreo, a sus características las llamamos amor y

razón, pero el ser mismo no tiene nombre. Es infinitamente remoto e infinitamente cercano.

Lao-Tse.

6. A un hombre le preguntaron cómo sabía que existe Dios. Respondió: «¿Se necesita una vela para ver el amanecer?».

7. Si un hombre se considera grande, es una prueba de que no mira las cosas desde la altura de Dios.

Angelus.

8. Uno puede no pensar en que el mundo es infinito en todas direcciones, o en que el alma es consciente de sí misma; pero, si uno piensa tan solo un poco en estos asuntos, no puede dejar de reconocer eso que llamamos Dios.

9. Hay una niña en Estados Unidos que nació sorda, muda y ciega. Le enseñaron a leer y escribir por el sentido del tacto. Su maestra le estaba hablando de Dios, y la niña comentó que siempre lo había conocido, pero que no sabía cómo llamarlo.

III. La voluntad de Dios

1. Conocemos a Dios menos por nuestra razón que gracias a un sentimiento parecido al de un niño en brazos de su madre. El infante no sabe quién lo sostiene, lo abriga, lo alimenta, pero sabe que alguien lo hace, y además no solo conoce a aquella, en cuyo poder está, sino que la ama. Lo mismo ocurre con el hombre.

2. Cuanto más cumple un hombre la voluntad de Dios, mejor lo conoce.

Si un hombre no cumple del todo la voluntad de Dios, no lo conoce en absoluto, aunque afirme que lo conoce o le rece.

3. Así como debes acercarte a una cosa para conocerla, de igual manera también puedes conocer a Dios solo si te acercas a Él. Y acercarse a Dios solo es posible mediante las buenas obras. Y cuanto más se acostumbre un hombre a vivir una vida buena, más de cerca conocerá a Dios. Y cuanto mejor conozca a Dios, tanto mejor amará a sus semejantes. Una cosa lleva a la otra.

4. No podemos conocer a Dios. Solo esto podemos saber de Él: Su ley y Su voluntad, tal como nos las relata el Nuevo Testamento. Conociendo Su ley, sacamos la conclusión de que Él existe, aquel que ha dado la ley, pero no podemos conocer al propio legislador. Solo sabemos realmente que debemos cumplir la ley dada por Dios en nuestra propia vida, y que nuestra vida se vuelve mejor en la medida en que cumplimos Su ley.

5. El hombre no puede evitar sentir que se está haciendo algo con su vida, que es el instrumento de alguien. Y si él es el instrumento de alguien, hay alguien que está trabajando con este instrumento. Y ese alguien es Dios.

6. Es asombroso cómo antes no reconocía esta simple verdad de que detrás de este mundo y de la vida que estamos viviendo en él hay Algo, hay Alguien que sabe por qué existe este mundo, y por qué estamos en él como burbujas que suben a la superficie del agua hirviente, estallan y desaparecen.

Sí, algo se está haciendo en este mundo, algo se está haciendo con todas estas criaturas vivientes, algo se está haciendo conmigo, con mi vida. Si no, ¿por qué este sol, estas primaveras, estos inviernos? ¿Por qué estos sufrimientos, nacimientos, muertes, beneficios, crímenes, por qué de todas estas criaturas individuales que aparentemente no tienen ningún significado para mí, y sin embargo viven sus vidas al máximo, guardando sus vidas tan afanosamente, criaturas en cuyos corazones la pasión por vivir está tan fuertemente arraigada? Las vidas de estas criaturas me convencen, más que cualquier otra cosa, de que todas ellas son necesarias para algún propósito, y que tal propósito es racional y bueno, pero me resulta incomprensible.

7. Mi «yo» espiritual no es pariente de mi cuerpo; por lo tanto, está en mi cuerpo no por voluntad propia, sino de acuerdo con alguna voluntad superior.

Esa voluntad superior es lo que entendemos por Dios y a lo que llamamos Dios.

8. A Dios no hay que adorarlo ni alabarlo. Solo se puede guardar silencio sobre Él y servirle.

Angelus.

9. Cuando un hombre cante y grite y repita en presencia de otros:

«Señor, Señor», has de saber que no ha encontrado a Dios. Quien lo ha encontrado guarda silencio.

Rama-Krishna.

10. En los actos malignos no se siente a Dios, se duda de Él. Y la salvación está siempre en una sola cosa, y es segura: deja de pensar en Dios, piensa solo en Su ley y cúmplela, ama a todos los hombres, y las dudas se desvanecerán, y volverás a encontrar a Dios.

IV. No se puede conocer a Dios a través de la razón

1. Es posible, y también fácil, sentir a Dios en uno mismo. Pero el conocer a Dios, tal como es, es imposible e innecesario.

2. Es imposible reconocer, a través de la razón, que existe un Dios y que hay un alma en el hombre. Es igualmente imposible saber gracias a la razón que no hay Dios o que no hay alma.

Pascal.

3. ¿Por qué estoy separado de todo lo demás, y por qué sé que existe todo aquello de lo que estoy separado, y por qué no puedo comprender qué es ese Todo? ¿Por qué mi «yo» está siempre cambiando? No puedo comprenderlo en absoluto. Pero no puedo evitar pensar que todo esto tiene un sentido, no puedo evitar pensar que existe un ser para quien todo esto es claro, que sabe por qué todo es así.

4. Todo hombre puede sentir a Dios, pero nadie puede conocerlo. Por eso, no te esfuerces en comprenderlo, sino en hacer su voluntad, en sentirlo cada vez más vivo dentro de ti.

5. El Dios que llegamos a comprender ya no es Dios. El Dios comprendido llega a ser tan finito como nuestro propio yo. Dios no puede ser comprendido. Es incomprensible.

Vivekananda.

6. Si el sol ciega tus ojos, no puedes decir que no hay sol. Tampoco puedes decir que no existe Dios, porque tu razón se pierde y se confunde cuando te esfuerzas por comprender el principio y la causa de todo.

· Angelus.

7. «¿Por qué preguntas Mi nombre?», dijo Dios a Moisés. «Si puedes ver, más allá de todo lo que se mueve, lo que siempre ha sido, es y será, me conocerás. Mi nombre es lo mismo que Mi ser. Yo soy el que soy. Yo soy lo que es. Quien quiera conocer Mi nombre, no Me conoce».

Scovoroda.

8. La razón que se puede desentrañar no es la razón eterna; el ser que se puede nombrar no es el ser supremo.

Lao-Tse.

9. Para mí, Dios es aquello hacia lo que me esfuerzo, en ese por el que me esfuerzo consiste mi vida; y es lo que existe para mí por la razón misma, e imperativamente, de forma que no puedo comprenderlo ni nombrarlo. Si pudiera comprenderle, podría llegar a Él, y no habría nada por lo que pudiera esforzarme, y no habría vida. Pero no puedo comprenderle, no puedo nombrarle, y sin embargo le conozco, conozco el camino hacia Él, y de todas las cosas que conozco, este conocimiento es incluso el más seguro.

Es extraño que no le comprenda, y que siempre tenga miedo cuando estoy sin Él, y solo me libero del miedo cuando estoy con Él. Es aún más extraño que no sea necesario conocerlo mejor o más de cerca de lo que lo conozco en esta vida presente. Puede acercarme a Él, y anhelo hacerlo, y ahí está mi vida, pero acercarme a Él no aumenta, no puede aumentar, mi comprensión. Cada intento que hago con mi imaginación por comprenderlo (por ejemplo, como el Creador, como el Misericordioso, o algo por el estilo) solo me aleja de Él y detiene mi acercamiento a Él. Incluso el pronombre «Él» en cierta manera Le menosprecia.

10. Todo lo que se pueda decir de Dios no se parece a Él. Dios no puede expresarse con palabras.

Angelus.

V. El no creer en Dios

1. El hombre racional encuentra en sí mismo la idea de su alma y del alma universal —Dios— y, dándose cuenta de su incapacidad, para reducir estas ideas a una claridad absoluta, se detiene humildemente ante ellas y no toca el velo.

Pero siempre ha habido, y sigue habiendo, hombres de refinamiento mental y erudición que tratan de dilucidar la idea de Dios con palabras. Yo no juzgo a estos hombres. Solo que ellos se equivocan cuando dicen que Dios no existe.

Admito que puede ocurrir que los hombres y las habilidosas hazañas de los hombres convenzan durante un tiempo a algunos de que no existe Dios, pero tal ateísmo no puede durar. De un modo u otro, el hombre siempre necesitará a Dios. Si la Deidad se manifestara aún más claramente que ahora, estoy convencido de que los hombres contrarios a Dios inventarían nuevos refinamientos para negarlo. La razón siempre se doblega ante lo que exige el corazón.

Rousseau.

2. Según las enseñanzas de Lao-Tse, pensar que no existe Dios es como creer que cuando uno sopla con el fuelle la corriente procede del fuelle y no del aire que lo rodea, y que el fuelle soplaría aunque no hubiera aire.

3. Cuando los hombres que llevan una vida perversa dicen que Dios no existe, tienen razón: Dios es solo para aquellos que miran en dirección a Él y se acercan a Él. Para los que se han apartado de Él y se alejan de Él, no hay Dios, no puede haber Dios.

4. Dos clases de hombres pueden conocer a Dios: los hombres de corazón humilde, sean inteligentes o ignorantes, y los hombres verdaderamente sabios. Solo los hombres orgullosos y los de inteligencia mediocre no conocen a Dios.

Pascal.

5. Es posible no mencionar el nombre de Dios, no utilizar esa expresión, pero es imposible no reconocer Su existencia. Si no hay Dios, no puede haber nada.

6. Solo no hay Dios para quien no lo busca. Búscalo y Él se te revelará.

7. Moisés clama a Dios: «¿Dónde Te encontraré, Señor?». Dios responde: «Ya me has encontrado, si me buscas».

8. Si te viene a la cabeza la idea de que todo lo que has creído sobre Dios es falso, no te inquietes, pues ya sabes que esto suele sucederle a todo el mundo. Tan solo no te imagines que, porque has dejado de creer en el Dios en el que creías antes, no existe Dios. Si no crees en el Dios en el que antes creías, es porque había algo erróneo en tu creencia.

Si el salvaje deja de creer en su dios de madera, eso no significa que no exista Dios, sino simplemente que Dios no es de madera. No podemos comprender a Dios, pero podemos ser cada vez más conscientes de Él. De modo que, si descartamos una noción burda de Dios, eso es realmente mejor para nosotros. Nos ayuda a tener una conciencia mejor y más elevada de Dios.

9. ¡Demostrar que Dios existe! ¿Puede haber algo más absurdo que la idea de demostrar la existencia de Dios? Demostrar la existencia de Dios es como demostrar que estás vivo. ¿Demostrarlo a quién? ¿Con qué argumento? ¿Con qué fin? Si Dios no existe, no hay nada. ¿Cómo podemos probar a Dios?

Dios es. No tenemos que demostrarlo. Probar que existe un Dios es una blasfemia; negar su existencia es una locura. Dios vive en nuestra conciencia, en la conciencia de la humanidad, en el universo circundante. Negar a Dios bajo la cúpula del firmamento estrellado, sobre las tumbas de nuestros seres queridos, ante la muerte gloriosa de un mártir ajusticiado: solo un hombre en estado muy lamentable o muy depravado es capaz de hacerlo.

Mazzini.

VI. Amar a Dios

«No comprendo lo que significa amar a Dios. ¿Es posible amar algo incomprensible y desconocido? Amar al prójimo; eso es inteligible y bueno, pero amar a Dios es una simple frase». Muchas personas hablan y piensan de esta manera. Pero la gente que habla y piensa así está más que equivocada. No entienden lo que significa amar al prójimo, y no me refiero a alguien agradable o útil para ellos, sino a todos los hombres por igual, aunque sean los hombres más desagradables y hostiles. Solo puede amar así al prójimo quien ama a Dios, a ese Dios que es el mismo en todos los hombres. El amor a Dios no es lo ininteligible, sino el amor al prójimo sin el amor a Dios.

El alma

Ese algo intangible, invisible e incorpóreo que da vida a todo, que existe por sí mismo, es lo que llamamos Dios. El mismo principio intangible, invisible, incorpóreo, que está separado por el cuerpo de todo lo demás, y del que tenemos conciencia como «yo», es lo que llamamos alma.

I. ¿Qué es el alma?

1. Un hombre que ha alcanzado la vejez ha pasado por muchas vicisitudes: primero fue un bebé, luego un niño, un adulto, un anciano. Pero, por mucho que haya cambiado, siempre se denomina a sí mismo como «yo». Su «yo» siempre ha sido el mismo. Su «yo» era el mismo en su infancia, en su periodo de madurez, en su vejez. Ese «yo» inmutable es lo que llamamos alma.

2. Si un hombre imagina que lo que ve a su alrededor, el universo infinito, es tal como él lo ve, está muy equivocado. El hombre conoce todas las cosas materiales solo a través de sus sentidos individuales de la vista, el oído y el tacto. Si sus sentidos fueran diferentes, el mundo entero le parecería diferente. Por lo tanto, no conocemos, no podemos conocer este mundo material tal como es. Solo una cosa conocemos verdadera y plenamente, lo que llamamos nuestra alma.

II. El «yo» es espiritual

1. Cuando decimos «yo» no nos referimos a nuestro cuerpo, sino a aquello por lo que nuestro cuerpo vive. ¿Qué es entonces este «yo»? No podemos expresar con palabras lo que es este «yo», pero lo conocemos mejor que cualquier otra cosa que conozcamos. Sabemos que si no fuera por este «yo» no sabríamos nada, no habría nada en el mundo para nosotros, y nosotros mismos no existiríamos.

2. Cuando pienso en ello, me resulta más difícil comprender qué es mi cuerpo que lo que es mi alma. Por muy cerca que esté de mí, el cuerpo me es algo ajeno y es el alma lo que es lo MÍO.

3. Si un hombre no es consciente del alma que lleva dentro, eso no prueba que no tenga alma, sino solo que aún no ha aprendido a ser consciente del alma que lleva dentro.

4. Hasta que no hayamos comprendido lo que hay dentro de nosotros, ¿de qué nos sirve conocer lo que hay más allá? ¿Es posible conocer el mundo sin conocernos a nosotros mismos? ¿El que es ciego en casa puede tener vista cuando está en el exterior?

Scovoroda.

5. Al igual que una vela no puede arder sin fuego, el hombre no puede vivir sin vida espiritual. El espíritu habita en todos los hombres, pero no todos son conscientes de ello.

Feliz es la vida de quien lo sabe, e infeliz la del que no.

Sabiduría brahmánica.

III. El alma y el mundo material

1. Hemos medido la Tierra, el Sol, las estrellas y las profundidades del mar, hemos penetrado en las entrañas de la tierra en busca de oro, hemos explorado los ríos, las montañas de la Luna, hemos descubierto nuevas estrellas y conocemos sus dimensiones, hemos rellenado abismos, hemos construido maquinarias ingeniosas: no pasa un día sin que tengamos nuevos inventos. ¿Existe un límite para nuestras capacidades?

Pero falta algo, lo más importante. No sabemos qué es. Somos como bebés: el niño siente que algo va mal, pero no sabe qué ni por qué.

Algo falla, porque sabemos mucho que es superfluo, pero no conocemos lo más necesario: nuestro propio yo. No sabemos qué es lo que llevamos dentro. Si supiéramos y recordáramos lo que habita en nosotros, nuestras vidas serían totalmente diferentes.

Scovoroda.

2. No podemos conocer la verdadera naturaleza de todo lo que es material en este mundo. Solo conocemos plenamente lo espiritual que está dentro de nosotros, es decir, aquello de lo que somos conscientes y que no depende de nuestros sentimientos ni de nuestros pensamientos.

3. No hay límites, no puede haber límites del mundo en ninguna dirección. Por muy distante que se encuentre una cosa, detrás de la más distante hay otros objetos aún más lejanos. Lo mismo ocurre con el tiempo: previos a los miles de años que han pasado, ha habido miles y miles de años anteriores. Y, por tanto, es evidente que el hombre no puede comprender lo que es hoy el mundo material, ni lo que ha sido ni lo que será.

¿Qué puede comprender entonces el hombre? Solo una cosa, para la que no necesita ni espacio ni tiempo: su alma.

4. Los hombres suelen pensar que solo existe aquello que pueden tocar con las manos. Sin embargo, muy al contrario, solo existe lo que no se ve, ni se oye, ni se toca; aquello a lo que llamamos «yo», nuestra alma.

5. Confucio dijo: el cielo y la tierra son grandes, pero tienen color, forma y tamaño. Pero hay algo en el hombre que puede pensar en todo y no tiene color, forma ni tamaño. Porque si todo el mundo estuviera muerto, lo que hay en el hombre podría por sí mismo dar vida al mundo.

6. El hierro es más sólido que la piedra, la piedra es más sólida que la madera, la madera es más sólida que el agua, el agua es más sólida que el aire. Pero lo que no se puede tocar, oír ni ver es más sólido que ninguna otra cosa. Existe algo que siempre ha sido, es ahora y nunca se perderá.

¿De qué se trata?

Del alma en el hombre.

7. Es bueno que el hombre piense en lo tocante a su cuerpo. Su cuerpo es grande comparado con el de la pulga, insignificante comparado con

la Tierra. También es bueno pensar que nuestra propia Tierra es un grano de arena comparada con el Sol, y que el Sol es como un grano de arena comparado con Sirio, y que Sirio es como nada comparado con otras estrellas, y así sin fin.

Es evidente que el hombre, con su cuerpo, no es nada comparado con el Sol y las estrellas. Y hay que pensar que ni siquiera se pensaba en nosotros hace cien, mil, muchos miles de años, sino que otros hombres como nosotros entonces nacían, crecían y morían, y que, de los millones y millones de hombres como yo no queda nada, ni huesos, ni siquiera el polvo de los huesos, y que después de mí vivirán millones y millones de personas, y que de mis huesos crecerá hierba, y que de la hierba se alimentarán ovejas, y los hombres se comerán a las ovejas, y de mí no quedará nada, ni un grano de polvo, ¡ni siquiera un recuerdo! ¿No está claro que no soy nada?

Nada, en efecto, pero esta nada tiene una concepción de sí misma y de su lugar en el universo. Y si tiene tal concepción, esta concepción está lejos de ser nada, es algo que es más importante que el universo entero, pues sin esta concepción dentro de mí y dentro de otras criaturas como yo, eso que yo llamo el universo infinito no existiría.

IV. El principio espiritual y el material en el hombre

1. ¿Qué eres? Un hombre. ¿Qué clase de hombre? ¿En qué te diferencias de los demás? Soy hijo de tales o cuales padres, soy viejo o joven, rico o pobre.

Cada uno de nosotros es un individuo concreto, diferente de todas las demás personas: hombre, mujer, adulto, niño o niña; y en cada uno de estos individuos concretos habita un ser espiritual, el mismo en todos nosotros, de modo que cada uno de nosotros es a la vez un individuo, Juan o Natalia, y un ser espiritual que es el mismo en todos. Y cuando decimos: «Yo quiero», significa que Juan o Natalia quieren, o a veces puede significar que el ser espiritual, que es el mismo en todos nosotros, quiere algo. Y así puede suceder que Juan y Natalia deseen una cosa, y la criatura espiritual que mora en ellos no desee esa misma cosa en absoluto, sino que desee algo totalmente distinto.

2. Alguien se acerca a la puerta. Pregunto: «¿Quién está ahí?». La respuesta

es: «Soy yo». «¿Qué yo?». «Yo, que he venido», es la respuesta, y entra un campesino. Se sorprende de que alguien pregunte a quién se refiere al decir «yo». Se sorprende porque siente dentro de sí ese único ser espiritual que es uno en todos nosotros, y se pregunta por qué yo debería preguntar sobre algo que debería estar claro para todos. Su respuesta se refiere al «yo» espiritual, pero mi pregunta se refería a la pequeña ventana por la que ese «yo» se asoma al mundo.

3. Algunos dicen que lo que llamamos nuestro yo no es más que el cuerpo, que mi razón, mi alma y mi amor, todo ello procede del cuerpo; siguiendo ese razonamiento, podríamos afirmar que lo que llamamos nuestro cuerpo no es más que el alimento con el que el cuerpo se nutre. Es cierto que mi cuerpo no es más que el alimento transformado que ha sido asimilado por el mismo, y también que no existiría cuerpo sin alimento, pero mi cuerpo no es el alimento. La comida es necesaria para la vida del cuerpo, pero no es el cuerpo. Y lo mismo ocurre con el alma. Es cierto que sin el cuerpo no habría alma, pero mi alma no es el cuerpo. El cuerpo es tan solo un soporte para el alma, pero el cuerpo no es el alma. Si no fuera por el alma, no sabría nada de mi cuerpo.

El principio de la vida no reside en el cuerpo, sino en el alma.

4. Cuando decimos: «Fue, o será, o puede ser», hablamos de la vida corporal. Pero además de la vida corporal que fue y que será, conocemos otra vida, la vida espiritual. Y la vida espiritual no es algo que fue, o que será, sino algo que es ahora mismo. La suya es la verdadera vida. Feliz el hombre que vive esta vida del Espíritu, y no la vida del cuerpo.

5. Cristo enseña al hombre que hay algo dentro de él que lo eleva por encima de esta vida, con sus vanidades, temores y pasiones. El hombre que ha recibido la doctrina de Cristo comparte la experiencia del pájaro que ha vivido ignorando sus alas y de repente se da cuenta de que las tiene, y que puede elevarse, ser libre y no temer nada.

V. La conciencia es la voz del alma

1. En cada hombre habitan dos criaturas: una ciega y carnal, y otra que ve y es espiritual. La primera, la criatura ciega, come, bebe, trabaja,

descansa, se multiplica y realiza sus funciones como un reloj. La otra, la que ve, la criatura espiritual, no hace nada por sí misma, sino que se limita a aprobar o desaprobar lo que hace la criatura ciega, la animal.

A la vigilante, la parte espiritual del hombre, la llamamos conciencia. La parte espiritual del hombre, o conciencia, actúa como la aguja de la brújula. La aguja de la brújula solo se mueve cuando el que la lleva se desvía del camino señalado por dicha aguja. Lo mismo ocurre con la conciencia: permanece en silencio mientras el hombre hace lo que es correcto.

Pero en el momento en que se desvía del camino correcto, la conciencia le muestra dónde y hasta qué punto se había equivocado.

2. Cuando oímos decir que un hombre ha cometido una mala acción, decimos que no tiene conciencia.

¿Qué es entonces la conciencia?

Es la voz de ese ser espiritual que habita en todos nosotros.

3. La conciencia es la percepción del ser espiritual que habita en todos los hombres. Y solo cuando existe tal percepción, la conciencia es la verdadera guía de la vida humana. De lo contrario, lo que la gente llama conciencia no es la realización de ese ser espiritual, sino el reconocimiento de lo que los hombres entre los que vivimos consideran bueno o malo.

4. La voz de las pasiones puede ser más fuerte que la voz de la conciencia. Pero la voz de las pasiones es muy distinta de la voz tranquila de la conciencia. Y sin embargo, por muy fuerte que rujan las pasiones, se apaciguan ante la voz quieta, tranquila y perseverante de la conciencia. Pues es la voz de lo Eterno, de lo Divino que habita en el hombre.

Channing.

5. Kant, el filósofo, señaló que dos cosas despertaban su asombro por encima de todas las demás: en primer lugar, las estrellas en los cielos y, en segundo lugar, la ley del bien en el alma del hombre.

6. El bien genuino está en tu propio ser, en tu alma. El que busca el bien fuera de sí mismo es como el pastor que busca entre su rebaño aquel cordero que ha cobijado en su propio seno.

Sabiduría hindú.

VI. La divinidad del alma

1. La primera percepción que se despierta en el hombre es la de estar separado de todas las demás cosas materiales, o la percepción de su cuerpo. Luego, la conciencia de lo que está así separado, o la conciencia de su alma y, por último, la percepción de aquello de lo que difieren las bases de la vida, la conciencia del Todo, de Dios.

Y ese algo que tiene conciencia de haber sido separado del Todo, de Dios, es el único ser espiritual que habita en todo hombre.

2. Hacerse consciente de uno mismo como hacerse separado es ser consciente de la existencia de aquello de lo que uno ha sido separado, ser consciente de la existencia de Todo, de Dios.

3. En verdad, en verdad os digo: el que oye mi palabra y cree en Aquel que me envió tendrá vida eterna y no sufrirá condenación, sino que pasará de la muerte a la vida.

En verdad, en verdad os digo que se aproxima la hora, y ahora es cuando los muertos oirán la voz del Hijo de Dios; y los que la oyeren vivirán.

Porque así como el Padre tiene vida en sí mismo, así también ha dado al Hijo que tenga vida en sí mismo.

Juan V, 24-26.

4. Una gota de agua que entra en el océano se convierte en océano. El alma que se une a Dios se convierte en Dios.

Angelus.

5. Cuando el hombre enuncia una verdad, eso no significa que la verdad haya nacido del hombre. Toda verdad procede de Dios. Tan solo se trasmite a través del hombre. Si se trasmite por un hombre en vez de por otro eso es simplemente que uno ha logrado hacerse tan transparente que la verdad puede pasar a través de él.

Pascal.

6. Dios dice: «Yo era un tesoro desconocido para todos. Deseé ser conocido y creé al hombre».

Mahoma.

7. No podemos comprender a Dios a través de la razón. Sabemos que Él es, solo porque somos conscientes de Él en nuestro interior, y no porque lo reconozcamos con nuestros intelectos.

Para ser un verdadero hombre, el hombre debe ser consciente de Dios en su interior.

Preguntar: «¿Existe Dios?» es como preguntar: «¿Existo yo?». Todo aquello que vivo es Dios.

8. El cuerpo es el alimento del alma; es como el andamiaje utilizado para erigir la estructura de la vida verdadera.

La mayor alegría que un hombre puede conocer es la de darse cuenta de la existencia dentro de él mismo de un ser libre, racional, amoroso y, por tanto, feliz; es decir, alcanzar la conciencia de Dios en su interior.

9. Si un hombre no se conoce a sí mismo, es inútil aconsejarle que se esfuerce por conocer a Dios. El consejo de Este solo puede darse a quien se conoce a sí mismo. Antes de que un hombre pueda conocer a Dios, debe conocerse a sí mismo.

10. Si me fundo en el crisol de Dios, Él imprimirá Su imagen en mí.

Angelus.

11. El alma es un cristal, Dios es la Luz que atraviesa el cristal.

12. No pienses: «Soy yo quien vive». No soy yo quien vive, sino ese ser espiritual que mora en mí. Yo solo soy la abertura a través de la cual aparece esta criatura.

13. Aquí solo estamos Tú y yo. Si no fuera por nosotros dos, no habría nada en este mundo.

Angelus.

14. Conozco a Dios no cuando creo lo que se dice de Él, sino cuando soy tan consciente de Él como lo soy de mi propia alma.

15. Yo soy para Dios otro Él. Él encuentra en mí lo que por toda la eternidad se mantiene semejante a Él.

16. Es como si el hombre oyera siempre una voz detrás de él, pero no tuviera poder para volver la cabeza y contemplar a aquel que habla. Su voz habla en todas las lenguas y guía a todos los hombres, pero ningún

hombre ha descubierto jamás al que habla. Si el hombre obedeciese a tal voz, al pie de la letra, y la aceptase para mantenerse al margen de la misma, incluso con sus pensamientos, sentiría que dicha voz y él mismo son uno. Y cuanto más considere el hombre esta voz como su propio yo, mejor será su vida. Esta voz le abrirá a una vida de bienaventuranza, porque esta voz es la voz de Dios en el hombre.

Emerson.

17. Dios desea el bien para todos; por tanto, si tú deseas el bien para todos, es decir, si amas, Dios vive en ti.

18. Hombre, no sigas siendo hombre. Conviértete en Dios, solo entonces harás de ti lo que debes.

Angelus.

19. Algunos dicen: «Salva tu alma». Solo que no se puede salvar lo que no puede perecer. El alma no puede perecer, pues es lo único que existe. No hay que salvar el alma, sino purificarla de lo que la contamina e iluminarla de lo que la ilumina, para que Dios pueda pasar más y más libremente a través de ella.

20. Algunos dicen: «¿Te has olvidado de Dios?». Es una buena pregunta. Olvidarse de Dios es olvidarse de Aquel que vive dentro de ti, y por quien tú vives.

21. Así como yo necesito a Dios, de igual modo Dios me necesita a mí.

Angelus.

22. Si flaqueas y te va mal, recuerda que tienes un alma y que puedes vivir en ella. Pero nos da por imaginar, en cambio, que otros hombres semejantes a nosotros pueden sostenernos.

Emerson.

23. Puedes escapar de la situación más difícil en el momento en que te das cuenta de que no vives con tu cuerpo, sino con tu alma, y recuerdas que hay algo dentro de ti que es más poderoso que cualquier cosa en el mundo.

24. Quien está unido a Dios no puede tener miedo de Dios. Dios no puede hacerse daño a sí mismo.

25. El hombre puede preguntarse a sí mismo, en cualquier momento: «¿Qué soy? ¿Qué estoy haciendo? ¿En qué estoy pensando? ¿Qué siento en este momento?». Y puede responderse inmediatamente a sí mismo: «Estoy haciendo, pensando, sintiendo esto o aquello en este momento». Pero si el hombre se pregunta a sí mismo: «¿Qué es eso que está dentro de mí, que es consciente de lo que estoy haciendo, pensando o sintiendo?», su única respuesta puede ser que se trata de la conciencia de sí mismo. La conciencia de sí mismo es lo que llamamos el alma.

26. Los peces que habitaban en un río oyeron una vez que la gente creía que los peces solo podían vivir en el agua. Los peces se sorprendieron mucho y empezaron a preguntarse entre ellos: «¿Qué es el agua?».

Uno de los peces sabios respondió: «Dicen que hay un viejo pez muy sabio en el mar; nademos hasta él y preguntémosle qué es el agua». Y el pez nadó mar adentro, hasta donde vivía el viejo pez sabio, y le preguntó: «¿Qué es el agua?». Y el viejo pez sabio respondió: «La razón por la que no conoces el agua es que vives en ella y por ella». De igual manera, a veces parece que la gente no sabe lo que es Dios, y sin embargo vive en Él.

Sufí.

VII. La vida del hombre no está en el cuerpo, sino en el alma, no en el cuerpo y en el alma, sino tan solo en el alma

1. «Pero el que me envió dice la verdad, y yo le digo al mundo lo que he recibido de Él».

No entendieron que les hablaba del Padre.

Entonces Jesús les dijo: «Cuando hayáis levantado al Hijo del Hombre, entonces sabréis que yo soy, y que nada hago por mí mismo, sino que, como mi Padre me ha enseñado, así hablo».

Juan VIII, 26-28.

Elevar al Hijo del Hombre es reconocer en nosotros mismos el espíritu que habita en nosotros y elevarlo por encima del cuerpo.

2. El alma y el cuerpo, estos dos son lo que el hombre llama suyo, los objetos de su perpetuo cuidado. Pero debes saber que el verdadero yo no es tu cuerpo, sino tu alma. Recuérdalo, eleva tu alma por encima de toda carne, presérvala de las inmundicias de la vida, no permitas que la carne la reprima, y entonces llevarás una buena vida.

Marco Aurelio.

3. Algunos dicen que no hay que amarse a uno mismo. Sin amarse a uno mismo, no habría vida. La cuestión principal es qué se debe amar en uno mismo: ¿el alma o el cuerpo?

4. No hay cuerpo tan fuerte y sano que no enferme a veces. No hay riqueza que no pueda perderse. No hay poder que no cese. Todas estas cosas son inestables. Si un hombre se pone como objetivo en su vida el ser fuerte, rico, influyente, aunque alcance aquello por lo que se esfuerza, seguirá teniendo ansiedades, temores y penas, porque verá que todas las cosas sobre las que ha construido su vida pueden abandonarle y se verá a sí mismo envejeciendo gradualmente y acercándose a la disolución.

¿Qué hacer entonces para evitar los miedos y las angustias?

Aquí solo existe un remedio: construir tu vida no sobre cosas pasajeras, sino sobre cosas que no perecerán, sobre el espíritu que vive en el hombre.

5. Haz lo que te pide el cuerpo: busca la gloria, los honores y la riqueza, y tu vida será un infierno. Haz lo que te pide el espíritu que llevas dentro: busca la humildad, la misericordia y el amor, y no necesitarás ningún paraíso. El paraíso estará en tu alma.

6. Existen deberes para con el prójimo, y existen deberes que todo hombre se debe a sí mismo, al espíritu que vive en su interior. Su deber es no mancillarlo, no destruirlo, no suprimir este espíritu, y cultivarlo sin cesar.

7. En los asuntos mundanos, nunca estás seguro de si debes hacer lo que haces o abstenerte, nunca estás seguro del resultado de lo que emprendes. Es diferente si vives para tu alma. Si vives para tu alma, con seguridad sabrás lo que hay que hacer, es decir, lo que el alma exige, y sabrás con seguridad que el bien saldrá de lo que estás haciendo.

8. En el momento en que sientas surgir las pasiones, los caprichos, el miedo o la malicia, recuerda quién eres; recuerda que no eres el cuerpo, sino el alma, y lo que te ha agitado se calmará enseguida.

9. Todos nuestros problemas se deben a que olvidamos lo que habita en no-

sotros y a que vendemos nuestra alma por el potaje de las alegrías carnales.

10. Para contemplar la luz verdadera tal como es, debes convertirte tú mismo en una luz verdadera.

Angelus.

VIII. La verdadera bendición del hombre es la bendición espiritual

1. El hombre vive del espíritu y no del cuerpo. Si un hombre sabe esto y fundamenta su vida en el espíritu y no en el cuerpo, aunque lo encadenes y confines tras barrotes de hierro, de todas formas será libre.

2. Todo hombre conoce dos vidas en su existencia: la del cuerpo y la del espíritu. La vida del cuerpo, apenas alcanza su plenitud, comienza a debilitarse. La vida del espíritu, en cambio, desde el día del nacimiento hasta el momento de la muerte, se desarrolla y se fortalece de manera constante.

Si un hombre vive la vida del cuerpo, toda su vida es como la vida de un condenado a muerte. Pero si un hombre vive para su alma, aquello en lo que basa su felicidad cobra fuerza cada día de su vida, y la muerte no guarda terrores para él.

Para llevar una buena vida no es necesario saber de dónde vienes ni qué habrá en el mundo venidero. Piensa solo en lo que desea tu alma, y no tu cuerpo, y no necesitarás saber de dónde vienes ni qué habrá después de la muerte. No necesitarás saber estas cosas, porque tendrás la experiencia de esa bendición perfecta para la que no existen cuestiones referentes al pasado ni al futuro.

4. Cuando el mundo comenzó a existir, la razón se convirtió en su madre. Quien comprende que la base de su vida es el espíritu sabe que está más allá de todo peligro. Cuando cierre los labios y clausure los portales de sus sentidos, al final de la vida, no sentirá ninguna ansiedad.

Lao-Tse.

5. Un alma inmortal requiere una tarea tan inmortal como ella misma. Y tal es la tarea que se le asigna: la búsqueda incesante de la perfección, tanto de sí misma como del mundo.

Hay una única alma en todo

Todos los seres vivos están separados los unos de los otros en lo corporal, pero lo que les da la vida es algo único y lo mismo en todos ellos.

I. La conciencia de la divinidad del alma une a todos los hombres

1. La doctrina de Cristo revela a los hombres que un mismo principio espiritual mora en todos ellos, y que todos son hermanos, y los une así para una vida de feliz comunión.

Lamennais.

2. No basta con decir que en cada hombre vive el mismo tipo de alma que en mí: es la misma alma la que habita en cada hombre y en mí. Todos los seres humanos están separados unos de otros por sus cuerpos individuales, pero todos están unidos por el mismo principio espiritual que da vida a todos.

3. Estar unido a la gente es una gran bendición, pero ¿cómo estar unido a todos? Supongamos que me uno a mis parientes, ¿y qué hay del resto de la gente? Supongamos que me uno a todos los amigos, a todos los rusos, a todos los correligionarios. ¿Y qué pasa con la gente que no conozco, con los hombres de otras nacionalidades y religiones? Aquí hay tantos hombres y tan diferentes… ¿Qué debo hacer?

Solo existe un remedio y ese es el de olvidarse de la gente, no preocuparse de cómo ser uno con ellos, sino esforzarse por ser uno con ese único ser espiritual que habita en mí y en todos los hombres.

4. Cuando pienso en esos millones y millones de seres que viven la misma vida que yo, a muchos miles de kilómetros de distancia, personas a las que nunca conoceré y que nada saben de mí, me pregunto sin querer: ¿realmente no hay ningún lazo que nos una? ¿Moriremos sin conocernos? No puede ser.

En efecto, tal cosa no puede ser. Por extraño que parezca, siento, sé que existe un vínculo entre mí y todas las personas del mundo, vivas o muertas.

No puedo entender ni explicar qué es ese vínculo, pero sé que existe.

5. Recuerdo que alguien me dijo que hay en cada hombre mucho de muy bueno y humano, y también mucho de muy malo y malicioso, y, según su disposición, ahora se manifiesta esto, ahora lo otro. Lo que me dijo es cierto.

La visión del sufrimiento evoca los sentimientos más contradictorios, no solo en diferentes personas, sino a veces en la misma: a veces compasión, a veces algo parecido al placer, que puede asumir las proporciones incluso de una alegría maliciosa.

He notado en mí mismo que a veces he mirado a todas las criaturas con auténtica compasión, a veces con la más completa indiferencia, y ocasionalmente con odio e incluso con malicia.

Esto demuestra con claridad que existen en nosotros dos formas de conciencia diferentes y directamente contradictorias. Una, cuando tenemos conciencia de ser seres individuales, cuando todas las demás criaturas nos parecen totalmente ajenas, cuando todas son otra cosa y no yo, entonces no podemos sentir hacia ellas más que indiferencia, envidia, odio o malicia. Y la otra forma de conciencia es la conciencia de unidad con las demás criaturas. Con esta forma de conciencia, todas las criaturas nos parecen lo mismo que nuestro propio «yo» y, por lo tanto, verlas suscita nuestro amor. La primera forma de conciencia nos separa como un muro infranqueable, la otra elimina la división y nos fundimos en uno. La primera forma nos enseña a reconocer que todas las demás criaturas son algo distinto de nosotros, y la otra nos enseña que todas las criaturas son el mismo «yo» que reconozco dentro de mí.

Schopenhauer.

6. Cuanto más vive un hombre para el alma, mejor se da cuenta de su unidad con todas las criaturas vivientes. Vive para el cuerpo, y estarás solo entre extraños; vive para el alma, y todo el mundo será tu pariente.

7. Un río no se parece a un estanque, un estanque no se parece a un barril, un barril no se parece a un vaso de agua. Pero la misma agua se encuentra en el río, en el estanque, en el barril y en la copa. Del mismo modo, todos los hombres difieren, pero el espíritu que vive en ellos es uno y el mismo.

8. El hombre tan solo comprende el sentido de la vida cuando se ve a sí mismo en cada hombre.

9. Entabla una conversación con cualquier hombre, mírale fijamente a los ojos, y sentirás que eres afín a él, imaginarás que le has conocido en algún lugar del pasado. ¿Por qué? Porque aquello por lo que vives es lo mismo en ti y en él.

10. En cada hombre habita ese espíritu sobre el que no hay nada más elevado en el mundo, y por lo tanto no importa lo que un hombre pueda ser: estadista o convicto, prelado o indigente, todos son iguales, porque en cada uno de ellos habita aquello que está por encima de todas las otras cosas en el mundo. Valorar y estimar a un noble por encima de un mendigo es como valorar y estimar una moneda de oro más que otra porque una está envuelta en papel blanco y otra en papel negro. Recuerda siempre que en un hombre habita la misma alma que en ti mismo, y por eso a todos los hombres hay que tratarlos por igual, con cuidado y respeto.

11. Lo principal de la doctrina de Cristo reside en que reconoció a todos los hombres como hermanos. En cada hombre, vio a un hermano y, por lo tanto, amó a cada uno, sin importar quién o qué era. Él miraba el interior, no el exterior. No miraba el cuerpo, sino que veía el alma inmortal a través de las vestimentas del rico y de los andrajos del mendigo. En el más depravado de los hombres vio algo que podía transformar a tal hombre caído en el más grande de los santos, tan grande y santo como Él mismo.

Channing.

12. Los niños son más sabios que los adultos. El niño no hace distinciones sobre la condición social de las personas, sino que siente con toda su alma que en cada hombre vive algo que es uno y lo mismo, tanto en él como en todas las demás personas.

13. Si un hombre no ve en cada prójimo el mismo espíritu que le une a todas las demás personas del mundo, vive como en un sueño. Solo está despierto y vive de verdad quien se ve a sí mismo y a Dios en su prójimo.

II. Un mismo principio espiritual reside no solo en todos los hombres, sino en todas las criaturas vivientes

1. Sentimos en nuestro corazón que aquello por lo que vivimos, lo que llamamos nuestro verdadero «yo», es lo mismo, no solo en cada hombre, sino también en el perro, en el caballo, en el ratón, en la gallina, en el gorrión, en la abeja e incluso en una planta.

2. Si decimos que los pájaros, los caballos, los perros y los monos nos son totalmente ajenos, podemos afirmar con igual razón que todos los salvajes, los negros y los amarillos nos son ajenos. Y si nosotros los consideramos extraños, los negros y los amarillos pueden igualmente considerarnos razonablemente extraños. ¿Quién es entonces nuestro prójimo? Solo existe una respuesta para esto: no preguntes quién es tu prójimo, sino haz a toda criatura lo que deseas que te hagan a ti.

3. Todo lo que vive aborrece el dolor, todo lo que vive aborrece la muerte: reconócete no solo en el hombre, sino en toda criatura viviente y no mates, no causes sufrimiento y muerte.

Todo lo que vive desea lo mismo que tú: reconócete en toda criatura viviente.

Sabiduría budista.

4. El hombre es superior a los animales no porque pueda torturarlos, sino porque es capaz de tener compasión de ellos, y el hombre tiene compasión de los animales porque siente que en ellos habita lo mismo que habita en él también.

5. La compasión con los seres vivos es esencial para cualquier hombre que quiera avanzar en la virtud. Quien es compasivo no hiere ni ofende, y perdona libremente. Un hombre bueno no puede carecer de compasión. Y si un hombre es injusto y mezquino, seguramente carecerá de compasión. Sin compasión hacia todo lo viviente, la virtud es imposible.

Schopenhauer.

6. Es posible perder por grados esa compasión hacia las criaturas vivas que es connatural a todos los hombres. Eso se percibe especialmente en la caza. Ocurre que la gente amable se acostumbra a la caza y aprende a torturar y matar animales sin darse cuenta de su propia crueldad.

7. «No matarás» no se refiere solo al hombre, sino a todo lo viviente. Tal mandamiento fue inscrito en el corazón del hombre antes de ser grabado en las tablas de la ley.

8. Los hombres piensan que es correcto comer animales, porque se les hace creer que Dios sanciona tal práctica. Esto es falso. No importa en qué libros esté escrito que no es pecado matar animales y comérselos, está más escrito en el corazón del hombre, con mayor claridad que en cualquier libro, que los animales son dignos de compasión y no se deben matar más que a los seres humanos. Todos lo sabemos si no ahogamos la voz de nuestra conciencia.

9. Si todos los hombres que comen animales tuvieran que matarlos en persona, la mayor parte de los seres humanos se abstendría de comer carne.

10. Nos maravilla que haya habido hombres, que todavía haya hombres que maten seres humanos para comer su carne. Llegará el momento en que nuestros nietos se maravillarán de que sus abuelos tuvieran la costumbre de matar millones de animales cada día para comérselos, cuando ellos podían saciar su hambre sana y agradablemente con los frutos de la tierra y sin matar.

11. Es posible perder poco a poco el hábito de la compasión incluso con los seres humanos, y también es posible acostumbrarse a tener compasión incluso con los insectos.

Cuanto más se llena de compasión el corazón de un hombre, mejor es para su alma.

12. Todos somos muy conscientes de que existe algo idéntico en todos nosotros, los seres humanos, pero nos damos cuenta menos de que eso mismo también existe en los animales. Sin embargo, si pensamos un poco en la vida de esas pequeñas criaturas, no podemos evitar darnos cuenta de que el mismo principio habita también en ellas.

12. «¿Pero seguro que podemos matar moscas o pulgas, no?». «Sin darnos cuenta matamos, a cada movimiento, a criaturas a las que ni siquiera somos capaces de percibir en nuestra vida cotidiana». Esto es algo dicho de continuo por aquellos que buscan excusas para la crueldad de los hombres hacia los animales. Los que hablan así olvidan que el hombre no puede alcanzar la perfección. Lo mismo ocurre en materia de compasión con los animales. No podemos vivir sin destruir a otras criaturas, pero podemos ser más o menos compasivos. Cuanto más compasivos seamos con los animales, mejor será para nuestra propia alma.

III. Cuanto más larga es la vida de un hombre, más clara le resulta la singularidad del principio divino que habita en él

1. A la gente le parece que todos están separados unos de otros. Sin embargo, si cada hombre viviera tan solo su vida separado de los demás, la vida humana no podría continuar. La vida humana solo es posible porque es una y es el mismo espíritu de Dios el que vive en todos los hombres, y porque estos lo perciben.

2. Otros hay que piensan que solo ellos viven de verdad, y que lo son todo, y que todos los demás son como si no fueran nada. Hay muchas personas así. Pero también hay hombres razonables y buenos que se dan cuenta de que la vida de los demás, incluso de los animales, es en sí misma tan importante como la suya propia. Tales hombres no viven solo en su «yo», sino también en otros seres, humanos y animales. Para ellos, es fácil vivir y es fácil morir. Cuando mueren, tan solo ocurre aquello por lo que habían vivido en sí mismos; permanece aquello por lo que vivían en los demás. Sin embargo, los que viven solo en su propio yo tienen una vida estrecha y una muerte penosa pues, cuando llegan a la muerte, tales personas piensan que todo aquello por lo que vivían está pasando.

Schopenhauer.

3. Recuerda que, en todo hombre, habita el mismo espíritu que en ti mismo y, por eso, venera como cosa santa no solo tu propia alma, sino también el alma de todo hombre.

4. ¿Por qué nos sentimos dichosos en nuestro interior tras los actos de amor? Porque todos los actos de amor nos demuestran que el ser verdadero no reside solo en nuestra propia personalidad, sino también

en todos los seres vivientes.

Si vives solo para ti, vives solo con una ínfima partícula de tu verdadero yo. Pero si vives para los demás, sientes que tu «yo» se expande.

Si vives solo para ti mismo, te sentirás entre enemigos, sentirás que la felicidad de los demás obstruye tu propia felicidad. Si vives para los demás, te sentirás entre amigos, y la felicidad de todos los demás será tu propia felicidad.

Schopenhauer.

5. El hombre solo encuentra su felicidad sirviendo a los demás. Y encuentra la felicidad sirviendo a los demás porque, al servir a los demás, se une con el espíritu de Dios que habita en ellos.

6. Ese espíritu divino por el que vivimos solo se nos hace plenamente comprensible si amamos al prójimo.

7. Todas las obras verdaderamente buenas, en las que el hombre se olvida de sí mismo y piensa únicamente en las necesidades de otro, son maravillosas y serían incomprensibles si no fueran tan naturales y habituales para nosotros. ¿Por qué, en efecto, ha de privarse un hombre de todo, preocuparse y luchar por algún otro ser humano a quien tal vez no conozca, habiendo tantas personas así en el mundo? Solo puede explicarse de este modo: quién beneficia a otro sabe que aquel a quien beneficia no es un ser separado de sí mismo, sino el mismo ser por el que él mismo vive, solo que bajo otra forma.

Schopenhauer.

8. Todo lo que sabemos lo percibimos, o bien a través de nuestros cinco sentidos, es decir, viendo, oyendo o tocando las cosas, o bien poniéndonos en el lugar de otras criaturas, es decir, viviendo su vida. Si solo percibiéramos las cosas a través de nuestros cinco sentidos, el mundo nos resultaría incomprensible. Lo que sabemos del mundo lo sabemos a través del amor, que nos permite entrar en otras criaturas y vivir sus vidas. Las personas están separadas por sus cuerpos y no pueden entenderse. Pero el amor los une a todos. Y ahí reside la mayor de las bendiciones.

9. Si vives la vida del espíritu, toda desunión entre los hombres te causa sufrimiento espiritual. ¿Por qué tal sufrimiento? Así como el dolor corporal señala un peligro que amenaza la vida del cuerpo, de la misma

manera, el sufrimiento espiritual señala un peligro que amenaza la vida espiritual del hombre.

10. Un filósofo indio comentó: «En ti y en mí, así como en todas las criaturas, habita el idéntico espíritu de la vida, y sin embargo estás enfadado conmigo, no me amas. Recuerda que tú y yo somos uno. Seas lo que seas, tú y yo somos uno».

11. No importa cuán malvado, injusto, estúpido o desagradable pueda ser un hombre; recuerda que, al dejar de respetarlo, rompes la conexión no solo con él, sino también con todo el mundo espiritual.

12. Para vivir en paz con todos los hombres, piensa en el vínculo común que os une y no en lo que te separa de ellos.

13. Se considera un pecado grande e imperdonable tratar con indignidad los objetos del culto externo de los hombres, pero no se considera pecado tratar con indignidad a los seres humanos. Y sin embargo, en el hombre más depravado habita algo muy superior a cualquier objeto de culto externo, que solo es obra de manos humanas.

14. Es fácil soportar penas que no son causadas por personas, sino por enfermedades, conflagraciones, inundaciones o terremotos. Pero es muy doloroso sufrir a causa de los actos de las personas, de los hermanos de uno mismo. Sabemos que la gente debería amarnos, pero en lugar de eso nos torturan. «Todas las personas son mis semejantes. ¿Por qué me causan dolor?», pensamos. Por eso es más fácil soportar las penas de enfermedades, conflagraciones, huracanes que las causadas por la falta de amabilidad humana.

IV. Efectos de la realización de la unidad del alma en todos los seres humanos

1. ¿Somos conscientes de nuestra hermandad espiritual? ¿Nos damos cuenta de que en el alma de todos los hombres existe el mismo principio divino que en la nuestra? No, aún no nos damos cuenta. Y sin embargo, esto es lo único que puede ofrecernos verdadera libertad y felicidad. La libertad y la felicidad no podrán llegar hasta que los hombres

se den cuenta de su unidad. Y sin embargo, si los hombres reconocieran esta verdad básica del cristianismo, la unidad del principio espiritual en el hombre, toda la vida del hombre cambiaría y se establecerían relaciones entre los hombres que ni siquiera podemos imaginar en la actualidad. Los insultos, abusos y opresiones que infligimos a nuestros semejantes despertarían nuestra indignación más que los mayores crímenes de la actualidad. Sí, necesitamos una nueva revelación, no del cielo y del infierno, sino del espíritu que mora en nosotros.

Channing.

2. Si el hombre buscara distinguirse de los demás alcanzando riquezas, honores o cargos, se sentiría insatisfecho, por mucho que se engrandeciera, y nunca estaría sereno y feliz. Pero si se diera cuenta de que en él vive el mismo principio divino que en todos los demás hombres, alcanzaría inmediatamente la paz y la felicidad, sin importar en qué estado se encontrara, pues se daría cuenta de que hay algo en su interior que es más elevado que cualquier otra cosa en el mundo.

3. Cuanto más viven los hombres, mejor se dan cuenta de que su vida solo es, en tal caso, feliz y dichosa cuando reconocen su unidad en un mismo espíritu que habita en todos.

4. El amor provoca el amor. Y tiene que ser así, porque Dios, despertándose en ti, se despierta también en el otro hombre.

5. Cuando conozcas a otra persona, por desagradable o repulsiva que te parezca, es bueno que recuerdes que a través de ella tienes la oportunidad de comulgar con ese principio espiritual que vive en él, en ti mismo y en el mundo entero y, por lo tanto, no debes sentirte agobiado por tal comunión, sino agradecerla como una bendición.

6. Una rama que se ve cortada del tronco se ve, como consecuencia de tal acto, separada del árbol. Del mismo modo, el hombre que riñe con otro hombre se separa de toda la humanidad. Pero la rama la corta la mano de un extraño, mientras que el hombre se separa de su prójimo por culpa de su propio odio, y no se da cuenta de que, con ello, se separa de toda la humanidad.

Marco Aurelio.

7. No hay mal acto que tenga como consecuencia el hecho de que solo

se castigue a aquel que lo ha cometido. No podemos escondernos de tal manera que el mal que llevamos dentro no se trasmita a otras personas. Nuestros actos, buenos o malos, son como nuestros hijos. Viven y actúan no ya de acuerdo con nuestra voluntad, sino por voluntad propia.

George Eliot.

8. La vida humana es dura solo porque los hombres no saben que la misma alma que habita en ellos habita también en todos los hombres. Esto explica la enemistad de los hombres entre sí. Esto explica que unos sean ricos y otros pobres, que unos sean amos y otros trabajadores; esto explica la envidia y la malicia, esto explica todos los sufrimientos humanos.

9. El cuerpo del hombre solo ansía su propio bien, y los hombres se someten a este engaño. Y en cuanto el hombre vive solo para su cuerpo, está en desacuerdo con los hombres y con Dios y no alcanza el bien que busca.

Amor

El alma del hombre, al estar separada por el cuerpo de Dios, y de las almas de las demás criaturas, pugna por unirse con aquello de lo que se ha visto separada. El alma se une con Dios a través de una conciencia de Este, en su interior, que crece constantemente, y con las almas de las demás criaturas a través de una manifestación de amor que crece también constantemente.

I. El amor une al hombre con Dios y con otras criaturas

1. Jesús le dijo al abogado: «Amarás al Señor tu Dios con todo tu corazón, con toda tu alma y con toda tu mente. Este es el primer y gran mandamiento».

Y el segundo es semejante: «Amarás a tu prójimo como a ti mismo». Así habló el abogado a Cristo, y Jesús dijo: «has respondido bien, haz esto (es decir, ama a Dios y a tu prójimo) y vivirás».

2. ¡Ay de vosotros, hombres mundanos! Aquí hay aflicción y preocupación sobre vuestras cabezas y bajo vuestros pies, a vuestra derecha y a vuestra izquierda, y sois un misterio para vosotros mismos. Y tales misterios seguiréis siendo, a menos que lleguéis a ser felices y amorosos como los niños. Solo entonces me conoceréis, y conociéndome os conoceréis a vosotros mismos, y solo entonces os gobernaréis a vosotros mismos.

Y solo entonces, cuando miréis desde vuestra alma hacia el mundo, todas las cosas serán una bendición para vosotros, en el mundo y dentro de vosotros mismos.

Sabiduría budista.

3. Solo la perfección puede ser amada. Por tanto, para amar se requiere una de dos cosas: o considerar perfecto lo que es imperfecto o amar la perfección, que es Dios. Si consideramos perfecto lo que es imperfecto, tarde o temprano se revelará el error y cesará el amor. Pero el amor a Dios, que es a la perfección, no puede cesar.

Dios es amor; el que habita en el amor habita en Dios, y Dios habita en él. Nadie ha visto jamás a Dios, pero si nos amamos unos a otros, Dios habita en nosotros y su amor se perfecciona en nosotros. Si alguno dice: «Amo a Dios», y sin embargo aborrece a su hermano, es mentiroso; porque el que no ama a su hermano, a quien ha visto, ¿cómo puede amar a Dios, a quien no ha visto? Amados, amémonos unos a otros, porque el amor es de Dios; y todo aquel que ama es nacido de Dios, y conoce a Dios, porque Dios es amor.

Basado en 1 Juan IV.

5. Los hombres solo pueden unirse verdaderamente en Dios. Para unirse, los hombres no necesitan caminar unos hacia otros, sino que todos deben ir en dirección a Dios.

Si existiera un templo inmenso en el que la luz entrara solo por el centro, desde arriba, entonces, para reunirse en ese templo todos los hombres tendrían que ir hacia la luz en el centro del mismo. Lo mismo ocurre en el mundo. Que todos los hombres caminen en dirección a Dios, y finalmente todos se encontrarán.

6. «Amados, amémonos unos a otros; el amor viene de Dios, y el que ama ha nacido de Dios y conoce a Dios. El que no ama no conoce a Dios, porque Dios es amor», dijo el Apóstol Juan.

Amar a todos los hombres parece difícil. Pero todas las cosas son difíciles hasta que se aprende a hacerlas. Los hombres pueden aprender cualquier cosa: a coser, a tejer, a labrar la tierra, a segar, a forjar el hierro, a leer y a escribir. Aun así, deben aprender a amar a todos los hombres.

Y aprender a hacerlo no es difícil, porque amarnos los unos a los otros está arraigado en nuestros corazones.

«Nadie ha visto jamás a Dios, pero si nos amamos los unos a los otros, entonces Él habitará en nosotros».

Y, si Dios es amor y habita en nosotros, no es difícil aprender a amar. Solo debemos esforzarnos por liberarnos de aquello que obstaculiza el amor, liberarnos de aquello que impide su manifestación exterior. Y, con solo empezar, pronto alcanzarás la más importante y necesaria de todas las ciencias: la de cómo amar a las personas.

7. No hay nada más dichoso que saber que la gente nos ama. Pero, curiosamente, para que la gente nos ame, no tenemos que esforzarnos en agradarles, sino solo en acercarnos a Dios. Acércate a Dios, no pienses en la gente, y la gente te amará.

8. No pidáis a Dios que os una. Él ya os ha hecho uno al poner Su único y mismo espíritu en todos vosotros. Tan solo, desechad las cosas que os dividen, y seréis uno.

9. El hombre imagina que quiere su propio bien. Pero esto es solo aparente. Se debe a que alberga a Dios, que desea su bien. Y Dios desea el bien de todos los hombres.

10. Aquel que dice que ama a Dios y no ama a su prójimo, engaña a la gente. Y el que dice que ama a su prójimo y no ama a Dios, se engaña a sí mismo.

11. Se dice que debemos temer a Dios. Esto es falso. Debemos amar a Dios, no temerle. No se puede amar lo que se teme. Y, además, no se puede temer a Dios, porque Dios es amor. ¿Cómo podemos temer al amor? No temas a Dios, sino que sé consciente de Él dentro de ti. Y, si eres consciente de Dios en tu interior, no temerás nada en este mundo.

12. Algunos dicen que el último día será el Día del Juicio, y que el Dios de bondad será un Dios de ira. Sin embargo, de un Dios de bendiciones nada puede venir sino lo que es bueno.

Sean cuales sean las creencias, solo existe una fe verdadera: que Dios es amor. Y del amor solo puede venir el bien.

No temas en esta vida o después de ella, nada puede llegar, nada llegará sino lo bueno.

Sabiduría persa.

13. Vivir una vida piadosa es ser como Dios. Para ser como Dios, no debes temer nada ni desear nada para ti mismo. Para no temer nada y no desear nada para ti mismo, solo necesitas amar.

Algunos dicen: «Mira en tu interior, y tendrás paz». Eso no es del todo cierto.

Otros dicen: «Sal de ti mismo; esfuérzate por olvidarte de ti mismo y busca la felicidad en los placeres». Esto también es falso. Esto es falso, aunque solo sea por la razón de que los placeres no eliminarán la enfermedad. La paz y la felicidad no están ni dentro ni fuera de nosotros, sino en Dios, y Dios está tanto dentro como fuera de nosotros.

Ama a Dios, y encontrarás en Dios lo que buscas.

II. Del mismo modo que el cuerpo humano desea la comida y sufre cuando se le priva de ella, así el alma humana desea amor y sufre cuando se le priva de ella

1. Todas las cosas se ven atraídas hacia la tierra, y unas hacia otras. Del mismo modo, todas las almas se sienten atraídas por Dios y entre ellas.

2. Para que los hombres vivan todos a una, y no cada uno para sí, Dios les reveló solo lo que es necesario para todos, y no lo que es necesario para cada uno por separado.

Y para que los hombres conocieran lo que es necesario a todos y para todos, Él entró en sus almas, y en sus almas se manifestó como amor.

3. Los problemas de los hombres no provienen de malas cosechas, de conflagraciones, de malhechores, sino tan solo de que viven separados unos de otros. Y viven separados, porque no tienen fe en esa voz de amor que habita en ellos y que los une.

4. Mientras el hombre vive la vida animal, le parece que, si está separado de los demás, así debe ser y no puede ser de otro modo. Pero, tan pronto como comienza a vivir la vida del espíritu, le resulta extraño, deplorable e incluso doloroso estar separado de otras personas, y se esforzará por llegar a ser uno con ellas. Y solo el amor hace que las personas sean una.

5. Todo hombre sabe que debe hacer aquellas cosas que le unen a la gente, y no las que las que le separan de ella; lo sabe no porque nadie se lo haya ordenado, sino porque cuanto más se une a la gente, mejor vive, y, por el contrario, cuanto más se separa de ella, peor es su vida.

6. El eje de la vida de todo hombre consiste en ser cada vez mejor cada

año, cada mes, cada día. Y cuanto mejores se vuelven los hombres, más estrechamente se unen entre ellos. Y cuanto más estrechamente se unan, mejor será su vida.

7. Cuanto más amo a una persona, menos siento mi separación de ella. Parece como si él fuera lo mismo que yo, yo lo mismo que él.

8. Si nos atuviéramos firmemente a esta regla: ser uno con la gente en las cosas en las que estamos de acuerdo, sin exigir su adhesión a las cosas de las que disienten, estaríamos mucho más cerca de Cristo que esos supuestos cristianos que se mantienen alejados de los hombres de otras religiones, exigiendo su adhesión a su propia visión de la verdad.

9. Ama a tus enemigos y no tendrás enemigos.

10. El camino hacia la unión es tan perceptible como una tabla dispuesta sobre un charco. En el momento en que te desvías del camino, te encuentras en el fango de las vanidades mundanas, las rencillas y la malicia.

III. El amor solo es auténtico cuando nos abarca a todos

1. Dios quería que fuéramos felices, y por eso nos dotó de un anhelo de felicidad, pero Él quería que fuéramos felices en conjunto y no como individuos, y por eso nos dotó de un anhelo de amor. Por tal motivo, los hombres dotados de razón solo serán felices cuando todos se amen.

2. El filósofo romano Séneca afirmaba que todo lo vivo, todo lo que vemos a nuestro alrededor, es un solo cuerpo; de la misma forma que nuestras propias manos, pies, estómago y huesos, todos somos miembros de un mismo cuerpo. Todos hemos nacido iguales, todos buscamos por igual nuestro propio bien, todos comprendemos que es mejor que nos ayudemos unos a otros, en lugar de hacernos daño. El mismo amor de unos a otros se ha implantado en nuestros corazones. Somos como piedras unidas en un arco y estamos abocados a derrumbarnos si no nos apoyamos mutuamente.

3. Todo hombre se esfuerza por hacer el mayor bien posible para sí mismo, y el mayor bien del mundo es estar en amor y armonía con todas

las personas. ¿Cómo podemos alcanzar este bien si sentimos que amamos a algunas personas, pero no amamos a otras? Debemos aprender a amar a aquellos a los que no amamos. El hombre aprende las tareas más difíciles, aprende a leer y escribir, domina ciencias y oficios. Si el hombre se aplicara tan asiduamente a adquirir amor como a aprender diversos oficios y ciencias, pronto se entrenaría para amar a todas las personas, incluso a aquellas que le resultan desagradables.

4. Si te percatas de que el amor es lo más importante en la vida, al conocer a un ser humano no te preguntarías cómo podría serte útil, sino cómo y en qué tú podrías serle útil a él. Sigue esta regla y siempre tendrás más éxito que si te ocuparas solo de ti.

5. Si amamos a los que nos atraen, a los que nos alaban, a los que nos hacen bien, entonces amamos para nosotros mismos, para superarnos. El amor genuino es cuando amamos no para nosotros mismos, no para buscar ningún beneficio para nosotros, sino para aquellos a quienes amamos, y cuando amamos no porque las personas nos resulten atractivas o útiles, sino porque reconocemos en cada ser ese espíritu que mora en nosotros.

Solo cuando amamos de esta manera podremos amar a los que nos odian, a nuestros enemigos, tal como Cristo nos enseñó a hacer.

6. Debemos respetar a todo hombre, por miserable o ridículo que sea. Debemos recordar que en cada hombre habita el mismo espíritu que en nosotros. Incluso si un hombre es repulsivo, tanto en cuerpo como en alma, debemos pensar esto: «Debe haber gente así de extraña en el mundo, debemos tolerarla». Pero si mostramos a tales personas que las detestamos, somos de entrada injustos, y entonces provocamos su amarga animosidad.

Él no puede cambiarse a sí mismo. ¿Qué otra cosa puede hacer entonces, sino combatirnos como un enemigo mortal, si le mostramos hostilidad? Seríamos buenos con él si dejara de ser como es. Por lo tanto, debemos ser buenos con cada hombre tal como es, no exigiéndole que haga lo que no puede hacer, no exigiéndole, en otras palabras, que deje de ser él mismo.

Schopenhauer.

7. Esfuérzate por amar a quien antes no amabas, a quien has condenado

o a quien puede haberte hecho daño. Y si lo consigues, conocerás una nueva alegría. Como una luz brillante que disipa la oscuridad, la luz del amor brillará gloriosa y alegremente en tu corazón una vez que te liberes del odio.

8. El mejor de los hombres es el que ama a todos y hace el bien a todos sin distinción, sean buenos o malos.

Mahoma.

9. ¿Por qué resulta tan doloroso el desacuerdo con un semejante, y aún más doloroso el odio a un semejante? Porque todos sentimos que el principio que nos hace a todos seres humanos es el mismo en todos nosotros, de modo que, cuando odiamos a otros, estamos en discordia con aquello que es uno en todos, estamos en discordia con nosotros mismos.

10. «Me encuentro cansado, me encuentro abatido, estoy solo». ¿Quién te dijo que te separaras de toda la gente y te encerraras en la casa prisión de tu yo solitario, miserable y fútil?

11. Actúa de modo que puedas decir a cada hombre: «Haz como yo».

Kant.

12. Hasta que no vea que se cumple el precepto principal de Cristo, amar a tu enemigo, no creeré que los que se llaman cristianos lo sean de verdad.

Lessing.

IV. Solo el alma puede amarse de verdad

1. El hombre se ama a sí mismo. Pero si, al amarse a sí mismo ama su cuerpo, está en un error. Tal amor solo le traerá sufrimientos. Amarse a sí mismo solo es correcto cuando el hombre, al hacerlo, ama su alma. Y el alma es la misma en todas las personas. Por lo tanto, si un hombre ama su alma, también amará las almas de otras personas.

2. Todos los hombres anhelan una cosa y trabajan incesantemente en pro de ella: vivir bien. Por eso, desde los primeros tiempos y en todos los lugares, los santos y los sabios han enseñado a sus semejantes a vivir de modo que la vida sea buena en lugar de mala. Y todos estos santos

y sabios, en muchos climas y diferentes épocas, han enseñado a los hombres una misma doctrina.

Esta doctrina es breve y clara.

Muestra que todos los hombres viven por el mismo espíritu, que todos los hombres son uno y el mismo, pero están separados en esta vida por sus cuerpos y, si se dan cuenta de que todos viven por el mismo espíritu, todos deben unirse en el amor. Y, si los hombres no se dan cuenta de esto, y viven a través de sus cuerpos separados, son hostiles entre sí y son infelices.

Por lo tanto, el meollo de la doctrina reside en hacer las cosas que unen a las personas y evitar las que las separan. Es fácil creer en esta doctrina, porque ha sido implantada en el corazón de todo hombre.

3. Si un hombre vive solo la vida de su cuerpo, se encarcela a sí mismo. Vivir para el alma abre la puerta de esta prisión y conduce al hombre a la vida gozosa de la libertad que es común a todos.

4. El cuerpo solo busca su propia bendición, aunque el alma resulte dañada. El alma busca su propia bendición, aunque el cuerpo se vea dañado. Esa pugna continúa hasta que el hombre se da cuenta de que su vida no reside en el cuerpo, sino en el alma, y que el cuerpo es solo el material con el que el alma debe hacer su trabajo.

5. Si dos hombres emprenden un viaje de Moscú a Kiev, por muy lejos que estén el uno del otro, aunque uno esté cerca de las puertas de Kiev y el otro acabe de salir de Moscú, al final se encontrarán en un mismo lugar. Pero, por muy cerca que estén, si uno parte en dirección a Moscú y el otro para Kiev, siempre estarán separados. Lo mismo sucede con la vida de los hombres. El santo, si vive para su alma, y el pecador más débil, si solo vive para su alma, viven para una misma cosa y tarde o temprano los dos deben encontrarse. Pero, si dos hombres viven juntos, y uno vive para su cuerpo, mientras que el otro vive para su alma, de forma inevitable, se distanciarán cada vez más y más.

6. Es difícil para las personas vivir sin saber por qué viven. Sin embargo, hay personas que están tan seguras de que es imposible saberlo que incluso presumen de ello.

Pero no solo es posible, sino que es necesario saber por qué. El sentido de la vida reside en independizar cada vez más el alma del cuerpo y llevarla a la unión con las almas de los demás y con el principio de todo, que es Dios.

La gente piensa y dice que no lo sabe, solo porque no vive de acuerdo con las enseñanzas de todos los sabios del mundo, e incluso con los dictados de su propia razón y conciencia.

V. El amor es una característica natural del hombre

1. Es tan natural que un hombre ame como que el agua fluya hacia abajo.

Sabiduría oriental.

2. Una abeja que obedece a la ley de su naturaleza debe volar, una serpiente debe arrastrarse, un pez debe nadar y el hombre debe amar. Por eso, si un hombre en vez de amar hiere a los demás, actúa tan contra natura como un pájaro que quisiera nadar o un pez que quisiera volar.

3. Un caballo busca la seguridad frente a su enemigo mediante la velocidad de sus patas. Es desafortunado, no cuando no puede cantar como un pájaro, sino cuando ha perdido lo que le es natural: la velocidad de sus patas.

La posesión más preciada de un perro es su olfato. Si lo pierde, es una desgracia, pero no si no puede volar.

Así pues, el hombre no es desgraciado si no es capaz de vencer a un oso o a un león o a malvados adversarios, sino si pierde su don más precioso: su naturaleza espiritual, su capacidad de amar. No sientas pesar si un hombre muere, o pierde su riqueza, si se queda sin casa o hacienda; ninguna de tales cosas pertenece al hombre. Pero entristécete si un hombre pierde su posesión más verdadera, su bendición suprema, que es su capacidad de amar.

Epicteto.

4. A una niña sordomuda y ciega le enseñaron a leer y escribir mediante el sentido del tacto; su maestra se esforzó por explicarle el significado del amor, y la niña respondió «Sí, lo entiendo, es aquello que las personas sienten siempre unas hacia otras».

5. A un filósofo chino le preguntaron por el significado de la ciencia.

Respondió: «Conocer a la gente». Le preguntaron el significado de la virtud. Respondió: «Amar a la gente».

6. Solo hay un guía infalible para todas las criaturas del mundo. Tal guía es el Espíritu Universal que impulsa a cada criatura a hacer lo que debe hacer. Este espíritu ordena al árbol crecer hacia el sol; este mismo espíritu en la flor le ordena pasar a semilla; en la semilla, le ordena hundirse en la tierra y crecer. En el hombre, este Espíritu le ordena buscar la unión con otras criaturas por medio del amor.

7. Un filósofo hindú dijo: «Como una madre cuida a su único hijo, amamantándolo, acariciándolo y educándolo, así tú, hombre de donde seas, cuida, acaricia y desarrolla en ti lo más precioso del mundo: el amor a los demás y a todos los seres vivos». Todas las creencias lo enseñan: la fe de los brahmanes, la de los judíos, la de los budistas, la de los chinos, la de los cristianos y la de los mahometanos. Por lo tanto, lo más necesario en el mundo es aprender a amar.

8. Entre los chinos hubo tres sabios: Confucio, Lao-Tse y Mi-Ti, siéndonos este último poco conocido. Mi-Ti enseñó que a los hombres hay que entrenarlos para respetar solo el amor, y no el poder, la riqueza o el coraje. Decía: los hombres son educados para estimar la riqueza y la gloria por encima de todas las cosas y solo se preocupan por conseguir riqueza y gloria, pero debería educárseles para estimar el amor por encima de todas las cosas y preocuparse en sus vidas por conseguir amor para otras personas, y emplear todos sus esfuerzos para aprender a amar.

No se prestó atención a Mi-Ti. Mendse, discípulo de Confucio, no estaba de acuerdo con Mi-Ti, diciendo que no se puede vivir solo de amor. Los chinos escucharon a Mendse. Pasaron quinientos años, y Cristo enseñó la misma doctrina que Mi-Ti. Solo que él la expuso con más fuerza y claridad. Pero incluso ahora, aunque no discuten la enseñanza del amor, los seguidores de Cristo no obedecen su enseñanza. Pero está llegando el momento, llegará pronto, en que los hombres no podrán evitar obedecer esta doctrina, porque está implantada en el corazón de todos los hombres, y no obedecerla hace que los hombres sufran cada vez más.

9. Tiene que llegar un tiempo en que los hombres dejen de luchar, de combatir, de dar muerte a la gente, y en el que se amen los unos a los otros. Ese tiempo está destinado a llegar, porque el amor a los semejantes, y no el odio hacia ellos, se ha implantado en el alma de los hombres.

Hagamos, pues, todo lo que esté en nuestra mano para acelerar la llegada de este momento.

VI. Solo el amor nos procura la verdadera bendición

1. ¿Ansías lo que es bueno? Alcanzarás lo que buscas, si anhelas el bien que es bueno para todos. Y solo el amor puede producirlo.

2. «Aquel que quiera salvar su vida la perderá; el que quiera dar su vida por el bien la salvará. ¿De qué sirve al hombre ganar el mundo entero si pierde su alma?». Así habló Cristo, e incluso así habló el emperador romano pagano Marco Aurelio: «¿Cuándo, oh alma mía», se dirigió a sí mismo, «obtendrás el dominio sobre mi cuerpo? ¿Cuándo te librarás de todos los deseos y dolores mundanos y dejarás de exigir que los hombres te sirvan con la vida o con la muerte? ¿Cuándo comprenderás que el verdadero bien está siempre en tu poder, que consiste en una sola cosa, a saber, el amor a todos los hombres?».

3. El que dice que está en la luz, y odia a su hermano, está en tinieblas hasta el momento actual.

El que ama a su hermano permanece en la luz, y no hay para él tropiezo.

Pero el que aborrece a su hermano está en tinieblas, y anda en tinieblas, y no sabe a dónde va, porque las tinieblas han cegado sus ojos... No amemos de palabra ni con la boca, sino con acciones y de verdad.

Y por esto sabemos que pertenecemos a la verdad, y aseguraremos nuestros corazones delante de él».

1 Juan.

4. No sé, y de hecho no puedo saber, si tal o cual maestro religioso tiene razón, pero que lo mejor que puedo hacer es aumentar el amor dentro de mí, esto lo sé con certeza, y no puedo tener ninguna duda al respecto. No puedo dudar de ello porque el aumento del amor dentro de mí aumenta inmediatamente mi felicidad.

5. Si todos los hombres fueran verdaderamente uno, aquello que entendemos por nuestra propia vida individual (nuestra vida al margen de los demás) no existiría como tal, porque nuestra vida es una lucha continua en pro de la unión de lo que está desunido. En esta unión cada vez mayor de lo que está desunido está la verdadera vida y la única y verdadera bendición de la vida.

6. Lo encontramos todo, pero no podemos encontrarnos a nosotros mismos. Qué extraño. El hombre vive muchos años en el mundo y no puede darse cuenta de cuándo se siente mejor que nadie. Si tan solo se percatase de tal circunstancia, comprendería claramente dónde está la verdadera felicidad. Comprendería claramente que solo se siente feliz cuando hay amor en su alma por los demás.

Evidentemente, poco comulgamos con nuestro propio yo en soledad, si es que no hemos descubierto tal cosa.

Hemos corrompido nuestras mentes y ya no nos esforzamos por aprender lo que nos es necesario.

Si en medio de las vanidades de la vida nos detuviéramos una temporada a mirar dentro de nosotros mismos, descubriríamos dónde se encuentra nuestra verdadera felicidad.

Nuestro cuerpo es débil, impuro, mortal, pero en él se esconde un tesoro, el espíritu inmortal de Dios. Si reconocemos este espíritu en nuestro interior, amaremos a nuestros semejantes, y si amamos a nuestros semejantes, alcanzaremos todo lo que nuestro corazón desea: seremos felices.

Scovoroda.

7. Solo cuando el hombre se dé cuenta de lo inestable y miserable que es la vida del cuerpo, comprenderá toda la bendición que puede producir el amor.

8. Las bendiciones materiales y los placeres de todo tipo solo se consiguen a costa de despojar a los demás. En cambio, los beneficios espirituales y la bendición del amor se consiguen aumentando la felicidad de los demás.

9. Todos nuestros avances modernos, como el ferrocarril, el telégrafo y toda clase de maquinaria, pueden ser útiles para unir a la gente y, por tanto, para acelerar la llegada el Reino de Dios. Pero el problema está en

que los hombres se han fascinado con estas mejoras y piensan que si inventan más y más máquinas llegarán antes al reino de Dios. Esto es un error tan fatal como el de pensar que un hombre puede hacer fructificar una parcela arándola una y otra vez, sin sembrar ninguna semilla. Para que todas estas cosas sean verdaderamente útiles, los hombres deben perfeccionar su alma, desarrollar el amor. Sin amor, los teléfonos, los telégrafos, las máquinas voladoras no unen a los hombres, sino que, por el contrario, los distancian cada vez más.

10. Es lamentable y absurdo ver a un hombre buscando algo que lleva a su propia espalda. Y es igualmente lamentable y absurdo que el hombre busque la bendición sin saber que consiste en el amor mismo que está implantado en su propio corazón.

No mires al mundo y a las obras de los hombres, sino que, por el contrario, mira en tu propia alma, y encontrarás en ella esa bendición que buscas donde no está, encontrarás el amor, y habiendo encontrado el amor, verás que esta bendición es tan grande que quien la posee no ansiará nada más.

Krishna.

11. Cuando estés desanimado, cuando tengas miedo de la gente, cuando tu vida se haya convertido en un embrollo, dite a ti mismo: «Permíteme dejar de preocuparme por lo que será de mí, permíteme amar a todos aquellos con los que me relaciono, y permíteme estar contento, pase lo que pase». Intentad vivir así, y veréis cómo todas las cosas se enderezan por sí mismas, y no tendréis nada que temer ni desear.

12. Haz el bien a tus amigos, para que te amen aún más. Haced el bien a vuestros enemigos, para que sean vuestros amigos.

Cleóbulo.

13. Del mismo modo que toda el agua se escapa de un recipiente si hay un agujero en su fondo, así todas las alegrías o el amor abandonarán el alma del hombre si contiene odio, aunque solo odie a una persona.

14. Algunos dicen: «¿Qué sentido tiene hacer el bien a los demás si ellos devuelven mal por bien?». Pero si amas a aquel a quien haces el bien, ya has recibido tu recompensa en tu amor hacia él, y recibirás una recompensa aún mayor si soportas con amor el mal que él te hace.

15. Si una buena acción se realiza con algún fin, ya no es una buena acción. El verdadero amor es cuando se ama sin saber por qué ni para qué.

16. La gente suele pensar que, si ama a sus semejantes, ha adquirido méritos ante Dios. Pero es todo lo contrario. Si amas a tus semejantes, no has adquirido méritos ante Dios, sino que Dios te ha concedido algo que no merecías, la bendición suprema de la vida: el amor.

17. «Sabemos que hemos pasado de muerte a vida, porque amamos a nuestros hermanos. El que no ama a su hermano, permanece en la muerte».

1 Juan III, 14.

18. Sí, llegará el tiempo, llegará pronto ese mismo tiempo del que Cristo nos dijo que estaba por venir, el tiempo en que los hombres se enorgullecerán, no de haber obtenido por la fuerza el dominio sobre otros hombres y el fruto de sus trabajos, en que se regocijarán no despertando el temor y la envidia de los demás, sino que se enorgullecerán de amar a todos los hombres, y se regocijarán de abrigar ese sentimiento de amor que los libra de todo mal, a pesar de todas las injurias que puedan infligirles los demás.

19. He aquí una parábola sobre el amor:

Hubo una vez un hombre que nunca pensó ni se preocupó por sí mismo, sino que siempre pensó y se preocupó por sus semejantes.

Y la vida de este hombre era tan prodigiosa que los ángeles se maravillaban de su bondad y se regocijaban en ella.

Y uno de los ángeles le dijo a otro: «Este hombre es santo, y ni siquiera es consciente de ello. Hay pocos hombres así en el mundo. Preguntémosle cómo podemos servirle, qué don desea que le concedamos». «Que así sea», respondió el otro ángel. Y uno de los ángeles, invisibles e inaudibles, pero muy clara y llanamente, le dijeron al santo: «Hemos sido testigos de tu vida y su santidad, y quisiéramos saber qué don podemos concederte. Dinos qué deseas: ¿aliviar las necesidades de todos aquellos a quienes ves y de quienes te compadeces? Podemos hacerlo. ¿O quieres que te concedamos el poder de librar a otros del dolor y del sufrimiento, para que aquel de quien te compadezcas no muera antes de tiempo? ¿O quieres que todos los hombres, mujeres y niños del mundo te amen? También nosotros podemos hacerlo. Solo dinos qué desea tu corazón».

Y el santo respondió: «Ninguna de tales cosas anhelo. Corresponde a Dios librar a los hombres de sus cuitas; de la necesidad y del sufrimiento, del dolor y de la muerte prematura. Y, en cuanto al amor de la gente, lo temo, temo que el amor de la gente pueda tentarme, pueda impedirme en mi única preocupación principal de aumentar en mí el amor hacia Dios y hacia mis semejantes».

Y los ángeles dijeron: «Sí, en verdad, este hombre es santo con verdadera santidad y verdaderamente ama a Dios».

El amor da, pero no busca nada a cambio.

Pecados, errores y supersticiones

La vida humana sería una fuente inagotable de bendiciones, si las supersticiones, los errores y los pecados no privasen a los hombres de la capacidad de gozar de estas bendiciones. El pecado es una concesión a las pasiones corporales; los errores son ideas incorrectas de la relación del hombre con el mundo; las supersticiones son falsas creencias aceptadas como religión.

I. La verdadera vida no reside en el cuerpo, sino en el espíritu

1. Cuando el labrador no guía bien el arado y este se sale del surco sin remover lo que debe remover, el campesino ruso denomina a eso «pecado». Lo mismo ocurre en la vida. Pecado es cuando el hombre no guía su cuerpo por el surco correcto y resbala, y no hace lo que debe.

2. En su juventud, las personas que no conocen el verdadero objetivo de la vida, que es la unión a través del amor, consideran que su objetivo está en la gratificación de sus pasiones carnales. No sería eso tan malo si tal engaño se quedara en un engaño mental; pero la gratificación de las pasiones carnales contamina el alma, y el hombre que ha contaminado su alma mediante una vida de indulgencias pierde la capacidad de buscar su felicidad en el amor. Es como si un hombre que busca agua pura para beber contaminara la copa de la que pretende beber.

3. Deseas darle a tu cuerpo todo el placer que puedas. Pero ¿vivirá tu cuerpo mucho tiempo? Ser indulgente con el propio cuerpo es como construir una casa sobre hielo. ¿Qué alegría, qué seguridad puede haber en una vida así? ¿No temerás que tarde o temprano el hielo se derrita? ¿Que tarde o temprano tendrás que abandonar tu cuerpo mortal?

Desplaza tu casa a suelo firme, trabaja en lo que no muere; mejora tu alma, libérate de pecados, errores y supersticiones.

Gr. Scovoroda.

4. El niño aún no es consciente de su alma y no puede encontrarse en el aprieto en el que se halla el adulto, que oye dos voces contradictorias en su interior. Una dice: «Cómetelo tú», y la otra dice: «Dáselo de comer al que te lo pida»; una dice «Véngate» y la otra: «Perdona». Una dice: «Cree lo que se te dice» y la otra: «Piensa por ti mismo».

Cuanto más envejece un hombre, más frecuentemente oye estas dos voces contradictorias, una la voz del cuerpo, la otra la voz del espíritu. Feliz es el hombre que se ha entrenado a sí mismo para oír la voz del espíritu y no la voz del cuerpo.

5. Algunos hombres basan su vida en la indulgencia para con su panza, otros en la lujuria sexual, algunos en el poder, otros en la fama mundana, y disipan su energía en la consecución de tales objetivos, pero una cosa, y solo una es necesaria, a saber, cultivar su alma.

Solo de ellos es la verdadera felicidad, esa que nadie puede arrebatarles.

6. Nadie puede servir a dos señores; porque o aborrecerá a uno y amará al otro, o se aferrará a uno y despreciará al otro. No podéis servir a Dios y a las riquezas.

Mateo VI, 24.

7. No puedes prestar atención al mismo tiempo a tu alma y a los beneficios mundanos. Si quieres tener beneficios mundanos, renuncia a tu alma; si quieres salvar tu alma, renuncia a los beneficios mundanos. De lo contrario, tan solo irás dando tumbos entre las dos, y no lograrás ni una cosa ni la otra.

8. Los hombres quieren alcanzar la libertad protegiendo su cuerpo contra todo lo que pueda refrenarlo o impedirle realizar su voluntad. Este es un grave error. Las mismas protecciones que utilizan para preservar su cuerpo de todo estorbo: la riqueza, el honor y la gloria no son capaces de darles la libertad que anhelan, sino que, por el contrario, los atan con mayor firmeza. Para alcanzar una mayor libertad, los hombres se construyen una prisión con sus propios pecados, errores y supersticiones, y se encierran en ella por su propia voluntad.

9. El propósito de nuestra vida en este mundo es doble: primero, llevar nuestra alma a un crecimiento pleno; segundo, establecer el Reino de los Cielos en la Tierra. Ambos propósitos se alcanzan por el mismo medio: liberando dentro de nosotros mismos esa luz del espíritu que fue puesta en nuestra alma.

10. El verdadero camino es recto y libre, y no puedes tropezar si caminas por él. En el momento en que sientas que tus pies están enredados en las preocupaciones de la vida terrenal, conocerás por esta misma señal que te has desviado del camino verdadero.

II. ¿Qué son los pecados?

1. Según las enseñanzas de los budistas, existen cinco mandamientos principales: primero, no matar deliberadamente a un ser vivo; segundo, no apropiarse de lo que otra persona considera que es suyo; tercero, ser casto; cuarto, no decir falsedades; quinto, no embrutecerse con bebidas o vapores embriagadores. Por lo tanto, los budistas consideran pecados el asesinato, el robo, el adulterio, la embriaguez y la mentira.

2. Según la enseñanza de los Evangelios, solo hay dos mandamientos del amor: «Un abogado le hizo una pregunta, tentándole y diciéndole: Maestro, ¿cuál es el mandamiento supremo de la ley?».

Jesús le dijo: «Amarás al Señor tu Dios con todo tu corazón, con toda tu alma y con toda tu mente».

Este es el primer y mayor mandamiento.

Y el segundo es el siguiente: «Amarás a tu prójimo como a ti mismo».

Mateo XXII, 34-39.

Por lo tanto, de acuerdo con la doctrina cristiana, el pecado es todo lo que no está en armonía con estos dos mandamientos.

3. Los hombres no son castigados por causa de sus pecados, sino por los pecados mismos. Y este es el castigo más severo y más seguro.

Puede ser que un tramposo o un matón viva toda su vida y muera entre lujos y honores, pero esto no significa que haya escapado al castigo de sus pecados. Su castigo no le será impuesto en algún lugar donde nadie ha estado ni estará Jamás, sino que ha sido exigido aquí mismo. Aquí mismo está el castigo del hombre, en la medida en que cada nuevo pecado lo aleja cada vez más de la verdadera felicidad, que es el amor, y disminuye cada vez más su alegría. Así también el borracho, le castiguen o no los hombres por su embriaguez, es siempre castigado por su embriaguez, pues además de los dolores de cabeza y de las penas de la resaca, cuanto más bebe, tanto más se deterioran su cuerpo y su alma.

4. Si la gente se imagina que en esta vida puede verse libre de pecado, está muy equivocada. El hombre puede ser más o menos pecador, pero nunca puede estar libre de pecado. Un hombre vivo no puede estar sin pecado, porque toda la vida del hombre consiste en librarse del pecado, y solo en esta liberación del pecado está la verdadera bienaventuranza de la vida.

III. Errores y supersticiones

1. La misión del hombre en la vida está en cumplir la voluntad de Dios. La voluntad de Dios es que el hombre haga crecer el amor en su alma y lo manifieste en el mundo. ¿Qué puede hacer el hombre para no manifestar el amor en sí mismo? Solo esto: eliminar de su interior todo lo que pueda obstaculizar tal manifestación. ¿Qué impide la manifestación del amor? Los pecados impiden la manifestación del amor.

Tan solo una cosa es necesaria para que el hombre cumpla la voluntad de Dios: librarse de los pecados.

2. Pecar es humano y el buscar excusas para pecar es labor del diablo.

3. Mientras el ser humano carece de razón, vive como un animal, y tanto si lo que hace es bueno como si es malo, se encuentra libre de culpa. Pero llega un momento en que adquiere la capacidad de juzgar lo que debe y lo que no debe hacer. Y entonces sucede que, en lugar de darse cuenta de que la razón le ha sido concedida para reconocer las cosas que debe y que no debe hacer, la utiliza para encontrar excusas para las malas acciones que le producen placer, y a las que se ha acostumbrado.

Esto es lo que lleva a los hombres a los errores y supersticiones de los que adolece el mundo.

4. Es malo que un hombre piense que está libre de pecado y que no necesita trabajar sobre el mismo. Pero es igual de malo para él pensar que ha nacido totalmente en pecado y que morirá en pecado y que, por lo tanto, no hay necesidad de que trabaje sobre él mismo. Ambas ilusiones son igualmente dañinas.

5. Malo es si el hombre que vive entre hombres pecadores no ve sus propios pecados o los pecados de los demás, pero aún peor es el estado del hombre que ve pecados en las personas entre las que vive, pero no percibe a los suyos.

6. Al principio de la vida del hombre, solo se desarrolla el cuerpo. Y considera este cuerpo como su propio yo. Incluso cuando la conciencia de su alma se despierta en él, continúa satisfaciendo los deseos de su cuerpo, que son contrarios a los deseos de su alma, y así se daña a sí mismo, cae en el error y el pecado. Pero, cuanto más vive, más fuerte le habla su alma, y más divergen los deseos de su cuerpo y de su alma. Y llega el momento en que su cuerpo envejece, sus deseos crecen cada vez menos, en tanto que el «yo» espiritual crece cada vez con mayor rapidez. Y entonces los hombres que habían tenido la costumbre de servir a su cuerpo, para no abandonar su antiguo hábito de vida, inventan errores y supersticiones que les permiten seguir pecando. Pero por mucho que los hombres traten de proteger su cuerpo de su «yo» espiritual, este siempre vence, aunque sea en los últimos momentos de la vida.

7. Cada error, cada pecado cometido por primera vez, te ata. Pero al principio te ata tan ligeramente como una telaraña. Cuando vuelves a cometer el pecado, la telaraña se convierte en un hilo, luego en una cuerda. Repetido constantemente, el pecado te ata con fuertes cuerdas y más tarde con cadenas.

El pecado es al principio un extraño en tu alma, luego un huésped, y cuando te has acostumbrado a él, se convierte en el amo.

8. Esta condición del alma, bajo la cual el hombre no se da cuenta de la

naturaleza malvada de sus actos, prevalece cuando el hombre, en lugar de emplear su razón para examinar su conducta, la emplea para excusar sus actos cada vez cae en errores y en las supersticiones asociadas a los mismos.

9. Quien peca por primera vez siempre siente su culpa. Aquel que repite el mismo pecado muchas veces, sobre todo cuando la gente que tiene a su alrededor comete los mismos pecados, cae en el error y deja de sentir su pecado.

10. Los jóvenes que comienzan su vida se adentra por caminos nuevos y desconocidos, y encuentran a cada lado senderos desconocidos, halagüeños, seductores, agradables. Cuando se desvían por tales senderos, al principio, parecen de los más agradables de transitar, y parece como si uno pudiera deambular por ellos durante una larga distancia y luego volver a voluntad al camino principal, pero pronto aprenden que no pueden encontrar el camino de vuelta y se desvían cada vez, en dirección a su propia ruina.

11. Cuando un hombre ha cometido un pecado, y se da cuenta de que ha pecado, se le abren dos caminos: uno es el de reconocer su pecado y tratar de no repetirlo, el otro desconfiar de su conciencia y preguntar qué piensa la gente de tal pecado, y si la gente no lo condena, continuar en este pecado, sin darse cuenta de su pecaminosidad.

«Todos lo hacen, ¿por qué no voy a hacer yo lo mismo que el resto de la gente?».

Tan pronto como un hombre ha entrado en este camino bien trillado, no se dará cuenta de lo lejos que se ha desviado de la senda de la vida correcta.

12. Errores y supersticiones rodean al hombre por todas partes. Caminar entre estos peligros es como caminar por un pantano, hundiéndose constantemente y luchando por ponerse a salvo.

13. «Es necesario que vengan errores al mundo», dijo Cristo. Creo que el significado de este dicho es que el reconocimiento de la verdad no basta por sí mismo para apartar a los hombres del mal y atraerlos hacia lo que es bueno. Para que la mayoría de los hombres comprenda la verdad, es necesario que, a causa de los errores y de las supersticiones, sean llevados al grado último del engaño y del sufrimiento resultante del engaño.

14. Los pecados son del cuerpo, los errores proceden de los pensamientos de las personas, y la superstición de la desconfianza en la propia razón.

15. Un hombre bien calzado evita cuidadosamente el barro, pero una vez que ha dado un paso en falso y se ha ensuciado las botas, toma menos precauciones, y cuando ve se ha ensuciado mucho, se atreve a deambular por el barro, acumulando más y más inmundicia a cada paso.

De la misma manera, un joven, cuando aún no está manchado de acciones malas e inmorales, es cuidadoso y evita todo lo que es malo, pero, después de cometer un error o dos, comienza a razonar que, no importa cuán cuidadoso sea, está destinado a caer, y entonces se entrega toda clase de vicios. No sigas ese ejemplo. ¿Te has contaminado? Purifícate y sé doblemente cuidadoso. ¿Has pecado? Arrepiéntete y evita aún más el pecado.

16. Los pecados del cuerpo remiten con los años, pero los errores y las supersticiones, por el contrario, se fortalecen con los años.

IV. La principal tarea en la vida de un hombre es librarse de sus pecados, errores y supersticiones

1. El hombre se regocija cuando su cuerpo se ve liberado de la prisión. ¿Cómo no habría de alegrarse al ser liberado de los pecados, errores y supersticiones que han mantenido cautiva su alma?

2. Imaginemos a los hombres viviendo solos su vida animal, sin combatir sus pasiones. Qué vida terrible sería esa vida, qué odio habría entre la gente, ¡qué disolución, qué crueldad! Solo el hecho de que los hombres conozcan sus debilidades y pasiones y luchen contra sus pecados, errores y supersticiones hace posible la convivencia.

3. El cuerpo humano confina el espíritu que vive en él. Pero el espíritu se abre paso y se hace cada vez más libre. He aquí la vida.

4. La vida del hombre, lo quiera o no, le conduce cada vez más hacia la liberación de los pecados. El hombre que se da cuenta de esto ayuda a la vida en este proceso, mediante sus propios esfuerzos, y la vida de tal

hombre es feliz, porque está de acuerdo con lo que se hace con él.

5. Los niños no han adquirido el hábito de pecar, por lo tanto, todo pecado les resulta repulsivo. Los adultos ya han caído en el error, y pecan sin rebozo.

6. Si el hombre no reconoce sus pecados, es semejante a una botella bien tapada, pues no puede recibir aquello que lo libraría del pecado.

Humillarse y arrepentirse es descorchar el recipiente, volverse alguien capaz de liberarse del pecado.

7. Arrepentirse es hacerse consciente de los pecados y prepararse para combatirlos; por lo tanto, es bueno arrepentirse mientras se tienen fuerzas. Hay que añadir el aceite a la lámpara cuando aún está encendida.

8. Dos mujeres acudieron a un ermitaño en busca de consejo. Una se creía una gran pecadora. La otra había vivido toda su vida dentro de la ley, no encontraba ningún pecado que reprocharse y estaba satisfecha de sí misma. El ermitaño interrogó a ambas mujeres sobre su vida. Una confesó con lágrimas su gran pecado. Consideraba que ese pecado era tan grande que no esperaba perdón. La otra dijo que no conocía ningún pecado especial del que pudiera haber sido culpable. El ermitaño dijo a la primera mujer:

«Ve tú, sierva de Dios, detrás del muro y búscame una piedra grande, tan grande como puedas levantar, y tráemela». «Y tú». Se volvió hacia la otra mujer. «Ve tú también detrás del muro y tráeme guijarros, todos los que puedas acarrear».

Las mujeres obedecieron las órdenes. Una trajo una piedra grande y la otra una bolsa llena de guijarros:

«Ahora os diré lo que tenéis que hacer. Volved a coger estas mismas piedras y colocadlas donde las habías cogido. Y luego volved de nuevo a mí».

Y las mujeres se apresuraron a cumplir su orden. La primera mujer encontró con facilidad el lugar donde había cogido la pesada piedra y la volvió a colocar donde la había encontrado. Pero la otra mujer no podía recordar con seguridad dónde había cogido los diversos guijarros, e incapaz de cumplir la orden del ermitaño, volvió a él.

«Lo mismo sucede con los pecados», dijo el ermitaño. «Tú devolviste la piedra pesada al mismo lugar de donde la habías tomado, porque sabías de dónde provenía. Y tú no pudiste hacer lo mismo, porque no recordabas de dónde habías tomado cada una de las piedrecitas. Y lo mismo sucede con los pecados.

Tú recordabas tu pecado, soportando los reproches de los hombres y los remordimientos de tu conciencia, te humillaste, librándote así de tu pecado y de sus consecuencias.

Pero tú (el ermitaño se volvió hacia la otra mujer), pecando por poca cosa, no recordaste las pequeñas transgresiones, no te arrepentiste, te has acostumbrado a la vida del pecado y, condenando los pecados de los demás, te hundiste aún más profundamente en el fango de tus propios pecados».

9. El hombre nace en pecado. Todos los pecados provienen del cuerpo, pero el espíritu dentro del hombre lucha contra el cuerpo. Y toda la vida del hombre es una lucha del espíritu contra el cuerpo. Bendito es el hombre que se encuentra en esta lucha no del lado del cuerpo (ese cuerpo que está destinado a ser vencido), sino del lado del espíritu que está destinado a vencer, aunque sea en la última hora mortal.

10. Es un gran error pensar que uno puede encontrar la liberación del pecado a través de la fe y el perdón de las personas.

Nada puede absolver del pecado. Uno solo puede ser consciente de su pecado y esforzarse por no repetirlo.

11. Nunca tengas miedo del pecado; no te digas a ti mismo: «No puedo evitar pecar, estoy acostumbrado, soy débil». Mientras haya vida, siempre puedes luchar contra el pecado y, si no lo vences hoy, lo harás mañana; si no mañana, al día siguiente; si no al día siguiente, seguramente antes de la muerte. Pero si te niegas a luchar, eludes la principal tarea de la vida.

12. No puedes obligarte a amar. Pero, si no amas, eso no significa que no haya amor en ti, sino que hay algo en ti que obstaculiza el amor. Puedes girar y voltear una botella tanto como gustes que, si tiene el tapón puesto, nada saldrá de ella hasta que saques el corcho. Lo mismo sucede con el amor. Tu alma está llena de amor, pero este amor no puede manifestarse, porque tus pecados no lo dejan pasar. Libera tu alma de lo que la ahoga, y amarás a todos, incluso a los que considerabas tus enemigos y a los que has odiado.

13. ¡Ay del hombre que se dice a sí mismo que se ha librado del pecado!

14. No existe pecado cuando no hay conciencia de unidad con Dios y con toda la vida espiritual. Pero el hombre es consciente al mismo tiempo del animal y de Dios en su interior y, por lo tanto, no puede existir sin pecado. Consideramos a los niños sin pecado, pero esto es un error. Un niño no está libre de pecado. Tiene menos pecados que un adulto, pero ya tiene sus pecados del cuerpo. Tampoco el hombre más santo está libre de pecado. Tiene menos pecados que otros, pero tiene pecados, porque sin pecados no hay vida.

15. Para entrenarte a combatir el pecado, es aconsejable que, de vez en cuando, dejes de hacer las cosas a las que estás acostumbrado, para conocer si eres dueño de tu cuerpo, o tu cuerpo es dueño de ti.

V. La relevancia de los pecados, errores, supersticiones y doctrinas falsas para la manifestación de la vida espiritual

1. Las personas que creen que Dios creó el mundo se preguntan con frecuencia: ¿Por qué creó Dios al hombre para que tenga que sufrir, para que no pueda pecar? Es como preguntar por qué Dios creó a las madres para que tuvieran que parir hijos con dolor, amamantarlos y criarlos. ¿No habría sido más sencillo que Dios diera los niños a las madres ya hechos, sin los dolores del parto, sin amamantarlos, cuidarlos y asustarlos? Ninguna madre se hará esta pregunta, porque ama al niño por el mismo dolor que le costó, y la alegría de su vida está en amamantarlo, criarlo y cuidarlo.

Lo mismo sucede con la vida humana: pecados, errores, supersticiones, la lucha contra ellos y la superación de los mismos, ahí se encuentra el sentido y la alegría de la vida humana.

2. Es una pesada carga para el hombre conocer sus pecados, pero es una gran alegría sentir que te liberas de ellos. Si no fuera por la noche, no nos regocijaríamos en la luz del sol. Si no fuera por los pecados, el hombre no conocería la alegría de la justicia.

3. Si el hombre no tuviera alma, no conocería los pecados del cuerpo, y si no fuera por los pecados del cuerpo, no sabría que tiene alma.

Desde que el hombre, criatura racional, está en este mundo, ha distinguido el bien del mal, y se ha servido de la experiencia de quienes le precedieron distinguiendo el bien del mal, luchando contra el mal, buscando el camino verdadero y bueno, y progresando lenta pero resueltamente por este camino. Y, siempre obstruyendo este camino, los pecados, los errores y las supersticiones se enfrentan a la gente, susurrándoles que todo esto es superfluo, que no hay necesidad de buscar nada, que están igual de bien sin ello, y que vivan como vivan.

5. Los pecados, los errores y las supersticiones son la tierra que debe cubrir las semillas del amor para que broten a la vida.

Los excesos

La Única y Verdadera felicidad del hombre reside en el amor. Pero el hombre pierde esta felicidad cuando, en lugar de desarrollar el amor en su interior, desarrolla los apetitos de su cuerpo, humillando al mismo.

I. Todo lo que es superfluo resulta perjudicial para el cuerpo y el alma

1. Solo se debe servir al cuerpo cuando así este lo requiere. Pero emplear la razón en inventar placeres para el cuerpo es vivir al revés: obligar al alma a servir al cuerpo, en lugar de que el cuerpo sirva al alma.

2. Cuanto menos se necesita, más feliz es la vida. Esta es una antigua verdad, pero dista mucho de haber sido aceptada por todos.

3. Cuanto más te acostumbras al lujo, más caes en la servidumbre, porque cuantas más cosas necesitas, más coartas tu libertad. La libertad perfecta está en no necesitar nada en absoluto y, próxima a ella, está necesitar muy poco.

San Juan Crisóstomo.

4. Existen pecados contra las personas y pecados contra uno mismo. Los pecados contra las personas se deben a la falta de respeto al Espíritu de Dios en uno mismo.

5. Si quieres vivir una vida de paz y libertad, aprende a no desear aquello de lo que puedes prescindir.

6. Todo lo que el cuerpo necesita se obtiene fácilmente. Solo las cosas innecesarias son difíciles de conseguir.

7. Está bien tener lo que se desea, pero aún es mejor no desear más de lo que se tiene.

Menedemo.

8. Si te encuentras bien y has trabajado hasta la extenuación, tu pan y tu agua te sabrán más dulces que todos sus manjares a un rico, tu cama de paja te parecerá más blanda que los colchones de muelles, y la ropa de trabajo acariciará tu cuerpo con más suavidad que los atavíos de terciopelo y pieles.

9. Si eres en exceso indulgente con tu cuerpo, estás destinado a debilitarlo, si lo sobrecargas de trabajo, estás destinado a debilitarlo. Pero si tienes que elegir una cosa u otra, es mejor cansarlo que ablandarlo porque, si duermes o comes insuficientemente, o si trabajas en exceso, tu cuerpo pronto te recordará tu error. Pero, si ablandas tu cuerpo, no te recordará tu error de inmediato, sino mucho más tarde, a través de la debilidad y la enfermedad.

10. Sócrates se abstenía de todos los alimentos que se comen, no para calmar el hambre, sino sobre todo por su sabor, e instaba a sus discípulos a hacer lo mismo. Decía que el exceso de comida y bebida es perjudicial no solo para el cuerpo, sino también para el alma, y su consejo era levantarse de la mesa mientras el deseo de comer sigue presente. Recordaba a sus discípulos al Ulises de antaño: Circe, la hechicera, no consiguió embrujar a Ulises solo porque este se negó a comer en exceso, pero, en cuanto sus compañeros devoraron sus manjares, ella los convirtió en cerdos.

11. Se supone que los hombres ricos y bien informados, los hombres que se llaman educados, deberían comprender que no hay nada bueno en la glotonería, la embriaguez y el exceso de ropa; pero son justamente ellos los que inventan comidas delicadas, bebidas embriagadoras y toda clase de adornos, y además su ejemplo arruina y corrompe al pueblo trabajador.

«Si la gente educada disfruta de una vida lujosa, debe ser lo correcto», se dice la gente trabajadora, y al esforzarse por imitar a los ricos, arruinan su propia vida.

12. En la actualidad, la mayoría de la gente piensa que la felicidad de la vida consiste en servir al cuerpo. Esto se demuestra con el hecho de que la doctrina más popular es la socialista. Según esta doctrina, la vida de pocas necesidades es la vida de las bestias, y el aumento de las necesidades humanas es el primer indicativo de un hombre educado; es el signo de que tiene conciencia de la dignidad humana. Los hombres de nuestros días se adhieren tan firmemente a esta doctrina que ridiculizan a los sabios que consideran que la felicidad del hombre reside en la disminución de las necesidades humanas.

13. Reflexiona sobre cómo anhela vivir el esclavo. En primer lugar, anhela ser liberado. Piensa que no puede ser libre ni feliz de otra manera. Se dice a sí mismo: «Si me dan la libertad, alcanzaré inmediatamente la felicidad; no estaré obligado a servir y complacer a mi amo, podría hablar con cualquier hombre como un igual y podría ir adonde quisiera sin pedir permiso a nadie».

Pero, en cuanto se le concede la libertad, inmediatamente busca ganarse el favor de alguien para conseguir mejor comida. Para ello, está dispuesto a cualquier indignidad. Y estableciéndose cerca de algún hombre próspero, recae en la esclavitud de la que tan recientemente había deseado escapar.

Si un hombre así prospera, toma una amante y entra en un estado de servidumbre aún más arduo. Cuando se vuelve rico, goza aún de menos libertad. Empieza a sufrir y a quejarse. Y en los momentos en que se siente particularmente agobiado, recuerda sus días de esclavitud y se dice: «Después de todo, no estaba tan mal con mi amo. No tenía preocupaciones, me vestían, me calzaban y me alimentaban; cuando estaba enfermo, me cuidaban. Y mi servicio no era tan duro. Y cuánto trabajo tengo que hacer ahora. Antes tenía un amo, ahora tengo muchos. A qué gran número personas debo complacer ahora».

Epicteto.

II. Los caprichos del cuerpo son insaciables

1. Para mantener la vida del cuerpo se necesita poco, pero los caprichos del cuerpo no tienen fin.

2. Las necesidades del cuerpo, de un solo cuerpo, se satisfacen con facilidad. Solo en el caso en que ocurra alguna rara calamidad, el hombre carece de vestido para cubrir su cuerpo o de un pedazo de pan para aplacar su hambre. Pero ningún poder puede procurar todas las cosas que un hombre puede anhelar.

3. El niño irracional llora y llora hasta que se le da lo que su cuerpo anhela. Pero en cuanto se le da lo que su cuerpo necesita, se calma y no pide más. No sucede así con los adultos, si viven la vida de la carne y no la del espíritu. Tales hombres nunca se calman y siempre quieren algo más.

4. Complacer a la carne, darle cosas superfluas, cosas que exceden sus necesidades, es un error grave, porque una vida de lujo disminuye, en lugar de aumentar, el disfrute derivado de la comida, la recreación, el sueño, el vestido y el hogar. Si comes manjares superfluos, tu estómago se trastorna, pierdes el deseo de comer y no puedes saborear la comida. Si cabalgas por donde puedes caminar, si te acostumbras a camas blandas, comidas delicadas y muy condimentadas, muebles lujosos, si aprendes a obligar a los demás a hacer, si no disfrutas del descanso después del trabajo, del calor después del frío, no conoces el sueño profundo y te debilitas, y disminuyes, en lugar de aumentar, tu cota de felicidad, paz y libertad.

5. Los hombres deberían aprender de los animales a cómo tratar su cuerpo. En cuanto el animal tiene lo que necesita para su cuerpo, está en paz. Pero el hombre no se contenta con calmar su hambre, resguardarse de la intemperie, calentarse; inventa toda clase de manjares y bebidas delicados, construye palacios, fabrica vestiduras superfluas y toda clase de lujos inútiles, y al final vive peor en vez de vivir mejor.

III. El pecado de la glotonería

1. Si los hombres comieran solo cuando tienen hambre y, cuando eso sucediese, solo alimentos sencillos, limpios y sanos, no conocerían la enfermedad y podrían resistir las pasiones con mayor facilidad.

2. El sabio dice: agradeced a Dios porque ha hecho fáciles el acceso a todas las cosas necesarias y difíciles a todas las superfluas. Esto es especialmente cierto en el caso de la comida. Los alimentos que el hombre necesita para estar sano y poder trabajar son sencillos y baratos: pan, fruta, raíces, agua. Todo esto se encuentra en todas partes. Solo es difícil preparar toda clase de manjares: por ejemplo, helados, etc.

Por lo tanto, no corresponde a los hombres sanos, que comen pan y agua y gachas, envidiar a los ricos enfermos con sus manjares habilidosamente preparados, sino a los ricos envidiar a los pobres y aprender a comer como ellos.

3. Pocos mueren de hambre. Muchos más mueren porque comen con excesiva delicadeza y no trabajan.

4. Come para vivir, no vivas para comer.

5. «Solo una olla de caldo, pero mucha salud». Es un buen proverbio. Guíate por él.

6. Si no fuera por la codicia, ni un solo pájaro caería en la red del cazador, y el cazador no capturaría pájaros. Lo mismo se aplica a los hombres. El vientre es una cadena para las manos y los pies. El esclavo del vientre es siempre un esclavo. Si quieres ser libre, antes de nada, sacúdete el dominio del vientre. Lucha contra él. Come solo para calmar el hambre y no para obtener placer de ella.

7. ¿Qué es más rentable: emplear cuatro horas semanales en hacer pan, y alimentarse de él el resto de la semana, o dedicar veintiuna horas cada semana a la preparación de alimentos delicados y sabrosos? ¿Qué es más valioso: las diecisiete horas ganadas o la comida delicada?

IV. El pecado de comer carne

1. El filósofo griego Pitágoras no comía carne. Cuando le preguntaron al historiador Plutarco, biógrafo de Pitágoras, por qué este se había abstenido de comer carne, respondió que no se extrañaba de que Pitágoras se abstuviera de comer carne, pero sí de que aún quedaran personas que, aunque se alimentaran de cereales, hierbas y frutas, persistieran en capturar, descuartizar y comer criaturas vivas.

2. En la antigüedad, los filósofos enseñaban a la gente a no comer carne de animales, sino a alimentarse de hierbas; sin embargo, la gente no hacía caso a los sabios y persistía en comer carne. Pero en nuestros tiempos aumenta rápidamente el número de personas que consideran pecaminoso comer carne y se abstienen de ingerirla.

Nos sorprende que haya gente que se coma la carne de seres humanos asesinados, y oír que aún quedan caníbales de este tipo en África. Tiempo llegará en que nos asombraremos de que los hombres pudieran matar animales para alimentarse.

3. Durante diez años, la vaca te ha alimentado a ti y a tus hijos, la oveja te ha abrigado con su lana. ¿Cuál es su recompensa? Ser degolladas y devoradas.

4. «No matarás» no se aplica solo a la matanza de seres humanos, sino también a la de cualquier ser vivo. Este mandamiento estaba inscrito en el corazón de los hombres antes ya de que lo grabasen en las tablas del monte Sinaí.

5. La compasión para con los animales está tan estrechamente asociada a la bondad de carácter que puede afirmarse con seguridad que quien es cruel con los animales no puede ser un buen hombre.

Schopenhauer.

6. No levantes tu brazo contra tu hermano, ni derrames la sangre de ninguna otra criatura que habite la tierra, sean hombres o animales domésticos, bestias o aves del cielo; en el fondo de tu alma una voz queda te prohíbe derramarla, porque la sangre es la vida, y tú no puedes apoderarte de una vida.

Lamartine.

7. La felicidad que el hombre obtiene de los sentimientos de compasión y misericordia hacia los animales compensará cien veces el placer perdido por la abstinencia de la caza y del uso de la carne de los animales.

V. El pecado de drogarse con vino, tabaco, opio, etc.

1. Para vivir con rectitud, el hombre necesita ante todo el ejercicio

de su razón y por eso debe valorarla en sumo grado; sin embargo, los hombres encuentran placer en embotar su razón con el tabaco, el vino, el whisky, el opio. ¿Por qué? Porque los hombres desean llevar una mala vida: y su razón, cuando no se encuentra embotada, les muestra la maldad de su vida.

2. Si el vino, el tabaco y el opio no embotaran la razón y, por tanto, no dieran rienda suelta a los malos deseos, nadie tomaría bebidas amargas ni inhalaría vapores.

3. ¿Por qué personas diferentes tienen hábitos diferentes, pero los hábitos de fumar y embriagarse son los mismos en todos los hombres, pobres o ricos? Eso es porque la mayoría de los hombres están descontentos con su vida y buscan los placeres de la carne. Pero la carne nunca puede satisfacerse, y los hombres, tanto pobres como ricos, buscan el olvido en el tabaco o la embriaguez.

4. Un hombre avanza de noche con la ayuda de una linterna, y apenas avanza, se desvía y recupera el camino. Pero de repente se cansa, apaga la linterna y se desvía al azar.

¿No ocurre lo mismo cuando el hombre se droga con tabaco, vino u opio? Es difícil determinar tu camino en la vida, para no desviarte, y volver a encontrarlo, si es que acaso te has desviado de él. Y, sin embargo, la gente, para evitar la molestia de seguir el verdadero camino, apaga la única luz de la que dispone, que es su razón, fumando y bebiendo.

5. Cuando un hombre come en exceso, le resulta difícil luchar contra la pereza y cuando ingiere bebidas embriagantes, le resulta difícil ser casto.

6. El vino, el opio y el tabaco no son necesarios para la vida del hombre. Todo el mundo sabe que el vino, el tabaco y el opio son perjudiciales para el cuerpo y para el alma. Sin embargo, el trabajo de millones de personas se desperdicia para producir estos venenos. ¿Por qué la gente hace esto? Porque, habiendo caído en el pecado de servir a su carne, y viendo que la carne nunca puede saciarse, han inventado sustancias tales como el vino, el tabaco y el opio, que los atontan hasta hacerles olvidar que carecen de las cosas que desearían tener.

7. Si un hombre ha anclado su vida a los placeres carnales, y no puede alcanzar todo lo que desea, se esfuerza por engañarse a sí mismo: desea

colocarse en la posición de imaginar que tiene aquello que anhela; se embrutece con tabaco, vino y opio.

8. Beber o fumar nunca ha inspirado a nadie buenas acciones: el trabajo, la meditación, la visita a los enfermos, la oración. Al contrario, la mayoría de las malas acciones se cometen bajo la influencia de la bebida.

La autoestupefacción a través de las drogas no es en sí misma un delito, pero es una antesala para todo tipo de delitos.

9. La trinidad de la maldición: la embriaguez, comer carne y fumar.

10. Es difícil imaginar qué feliz cambio se produciría en nuestras vidas, si los hombres dejaran de embrutecerse y de envenenarse con whisky, vino, tabaco y opio.

VI. Servir a la carne es perjudicial para el alma

1. Si un hombre tiene mucho de lo que es superfluo, muchos otros carecen de lo necesario.

2. Es mejor que la vestimenta se adecue a la conciencia que solo al cuerpo.

3. Para mimar la carne, hay que descuidar el alma.

4. De dos hombres, ¿cuál es el mejor: el que se alimenta con su propio trabajo solo para no pasar hambre, el que se viste solo para no estar desnudo, el que se aloja solo para resguardarse de la lluvia y el frío, o el que, mediante el engaño, o lo que es más habitual, mediante la astucia o la fuerza, obtiene alimentos delicados, ricos vestidos y lujosas viviendas?

5. Es inconveniente acostumbrarse al lujo porque, cuantas más cosas necesites para tu cuerpo, más tendrás que trabajar con tu propio cuerpo para alimentarlo, vestirlo y alojarlo mejor. Este es un error que solo dejan de percibir aquellos hombres que por algún fraude han dispuesto que otros trabajen para ellos en vez de trabajar para sí mismos, de modo que en el caso de los ricos esto no es meramente inconveniente, sino también un gran mal.

6. Si no hubiéramos inventado viviendas, vestidos y alimentos lujosos, todos los que ahora pasan necesidad podrían vivir sin carencias, y los que son ricos, a su vez, podrían vivir sin temer por sí mismos ni por sus riquezas.

7. Así como la primera regla de la sabiduría es conocerse a sí mismo, porque solo quien se conoce a sí mismo puede conocer también a los demás, la primera regla de la misericordia es contentarse con poco, porque solo quien se contenta con poco puede ser misericordioso.

Ruskin.

8. Vivir solo para el propio cuerpo es hacer como el siervo que tomó el dinero de su señor y, en vez de comprar con él lo necesario para sus propias necesidades, como le había mandado su señor, lo malgastó en la satisfacción de sus insensatos caprichos.

Dios nos dio su espíritu para que hagamos las obras de Dios y para nuestro propio bien. Pero, si malgastamos este espíritu en el servicio de nuestro cuerpo, dejamos de hacer las obras de Dios y nos perjudicamos a nosotros mismos.

9. Cualquiera puede determinar por experiencia propia que no es conveniente que el hombre satisfaga sus deseos, sino que es conveniente luchar siempre contra ellos, pues, cuanto más satisface un hombre las exigencias de su cuerpo, más débiles se vuelven sus fuerzas espirituales. Y viceversa. Los grandes filósofos y santos han sido siempre abstemios y castos.

10. Igual que el humo expulsa a las abejas de la colmena, la gula y la embriaguez ahuyentan todas las fuerzas espirituales más finas.

Basilio el Grande.

11. ¿Qué importa que el cuerpo sufra un poco por servir al espíritu? pero ¡ay si lo más precioso del hombre —su alma— sufre por las pasiones del cuerpo!

12. No destruyas tu corazón con el exceso de comida y bebida.

Mahoma.

13. «Donde esté tu tesoro, allí estará también tu corazón», dice el Nuevo Testamento. Si un hombre considera que su cuerpo es su tesoro, empleará todas sus fuerzas para proveerlo de manjares exquisitos, aloja-

mientos agradables, ropa fina y toda clase de diversiones. Y cuanta más fuerza gaste un hombre en el servicio de su cuerpo, menos le quedará para su vida espiritual.

VII. Solo es libre aquel que es dueño de los deseos de su cuerpo

1. Si un hombre vive para su cuerpo y no para su alma, es como un pájaro que concibe la idea de caminar de un lugar a otro sobre sus débiles patas en lugar de volar libremente, adonde le plazca, utilizando sus alas.

Sócrates.

2. Manjares delicados, ropas ricas, lujos de todo tipo, eso es lo que llamáis felicidad. Pero creo que no desear nada es la mayor felicidad y, para acercarse a este grado más alto de felicidad, debes entrenarte para desear poco.

Sócrates.

3. Cuanto menos mimes al cuerpo en cuestiones de alimentación, vestido, vivienda y diversión, más libre será tu vida. Y, al contrario, apenas empieces a tratar de mejorar tu alimentación, vestido, vivienda y diversión, ya no habrá límite para tus trabajos y preocupaciones.

4. Es mejor ser pobre que rico, porque los ricos están más atados a los pecados que los pobres. Y los pecados de los ricos son más desconcertantes y enrevesados, y es difícil encontrarles pies ni cabeza. Los pecados de los pobres son simples, y es más fácil deshacerse así de ellos.

5. Nadie se ha arrepentido nunca de haber vivido con demasiada sencillez.

6. Los ricos están tan acostumbrados al pecado de servir al cuerpo que no lo ven como pecado y, creyendo que lo que hacen es por el bien de sus hijos, los educan desde la infancia en los caminos de la gula, el lujo y la pereza; es decir, los corrompen y acumulan sobre ellos grandes sufrimientos.

7. Lo que ocurre con el estómago cuando se come en exceso, ocurre también en materia de diversión. Cuanto más intentan los hombres aumentar el placer de comer inventando alimentos refinados, más se debilita el estómago y el placer de ingerir mengua. Cuanto más se esfuerzan los hombres por aumentar el placer de la alegría inventando diversiones elegantes y sutiles, tanto más debilitan su capacidad para disfrutar de verdad.

8. Solo el cuerpo puede sufrir; el espíritu no conoce el sufrimiento. Cuanto más débil es la vida del espíritu, mayor es el sufrimiento. Por eso, si no quieres sufrir, vive más el espíritu y menos el cuerpo.

Lujuria

En todos, hombres y mujeres por igual, habita el Espíritu de Dios. ¿Qué pecado es considerar que el templo del Espíritu de Dios es un medio de gratificación del deseo. Toda mujer, en relación con el hombre, debe ser ante todo hermana, y todo hombre, hermano de la mujer.

I. La necesidad de esforzarse por guardar castidad absoluta

1. Está bien vivir en honorable matrimonio, pero es mejor no casarse nunca. Pocas personas pueden hacer tal cosa. Pero felices son los que lo consiguen.

2. Cuando la gente se casa, pudiendo no casarse, actúa como un hombre que cae sin haber tropezado. Si tropezó y luego cayó, no podía evitarlo; pero, si no había tropezado, ¿por qué caer a propósito? Si se puede vivir castamente, sin cometer pecado, es mejor no casarse.

3. Es falso que la castidad sea contraria a la naturaleza del hombre. La castidad es posible y produce mucha más felicidad que incluso un matrimonio feliz.

4. El exceso de comida es ruinoso para la vida recta, pero los excesos sexuales son aún más ruinosos para la misma. Y por tanto, cuanto menos ceda un hombre a lo uno y a lo otro, tanto mejor será para su verdadera vida espiritual. Pero hay una gran diferencia entre los dos. Al renunciar por completo al alimento el hombre destruye su vida, pero al abstenerse de la gratificación sexual, el hombre no trunca su vida, ni destruye su especie, que no depende solo de él.

5. El que es soltero se preocupa de las cosas que pertenecen al Señor, de cómo puede agradar al Señor.

Pero el que está casado se preocupa de los asuntos mundanos, de cómo agradar a su mujer.

También hay diferencia entre la esposa y la virgen. La soltera se preocupa de las cosas del Señor, para ser santa en cuerpo y espíritu; pero la casada se preocupa de los asuntos mundanos, para agradar a su marido.

1 Corintios, VII, 32-34.

6. Si los hombres se casan y piensan que con ello sirven a Dios y al hombre, porque propagan la especie humana, se engañan a sí mismos. En lugar de casarse para aumentar el número de niños en el mundo, sería mucho más sencillo sostener y salvar esos millones de vidas jóvenes que están pereciendo por necesidad y negligencia.

7. Aunque pocas personas sean absolutamente castas, que cada uno se dé cuenta y recuerde que cualquier hombre puede ser más casto de lo que ha sido, y puede retomar la castidad una vez violada, y, cuanto más se acerque a la castidad absoluta, más se acercará al estado de verdadera bienaventuranza, y mejor podrá servir al bienestar de sus semejantes.

8. Algunos dicen que, si todos fueran castos, la especie humana dejaría de existir. Pero ¿no enseña la Iglesia que el fin del mundo está destinado a llegar? Y la ciencia muestra igualmente que algún día la vida del hombre sobre la tierra, y la tierra misma, deben cesar; ¿por qué entonces la idea de que el fin de la especie humana podría venir como resultado de una vida buena y recta despierta tanta indignación?

9. Un científico calculó que, si la humanidad se duplicara una vez cada cincuenta años, en siete mil años, surgirían tantos descendientes tan solo de una pareja de padres que solo una veintisieteava parte de los mismos encontraría espacio en el globo terráqueo e incluso así apretados.

Para evitar algo así, solo se necesita una cosa, y esa misma la defienden todos los sabios maestros, y también está implantada en el corazón del hombre: la castidad, teniendo el ser humano que esforzarse por ser más y más casto.

10. Habéis oído que antiguamente se decía: «No cometerás adulterio».

Pero yo os digo que cualquiera que mira a una mujer para codiciarla ya cometió adulterio con ella en su corazón.

Mateo V, 27-28.

Estas palabras no pueden significar otra cosa, sino que la doctrina de Cristo exige del hombre que se esfuerce por alcanzar la castidad absoluta.

«Pero ¿cómo puede ser esto?», responderán algunos. «Si te aferras a la castidad absoluta, la humanidad dejará de existir». Pero los hombres que hablan así no consideran que señalar la perfección como una meta hacia la cual debemos esforzarnos no significa que alcanzaremos la perfección. Al hombre no le es dado alcanzar la perfección en nada. El destino del hombre está en esforzarse por alcanzar la perfección.

II. El pecado del adulterio

1. A un hombre virgen le repugna y avergüenza pensar o hablar de relaciones sexuales. Conserva este sentimiento. No ha sido puesto en el corazón del hombre sin causa. Este sentimiento ayuda al hombre a abstenerse del pecado de adulterio y a mantener su castidad.

2. La gente usa la misma expresión cuando se refiere al amor espiritual —el amor de Dios y del prójimo— que cuando se refiere al amor carnal de un hombre por una mujer. Esto es un grave error. No hay nada en común entre los dos. El primero, el amor espiritual de Dios y del prójimo, es la voz de Dios, el segundo —el amor entre hombre y mujer— es la voz del animal.

3. La ley de Dios es amar a Dios y al prójimo, es decir, a todos sin distinción. En el amor sexual el hombre ama a una mujer en concreto por encima de todas las demás, y la mujer a un hombre determinado, y por eso el amor sexual, más que cualquier otra cosa, aparta al hombre de la obediencia a la ley de Dios.

III. Miseria causada por la disipación sexual

1. Hasta que no hayas destruido hasta sus mismas raíces tu apego a una mujer, tu espíritu, estarás siempre atado a las cosas terrenales, de la misma forma que el ternero lactante está atado a su madre.

Los hombres atrapados en las mallas del deseo luchan como una liebre en una trampa. Una vez enredados en la pasión lujuriosa, no se librarán del sufrimiento durante mucho tiempo.

Sabiduría budista.

2. La polilla se precipita a la llama porque no se da cuenta de que quemará sus alas; el pez se traga el gusano porque no sabe que eso significa su ruina. Pero nosotros sabemos que las pasiones lujuriosas nos atraparán y arruinarán, y aun así cedemos a ellas.

3. De igual forma que las luciérnagas en un pantano conducen a los hombres al fango, y así ellos se pierden, los deleites de la gratificación sexual engañan a la gente. Los hombres se extravían, sus vidas se arruinan, y cuando recobran el sentido y miran a su alrededor, lo que ha arruinado sus vidas ya no está allí.

Schopenhauer.

IV. Actitud criminal de nuestros líderes respecto al pecado de la lujuria

1. Para darse cuenta plenamente de la inmoralidad, del carácter anticristiano de la vida del pueblo cristiano, basta recordar que la condición de la mujer que vive del vicio está sancionada y reglamentada en todas partes.

2. Entre los hombres ricos existe una falsa creencia, fomentada por una falsa ciencia, según la cual, las relaciones sexuales son una condición necesaria para la salud, y, como el matrimonio no siempre es posible, las relaciones sexuales sin matrimonio, que no imponen ninguna obligación al hombre aparte del pago de dinero, son algo absolutamente natural. Tan convicción está tan extendida y es tan firme entre los padres, debido a los consejos de los médicos, que conducen a sus hijos al vicio; y las instituciones, cuya única razón de ser es velar por el bienestar de los ciudadanos, permiten el mantenimiento de una casta de mujeres cuyos cuerpos y almas deben arruinarse para la gratificación de varones disolutos.

3. Discutir si es bueno o malo para la salud del hombre mantener rela-

ciones sexuales con mujeres, sin vivir con ellas como marido y mujer, es como discutir si es bueno o malo para la salud del hombre beber la sangre de otros seres humanos.

V. Combatir el pecado de la lujuria

1. Como animal, el hombre debe luchar con otras criaturas y multiplicarse para aumentar su especie; pero, como criatura dotada de amor y razón, el hombre no debe luchar con otras criaturas, sino amarlas a todas, y no debe multiplicarse, para aumentar su especie, sino ser casto. La combinación de estas dos inclinaciones contrapuestas —el empeño en conseguir gratificación sexual, y la búsqueda del amor y la castidad—, configura la vida del hombre, tal como debe ser vivida.

2. ¿Qué deben hacer un joven puro y una doncella pura cuando se despiertan sus sentimientos sexuales? ¿Qué debe guiarlos? Deben mantenerse puros y esforzarse cada vez más por la castidad en el pensamiento y en el deseo.

¿Qué deben hacer un joven y una doncella que han caído en la tentación y están absortos en pensamientos de amor, ya sean indefinidos o dirigidos a una persona en particular? No deben permitirse caer, sabiendo que someterse a la tentación no les librará de ella, sino que la aumentará, y que deben esforzarse más y más por alcanzar la castidad.

¿Qué debe hacer la gente cuando la lucha ser desmesurada para ellos y caen?

No deben considerar su caída como un placer lícito, como se hace ahora cuando se sanciona en matrimonio, ni como un acto de gratificación ocasional que puede repetirse con otros, ni tampoco como una calamidad (en el caso de partícipes desiguales y que no están sancionados por el ceremonial), sino que deben considerar esta primera caída como la iniciación de un matrimonio indisoluble.

¿Qué deben hacer un hombre y una mujer que han contraído matrimonio?

Sigue siendo lo mismo: deben esforzarse juntos por liberarse de la lujuria sexual.

3. La principal arma para combatir la lujuria es que el hombre sea consciente de su espiritualidad. El hombre solo debe recordar lo que es para ver la lujuria sexual como lo que es: una característica animal degradante.

4. Luchar contra la lujuria del sexo es imperativo. Pero debes conocer de antemano toda la fuerza del enemigo, sin engañarte a ti mismo con falsas esperanzas de un triunfo rápido. La lucha contra este enemigo está destinada a ser dura. Pero no pierdas el valor. El niño que aprende a caminar se cae cien ves, se lastima, llora y se pone en pie, solo para caer de nuevo, pero al final aprende a caminar. Lo terrible no es la caída, sino el intento de excusar la caída. Terrible es esa falsedad que intenta probar que estas caídas son algo necesario, inevitable, o algo bello y elevado. Y, si en el camino hacia la liberación de la contaminación, hacia la perfección, caemos por debilidad y nos desviamos del camino, sigamos esforzándonos por seguirlo. No digamos que la contaminación es nuestro destino, no filosofemos ni nos pongamos a hacer poesía para justificarnos, recordemos con firmeza que el mal es el mal y que no lo cometeremos.

Nazhivin.

5. La lucha contra la lujuria sexual es el más difícil de todos los combates; no hay edad ni condición, salvo la infancia y la vejez, en los que el hombre esté libre de ella. Y el hombre y la mujer adultos que no han llegado a la senectud deben estar siempre en guardia contra el enemigo, que solo espera una oportunidad propicia para atacar.

6. Todas las pasiones nacen del pensamiento y se sustentan en él. Pero ninguna pasión se ve sostenida y alimentada por el pensamiento tanto como la lujuria. No te regodees en pensamientos lujuriosos, sino recházalos.

7. Al igual que en el caso de la alimentación el hombre debe aprender la abstinencia de los animales, que solo comen cuando tienen hambre y dejan de hacerlo cuando están satisfechos; así, los hombres deben aprender de los animales en materia sexual: abstenerse de las relaciones sexuales hasta alcanzar la plena madurez, como hacen los animales, entablarlas solo cuando se sienten irresistiblemente atraídos y abstenerse en cuanto se forma el feto.

8. Una de las señales más seguras de que un hombre realmente quiere llevar una vida recta es la austeridad de un hombre consigo mismo en la vida sexual.

VI. Matrimonio

Es bueno para un hombre no tocar a una mujer.

Sin embargo, para evitar la fornicación, que cada hombre tenga su propia mujer, y cada mujer su propio marido.

1 Corintios, VII, 1-2

2. La doctrina cristiana no establece reglas rígidas para todos. Se limita a señalar la perfección a la que debemos aspirar. Lo mismo ocurre en materia sexual. La perfección es la castidad absoluta. Y cada grado de esfuerzo personal para acercarse a la perfección es un grado mayor o menor de obediencia a la doctrina.

3. El matrimonio es el compromiso de dos personas, un hombre y una mujer, de tener hijos solo el uno del otro. Cualquiera de esos dos que no cumple esta promesa, comete un pecado que recae con mayor dureza sobre el pecador.

4. Para alcanzar una meta hay que apuntar más allá de la misma. Y para que un matrimonio sea indisoluble, para que ambos cónyuges permanezcan fieles el uno al otro, es necesario que ambos aspiren a la castidad.

5. Es un grave error pensar que la ceremonia matrimonial celebrada entre dos personas libera a los contrayentes de la necesidad de abstinencia sexual con el objeto de alcanzar, incluso en la unión matrimonial, un grado cada vez mayor de castidad.

6. Si el hombre, como es costumbre entre nosotros, ve en las relaciones sexuales, aunque estén sancionadas por el matrimonio, un medio de gratificación, caerá inevitablemente en el vicio.

7. La esencia de un matrimonio verdadero y válido reside en vivir juntos, para poder traer hijos al mundo. Las ceremonias, declaraciones o acuerdos externos no constituyen matrimonio, pero son utilizados por muchos para reconocer como matrimonio solo una de las muchas formas de convivencia.

8. La verdadera doctrina cristiana no tiene ninguna base para la institución del matrimonio, la gente de nuestro mundo cristiano siente

que esta institución no está fundada en ninguna doctrina cristiana, y permanece ciega al ideal cristiano de castidad absoluta (cosa que la educación actual ignora), estando carentes por completo de cualquier guía en materia de matrimonio. Esto explica el fenómeno, por lo demás muy extraño, de que razas con creencias religiosas de un nivel muy inferior al cristianismo, que no tienen definiciones externas exactas del matrimonio, presenten principios familiares y de fidelidad conyugal de una clase mucho más estable que las llamadas naciones cristianas. Las razas con creencias religiosas inferiores al cristianismo tienen sistemas bien definidos de concubinato o poligamia, y, dentro de ciertos límites, también de poliandria, pero carecen de esa disolución absoluta que se manifiesta en el concubinato, la poligamia y la poliandria que prevalecen entre los cristianos y que se ocultan bajo la máscara de una monogamia ficticia.

9. Si el propósito de una comida es alimentar el cuerpo, el que come dos comidas a la vez, puede obtener más placer, pero se quedará corto en su propósito, porque el estómago no digerirá ambas comidas. Si la finalidad del matrimonio es la familia, quien desea más de una esposa, o la que desea más de un marido, puede obtener más gratificación, pero no alcanzará el principal placer que justifica el matrimonio: la vida familiar. Para alimentarse bien y a propósito, el hombre no debe comer más de lo que puede digerir. Un buen matrimonio, si ha de lograr su propósito, solo puede ser cuando el hombre no tiene más esposas, y la mujer no tiene más maridos de los que necesita para la adecuada educación de sus hijos, lo que se consigue solo cuando el marido tiene una sola esposa, y la esposa un solo marido.

10. Le preguntaron a Cristo: ¿Es lícito a un hombre dejar una mujer y tomar otra? Y él dijo que eso no debe ser, que un hombre y una mujer en matrimonio deben estar unidos de tal manera que los dos sean un solo cuerpo. Y que esta era la ley de Dios, y que lo que Dios ha unido, no lo separe el hombre.

Pero los discípulos afirmaron que así era difícil vivir con una esposa. Y Jesús les dijo que el hombre no necesita casarse, pero si no se casa debe vivir una vida pura.

11. Para que el matrimonio sea racional y moral, es necesario lo siguiente:

En primer lugar, no debe pensarse, como se hace ahora, que todo ser humano, hombre y mujer, debe casarse sin falta, sino que, por el contrario, todo ser humano, hombre y mujer, debe esforzarse por conservar su pureza lo mejor posible para que nada le impida entregar todas sus fuerzas al servicio de Dios.

En segundo lugar, se ha de considerar las relaciones sexuales de una persona con otra del sexo opuesto, sea quien sea, como el inicio de una relación matrimonial indisoluble.

Mateo XIX, 4-7.

En tercer lugar, el matrimonio no debe considerarse en absoluto como una licencia para satisfacer las pasiones sexuales, sino como un pecado cuya redención consiste en el cumplimiento de las obligaciones familiares.

12. La autorización para que dos personas de sexos opuestos convivan sexualmente en matrimonio no solo no concuerda con la doctrina cristiana, sino que es completamente contraria a la misma.

La castidad, según la doctrina cristiana, es la perfección hacia la que debe tender una persona que lleva una vida cristiana. Por lo tanto, todo lo que obstaculiza el acercamiento a la castidad, como es tomarse la licencia para las relaciones sexuales en el matrimonio, se opone a las exigencias de la doctrina cristiana.

13. Si se considera que el matrimonio nos libera, en el momento de su celebración, de la necesidad de luchar por la castidad, entonces el matrimonio, en lugar de reducir la lujuria, la fomenta. Desgraciadamente, esta es la actitud de la mayoría de la gente ante el matrimonio.

14. Piénsatelo diez, veinte, cien veces antes de casarte. Unir tu vida a la de otra persona en una relación sexual es un asunto de gran importancia.

VII. Los niños son la salvación del pecado sexual

1. Si el hombre alcanzara la perfección y viviera en castidad, la humanidad dejaría de existir, y ¿por qué, en efecto, habría de vivir entonces en la tierra?, pues se asemejarían a los ángeles que ni se casan ni se dan

en casamiento, como se dice en el Nuevo Testamento. Pero mientras los hombres no hayan alcanzado la perfección, deben producir según su especie, para que sus descendientes, en su afán de perfección, alcancen esa perfección a la que los hombres están destinados.

2. El matrimonio, el auténtico matrimonio que consiste en tener y criar hijos, es un servicio intermedio de Dios, servir a Dios a través de los hijos. «Si he dejado de hacer lo que debía, aquí están mis hijos en mi lugar y ellos lo harán».

Por eso las personas que inician una vida matrimonial, una auténtica vida matrimonial que tiene por objeto tener hijos, experimentan siempre una sensación de cierto alivio y paz. Sienten que deben transmitir cierta parte de sus obligaciones a los hijos que han de venir. Pero este sentimiento solo es lícito cuando los padres unidos en matrimonio se esfuerzan por educar a sus hijos de tal manera que lleguen a ser siervos de Dios y no un obstáculo para la obra de Dios. Ser consciente de que, si he fallado en entregarme por entero al servicio de Dios, puedo hacer todo lo que esté en mi mano para que mis hijos hagan lo que yo no hice, confiere un significado espiritual tanto a la vida matrimonial como a la educación de los hijos.

3. Benditos sean los niños que, en mitad de las crueldades de la tierra, nos brindan un leve vistazo del Paraíso. Esos ochenta mil nacimientos diarios de los que hablan las estadísticas son como corrientes de inocencia y de frescura que luchan no solo contra la destrucción de la especie, sino también contra la corrupción humana y la infección general del pecado. Todos los buenos sentimientos evocados por la visión de la cuna y por la infancia son uno de los misterios de la Providencia; quítese este rocío refrescante y el torbellino de egoístas pasiones abrasarán la sociedad humana como si fueran fuego.

Si imagináramos que la sociedad humana estuviese formada por mil millones de criaturas inmortales, cuyo número no pudiera aumentar ni disminuir, ¡dónde estaríamos, qué sería de nosotros, gran Señor! Sin duda seríamos mil veces más cultos, pero también mil veces más malvados.

Bendita sea la infancia por la bendición que otorga por sí misma, y por el bien que involuntariamente realiza al obligarnos y permitirnos amarla. Solo gracias a la infancia atisbamos un poco del Paraíso aquí en la tierra. Bendita sea también la Muerte. Los ángeles no necesitan el nacimiento ni la muerte para vivir, pero la humanidad requiere imperativa e inevitablemente de ambos.

Amiel.

4. El matrimonio solo se justifica y santifica a través de los hijos, ya que, aunque no hayamos hecho todo lo que Dios quiere que hagamos, todavía podemos servir a la causa de Dios a través de nuestros hijos, si los educamos correctamente. Por lo tanto, aquel matrimonio en el que los contrayentes no desean tener hijos es peor que el adulterio o que cualquier depravación.

5. Entre los ricos, a menudo se considera a los niños como un obstáculo para el disfrute, o como un desafortunado accidente, o como una especie de deporte, si nacen en un número predeterminado, y se les educa sin tener en cuenta los problemas de la vida humana a los que deben enfrentarse como seres dotados de amor y razón, sino únicamente desde el punto de vista del placer que pueden proporcionar a sus padres. Tales niños son generalmente educados por sus padres, no con ningún cuidado de prepararlos para una actividad digna, sino para aumentar su estatura, mantenerlos exteriormente limpios, de piel clara, bien alimentados, guapos, mimados y sensuales (y la falsa ciencia llamada medicina apoya a los padres en tal actitud). Ropas finas, diversiones, teatros, música, danza, dulces, toda una vida ordenada, desde las ilustraciones a las novelas y poemas, excitan todavía más la sensualidad, por lo que los vicios y las enfermedades sexuales más sucias son las condiciones habituales en la juventud de estos desgraciados hijos de ricos.

6. El significado de tener hijos se pierde para las personas que consideran el amor carnal como un medio de gratificación. En lugar de ser el propósito y la justificación de las relaciones matrimoniales, se convierten en un obstáculo para la continuación agradable de los placeres y, por lo tanto, tanto dentro como fuera del matrimonio, el empleo de medios para evitar que las mujeres tengan hijos ha aumentado con rapidez. Estas personas no solo se privan del único placer y la única característica redentora del matrimonio que proporcionan los hijos, sino que también pierden la dignidad humana y la apariencia.

7. En toda la vida de nivel animal, particularmente en la crianza de los

hijos, el hombre debería estar por encima del nivel de los animales. Pero la gente, en esta cuestión, se hayan por debajo de estos últimos. En el mundo animal, el macho y la hembra se juntan solo cuando puede haber descendencia. Pero las personas, el hombre y la mujer, se juntan por placer, sin pensar si eso dará lugar al nacimiento de hijos o no.

8. No es asunto nuestro discutir si el nacimiento de los hijos es o no una bendición. Nuestro asunto está en cumplir con respecto a ellos todas las obligaciones que su nacimiento, del que somos responsables, nos ha dado.

Pereza

Es injusto recibir de la gente más de lo que el trabajo te entrega. Pero, dado que no puedes calcular con exactitud si das más de lo que recibes, y como además en cualquier momento puedes perder tus fuerzas, caer presa de la enfermedad y verte obligado a recibir en lugar de dar, procura, mientras tengas fuerzas, trabajar para los demás lo menos posible.

I. Si un hombre disfruta de los trabajos ajenos, sin trabajar, peca gravemente

1. El que no quiera trabajar que tampoco coma.

Apóstol Pablo.

2. Al hacer uso de cualquier objeto, recuerda que es producto del trabajo humano, y si desperdicias, estropeas o destruyes algo, desperdicias trabajo y, a veces, incluso vidas humanas.

3. Quien no se alimenta de su propio trabajo, sino que obliga a otros a mantenerlo, es un caníbal.

Proverbio oriental.

4. El código entero de la moral cristiana, en su aplicación práctica, consiste en considerar a todos los hombres como hermanos, siendo iguales a todos, y, para llevar esto a la práctica, en primer lugar debes dejar de inducir a otros a trabajar para ti, y, en el orden actual que rige el mundo, debes reducir al mínimo el uso que hagas del trabajo y de

los productos de otros, entendiendo como tales las cosas que se obtienen con dinero, y debes gastar el menor dinero posible y vivir lo más sencillamente que puedas.

5. No permitas que otro haga lo que tú mismo puedes hacer. Que cada uno barra su propia puerta. Si cada hombre hace esto, la calle estará limpia.

6. ¿Cuál es la comida más dulce? La comida que te has ganado con tu propio trabajo.

Mahoma.

7. Para un hombre rico, es de lo más provechoso dejar, aunque sea por una corta temporada, su vida de lujo, y vivir, aunque sea por un breve tiempo, como un trabajador, realizando con sus propias manos las tareas que usualmente llevan a cabo, para los hombres ricos, los sirvientes contratados. Que un hombre rico haga esto solo una vez, y pronto se dará cuenta de la gran pecaminosidad de sus costumbres anteriores. Que viva de esta manera durante una temporada y se dará cuenta plenamente de lo errónea que es la vida de los ricos.

8. Los hombres tienen la costumbre de considerar que cocinar, coser y amamantar a los niños es tarea de mujeres y que es algo vergonzoso para un hombre ocuparse de tales menesteres. Sin embargo, por el contrario, lo que es vergonzoso es un hombre ocioso que malgasta su tiempo en nimiedades y en no hacer nada, en tanto que alguien débil, muchas veces una mujer débil, a punto de dar a luz, cocina, lava y atiende a los niños para él.

9. Las personas que viven en el lujo no pueden amar a los demás. No pueden amar a los demás, porque las cosas que utilizan fueron hechas por personas a las que obligan a prestarles servicio, y tal servicio se presta de mala gana, por pura necesidad, a menudo con denuestos de resentimiento. Si quieren amar a los demás, que primero dejen de torturarlos.

10. Un monje buscaba la salvación en el desierto. Leía sin cesar sus oraciones y, dos veces cada noche, se levantaba de su lecho para rezar. Un campesino le suministraba comida. Y le asaltó la duda de si aquella vida era buena. Buscó a un santo anciano para pedirle consejo. Se acercó al santo anciano y le contó todo sobre su vida, cómo rezaba, qué palabras usaba, cómo solía interrumpir su sueño y que vivía de limosnas, y le preguntó al santo si le iba bien. Y el santo respondió: «Todo eso que haces está bien, pero ve a ver cómo vive el campesino que te trae la comida. Tal vez puedas aprender algo de él». El monje buscó al campesino y pasó con él un día y una noche. El campesino se levantó temprano por la mañana y toda su oración fue: «¡Oh, Señor!», y después trabajó todo el día arando. Por la noche volvió a su casa y al retirarse pronunció de nuevo su oración: «¡Oh, Señor!».

El monje observó la vida del campesino durante un día y se dijo: «No hay nada que pueda aprender de él». Y se preguntó por qué el santo le había enviado junto al campesino.

Entonces, volvió junto a su consejero y le dijo que había ido a ver al campesino, pero que no había encontrado nada instructivo. «No piensa en Dios, y solo lo menciona dos veces al día».

Le respondió el santo: «Toma esta copa de aceite y pasea por el pueblo; luego vuelve, pero procura no derramar ni una gota». El monje hizo lo que se le pedía y, cuando regresó, el santo le preguntó:

«¿Cuántas veces te acordaste de Dios mientras llevabas la copa?».

El monje admitió que no se había acordado de él ni una sola vez. «Solo vigilaba que no derramase aceite».

Y el santo lo reprendió: «Esta sola copa de aceite absorbió tanto tu mente que no pensaste ni una sola vez en Dios. El campesino alimenta a su familia, a sí mismo y a ti con su trabajo y cuidados y, sin embargo, dos veces se acordó de Dios».

II. No es una dificultad, sino una alegría, obedecer el mandamiento de trabajar

1. «Ganarás el pan de cada día con el sudor de tu frente». Tal es la ley inmutable del cuerpo. Así como la ley de la mujer es parir a sus hijos con dolor, así la ley del trabajo se impone al hombre. La mujer no puede liberarse de esa ley. Si adopta un hijo nacido de otro, siempre será un extraño para ella y se perderá la alegría de la maternidad. Lo mismo ocurre con el trabajo del hombre. Si un hombre come el pan ganado

por otro, se priva a sí mismo de la alegría del trabajo.

Bondareff.

2. El hombre teme la muerte y está sometido a ella. Un hombre sin conocimiento del bien y del mal podría parecer feliz, pero avanza de manera irresistible hacia ese conocimiento. El hombre ama la ociosidad y la satisfacción de sus deseos sin sufrimiento y, sin embargo, son el trabajo y el sufrimiento los que dan sentido a la vida, para él y para los de su especie.

¡Qué terrible error es pensar que el alma del hombre puede vivir la vida más elevada del espíritu, mientras su cuerpo se mantiene en la ociosidad y el lujo! El cuerpo es siempre el primer discípulo del alma.

Thoreau.

4. Si un hombre, viviendo solo, se libera de la ley del trabajo, eso tiene para él consecuencias inmediatas a través del debilitamiento y la decadencia de su cuerpo. Pero, si un hombre se libera a si mismo de esa ley obligando a otros a trabajar para él, inmediatamente se condena a sí mismo a través del eclipse y debilitamiento de su alma.

5. El hombre vive la vida del cuerpo y del espíritu. Y hay una ley de la vida del cuerpo y una ley de la vida del espíritu. La ley de la vida del cuerpo es el trabajo. La ley de la vida del espíritu es el amor. Si un hombre viola la ley de la vida del cuerpo, que es la ley del trabajo, se ve impelido a violar la ley de la vida del espíritu, que es la ley del amor.

6. Por muy magnífico que sea el atuendo que te muestre un rey, tus ropas caseras son mejores; por muy delicadas que sean las viandas de los ricos, el pan de tu propia mesa es más dulce.

Saadi.

7. Si trabajas mucho para los demás, no dejes que tu trabajo te parezca pesado, no busques elogios por él, recuerda que tu trabajo, si se realiza para los demás con amor, sirve, por encima de todo, para tu verdadero yo, que es tu alma.

8. El poder de Dios iguala a todos los hombres, quitando a los que tienen mucho para dar a los que tienen poco. El agua de un arroyo y un trozo de pan saben más dulces a un pobre trabajador después de su trabajo que las viandas y bebidas más caras a un rico holgazán. El rico lo ha probado todo y se aburre, no encuentra alegría en nada. El trabajador, después de su trabajo, encuentra cada vez nuevos placeres en la comida, en la bebida y en el descanso.

9. El infierno se oculta tras los placeres, el paraíso tras el trabajo y las privaciones.

Mahoma.

10. Sin el trabajo manual no puede haber cuerpo sano, ni pensamientos sanos en la cabeza.

11. ¿Quieres estar siempre de buen humor? Trabaja hasta que te canses. La ociosidad hace que los hombres se sientan insatisfechos y enojados. Trabajar sin medida puede producir el mismo efecto.

12. Uno de los mejores y más puros placeres es el descanso después del parto.

Kant.

III. El mejor de los trabajos es labrar la tierra

1. Con el paso del tiempo, todos los se hombres reconocerán esa verdad que ya ha sido comprendida por los hombres más destacados de todas las razas y que es que la principal virtud de la humanidad consiste en obedecer las leyes del Ser Supremo. «Polvo eres y en polvo te convertirás», esta es la primera ley de nuestra vida que reconocemos. Y la segunda ley es cultivar la tierra de la que nos sacaron y a la que debemos volver. El cultivo de la tierra y el amor a los animales, y a la vida vegetal que está ligado a ella, ayudan al hombre mejor que nada a comprender el significado de la vida y a vivirla.

Ruskin.

2. La agricultura no es simplemente una de las ocupaciones propias del hombre. La agricultura es la única ocupación propia de todos los hombres; el trabajo agrícola proporciona al hombre el máximo de libertad y el máximo de felicidad.

3. Al que no labra la tierra, la tierra le dice: «Debido a que no me trabajas con la mano derecha y con la izquierda, siempre estarás ante la

puerta del forastero con otros mendigos, siempre vivirás de los despojos de los ricos».

Zaratustra.

4. En nuestro actual modo de vida, el trabajo más fútil e inútil recibe la mayor recompensa; se trabaja en tiendas sofocantes, fábricas de tabaco, farmacias, bancos, oficinas comerciales, o en literatura, música, etc., pero el trabajo agrícola es el peor pagado. Si se considera importante la recompensa en dinero, esto es algo muy injusto. Pero si se considera la alegría del trabajo y su efecto sobre la salud del cuerpo y la fascinación que ejerce el mismo, tal división de la recompensa es perfectamente justa.

5. El trabajo manual, y en particular la labranza de la tierra, es bueno no solo para el cuerpo, sino también para el alma. Los hombres que no trabajan con sus manos no pueden tener una idea cabal de las cosas. Su mente no descansa, se excita y divaga con facilidad. El trabajo agrícola, en cambio, resulta útil al hombre porque, además de hacerle descansar, le permite darse cuenta de manera sencilla, clara y razonable del lugar que ocupa el ser humano en la vida.

6. Me gustan mucho los campesinos. No tienen la educación suficiente para razonar de manera incorrecta.

Montaigne.

IV. Lo que se conoce como división del trabajo no es más que una excusa para la ociosidad

1. Últimamente, se ha argumentado mucho para demostrar que la principal causa del éxito en la producción es la división del trabajo. Decimos «división del trabajo», pero este término es incorrecto. En nuestra sociedad no es el trabajo el que se divide, sino los seres humanos: estos se dividen en partículas humanas, se rompen en pedacitos, se muelen en polvo: en una fábrica, un hombre hace solo una diminuta porción de un artículo, porque ese minúsculo fragmento de razón que conserva es insuficiente para hacer un alfiler completo o un clavo completo, y se agota en la tarea de sacar punta al alfiler o encabezar el clavo.

Es cierto que es bueno y deseable hacer diariamente tantos alfileres como sea posible, pero si comprendiéramos el material con que los acabamos, nos daríamos cuenta de lo poco rentable que es todo ello. No es rentable, porque los pulimos con el polvo del alma humana. Es posible encadenar y torturar a las personas, enjaezarlas como animales, matarlas como moscas en verano, y aun así esas personas pueden seguir siendo en cierto sentido, quizá en el mejor sentido, libres. Pero aplastar sus almas inmortales, asfixiar y transformar a los hombres en motores de maquinaria, he aquí la verdadera esclavitud. Solo esta degradación y transformación de los hombres en máquinas obliga a los obreros a luchar locamente, destructivamente y en vano, en busca de la libertad, algo cuyo verdadero significado no comprenden. Su resentimiento no se despierta por la presión del hambre, ni por las punzadas del orgullo herido (estas dos causas siempre han tenido su efecto, pero los cimientos de la sociedad nunca han estado tan tambaleantes como ahora). No es que no estén bien alimentados, sino que no experimentan ningún placer en el trabajo con el que se ganan el pan de cada día y, por esta razón, consideran la riqueza como la única fuente de placer.

No es que estos hombres sufran por el desprecio que sienten por ellos las clases altas, sino que no pueden soportar su propio autodesprecio, porque sienten que el trabajo al que están condenados los degrada y deprava, convirtiéndolos en algo menos que hombres.

Nunca las clases altas han mostrado tanto amor y simpatía a las clases bajas como ahora, y sin embargo nunca han sido más odiadas.

Ruskin.

2. Los hombres, como el resto de los animales, deben trabajar y esforzarse con manos y pies. Los hombres pueden obligar a otros a hacer lo que ellos necesitan, pero, aun así, deben gastar energía corporal en algo. Si los hombres no realizan tareas necesarias y razonables, harán lo que es inútil e insensato. Esto es lo que ocurre entre las clases acomodadas.

3. Las clases ociosas justifican su ociosidad afirmando que se ocupan de las artes y las ciencias que son necesarias para el pueblo. Se comprometen a proporcionar al pueblo trabajador estas cosas, pero, por desgracia, todo lo que ofrecen bajo el nombre de artes y ciencias son falsas artes y falsas ciencias. Así, en lugar de recompensar al pueblo por su trabajo, lo engañan y lo corrompen con lo que les ofrecen.

4. El europeo presume ante un chino de las ventajas de la producción con maquinaria. «La maquinaria salva al hombre del trabajo», dice el europeo. «Salvarse del trabajo sería una terrible calamidad», replica el chino.

La riqueza solo puede obtenerse de tres maneras: mediante el trabajo, la mendicidad o el robo. Los trabajadores obtienen tan poco por su trabajo porque la parte de los mendigos y los ladrones es demasiado grande.

Henry George.

6. Los hombres que no trabajan ellos mismos, sino que viven del trabajo de otros, no importa cómo se llamen a sí mismos que, mientras no trabajen, sino que tomen el fruto del trabajo de otros, serán todos unos ladrones. Y hay tres clases de tales ladrones: unos no ven, ni les importa ver, que son ladrones, y roban a su hermano con ecuanimidad; otros sienten que están equivocados, pero se imaginan que pueden excusar sus robos con el pretexto de trabajos inmateriales que pueden considerar útiles a la gente, y también ellos continúan robando. Otros, y estos, gracias a Dios, son cada vez más numerosos, se dan cuenta de su pecado y se esfuerzan por liberarse del mismo.

V. Las acciones de los hombres que no obedecen la ley del trabajo son siempre fútiles e infructuosas

1. Las actividades de los hombres ociosos son tales que, en lugar de aliviar las labores de los trabajadores, les imponen cargas adicionales.

2. Así como el caballo en la noria no puede detenerse, sino que debe continuar, el hombre es incapaz de no hacer nada. Por lo tanto, hay tan poco mérito en el hecho de que un hombre trabaje como en el hecho de que el caballo haga girar el molino. Lo importante no es que el hombre trabaje, sino que está en lo que hace.

3. La dignidad del hombre, su sagrado deber y obligación, exigen que use sus manos y pies para el propósito para el que le fueron dados, que emplee el alimento que consume en el trabajo que produce este alimento, y no para tenerlos atrofiados, o para lavarlos y limpiarlos ni

para usarlos meramente como un instrumento para llevarse bebidas o cigarrillos a la boca.

4. Los hombres que han renunciado a trabajar con sus manos pueden ser inteligentes, pero rara vez son racionales. Si en nuestras escuelas se han escrito, impreso y enseñado tantas tonterías y disparates, si nuestros escritos, música e imágenes son tan refinados y difíciles de entender, se debe simplemente a que los responsables de estas cosas no trabajan con sus manos y viven una vida de debilidad y ociosidad.

Emerson.

5. El trabajo manual es especialmente importante porque evita que la mente se desvíe: que piense en nimiedades.

6. El cerebro del ocioso es el acomodo favorito del diablo.

7. Los hombres buscan el placer, precipitándose aquí y allá, porque sienten el vacío de su vida, pero aún no sienten el vacío del capricho que les atrae de momento.

Pascal.

8. Nadie ha contado nunca los millones de días de duro y agotador trabajo, los cientos de miles de vidas que se desperdician hoy en día en nuestro mundo, en la preparación de diversiones. Por eso las diversiones de nuestro mundo son tan tristes.

9. El hombre, como cualquier otro animal, está hecho de tal manera que debe trabajar para no perecer de hambre y frío. Y este trabajo, al igual que en el caso de todos los animales, no es una tortura, sino un placer, si nadie interfiere en su labor.

Pero los hombres han ordenado su vida de tal manera que algunos, sin trabajar, obligan a otros a trabajar para ellos y, aburridos por este estado de cosas, idean toda clase de cosas banales y viles para pasar el tiempo; otros deben trabajar más allá de lo que dan sus fuerzas de sí y se amargan principalmente porque trabajan para otros y no para sí mismos.

No les va bien a ninguna de estas dos clases: a los que no quieren trabajar, porque su ociosidad les arruina el alma; a los otros, porque trabajando en exceso malgastan su cuerpo.

Pero estos últimos están aún en mejor situación que los ociosos, pues el alma es más preciosa que el cuerpo.

VI. El daño de la ociosidad

1. No te avergüences de ningún trabajo, ni siquiera del más sucio, sino que avergüénzate de una sola cosa que es, a saber: la ociosidad.

2. No respetes a las personas por su posición o riqueza, sino por el trabajo que realizan. Cuanto más útil sea este trabajo, más respeto les corresponde. Pero en el mundo es diferente: se respeta a los ociosos y a los ricos, y no se respeta en absoluto a los que realizan el más útil de todos los trabajos, los agricultores y los jornaleros.

3. Los ricos ociosos buscan echar polvo a los ojos de la gente con su alarde de lujo. Sienten que, de lo contrario, la gente les trataría con el desprecio que merecen.

4. Es una vergüenza para el hombre escuchar el consejo: «imita a la hormiga en su laboriosidad». Y es doblemente vergonzoso si no sigue este consejo.

Enseñanza talmúdica.

5. Uno de los delirios más notables es la idea de que la felicidad del hombre consiste en no hacer nada.

6. La ociosidad eterna debería haber sido incluida entre las torturas del Infierno, y ellos le han dado un lugar entre las alegrías del Paraíso.

Montaigne.

7. Aquel que holgazanea siempre tiene muchos ayudantes.

8. La «división del trabajo» es sobre todo una excusa para no hacer nada, o llevar a cabo tareas insignificantes y cargar sobre las espaldas de los demás el trabajo que es necesario. Aquellos que organizan esta división del trabajo siempre toman para sí el trabajo que les parece más agradable, dejando a los demás el que les parece duro.

Y, curiosamente, siempre se engañan, pues el trabajo que les parece más agradable resulta ser al final el más oneroso, y el que evitaban el más placentero.

9. Nunca molestes a otros para que hagan lo que puedes hacer tú mismo.

10. Las dudas, las penas, la melancolía, el resentimiento, la desesperación, estos son los demonios que acechan al hombre, y en el momento en que inicia una vida de ociosidad, le acometen. La salvación más segura contra estos espíritus malignos es el trabajo físico persistente. Cuando un hombre emprende tal trabajo, los demonios no se atreven a acercarse a él, sino que se limitan a gruñirle desde lejos.

Carlyle.

11. El Diablo que pesca hombres utiliza toda clase de cebos. Pero el hombre ocioso no necesita cebo, es atrapado con el anzuelo desnudo.

12. He aquí dos proverbios: «El trabajo te curvará la espalda, pero no te llenará los bolsillos» y también: «El trabajo honrado no te dará para tener mansiones». Estos dos proverbios son injustos, porque es mejor tener la espalda encorvada que ser injustamente rico, y el trabajo honrado es preferible a las mansiones.

13. Es mejor coger una cuerda y adentrarse en el bosque en busca de un haz de leña que vender para comer, que mendigar comida a la gente. Si te la niegan, te frustras, si te la dan, te avergüenzas, lo cual es peor.

Mahoma.

14. Había dos hermanos, uno estaba al servicio de un noble, el otro vivía del trabajo de sus manos. El hermano rico le dijo un día al pobre: «¿Por qué no entras al servicio de mi señor? No conocerías las penurias ni el trabajo».

Y el pobre replicó: «Y tú, ¿por qué no trabajas? No conocerías la humillación y la servidumbre».

Los filósofos dicen que es mejor comer en paz el pan ganado con el trabajo que llevar un cinturón de oro y ser el siervo de otro. Es mejor mezclar cal y arcilla con las manos que doblar estas sobre el pecho en señal de servidumbre.

Saadi.

15. La mejor vida no es estar a la puerta del rico hablando con voz suplicante. Para llevar una vida así, mejor no tengas miedo al trabajo.

Sabiduría hindú.

16. Si no quieres trabajar, debes arrastrarte ante los demás o utilizar la fuerza sobre ellos.

17. La limosna es una buena obra solo si se da con el producto del propio trabajo.

El proverbio dice: la mano seca es avara, la mano sudorosa es generosa. Y así leemos en las *Enseñanzas de los 12 Apóstoles*: «Que tu limosna salga de tu mano cubierta con su sudor».

18. La dádiva de la viuda no solo es igual a los dones más preciosos, sino que solo tal dádiva es una auténtica obra de misericordia.

Solo los pobres trabajadores conocen la felicidad de la verdadera compasión. Los ricos ociosos se ven privados de ella.

19. Un hombre rico tenía todo lo que la gente desea: millones en monedas, un magnífico palacio, una hermosa esposa, cientos de sirvientes, suntuosos banquetes, toda clase de manjares y vinos, establos llenos de multitud de caballos. Y él se cansaba de todo, se cansaba de estar sentado todo el día en su magnífica mansión, dudaba y se quejaba de su cansancio. Lo único que le quedaba de alegría era comer. Cuando se despertaba, esperaba el desayuno, después del desayuno esperaba el almuerzo y después del almuerzo esperaba la cena. Pero ni siquiera esta alegría le duraba. Comía tanto que arruinaba su digestión y no sentía apetito de comida. Convocó a sus médicos, que le dieron algunos medicamentos y le ordenaron caminar dos horas al día.

Y mientras caminaba por orden del médico sus dos horas asignadas, rumiando sobre su falta de ganas de comer, se le acercó un mendigo:

«Una limosna», suplicó, «una limosna, por Cristo».

El rico estaba absorto en su propio pesar y no oyó al mendigo.

«Compadécete de mí, señor, porque no he comido en todo el día».

Cuando el rico le oyó hablar de comida, se detuvo.

«¿Deseas comer?».

«Muchísimo, señor, lo cierto es que muchísimo».

«Qué tipo tan afortunado», pensó el rico, y envidiaba al mendigo.

Los pobres envidian a los ricos, y los ricos envidian a los pobres.

Están a la par. Los pobres son mejores, porque a menudo no tienen la culpa de su pobreza, pero los ricos siempre tienen la culpa de su riqueza.

Codicia

El pecado de codicia consiste en la adquisición de cantidades cada vez mayores de bienes o dinero, de los que otros tienen necesidad, y en la retención de los mismos, con el fin de utilizar a voluntad el trabajo de los demás.

I. ¿En qué reside el pecado de la riqueza?

1. En nuestra sociedad, el hombre no puede dormir sin pagar su alojamiento. El aire, el agua, la luz del sol son suyos solo cuando está en el camino. Su único derecho reconocido es caminar por tal camino hasta que se tambalee de fatiga, porque no puede detenerse, sino que debe seguir moviéndose.

Grant Allen.

2. Diez hombres buenos pueden acostarse y dormir en paz sobre una estera, pero dos hombres ricos no pueden convivir en paz en diez habitaciones. Un hombre bueno que tiene una hogaza de pan compartirá la mitad con un vecino hambriento, pero un conquistador puede conquistar todo un continente y nunca descansará hasta que conquiste otro.

3. Una familia rica puede tener quince habitaciones para alojar a tres personas, y sin embargo no habrá sitio para cobijar a un mendigo del frío y darle una noche de alojamiento.

Un campesino tiene una choza de seis metros cuadrados para su familia de siete almas, sin embargo, admite de buen grado a un vagabundo, diciendo: «Dios nos ordena compartir con otros, mitad y mitad».

4. Los ricos y los pobres se complementan. Si hay ricos, también tiene que haber pobres. Si hay lujo sin sentido, también tiene que existir esa terrible necesidad que obliga a los pobres a servir al lujo sin sentido.

Cristo amaba a los pobres y evitaba a los ricos.

Y en el Reino de la Verdad que predicaba no puede haber ni ricos ni pobres.

Henry George.

5. El vagabundo es el complemento inevitable del millonario.

6. Los placeres de los ricos se obtienen con las lágrimas de los pobres.

7. Cuando los ricos hablan de bienestar público, sé que se trata de una mera conspiración de los ricos que buscan su propio beneficio en nombre y con el pretexto de tal bienestar público.

Thomas Moore.

8. Los hombres honrados no suelen ser ricos. Los hombres ricos no suelen ser honrados.

Lao-Tse.

9. «No robes al pobre porque es pobre», dice Salomón. Sin embargo, esto de robar al pobre porque es pobre es lo más habitual. El rico siempre aprovecha la necesidad de los pobres para hacerles trabajar para los ricos o para comprarles lo que venden al precio más bajo.

El robo a un hombre rico en las carreteras, a causa de sus riquezas, es un suceso mucho más raro, porque es peligroso robar a los ricos y, sin embargo, a un hombre pobre se le puede robar sin correr ningún riesgo.

John Ruskin.

10. La gente de la clase trabajadora, con frecuencia, se esfuerza por pasar a la clase de los ricos que viven del trabajo de otros. A esto lo llaman «ir a mejores». Pero sería más correcto decir «dejar a gente buena para irse entre gente peor».

11. La riqueza es un gran pecado ante Dios, la pobreza un gran pecado ante las personas.

Proverbio ruso.

II. El hombre y la tierra

1. Así como nací de la tierra, la tierra también me ha sido dada para que tome de ella lo que necesite para cultivar y plantar, y tengo derecho a exigir mi parte. Muéstrame dónde está.

Emerson.

2. La tierra es nuestra madre común; nos alimenta, nos cobija, nos alegra y nos calienta con amor; desde el instante en el que nacemos, y hasta que encontramos descanso en el sueño eterno, en su seno maternal, nos acaricia constantemente con sus tiernos abrazos.

Sin embargo, a pesar de esto, la gente habla de venderla y, de hecho, en nuestra mercenaria época. La tierra se valora en un mercado con fines de venta. Pero vender la tierra que fue hecha por el Creador Celestial es un absurdo tremendo. La tierra solo puede pertenecer a Dios Omnipotente y a todos los hijos de los hombres que trabajan en ella.

No es propiedad de una generación, sino de todas las generaciones pasadas, presentes y futuras.

Carlyle.

3. Supongamos que ocupamos una isla y vivimos del trabajo de nuestras manos, y que un náufrago llega a nuestra costa. ¿Tiene el mismo derecho natural básico que nosotros a ocupar una porción de tierra y a alimentarse con el trabajo de sus manos? Parece que este derecho es indudable. Sin embargo, ¡cuántos hombres nacen en nuestro planeta y a los que los hombres que viven en él les niegan este mismo derecho!

Lavelais.

III. Efectos nocivos para la salud

1. Los hombres se quejan de la pobreza y utilizan todos los medios para alcanzar la riqueza; sin embargo, la pobreza y la necesidad dan al hombre firmeza y fuerza, mientras que, por el contrario, los excesos y el lujo conducen a la debilidad y a la ruina.

Es insensato que los pobres pretendan cambiar su beneficiosa situación, tanto para el cuerpo como para el alma, por riquezas perjudiciales para ambos.

2. La Necesidad entrena y enseña. La riqueza confunde.

Proverbio ruso.

3. El pobre tiene sus problemas, pero el rico tiene el doble de ellos.

4. La vida del rico es mala, tanto porque nunca puede estar tranquilo por temor a que su riqueza se le esfume, como porque, a medida que aumenta su riqueza, aumentan también sus preocupaciones y sus deberes. Pero, sobre todo, porque solo puede asociarse con unas pocas personas, que deben ser tan ricas como él. No puede asociarse con gente pobre. Si se juntara con los pobres se daría cuenta claramente de su propio pecado y no podría evitar avergonzarse de sí mismo.

5. La riqueza tiene oro, la pobreza tiene alegría.

Proverbio ruso.

6. La riqueza conduce al hombre al orgullo, la crueldad, la ignorancia autocomplaciente y el vicio.

Meunier.

7. El hombre rico es insensible e indiferente al dolor ajeno.

Talmud.

8. La vida de los ricos, al ser inmune al trabajo, que es una necesidad de la vida, no puede estar exenta de locura. Los hombres que no trabajan, es decir, que no cumplen con una de las leyes universales que gobiernan la vida de todos los hombres, están destinados a actuar como maníacos. Se convierten en algo semejante a los animales domésticos, tales como los caballos, perros y cerdos. Dan tumbos y pelean y se apuran de lugar en lugar, sin saber por qué.

9. La necesidad agudiza el ingenio, la riqueza lo embota. La gordura y la pereza llevan a la locura hasta a un perro.

Proverbio ruso.

10. Un hombre misericordioso nunca es rico. Un hombre rico seguramente no es misericordioso.

Proverbio manchú.

11. Los hombres buscan la riqueza pero, si supieran cuánto de bueno pierde la gente al adquirirla, procurarían deshacerse de ella con tanto afán como ahora buscan adquirirla.

12. Se acerca un tiempo, que ya no está lejano, en el que la gente dejará de creer que las riquezas dan la felicidad, y se percatarán de la simple verdad de que, mientras adquieren y conservan riquezas, no mejoran, sino que echan a perder la vida de los demás y la suya propia.

IV. No hay que envidiar la riqueza, sino avergonzarse de ella

1. A los ricos no hay que honrarlos ni envidiarlos, sino evitarlos y compadecerles. El rico no tiene por qué jactarse de su riqueza, sino que debe avergonzarse de ella.

2. Está bien que los ricos vean la pecaminosidad de las riquezas y no censuren a los pobres por su envidia y sus celos. Pero está mal cuando juzgan a los pobres por su envidia, al tiempo que no perciben su propio pecado. También está bien que los pobres se den cuenta del pecado de envidia y celos que sienten hacia los ricos, y no los censuren, sino que se compadezcan de ellos. Pero es malo cuando censuran a los ricos, en tanto que no perciben su propio pecado.

3. Si los pobres envidian a los ricos, no son mejores que ellos.

4. La autocomplacencia de los ricos es mala, pero no menos mala es la envidia de los pobres. ¡Cuántos pobres hay que juzgan a los ricos, y sin embargo actúan igual que los ricos con los que son aún más pobres que ellos!

V. Excusas para la riqueza

1. Si percibes un ingreso sin trabajar por ello, sin duda alguien está trabajando sin recibir un ingreso por ello.

Memnónides.

2. Solo un hombre convencido de que no es como los demás, sino mejor que los demás, puede disfrutar de la riqueza con la conciencia tranquila,

mientras está rodeado de pobres. Solo el pensamiento de que es mejor que otros puede justificar a un hombre, ante el tribunal de su propio corazón, que posea riquezas, mientras que otros a su alrededor son pobres. Y lo más curioso de todo es que la posesión de riquezas, que debería ser motivo de vergüenza, se considera una prueba de la superioridad de un hombre sobre sus semejantes. «Disfruto de riquezas porque soy mejor que los demás, y soy mejor que los demás porque disfruto de riquezas». Tal es la actitud de un hombre de este tipo.

3. Nada muestra tan a las claras el error de las religiones que profesamos como el hecho de que las personas que se consideran cristianas no solo disfrutan de la riqueza en medio de la carencia universal, sino que, de hecho, se enorgullecen de ella.

4. Los hombres pueden alimentarse de tres maneras: robando, pidiendo limosna y trabajando. Es fácil distinguir a los que se ganan el pan con el trabajo; igual de fácil es distinguir a los que viven de la limosna.

5. Uno de los errores de juicio más corrientes y más graves es considerar bueno lo que a uno le gusta. A los hombres les gusta la riqueza, pero, aunque el mal de la riqueza es muy evidente, intentan persuadirse de que la riqueza es buena.

6. Al parecer, los hombres ricos no podrían fingir, ni ante ellos mismos ni ante los demás, que no saben lo duro que deben trabajar los obreros —algunos bajo tierra, otros en el agua, otros alrededor de los hornos, de diez a catorce horas seguidas, muchos de ellos ocupados de noche en diversas fábricas— y que se dedican a tan cruda labor solo porque los ricos les dan la oportunidad de sobrevivir tan solo a cambio de la realización de tales tareas. Aparentemente, no sería posible negar algo tan palmario. Sin embargo, los ricos no lo ven, como los niños que cierran los ojos para no ver lo que les asusta.

7. ¿Puede ser que Dios haya dado algo a un hombre y se lo haya negado a otro? ¿Puede ser que el Padre común de todos haya excluido a alguno de sus hijos? Vosotros, hombres, que reclamáis el derecho exclusivo a disfrutar de Sus dones, mostradnos en virtud de qué voluntad y testamento podría Él haber privado a vuestros otros hermanos de su herencia.

Lamennais.

8. Es cierto que la riqueza es una acumulación de trabajo. Pero, normalmente, un hombre trabaja, otro acumula. Y esto es lo que los científicos llaman «división del trabajo».

De fuentes inglesas.

9. Los paganos consideraban la riqueza una bendición y una gloria, pero, para un verdadero cristiano, la riqueza es un mal y una vergüenza.

Decir un «cristiano rico» es como hablar de «hielo caliente».

10. Podría parecer que, ante la agonizante pobreza de los trabajadores que mueren por falta de lo necesario y a causa del excesivo trabajo (¿quién puede alegar ignorancia de estos hechos?), los ricos, que disfrutan del fruto de estos trabajos comprados con las vidas de los hombres, no podrían estar en paz ni un solo instante.

Sin embargo, existen hombres ricos de mentalidad liberal, humanitarios y muy sensibles a los sufrimientos de los hombres y los animales, que nunca dejan de disfrutar de los frutos de estos trabajos y que en todo momento se esfuerzan por aumentar su propia riqueza, es decir, en seguir sumando al fruto de estos trabajos de que disfrutan y, mientras se dedican a tal actividad, están perfectamente serenos.

Esto se debe a la nueva ciencia de la economía política, que explica las cosas de una manera nueva, mostrando que la división del trabajo y el disfrute de los frutos del mismo dependen de la oferta y la demanda, del capital, la renta, el salario, los valores de mercado, los beneficios, etc.

Sobre este tema se han escrito multitud de libros y folletos en muy poco tiempo, se han pronunciado multitud de conferencias, y tales libros, folletos y conferencias no tienen fin.

Puede que la mayoría de la gente no conozca los detalles de estas tranquilizadoras explicaciones de la ciencia, pero, sin embargo, sabe que existen tales explicaciones, y que hombres brillantes y eruditos demuestran sin rodeos que el orden actual de las cosas es tal como debe ser, y que podemos seguir viviendo en paz sin intentar cambiarlo.

Solo esto puede explicar el oscurecido estado de ánimo de esas bondadosas personas de nuestra sociedad moderna que pueden compadecerse sinceramente de animales mudos y, sin embargo, devorar tranquilamente la vida de sus propios hermanos.

VI. Para ser bendito, el hombre no debe prestar atención al aumento de sus posesiones, sino al amor que se alberga en su interior

1. No os confiéis a los tesoros de la tierra, donde la polilla y el orín corrompen, y donde los ladrones minan y hurtan:

Antes bien, confiad en los tesoros del cielo, donde ni la polilla ni el orín corrompen, y donde los ladrones no minan ni hurtan; porque, allá donde estuviere vuestro tesoro, allí estará también vuestro corazón.

Acumular tesoros en el Cielo es aumentar el amor dentro en tu interior. Y el amor no está en armonía con la riqueza, sino que es directamente contrario a la misma. Un hombre que vive la vida del amor no puede acumular riqueza, o si la tiene, no puede retenerla.

2. Gánate una riqueza que nadie pueda arrebatarte, que permanezca contigo incluso después de la muerte, que no decaiga. Esa riqueza es tu alma.

Proverbio hindú.

3. Los hombres se preocupan mil veces más por aumentar sus riquezas que por aumentar sus conocimientos. Y, sin embargo, resulta evidente para cualquiera que la felicidad del hombre depende mucho más de lo que hay en él mismo que de lo que posee.

Schopenhauer.

4. Y les refirió una parábola, diciendo: La tierra de cierto hombre rico produjo con abundancia y él pensaba para sus adentros, diciéndose: ¿Qué haré, pues no tengo dónde repartir mis frutos?

Y se dijo: Esto haré: Derribaré mis graneros y edificaré otros mayores, y allí repartiré todos mis frutos y mis bienes.

Y le diré a mi alma: Alma, tienes muchos bienes acumulados para muchos años; descansa, come, bebe y alégrate.

Pero Dios le dijo: insensato, esta noche tu alma te será requerida; entonces, ¿de quién serán las cosas que has provisto?

Lucas XII, 16-20.

5. ¿Por qué desea un hombre ser rico? ¿Por qué necesita caballos caros, vestidos finos, apartamentos hermosos, el derecho a entrar en lugares públicos, diversiones? Solo por falta de vida espiritual.

Dale a un hombre así una vida espiritual interior y no necesitará ninguna de estas cosas.

Emerson.

6. Al igual que las vestiduras pesadas entorpecen los movimientos del cuerpo, así las riquezas impiden el progreso del alma.

Demófilo.

VII. Combatiendo el pecado de la codicia

1. ¡Con cuánto esfuerzo y pecado se acumulan y conservan las riquezas! Y, sin embargo, de las riquezas acumuladas solo se puede generar una alegría. Tal alegría consiste en renunciar a las riquezas después de darse cuenta de todo el mal de las mismas.

2. Si anhelas la gracia de Dios, muéstralo con obras. Pero aún puede haber alguien que diga, como cierto joven rico: «Todo esto lo he guardado desde mi juventud, no he robado, matado, ni cometido adulterio». Y Cristo le dijo que no era todo, que todavía le faltaba algo. ¿Qué le faltaba? «Anda, vende lo que tienes», le dijo, «y dáselo a los pobres, y ven y sígueme» (Mateo XIX, 21). Seguirle significa imitar sus obras. ¿Qué obras? Amar al prójimo. Y si un joven que vive en tal abundancia fuese capaz de abstenerse de distribuir sus riquezas entre los pobres, ¿cómo podría decir que ama a su prójimo? Si el amor es fuerte, no debe mostrarse solo con palabras, sino con hechos. Y un rico puede mostrar su amor con hechos renunciando a sus riquezas.

3. El que tiene menos de lo que desea debe saber que tiene más de lo que merece.

Lichtenberg.

4. Hay dos maneras de escapar de la pobreza: una es aumentar tus posesiones, la otra es educarte a contentarte con poco. Aumentar tus posesiones no siempre es factible y rara vez puede hacerse honestamente. Disminuir tus deseos siempre está en tu mano y siempre es bueno para tu alma.

5. El ladrón más mezquino no es el que toma lo que necesita, sino el

que se aferra a lo que no necesita y que puede ser necesario para otros, sin dar a los demás.

6. «Pero el que tiene bienes de este mundo, y ve a su hermano tener necesidad, y le cierra sus entrañas a la compasión, ¿cómo va a habitar el amor de Dios en él?

Hijos míos, no amemos de palabra ni de boca, sino de hecho y en verdad».

1 Juan III, 17-18.

Y si el rico no ama de palabra ni de boca, sino de hecho y en verdad, que dé al que le pide, dijo Cristo. Y si diera al que le pide, por muchas riquezas que un hombre tuviera, pronto dejaría de ser rico. Y en cuanto deje de ser rico, se encontrará en la situación del joven rico al que habló Cristo y no habrá entonces nada que le impida seguir a Cristo.

7. Los sabios de China decían: «Aunque esté mal, es perdonable que un pobre envidie a los ricos, pero es imperdonable que un rico se jacte de sus riquezas y se niegue a compartirlas con los pobres».

8. La misericordia solo es auténtica cuando lo que das lo has arrancado de ti mismo. Solo entonces, quien recibe un don material recibe también un don espiritual.

Pero si el regalo no es un sacrificio, sino algo superfluo, tan solo agravia a quien lo recibe.

9. Los ricos munificentes ignoran el hecho de que sus dádivas a los pobres no son más que cosas que han arrebatado de las manos de gente aún más pobre.

10. «Nadie puede servir a dos señores; porque o aborrecerá a uno y amará al otro, o se apegará a uno y despreciará al otro. No podéis servir a Dios y a las riquezas».

O trabajas para tu vida terrenal, o para Dios.

«Por eso os digo: No os preocupéis por vuestra vida, de qué habéis de comer o qué habéis de beber; ni por vuestro cuerpo, de qué habéis de vestir».

¿No vale tu vida más que la carne y el vestido, y no te la dio Dios?

Contemplad las aves del cielo, que ni siembran ni siegan, y Dios las alimenta. El hombre no es peor que las aves. Si Dios ha dado vida al hombre, sabrá alimentarlo. Y sabéis en vuestro propio corazón que por mucho que trabajéis, nada podéis hacer por vosotros mismos. No podéis aumentar vuestro tiempo en una hora. Las flores del campo no trabajan ni hilan, y ni siquiera Salomón en toda su gloria se vistió como ellas. Si Dios viste así a la hierba, que hoy es y mañana se corta, ¿no os vestirá a vosotros?

Por tanto, no os preocupéis de lo que habéis de comer y vestir. Todos los hombres necesitan estas cosas, y Dios conoce vuestra necesidad. Tampoco penséis en el futuro. Vivid el presente. Pensad solo en cómo hacer la voluntad de vuestro Padre. Buscad la única cosa necesaria, las demás cosas vendrán por sí solas. Busca solo hacer la voluntad de tu Padre. No penséis en el mañana, porque el mañana pensará en aquello que le corresponde. Suficiente es el mal presente en el día de hoy.

Esto enseñó Jesús, y cada hombre puede comprobar la verdad de estas palabras por sí mismo, en su propia vida.

Ira

I. En qué consiste el pecado de la falta de caridad

1. «Habéis oído que fue dicho por los antiguos: No matarás; y cualquiera que matare, será reo del juicio.

Pero yo os digo que cualquiera que se enoje contra su hermano sin causa, se expondrá al juicio».

Mateo V, 21-22.

2. Si sientes un dolor en el cuerpo, sabes que algo va mal. O bien has hecho lo que no debías, o bien no has hecho lo que debías. Lo mismo ocurre en la vida espiritual. Si te sientes triste o irritable, puedes saber que algo va mal; o amas lo que no debes amar o no amas lo que debes amar.

3. Los pecados de comer en exceso, la ociosidad y la lujuria son malos en sí mismos. Pero lo malo de estos pecados es que conducen al peor pecado: la falta de caridad o el odio hacia los demás.

4. Lo terrible no son los robos, los asesinatos, las ejecuciones. ¿Qué es un robo? Traspasar una propiedad de una persona a otra. Esas cosas siempre han existido y siempre existirán, y no hay nada terrible en ello. ¿Qué son los asesinatos, las ejecuciones? Lo más terrible no está en los robos y asesinatos en sí, sino en los sentimientos de los hombres que se odian unos a otros, en el odio de los hombres que los lleva a robar, matar y ejecutar.

II. El sinsentido de la ira

1. Los budistas dicen que todos los pecados provienen de la locura. Esto es verdad para todos los pecados, pero sobre todo para la falta de compasión. El pescador o el cazador de aves se enfada con el pez o el pájaro que se le escapa, y yo me enfado porque un hombre ha hecho lo que considera necesario para sí mismo, y no lo que yo quiero que haga. ¿No es igualmente insensato?

2. Un hombre te inflige una ofensa y tú te encolerizas. El asunto ha pasado, pero la malicia contra ese hombre se ha instalado en tu corazón y, cada vez que piensas en él, te enfadas. Es como si el demonio hubiera estado vigilando a la puerta de tu corazón y, aprovechando el momento en que dejas que la malicia entre en él, hubiera robado en tu corazón y se hubiera hecho dueño del mismo. Expúlsalo. Y ten cuidado en el futuro de no abrir la puerta para que pueda volver a entrar.

3. Érase una vez una niña tonta que había perdido la vista por causa de una enfermedad y no se daba cuenta de que era ciega. Se enfadaba porque, dondequiera que iba, las cosas estaban en su camino. No pensaba que tropezaba con las cosas, sino que imaginaba que las cosas arremetían contra ella.

Lo mismo les ocurre a las personas que se vuelven espiritualmente ciegas. Se imaginan que todo lo que les ocurre se hace contra ellos con mala intención, y se enfadan con la gente, sin darse cuenta, ni siquiera como la niña tonta, de que sus males no se deben a otras personas, sino a su ceguera espiritual y a que viven para su cuerpo.

4. Cuanto más elevada es la opinión que un hombre tiene de sí mismo, más fácilmente se enfada con la gente. Cuanto más humilde es un hombre, más amable es y menos propenso resulta a enfadarse.

5. No pienses que la virtud reside en el valor o la fuerza; si puedes elevarte por encima de la ira, si puedes perdonar y aprender a amar a quien te ha herido, estás haciendo lo más elevado a lo que un hombre puede aspirar.

Sabiduría persa.

6. Puede que no seas capaz de sustraerte a la ira cuando te ofenden o te insultan; pero siempre puedes abstenerte de mostrar lo que hay en tu corazón de palabra o de obra.

7. La malicia es siempre hija de la impotencia.

8. Si un hombre te regaña o te insulta, no cedas ante él, niégate a entrar en el camino por el que quiere que te desvíes, no hagas lo que él está haciendo.

Marco Aurelio.

III. La ira contra otros hombres es irracional porque el mismo Dios habita en todos los hombres

1. Tened cuidado si queréis golpear al demonio que hay en el hombre, no sea que golpeéis a Dios». Este dicho significa que, cuando censuráis a un hombre, debéis recordar que el espíritu de Dios habita en él.

2. Obsérvate desde primera hora de la mañana y dite a ti mismo: Puedo tener trato con algunos hombres insolentes, nada sinceros, fastidiosos o maliciosos. Con frecuencia nos encontramos con gente así. No saben lo que es bueno y lo que es malo. Pero yo sí sé bien lo que es bueno y lo que es malo, y si soy consciente de que solo es malo para mí lo que yo mismo cometo, ningún hombre malvado puede hacerme daño. Nadie puede obligarme a hacer el mal. Y si recuerdo que todo hombre, si no en carne y hueso, sí al menos en espíritu, es mi prójimo, y que en todos nosotros habita el mismo espíritu de Dios, soy incapaz de enfadarme con una criatura tan cercana a mí, pues sé que hemos sido creados el uno para el otro, como una mano para la otra o un pie para su compañero, y como los ojos y los dientes se ayudan mutuamente y a todo el cuerpo. ¿Cómo, pues, puedo apartarme de mi prójimo, si, en contra de su verdadera naturaleza, comete el mal contra mí?

Marco Aurelio.

3. Si te enfadas con un hombre, es señal de que vives la vida del cuerpo y no la vida de Dios. Si vivieras la vida de Dios, nadie podría hacerte daño, porque a Dios no se le puede hacer daño, y Dios, el Dios que hay en ti, no puede enfadarse.

7. Para vivir en armonía con la gente, recuerda que, cuando conozcas a personas, no son importantes para lo que tú necesitas, y que ellos no necesitan aquello por lo que les has contactado, sino tan solo lo que Dios, que habita en ambos, exige de los dos.

Tan solo recuerda esto, cuando un sentimiento de falta de amabilidad hacia otro surja dentro de ti, y te verás inmediatamente liberado de este sentimiento.

8. No desprecies ni honres sin medida a ningún hombre. Si desprecias a un hombre, no valoras lo bueno que hay en él. Si honras a un hombre más allá de toda medida, le exiges demasiado. Para evitar el error, ten en poco lo que hay en el hombre (como en ti mismo) y es del cuerpo, y considéralo como una criatura espiritual en la que habita el espíritu de Dios.

IV. Cuanto menos piensa el hombre en sí mismo, más gentil es

1. Se dice que un hombre bueno no puede evitar enfadarse con los hombres malos, pero si esto fuera así, entonces cuanto mejor es un hombre en comparación con otros, según su capacidad de enfadarse. Pero lo cierto es que es al contrario; cuando mejor es un hombre, más gentil y amable es con todas las personas. Esto se debe a que un hombre bueno recuerda que él mismo ha hecho cosas pecaminosas y, si se enfadara con los demás por ser malos, tendría que enfadarse primero consigo mismo.

Séneca.

2. Un hombre racional no puede enfadarse con gente mezquina e irracional.

«Pero ¿cómo evitar la ira si son ladrones y pícaros?».

¿Y qué es un ladrón y un granuja? Un hombre descarriado. A ese hombre hay que compadecerlo y no enfadarse con él. Si puedes, persuádele de que no le conviene vivir como vive, y dejará de hacer el mal. Y si aun así no se da cuenta de esto, no es de extrañar que lleve una vida mala.

Pero podría decirse que esos hombres deberían ser castigados.

Si a un hombre se le enferman los ojos y pierde la vista, no dirás que debe ser castigado por ello, y entonces ¿por qué castigarías a un hombre que está privado de lo que es más precioso que su vista, privado de la mayor bendición, del conocimiento de cómo vivir de acuerdo con la razón? Tales hombres no deben ser tratados con ira, sino con piedad.

Compadécete de tales desgraciados y procura que sus delirios no despierten tu ira. Recuerda cuántas veces tú mismo te has equivocado y has cometido pecado, y más bien enfádate contigo mismo, porque hay mucha falta de bondad y malicia en tu alma.

Epicteto.

3. Dices que los hombres malos están a tu alrededor. Si piensas así, eso una señal segura de que tú mismo eres muy malo.

4. Con frecuencia, los hombres se esfuerzan por lucirse, señalando los defectos de los demás, pero no hacen más que mostrar su propia debilidad.

Cuanto más inteligente y bondadoso es un hombre, más bien ve en los demás; y cuanto más necio y antipático es, más defectos encuentra en los demás.

5. Es cierto que resulta difícil ser amable con los corruptos y con los mentirosos, sobre todo si nos insultan, pero son precisamente esas personas con las que deberíamos ser muy amables, tanto por su bien como por el nuestro.

6. Cuando estás enojado con alguien, generalmente buscas justificar tu corazón y tratas de ver solo lo que es malo en aquel que es objeto de tu enojo. Esto solo aumenta tu falta de caridad. Pero es necesario justamente lo contrario; cuanto más enojado estés, más cuidadosamente debes buscar lo que hay de bueno en aquel que es objeto de tu enojo, y si encuentras algo bueno en él y aprendes a amarlo, no solo aliviarás tu corazón, sino que experimentarás una alegría peculiar.

7. Nos compadecemos de un hombre desarrapado, aterido y famélico, pero ¿cuánto más no ha de compadecerse un hombre de un embustero, un borracho, un ladrón, un atracador, un asesino? El primero sufre en su cuerpo, pero el otro en lo que es la posesión más preciosa del mundo: su alma.

Está bien compadecerse de los pobres y ayudarlos, pero aún es mejor no juzgar a los viciosos, sino compadecerse de ellos y ayudarlos también.

8. Si quieres reprochar a un hombre acciones irrazonables, no califiques sus actos o palabras de estúpidos, no pienses ni digas que lo que ha hecho o dicho carece de sentido. Por el contrario, supón siempre que lo que ha querido hacer o decir era razonable y esfuérzate por encontrarlo así. Es bueno descubrir esas ideas erróneas que han engañado al hombre y mostrárselas, para que pueda decidir, mediante el ejercicio de su propia razón, que estaba en un error. Solo mediante la razón podemos convencer a un hombre. Y también podemos convencer a un hombre de la inmoralidad de su conducta apelando a su sentido de la moralidad. No supongas que el hombre más inmoral no podría convertirse en un ser libre y moral.

Kant.

9. Si estás enojado con un hombre porque hizo algo que consideras malo, trata de aprender por qué ese hombre hizo lo que consideras malo. Y tan pronto como lo entiendas, te darás cuenta de que no puedes enfadarte con ese hombre, igual que uno no puede enfadarse con una piedra por caer al suelo en vez de hacia arriba.

V. La necesidad de amor para relacionarse con las personas

1. Para que la asociación entre los hombres no sea dolorosa para ellos y para ti mismo, no busques asociarte con ellos si no sientes amor hacia ellos.

2. Solo los objetos inanimados pueden tratarse sin amor; se pueden talar árboles, hacer ladrillos y forjar hierro sin amor, pero a los hombres no se les puede tratar sin amor, de la misma manera que no se puede manipular a las abejas sin precauciones. La naturaleza de las abejas es tal que si las tratas sin precaución te haces daño a ti mismo y a las abejas. Lo mismo ocurre con las personas.

Si no sientes amor por la gente, quédate quieto, ocúpate de cosas inanimadas, pero deja en paz a la gente. Si tratas a la gente sin amor, en poco tiempo actuarás como una bestia y no como un ser humano, y te harás daño a ti mismo y a la gente.

3. Si un hombre te ha ofendido, puedes tomar represalias como un perro, una vaca o un caballo; es decir, puedes huir, si el ofensor es más fuerte que tú, o gruñir y patalear; o puedes actuar como un ser humano racional y decirte a ti mismo: «ese hombre me ha ofendido, eso es asunto suyo, pero mi ocupación es hacer lo que considero bueno, hacerle lo que me gustaría que me hiciera a mí».

4. Cuando ves a la gente insatisfecha con todo y condenándolo todo, te dan ganas de decir: «No es el propósito de tu vida percatarte de todo lo absurdo de la vida, condenarla, enfadarte un rato y luego morir. Eso no puede ser. Piensa un poco. Lo tuyo no es enfadarte ni condenar, sino trabajar para corregir el mal que ves. Pero el mal que ves no puede eliminarse gracias a tu irritación, sino solo por el ejercicio de esa buena voluntad hacia todos los hombres que habita en ti, y que sentirás en el momento en que te abstengas de ahogar su voz».

5. Adquiere el hábito de estar insatisfecho con los demás solo en la misma medida en que estás insatisfecho contigo mismo. Cuando estás insatisfecho contigo mismo, estás insatisfecho con tus acciones, no con tu alma. Del mismo modo, con tu prójimo, juzga sus acciones, pero ámalo.

6. Para no hacer ningún mal a tu prójimo, para amarlo, entrénate a no decirle nunca nada malo ni a él ni de él, y para entrenarte a hacer esto, entrénate a no pensar nada malo de él, a no dejar que un sentimiento de falta de caridad entre siquiera en tus pensamientos.

7. ¿Puedes enfadarte con un hombre por tener llagas? Él no tiene la culpa de que te molesten sus llagas. Actúa de la misma manera con los defectos de los demás.

Pero tú puedes decir que un hombre tiene su propia razón, que debe ayudarle a reconocer sus faltas y a corregirlas. Esto es cierto. Sin embargo, tú también estás dotado de razón y puedes llegar a la conclusión de que no debes enfadarte con un hombre por culpa de sus faltas, sino esforzarte, mediante un trato racional y amable, sin ira, impaciencia ni altanería, por despertar su conciencia.

8. Hay hombres a los que les encanta enfadarse. Siempre están ocupados con algo y siempre les complace tener la oportunidad de desconcertar e insultar a cualquiera que se dirija a ellos. Tales hombres suelen ser muy desagradables. Pero debes recordar que son muy desafortunados, ajenos a la alegría de una buena disposición, y no hay que censurarlos, sino compadecerlos.

9. Nada puede suavizar la ira, incluso la justificada, tan rápidamente como comentar a la persona enfadada sobre el objeto de su ira: «Es tan desafortunado». Así como la lluvia apaga las llamas, así la compasión actúa sobre la ira.

10. Si un hombre que quiere hacer daño a su enemigo tan solo intentara imaginar vívidamente que ya ha hecho lo que deseaba, y viera a su enemigo sufriendo en su cuerpo o en su espíritu por las heridas, la enfermedad, la humillación o la pobreza; si un hombre solo intentara imaginar esto y se diera cuenta de que todo este mal es obra de sus manos, incluso el hombre más mezquino cesaría de airarse, después de tan vívida comprensión de los sufrimientos de su enemigo.

Schopenhauer.

11. Dios te guarde de simular amar y tener compasión si no sientes amor ni compasión. Tal cosa es peor que el odio. Pero que Dios os guarde de dejar de captar y de mantener viva la chispa de la compasión y del amor divino hacia tu enemigo, cuando Dios os la envíe. No hay nada más precioso que eso.

VI. Combatiendo el pecado de la falta de caridad

1. Cuando me condenan, me resulta desagradable y doloroso. ¿Cómo librarse de este sentimiento? En primer lugar, con humildad: Si conoces tu debilidad, no te enfadarás cuando otros te la señalen. Luego, mediante el ejercicio de la razón, ya que al final sigues siendo como eras, solo que, si tenías una opinión demasiado elevada de ti mismo, puede que tengas que cambiarla. Solo hay un modo de no odiar a los que nos hieren: hacerles el bien; aunque no puedas cambiarlos, sí puedes refrenarte a ti mismo.

Amiel.

2. Si estás algo enfadado, cuenta hasta diez antes de hacer o decir algo. Si estás muy enfadado cuente hasta cien. Si piensas en esto cuando estés enfadado, no necesitarás contar en absoluto.

3. La mejor bebida del mundo es cuando tienes una palabra de enfado en la lengua, no para decirla, sino para engullirla.

Mahoma.

4. Cuanto más vive un hombre por su alma, menos molestias sufre en todos sus tratos, y menos ocasión tiene para la ira.

5. Piensa bien y comprende que cada hombre actúa como mejor le parece. Si piensas siempre en esto, nunca te enfadarás con nadie, nunca reprocharás ni regañarás a nadie, porque, si para otro hombre es mejor hacer lo que a ti te desagrada, tiene razón y no puede hacer otra cosa. Pero si se equivoca y hace lo que es peor para él, puede compadecerse, pero no debes enfadarte con él.

Epicteto.

6. Un río profundo no se enturbia si le arrojas una piedra. Lo mismo ocurre con el hombre. Si un hombre se agita por insultos no es un río, sino un charco.

7. Recordemos que todos volveremos a la tierra, y seamos mansos y amables.

Saadi.

VII. La falta de caridad daña sobre todo al que la padece

1. Por mucho daño que cause a los demás, la ira es más dañina para quien la alberga. Y la ira siempre es más dañina que aquello que la ha provocado.

2. Hay personas a la que le encanta enfadarse, y rabiar y herir a los demás sin motivo. Podemos entender por qué un avaro hiere a otras personas. Desea apoderarse de lo que pertenece a los demás para enriquecerse. Lesiona a la gente por su propio beneficio material. Pero un hombre mezquino perjudica a los demás sin ningún beneficio para sí mismo. ¡Qué locura!

Sócrates.

3. No hacer daño ni siquiera a los enemigos: he aquí la gran virtud.

Ciertamente, debe perecer quien busca la ruina de otro. No hagas el mal. La pobreza no justifica el mal. Si cometes el mal, te empobrecerás aún más.

Los hombres pueden escapar a los efectos de la malicia de sus enemigos, pero nunca podrán escapar a las consecuencias de sus propios pecados. La sombra de estos perseguirá sus pasos hasta arruinarlos.

El que no quiera vivir entre penas y aflicciones, que no haga daño a los demás.

Si un hombre se ama a sí mismo, que no haga ningún mal, por leve que sea.

Sabiduría hindú.

4. Ser virtuoso es ser libre de espíritu. Los hombres siempre enfadados con los demás, siempre temerosos de algo y entregados a las pasiones, no pueden ser libres de espíritu. Quien no es libre de espíritu, teniendo ojos no puede ver, teniendo oídos no puede oír, comiendo no puede saborear.

Confucio.

5. Piensas que el objeto de tu ira es tu enemigo, sin embargo, tu propia ira, la que ha entrado en tu corazón, es tu principal enemigo. Por lo tanto, haz las paces con tu enemigo tan pronto como sea posible, y saca de tu corazón ese doloroso sentimiento.

6. Gota a gota se llena un cubo; así también el hombre se llena de malicia, aunque la acumule poco a poco, si se permite enfadarse con los demás. El mal vuelve a quien lo lanza como polvo arrojado contra el viento.

Ni en el Cielo ni en el mar, ni en las entrañas de las montañas, ni en ninguna parte del mundo hay un lugar donde un hombre pueda librarse de la malicia que alberga en su corazón.

Recuerda esto.

Jamapada.

7. En la ley hindú se dice: tan cierto como que hace frío en el tiempo de invierno y calor en la estación de verano, tan cierto como que la maldad alcanza al hombre malo, y la bondad al hombre bueno. Que nadie se enzarce en una disputa, aunque le ofendan y sufra, que nadie ofenda de palabra, obra o pensamiento. Todas estas cosas roban al hombre su felicidad.

8. Si sé que la cólera me roba la verdadera felicidad, ya no puedo enemistarme conscientemente con los demás, como solía hacer, ni gloriarme de mi cólera, jactarme de ella, hincharla y buscar excusas para justificarla, considerarme importante y a los demás insignificantes, perdidos o locos; no puedo —a la primera insinuación de cólera creciente— hacer otra cosa que sentir que solo yo tengo la culpa o abstenerme de buscar la paz con los que me son ajenos.

Pero esto no es suficiente. Si ahora sé que la ira es mala para mi alma, también sé lo que me induce a este mal. Y esto se debe a que olvido que, en los demás, habita el mismo espíritu que en mí mismo. Ahora veo que esta separación de la gente, este reconocimiento de uno mismo como si estuviera por encima de los demás, es una de las principales causas de la enemistad humana. Recordando mi vida pasada, veo que nunca permití que mi ira se levantara contra aquellos que consideraba por encima de mí, y que nunca ofendí a tales personas. Pero el menor acto de un hombre a quien creía por debajo de mí, si me desagradaba, despertaba mi cólera y provocaba un insulto por mi parte y, cuanto más por encima me sentía por encima de él, más a la ligera le insultaba; a veces, el mero pensamiento sobre la posición inferior de un hombre, me llevaba a insultarle.

9. Un invierno, Francisco de Asís, acompañado de su hermano León, iba de Perusa a Porciúncula; hacía mucho frío y tiritaban. Francisco llamó a León, que caminaba por delante de él, y le dijo: «Hermano León, Dios quiera que nuestros hermanos difundan por toda la Tierra el ejemplo de una vida santa; pero date cuenta de que la alegría perfecta no está todavía en eso».

Y poco después Francisco llamó de nuevo a León y le dijo:

«Toma nota también, hermano León, de que, si nuestros hermanos curan enfermos, expulsan demonios, dan vista a ciegos o devuelven la vida a hombres que llevan cuatro días en el sepulcro, toma nota de que tampoco en eso hay todavía gozo perfecto».

Y aún un poco más lejos Francisco llamó de nuevo a León y le dijo: «Y toma nota una vez más, hermano León, cordero de Dios, que, si aprendiéramos a hablar con las lenguas de los ángeles, si comprendiéramos el curso de las estrellas, y si se nos revelaran los tesoros de la tierra y se nos abrieran todos los misterios de la vida de los pájaros, de los peces, de todos los animales, de las personas, de los árboles, de las rocas y de las aguas, toma nota de que ni siquiera en eso habría un gozo perfecto».

Orgullo

Lo que dificulta el liberarse de los pecados es principalmente el hecho de que estos encuentran apoyo en los errores. El orgullo es uno de tales errores.

I. La insensata locura del orgullo

1. Las personas orgullosas están muy ocupadas enseñando a los demás que no tienen tiempo para pensar en sí mismas, y ¿por qué habrían de hacerlo? De todos modos, son buenas como son y, por lo tanto, cuanto más enseñan a los demás, más se hunden ellas mismas.

2. Así como el hombre no puede elevarse a sí mismo, tampoco puede exaltarse a sí mismo.

3. La mezquindad del orgullo reside en el hecho de que las personas se enorgullecen de las cosas de las que deberían avergonzarse; riquezas, gloria y honores.

4. Si eres más fuerte, más rico, más culto que los demás, esfuérzate por servir a los demás con la sobreabundancia que tienes, en comparación con ellos. Si eres más fuerte, ayuda a los débiles; si eres más culto, ayuda a los ignorantes; si eres más rico, ayuda a los pobres. Pero la gente orgullosa tiene ideas diferentes. Piensan que, si tienen lo que a otros les falta, no necesitan compartirlo con ellos, sino solo exhibirlo ante ellos.

5. Es malo que un hombre se enfade con sus hermanos en lugar de amarlos. Pero es mucho peor si a un hombre le da por creer que no es de la misma clase de hombres que los demás, sino superior a los demás, y que, por tanto, puede tratarlos de otro modo que como él querría que lo tratasen a él.

6. Es una tontería que la gente se enorgullezca de su cara o de su cuerpo, pero aún mayor tontería es el envanecerse de sus padres, antepasados y amigos, de su patrimonio y de su raza.

La mayor parte del mal en la tierra se debe a esta vanidad insensata. Es la causa de las rencillas entre hombres y hombres, familias y familias, y la causa de las guerras entre naciones.

7. Un hombre no debe considerarse más sabio, más noble o mejor que otras personas, aunque solo sea porque nadie puede calibrar adecuadamente su propia mente o sus virtudes, y menos aún el verdadero valor de la mente y de las virtudes de otras personas.

8. Las personas orgullosas se consideran a sí mismas mejores y más elevadas que los demás. Pero otros orgullosos difieren de ellos y se consideran aún mejores. Sin embargo, esto no desconcierta a los orgullosos, que están convencidos de que todos los que se consideran superiores a ellos están equivocados y que solo ellos tienen razón.

9. Es divertido ver encontrarse a dos hombres orgullosos, cada uno creyéndose superior a todos los demás en la tierra.

A un extraño le resulta divertido, pero a los dos orgullosos hombres no les hace ninguna gracia; se odian y están muy alterados.

10. La locura puede existir separada del orgullo, pero el orgullo nunca separada de la locura.

11. Aprende del agua en las profundidades del mar y en los desfiladeros de las montañas; ruidosos son los arroyos poco profundos, pero el mar sin orillas es silencioso y apenas se mueve.

Sabiduría budista.

12. Cuanto más ligera y menos densa es una sustancia más espacio ocupa. Así ocurre con el orgullo.

13. Una rueda mala hace más ruido, una espiga vacía es más alta. Lo mismo le ocurre a un hombre malo y superficial.

14. Cuanto más satisfecho está un hombre de sí mismo, menos terreno hay en él para la satisfacción.

15. Un hombre orgulloso es como si estuviera cubierto por una corteza de hielo. Ningún buen sentimiento puede atravesar tal corteza.

16. Es más fácil iluminar al más ignorante de los hombres que a un hombre orgulloso.

17. Si los orgullosos tan solo supieran lo que piensan de ellos otras personas que se aprovechan de su orgullo en beneficio propio, dejarían de serlo.

18. Cuanto más orgulloso es un hombre, más necio lo consideran los que se aprovechan de su orgullo, y tampoco se equivocan, porque, aunque lo engañan de la manera más flagrante, él no logra darse cuenta. El orgullo es invariablemente insensato.

II. Orgullo nacional

1. Considerarse mejor que los demás es un error y una tontería. Todos lo sabemos. Considerar a la propia familia mejor que todas las demás es aún más erróneo e insensato, aunque a menudo no lo reconozcamos, e incluso veamos algún mérito especial en ello. Pero considerar a la propia nación mejor que todas las demás es la mayor locura posible. Sin embargo, no solo la gente no considera que esto sea un error sino que, por el contrario, se considera una gran virtud.

2. El principio del orgullo reside en amarse solo a uno mismo. El orgullo es amor propio desenfrenado.

3. Los hombres se enemistan unos con otros, aunque saben que está mal. Y, para engañarse a ellos mismos y ahogar la voz de su conciencia, inventan excusas para su hostilidad. Una de tales excusas es que yo soy mejor que los demás y que los demás son incapaces de entenderlo, y que por eso tengo derecho a estar enemistado con ellos; otra excusa es que mi familia es mejor que la suya; la tercera es que mi clase es mejor que otras clases; y la cuarta que mi nación es mejor que todas las demás naciones.

Nada divide tanto a la gente como el orgullo: el orgullo personal, el orgullo familiar, el orgullo de clase y el orgullo nacional.

4. Los orgullosos no se contentan con considerar a sus propias personas superiores a todas las demás, sino que incluso consideran a su nación superior a las demás; tal como hacen los alemanes con la nación alemana, los rusos con la nación rusa, los polacos con la nación polaca, los judíos con la nación judía. Y, por dañino que sea el orgullo de un individuo, el orgullo nacional es mucho más dañino. Millones y millones de hombres perecieron por su causa en el pasado y siguen pereciendo.

III. El hombre no tiene motivos racionales para exaltarse a sí mismo por encima de los demás, como si fuera el mismo, ya que el espíritu de Dios habita en todos los hombres

1. El hombre se considera mejor que los demás solo si vive la vida del cuerpo. Un cuerpo puede ser más fuerte, más grande, mejor que otro, pero si un hombre vive la vida del espíritu, no puede considerarse mejor que los demás, porque en todos los hombres habita la misma alma.

2. Las personas ostentan títulos: algunos «Su Excelencia», otros «Su Alteza Serenísima», otros «Señor», «Caballero», «Su Señoría», pero solo hay un título apropiado para todos y que no ofende. Tal título es: hermano, hermana.

Y este título es bueno porque nos recuerda al único Padre en el que todos somos hermanos.

3. Los hombres consideran a unos superiores a sí mismos y a otros inferiores. Basta recordar que el mismo espíritu habita en todos los hombres para ver cuán injusto es esto.

4. Un hombre tiene razón al pensar que no hay nadie en el mundo por encima de él; pero se equivoca al pensar que hay siquiera un hombre por debajo de él.

5. Está bien que el hombre se respete a sí mismo, porque en él habita el espíritu de Dios. Pero ¡ay del hombre si se enorgullece de lo que hay en él de meramente humano: su mente, su aprendizaje, honor, riqueza o buenas obras!

6. Un hombre es bueno si mantiene en alto su yo espiritual divino. Pero si pretende exaltar su yo individual animal, vano y ambicioso por encima de todos los demás, es abominable.

7. Si un hombre se enorgullece de las distinciones externas, tan solo está mostrando que no aprecia su valor interior, con el que, en comparación, todas las distinciones externas son como velas enfrentadas al sol.

8. Un hombre no puede exaltarse por encima de los demás. No puede hacerlo porque lo más valioso en el hombre es su alma, y nadie conoce el valor del alma sino Dios.

9. El orgullo es algo totalmente distinto de la toma de conciencia de la dignidad humana. El orgullo aumenta con los falsos honores y las falsas adulaciones populares, pero la conciencia de la dignidad humana aumenta, por el contrario, con la humillación y la condena inmerecidas.

IV. Efectos del error del orgullo

1. El orgullo no solo se defiende a sí mismo, sino a todos los demás pecados del hombre. Al exaltarse a sí mismo, el hombre pierde de vista su pecado, y sus pecados se convierten en parte de él.

2. Al igual que las altas malas hierbas que crecen en el campo de trigo extraen toda la humedad y todos los jugos de la tierra y cierran al grano el sol, así también el orgullo acapara todas las fuerzas del hombre y le cierra el paso a la luz de la verdad.

3. La conciencia de pecado es a menudo más útil al hombre que las buenas acciones; la conciencia de pecado hace al hombre humilde, mientras que una buena acción con frecuencia hincha su orgullo.

Baxter.

4. Muchas son las penas del orgullo, pero la principal y la más dura es el hecho de que, a pesar de todos sus méritos y a pesar de todos sus esfuerzos, la gente no ama a los que son orgullosos.

5. Apenas me he regocijado de mí mismo, diciendo qué bueno soy, ¡y hete aquí que estoy en el hoyo!

6. Si un hombre es orgulloso, se mantiene alejado de los demás y se priva así del mayor placer de la vida, de una asociación libre y alegre con todas las personas.

7. Un hombre orgulloso teme toda crítica. Y su miedo se debe a que su grandeza es inestable, porque solo aguanta hasta que se pincha un agujerito en su burbuja.

8. El orgullo sería inteligible si agradara a la gente y la atrajera. Pero no hay característica más repulsiva que el orgullo. Y, sin embargo, la gente sigue cultivando el orgullo.

9. Al principio, la seguridad en uno mismo desconcierta a la gente. Y durante un tiempo, atribuyen al hombre seguro de sí mismo la importancia que él mismo se otorga. Pero no se quedan perplejos durante mucho tiempo. Pronto se desengañan y pagan con desprecio su decepcionante experiencia.

10. El hombre sabe que vive una vida mala, pero, en lugar de cambiarla para mejor, se esfuerza por convencerse a sí mismo de que él no es la misma clase de hombre que los demás, sino que es algo superior a todos los demás, y por esta razón debe vivir exactamente como está viviendo. De ahí resulta que, si los hombres viven una vida mala, son propensos a ser orgullosos también.

V. Combatiendo el error del orgullo

1. Habría mucho menos mal en el mundo si no fuera por el orgullo. ¿Cómo podemos librarnos de esta causa del mal? Los errores del orgullo solo serán destruidos cuando destruyamos dentro de nosotros esta profunda raíz del mal. Mientras viva en nuestro corazón, ¿cómo podemos esperar que muera en los corazones de los demás? Por lo tanto, una cosa que podemos hacer para nuestra propia felicidad y la de los demás es destruir en nuestros corazones esta fuente de maldad de la que sufre el mundo. Ninguna mejora es posible hasta que cada uno de nosotros comience a mejorarse a sí mismo.

Lamennais.

2. Es muy difícil destruir el orgullo humano; apenas has tapado un agujero cuando lo encuentras asomándose por otro, y cuando lo cierras, surge uno nuevo, y así sucesivamente.

Lichtenberg.

3. El pecado del orgullo solo puede destruirse mediante el reconocimiento de la unidad del espíritu que habita en todos los hombres. Habiendo comprendido esto, un hombre ya no puede considerarse a sí mismo o a su familia o incluso a su nación como mejores y más elevados que todos los demás.

4. Solo entonces es fácil convivir con un hombre, cuando no lo consideras mejor o más elevado que tú, ni tú mejor o más elevado que él.

5. El objetivo principal de la vida es mejorar tu alma. Pero el hombre orgulloso siempre se considera perfectamente bueno. Esto es lo que hace que el orgullo sea tan dañino. Impide que el hombre atienda al propósito principal de la vida que es, a saber, hacernos mejores a nosotros mismos.

6. Vivir para el alma se diferencia de la vida mundana en que, quien vive para el alma, no puede estar satisfecho de sí mismo por mucho bien que lleve a cabo; cree que solo ha cumplido con su deber, y ni mucho menos del todo, y por eso solo puede criticarse a sí mismo, pero de ningún modo enorgullecerse ni estar satisfecho de sí mismo.

7. «Pero el que sea el mayor entre vosotros será vuestro servidor; porque el que se ensalce será humillado y el que se humille será ensalzado».

Mateo XXIII, 11-12.

Aquel que se enaltece en la opinión de los hombres será abatido, porque el que es tenido por bueno, sabio y bondadoso, no se esforzará por ser mejor, más sabio y más bondadoso.

Pero el que se humilla será enaltecido, porque el que se considera malo, se esforzará por ser mejor, más amable, más razonable.

Las personas orgullosas son como peatones que caminan sobre zancos en lugar de caminar a pie. Son más altos y el barro no les alcanza, y dan pasos más largos. Pero el problema es que no se puede ir muy lejos sobre zancos y lo más probable es que te caigas al barro y la gente se ría de ti.

Lo mismo ocurre con las personas orgullosas. Se quedan atrás frente a quienes no utilizan zancos para hacerse artificialmente más altos, y con frecuencia caen en el fango y se convierten en objeto del ridículo popular.

Desigualdad

La base de la vida humana es el espíritu de Dios que habita en el hombre, que es uno y el mismo en todas las personas. Por lo tanto, los hombres no pueden ser de otra manera que todos iguales entre sí.

I. Lo esencial del error de la desigualdad

1. Antiguamente, se creía que los hombres nacían de diversas razas, negros y blancos, descendientes de Cam y Jafet, y que unos estaban destinados a ser amos y otros esclavos. La gente reconocía esta división de la raza humana en amos y esclavos porque creía que la misma había sido instituida por Dios. Esta burda y ruinosa superstición aún persiste, aunque bajo otra forma.

2. Basta con echar una ojeada a la vida de las naciones cristianas, divididas entre gentes que pasan su vida en un trabajo aturdidor, mortífero e innecesario, y otras que están sumidas en la ociosidad y en toda clase de placeres, para asombrarse del grado de desigualdad al que han llegado los pueblos que profesan la fe cristiana, y particularmente de la engañosa prédica de la igualdad, mientras mantenemos un orden de vida que llama la atención por su cruel y manifiesta desigualdad.

3. Uno de los credos más antiguos y profundos es el de los hindúes. La razón de que nunca se haya convertido en un credo universal y no haya dado en la vida de los hombres los frutos que debería haber dado, se debe a que sus maestros reconocían a los hombres como desiguales y los dividían en castas. Las personas que se reconocen desiguales no pueden tener una religión verdadera.

4. Se puede entender que las personas se consideren desiguales debido a unos tienen un cuerpo más fuerte o son más despiertos, o saben más, o son más amable que otros. Pero estas no son las razones habituales por las que se considera a unos hombres más elevados que otros. Se les considera desiguales porque a uno se le nombra conde y a otro campesino, porque uno lleva ropa cara y el otro sandalias.

5. Los hombres de nuestro tiempo ya se dan cuenta de que la desigualdad de las personas es una superstición y, en su corazón, la condenan. Pero los que se benefician de esta desigualdad no pueden decidirse a renunciar a ella, mientras que los que la sufren no saben cómo destruirla.

6. Los hombres han caído en el hábito de dividir a la gente en distinguidos y humildes, nobles y comunes, educados e incultos, y se han acostumbrado tanto a esta división que realmente creen que algunas personas son superiores a otras, que algunas personas deben ser más estimadas que otras porque son clasificadas por la gente en un grupo, mientras que otras personas son clasificadas en un grupo distinto.

7. La simple costumbre que tienen los ricos, de dirigirse a unos con familiaridad y a otros con respeto, de saludar a unos con un apretón de manos y negar la mano a otros, de invitar a unos a su salón de recepciones y recibir a otros en la antesala, demuestra lo lejos que están del reconocimiento de la igualdad de todas las personas.

8. Si no fuera por la superstición de la desigualdad, los hombres nunca podrían cometer todas esas fechorías que han tenido la costumbre de perpetrar y que siguen cometiendo de manera innecesaria, simplemente porque no admiten que todos los hombres sean iguales.

II. Excusas para la desigualdad

1. Nada da tanta seguridad para la comisión de actos malvados como la asociación, es decir, la combinación de unas pocas personas que se han separado del resto para formar un grupo social.

2. La culpa de la desigualdad entre las gentes no se basa tanto en aquellos que se engrandecen a ellos mismos como en aquellos que admiten

su propia inferioridad ante los hombres que se engrandecen.

3. Nos maravillamos de la lejanía de lo que ahora se llama cristianismo con respecto a las prédicas de Jesús, y de la lejanía de nuestra vida con respecto al cristianismo. No podría ser de otro modo, con una doctrina que enseña a la gente la verdadera igualdad, que enseña que todos los hombres son hijos de Dios, que todos los hombres son hermanos, que la vida de todos es igualmente sagrada, predicando todo esto entre gente que cree que Dios divide a los hombres en amos y esclavos, creyentes e incrédulos, ricos y pobres. Los hombres que aceptaban la enseñanza de Cristo en estas condiciones solo podían hacer una de dos cosas: o cambiar por completo todo su orden de vida, o corromper la doctrina. Han optado por lo segundo.

III. Todos los hombres son hermanos

1. Es algo insensato que un hombre se considere mejor que los demás; es aún más insensato que toda una nación se considere mejor que las demás. Sin embargo, cada nación, o la mayoría de la gente de cada nación, vive inmersa en esta terrible, absurda y dañina superstición.

2. Un judío, un griego, un romano bien podían defender la independencia de su propia nación matando y tratar, también matando, de subyugar a otras naciones, firmemente convencidos, como estaba cada uno de ellos, de que la suya era la única nación verdadera, buena y amada por Dios, mientras que las demás eran filisteas o bárbaras. La gente de la Edad Media, o incluso recientemente, a finales del siglo pasado, podía tener creencias similares. Pero nosotros ya no podemos creer tal cosa.

3. El hombre que comprende el sentido y la finalidad de la vida no puede dejar de sentir la igualdad y fraternidad que le une con los demás hombres, no solo de su nación, sino de todas ellas.

4. Todo hombre, antes que austriaco, serbio, turco o chino, es un hombre; es decir, un ser racional y amoroso, cuya vocación es cumplir su cometido como hombre en el corto espacio de tiempo que se le ha concedido en este mundo. Y tal propósito es uno y muy definido: amar a todas las personas.

5. Un niño se encuentra con otro niño, independientemente de su clase, fe y nacionalidad, con la misma sonrisa amistosa que es expresión de alegría. Pero un adulto, que debería ser más sensible que un niño, antes de conocer a un hombre se pregunta a qué clase, fe o nacionalidad pertenece, y ajusta su actitud hacia él de acuerdo con su clase, fe o nacionalidad. Con razón dijo Cristo: «sed como los niños».

6. Cristo reveló a la gente que la división entre naciones propias y extranjeras es un engaño y un mal. El cristiano no puede evitar saber que esta distinción entre su nación y las demás es un mal, que tal distinción es un error, y por lo tanto ya no puede, como antes, servir conscientemente a este error.

El cristiano no puede dejar de saber que su felicidad está entretejida no solo con la de su propia nación, sino con la de todos los pueblos del mundo. Sabe que su unión con todos los pueblos del mundo no puede ser interrumpida por líneas fronterizas o proclamas sobre la pertenencia a una u otra nación. Sabe que todos los pueblos del mundo son hermanos y, por tanto, iguales.

IV. Todos los hombres son iguales

1. La igualdad reside en el reconocimiento de que todas las personas del mundo tienen el mismo derecho a disfrutar de todas las bendiciones naturales del mundo, el mismo derecho a las bendiciones derivadas de la vida social y el mismo derecho al respeto de su personalidad humana.

2. La ley de la igualdad de los hombres abarca todas las leyes morales; es el punto que ninguna ley puede alcanzar, pero al que todas se esfuerzan por acercarse.

E. Carpenter.

3. El verdadero «yo» del hombre es espiritual. Y este «yo» es el mismo en todos. ¿Cómo es posible entonces que los hombres sean desiguales?

4. Acudieron a él su Madre y sus hermanos, y no pudieron llegar hasta él debido a la multitud.

Y llegaron a él unos, que decían: «Tu madre y tus hermanos están fuera, deseando verte».

Y él respondió así: «Mi Madre y mis hermanos son aquellos que escuchan las palabras del Señor y las ponen en práctica». Las palabras de Jesús significan que un hombre racional, al darse cuenta de su vocación, no puede hacer distinciones entre las personas ni reconocer la superioridad de ningún conjunto de personas sobre otras personas.

5. Los hijos del Zebedeo pretendían ser tan sabios como Jesucristo. Él les dijo: ¿Para qué necesitáis esto? Podéis vivir y renacer del Espíritu como yo; por eso, si buscáis ser como yo, lo hacéis para ser más grandes que los demás. Pero, de acuerdo con mi enseñanza, no hay grandes ni pequeños, ni importantes ni insignificantes.

Los gobernantes que tienen dominio sobre las personas exigen ser más grandes y más importantes que otras personas, pero tú no tienes necesidad de esto, porque, según mi enseñanza, es mejor para el hombre ser menos que los demás, en lugar de ser más grande que los demás. Según mi enseñanza, el que es menor es el mayor. Según mi enseñanza, debes ser el servidor de todos.

6. Nadie como los niños lleva a la práctica en la vida la verdadera idea de la igualdad. Y cuán criminalmente perversos son sus mayores cuando violan este sagrado sentimiento de la infancia, enseñándoles que hay, por un lado, hombres prominentes, ricos y famosos, a los que hay que tratar con deferencia, y, por otro, criados, jornaleros y mendigos a los que hay que tratar con condescendencia. «El que ofenda a uno de estos pequeños...».

7. A veces estamos insatisfechos con la vida, porque no buscamos las bendiciones allí donde se nos conceden.

He aquí la causa de todos los errores. Se nos ha concedido el incomparable don de la vida con todas sus alegrías. Y decimos: las alegrías son demasiado pocas. Se nos ha concedido el gozo supremo de la vida: la asociación con la gente de todo el mundo, y decimos: quiero una bendición peculiar toda para mí, para mi familia, para mi nación.

8. Sea un hombre de nuestros días muy educado o erudito, o sea un trabajador común, sea un filósofo, un científico, o sea un ignorante, y sea rico o pobre, todo hombre en esta época actual sabe que todas las personas tienen el mismo derecho a la vida y a las bendiciones del mundo, ya que un grupo de personas no es peor ni mejor que otro, que todos los

hombres son iguales. Sin embargo, todos viven como si no lo supieran.

Tan poderoso es el engaño de la desigualdad de los hombres que aún persiste en el mundo.

V. ¿Por qué todos los hombres son iguales?

1. No importa lo que sea la gente, no importa lo que fueran sus padres y abuelos, todos son iguales como dos gotas de agua, porque en todos ellos habita el espíritu de Dios.

2. Solo quien no sabe que Dios habita en él puede considerar a unos hombres más importantes que a otros.

3. Cuando un hombre ama a unos por encima de otros, ama con un amor humano. Ante el amor de Dios, todos los hombres son iguales.

4. El idéntico sentimiento de adoración que experimentamos a la vista de una criatura humana recién nacida o que ha pasado al Más Allá, independientemente de la clase a la que pertenezca, nos demuestra nuestra conciencia innata de la igualdad de los hombres.

5. «Tened cuidado al intentar golpear al demonio que hay en el hombre, no sea que golpeéis a Dios que hay en él». Esto quiere decir que, mientras criticamos a un hombre, no debemos olvidar que el espíritu de Dios habita en él.

6. Considerar a todos los hombres iguales a ti no significa que seas tan fuerte, tan hábil, tan despierto, tan sabio, tan bien educado, tan bueno como los demás, sino que en ti habita algo que es más importante que cualquier otra cosa, y que esto mismo habita también en todas las demás personas, y eso es el espíritu de Dios.

7. Decir que los hombres son desiguales es como decir que el fuego en una estufa, en una explosión o en una vela no es el mismo fuego. En cada hombre habita el espíritu de Dios. ¿Cómo podemos hacer una distinción entre los que llevan en sí el mismo espíritu de Dios?

Un fuego está ardiendo, otro está empezando a brillar, pero es el mismo fuego, y debemos tratar todos los fuegos por igual.

VI. El reconocimiento de la igualdad de todos los hombres es factible, y la humanidad se acerca gradualmente a esta meta

1. Los pueblos se esfuerzan por establecer la igualdad de todos los hombres ante sus leyes, pero ignoran la igualdad que establece la ley eterna y que violan las leyes humanas.

2. ¿No deberíamos esforzarnos por conseguir un orden de vida en el que la elevación, por medio de una escala social, no fascinase a la gente, sino que la aterrorizara, porque cada elevación priva al hombre de una de las mayores bendiciones de la vida: la igualdad de actitud hacia todas las personas?

Ruskin.

3. Algunos dicen que la igualdad es imposible. Sin embargo, debemos afirmar que, por el contrario, lo que es imposible entre los cristianos es la desigualdad. No podemos igualar a un alto con un bajo, a un fuerte con un débil, a un ingenioso con un torpe, a un ardoroso con un frío, pero podemos y debemos estimar y amar por igual al pequeño y al grande, al fuerte y al débil, al sabio y al necio.

4. Se dice que unos hombres siempre serán más fuertes, otros más débiles, unos más sabios, otros más tontos. Por esta misma razón de que algunos son más fuertes y sabios que otros, dice Lichtenberg que necesitamos especialmente de la igualdad de derechos para todas las personas. Si además de las desigualdades de mente y fuerza existieran también desigualdades de derechos, la opresión de los débiles por parte de los poderosos sería aún más palmaria.

5. Si te dicen que la igualdad es imposible, no te lo creas, a menos que así sea en algún remoto tiempo futuro.

Aprende de los niños. La igualdad es ahora posible con todos los hombres. En tu propia vida puedes introducir la igualdad entre todos los hombres con los que entres en contacto.

Tan solo rechaza la reverencia indebida a los que se consideran grandes y poderosos, y muestra, en particular, la misma medida de respeto a los que se considera poco importantes e inferiores que a los demás.

VII. El que vive la ley del espíritu valora a todos por igual

1. Solo quienes viven la vida meramente del cuerpo pueden considerar a unos hombres superiores, a otros inferiores y a todos desiguales entre sí. Si un hombre vive la vida del espíritu, la desigualdad no puede existir para él.

2. Cristo reveló lo que todos sabían desde siempre: que los hombres son iguales entre sí, iguales porque en ellos habita el mismo espíritu. Pero, desde los tiempos más remotos, los hombres se han dividido en clases: por un lado, los hombres de posición y ricos y, por otro, los trabajadores y los pobres. Y aunque saben que todos son iguales, viven como si no lo supieran, y afirman que no todos los hombres pueden ser iguales. No lo creas. Ve a aprender de los pequeños.

El niño estima lo mismo al hombre más importante de la tierra que a una persona ordinaria. Haz tú lo mismo. Trata a todas las personas con amor y amabilidad, pero a todas de igual forma. Si los hombres se enaltecen a ellos mismos, no por eso los estimes más que a los demás. Si otros son humillados por los hombres, trata de respetar a estos humillados en concreto, como iguales a todos los demás hombres. Recuerda que, en todos ellos, habita por igual el espíritu de Dios, del cual no conocemos nada más elevado.

3. El amor, para un cristiano, es un sentimiento que anhela bendiciones para todos los hombres. Pero, para mucha gente, la palabra «amor» significa un sentimiento totalmente contrario a esto.

En la mente de muchas personas, que reconocen la vida en su faceta animal, el amor es ese sentimiento en virtud del cual una madre, por el bien de su propio hijo, contrata a una nodriza y priva a otro niño de la leche de su madre; el mismo sentimiento en virtud del cual un padre roba a los hambrientos el último trozo de pan para satisfacer a sus propios hijos; ese sentimiento en virtud del cual el que ama a una mujer sufre por ese amor y la obliga igualmente a sufrir, y luego la atrae al pecado o causa su ruina y la suya propia por celos. El mismo sentimiento en virtud del cual los hombres, asociados en un grupo, hacen daño a personas ajenas u hostiles a ese grupo; ese sentimiento en virtud del cual un hombre se afana penosamente en algún negocio que pretende «amar» y por su causa provoca desdicha y sufrimiento a la gente de alrededor; ese sentimiento en virtud del cual los hombres se resienten de un insulto a la tierra en la que viven y cubren campos de batalla sangrientos con los cuerpos de hombres muertos y mutilados, tanto de su propio bando como del enemigo.

Estos sentimientos no son amor, porque los hombres que los albergan no reconocen a todos los hombres como iguales. Y sin reconocer a todos los hombres como iguales no puede haber verdadero amor hacia las personas.

4. Es imposible armonizar la desigualdad con el amor. El amor solo es, por tanto, amor cuando, como los rayos del sol, cae por igual sobre todos los que están al alcance de su resplandor.

Pero cuando cae sobre algunos y excluye a otros, ya no es amor, sino simplemente algo que se le parece.

5. Es difícil amar a todas las personas por igual, pero el hecho de que sean diferentes no tiene por qué disuadirnos de esforzarnos por conseguirlo. Todo lo que es bueno es difícil.

6. Cuanto menos iguales sean los hombres según sus cualidades, más debemos esforzarnos por tratarlos con igualdad.

7. En ti, en mí y en todos habita el Dios de la vida. Te equivocas al enfadarte conmigo, al resentirte por mis progresos; debes saber que todos somos iguales.

Mahmud Hasha.

Fuerza

Una de las principales causas de la miseria humana es la idea equivocada de que algunos hombres pueden mejorar la vida de los demás mediante el uso de la fuerza.

I. Coaccionar a los demás

1. La ilusión de que algunos hombres pueden ordenar por la fuerza la vida de otros hombres que son como ellos no se debe a que alguien haya inventado tal idea en concreto, sino a los hombres que, cediendo a sus pasiones, primero comenzaron a coaccionar a la gente y luego se esforzaron por inventar alguna excusa para su violencia.

2. Los hombres ven que algo va mal en su vida y se esfuerzan de alguna manera por mejorarla. Pero solo hay una cosa al alcance de su poder que pueden mejorar, y eso es a ellos mismos. Pero, para mejorarse a sí mismo, primero deben admitir que carecen de bondad, y esto es algo molesto. Y desvían toda su atención de aquello que siempre está en su mano —uno mismo—, hacia aquellas condiciones externas que no están en su mano y que, aun dando un cambio a las mismas, tiene tan pocas posibilidades de mejorar el estado del hombre, como con el acto de agitar el vino y verterlo en otra vasija, pensando que eso puede mejorar la calidad del vino. Así se origina esa actividad que es fútil, para empezar, y además dañina, engreída (piensa en tratar de corregir a los demás), maliciosa (a las personas que obstaculizan el bien común se las puede matar) y, por último, viciosa.

3. Algunos pretenden, mediante el uso de la fuerza, obligar a los demás a vivir una buena vida. Y son los primeros en dar un mal ejemplo mediante el uso de la violencia. Viviendo ellos mismos en la inmundicia, en lugar de esforzarse por salir de ella, instruyen a los demás sobre cómo no mancharse.

4. La ilusión de poner orden entre la gente mediante el uso de la fuerza es perjudicial porque se trasmite de generación en generación. Las personas que se han criado bajo el orden de la violencia no se preguntan si es necesario o apropiado coaccionar a los demás, sino que están firmemente convencidas de que la gente no puede vivir sin el uso de la fuerza.

5. Ordenar la vida de los demás es fácil porque, si no lo haces bien, los perjudicados serán los demás y no tú mismo.

6. Algunos piensan que solo se puede ordenar la vida de los demás por la fuerza, pero la fuerza no pone orden en la vida humana, sino solo desorden.

7. Solo quien no cree en Dios puede creer que los hombres, que son de su misma especie, pueden ordenar su vida para hacerla mejor.

8. La ilusión de que el hombre puede ordenar la vida de los demás es tanto más espantosa cuanto que, bajo esta creencia, cuanto menos moral es un hombre, tanto más se le aprecia.

9. El orden existente no se sostiene por la fuerza, sino por la opinión pública. La fuerza viola la opinión pública. Por lo tanto, la fuerza debilita y socava aquello que sostendría.

10. Cuando los hombres dicen que todos deben vivir en paz, que nadie debe ser herido y, sin embargo, utilizan la fuerza para obligar a la gente a vivir según su voluntad, es como si dijeran: haz lo que decimos, pero no lo que hacemos. A esos hombres se les puede temer, pero no se puede confiar en ellos.

11. Mientras los hombres sean incapaces de resistir a las tentaciones del miedo, la embriaguez, la codicia, la ambición y la vanidad, que esclavizan a unos y depravan a otros, formarán siempre una sociedad de farsantes y de aquellos que recurren a la fuerza, por un lado, y de víctimas del engaño y la fuerza, por otro. Para evitar esto, se requiere un esfuerzo moral por parte de cada hombre. Los hombres se dan cuenta de ello en el fondo de su propio corazón, pero tratan de alcanzar sin esfuerzo moral lo que solo puede lograrse justo mediante un esfuerzo moral.

Determinar, a través de tu propio esfuerzo, tu actitud hacia el mundo, y mantenerla, establecer tu actitud hacia el hombre sobre la base del principio eterno de hacer a los demás lo que quisieras que los demás te hicieran a ti, subyugar esas malas pasiones internas que nos esclavizan a otras personas, no ser amo de nadie, ni esclavo de nadie, no fingir, no mentir, no retroceder por temor a ser favorecido por las exigencias de la ley más elevada de tu conciencia: todo esto requiere esfuerzo. Pero, si te imaginas que el establecimiento de algún tipo de orden llevará de alguna manera misteriosa a todos los hombres, incluyéndome a mí, a alcanzar la justicia y toda clase de virtudes, y, si para alcanzarlas, repites —sin esfuerzo mental— lo que los hombres de algún partido deciden decir, si te apresuras, discutes, mientes, disimulas, contiendes, peleas... todas estas cosas vienen por sí solas y no requieren esfuerzo. Y ahora nos llega la doctrina de mejorar nuestra vida social por medio de un cambio de órdenes externos. Según esta doctrina los hombres pueden alcanzar los frutos del esfuerzo justo sin esfuerzo. Esta doctrina ha sido y es responsable de terribles miserias y, más que nada, frena el verdadero progreso de la humanidad hacia la perfección.

II. El uso de la fuerza en la lucha contra el mal es inadmisible, porque la concepción del mal varía según las personas

1. Parece claro, sin lugar a dudas, que, puesto que cada uno tiene una concepción diferente del mal, combatir lo que varias personas consideran mal con otro mal, serviría para aumentar el mal en lugar de disminuirlo. Si Juan considera malo lo que hace Pedro, y cree justo hacer mal a Pedro, Pedro puede con el mismo derecho hacer mal a Juan, y así el mal solo puede aumentar.

Es increíble que los hombres entiendan las relaciones entre los astros y no comprendan esta sencilla verdad. ¿Por qué? Porque los hombres creen en el efecto benéfico de la fuerza.

2. Si yo puedo obligar por la fuerza a un hombre a hacer lo que yo creo que es bueno, también otro hombre puede obligarme por la fuerza a hacer lo que él cree que es bueno, aunque nuestras ideas sobre lo que es bueno sean totalmente contrarias.

3. La doctrina de que el hombre no puede ni debe emplear la fuerza en aras de lo que considera bueno, es justa, aunque solo sea por la razón de que las ideas del bien y del mal difieren en todos los hombres. Lo que un hombre considera malo puede ser un mal imaginario (algunas personas pueden considerarlo bueno); pero la fuerza empleada en aras de destruir este mal —castigo, mutilación, privación de libertad, muerte— es a su vez un mal fuera de toda duda.

4. La cuestión de cómo resolver las constantes disputas de los hombres sobre lo que constituye el bien y el mal encuentra respuesta en la enseñanza de Cristo: puesto que el hombre no puede determinar de manera indiscutible lo que es malo, no debe recurrir al uso de la fuerza, que es algo maligno, para superar lo que él cree maligno.

5. El principal daño que causa la falacia de ordenar la vida de los demás mediante el uso de la fuerza reside en el hecho de que, en el momento en que se admite la conveniencia de usar la fuerza sobre un hombre en beneficio de muchos, no hay límites para el mal que se puede causar en aras de esa misma proposición. Sobre este mismo principio se basaron la tortura, la inquisición y la esclavitud de los tiempos antiguos, y ahora se basan las guerras actuales de las que mueren millones.

III. La ineficacia de la fuerza

1. Obligar a la gente, por la fuerza, a abstenerse de hacer el mal es como represar un río y sentirse satisfecho con las aguas someras que se forman bajo la presa. A su debido tiempo, el río desbordará la presa y correrá como antaño, y los malhechores no dejarán de hacer el mal, sino que, simplemente, esperarán su oportunidad.

2. Quien nos obliga, nos priva de nuestros derechos y por eso le odiamos. Amamos a los que saben persuadirnos y los consideramos nuestros benefactores. No es el hombre sabio, sino el hombre brutal y poco ilustrado el que recurre a la fuerza. Para usar la fuerza se necesitan muchos recursos. Para persuadir, no necesitamos ninguno. El que siente suficiente poder en sí mismo para dominar las mentes no necesita recurrir a la fuerza. Solo recurren a la fuerza quienes sienten su impotencia para persuadir a la gente de lo que él desea.

Sócrates.

3. Obligar a la gente por la fuerza a hacer lo que me parece bueno es el mejor medio de crear en ellos repugnancia contra lo que a mí me parece bueno.

4. Todo hombre sabe, en su interior, lo difícil que es cambiar de vida para llegar a ser como uno quiere ser. Pero, en el caso de los demás, nos parece que todo lo que tenemos que es ordenar y atemorizar, y los otros se convertirán en lo que deseamos que sean.

5. La fuerza es el instrumento mediante el que la ignorancia obliga a sus seguidores a hacer cosas en contra de la inclinación de su naturaleza; y, como el intento de forzar el agua por encima de su nivel, en el momento en que el instrumento deja de actuar, cesan también sus efectos. Solo lo hay dos maneras de dirigir las actividades humanas: una es inclinar a nuestro favor y convencer mediante el razonamiento, y la otra obligar al hombre a actuar en contra de sus inclinaciones y en contra de su razonamiento. El primer método está probado por la experiencia y siempre se ve coronado por el éxito, y el otro es empleado por la ignorancia y siempre acaba en decepción. Cuando un bebé llora reclamando su sonajero, quiere tratar conseguirlo por la fuerza. Cuando los padres azotan a sus hijos es para obligarles a ser buenos. Cuando un marido borracho pega a su mujer, su idea es corregirla por la fuerza. Cuando la gente castiga a los demás, es para lograr que el mundo sea mejor mediante uso de la fuerza. Cuando un hombre emplea la ley contra otro, se hace para obtener justicia mediante el uso de la fuerza. Cuando el predicador habla del terror de las torturas del infierno, su propósito es alcanzar la deseada condición del alma por la fuerza. Y es una maravilla que la ignorancia persista en guiar a la humanidad por el mismo camino de violencia que está destinado a conducir a la decepción.

Combes.

6. Todo hombre sabe que toda fuerza es mala y, sin embargo, para evitar

que la gente use la fuerza, no se nos ocurre nada mejor que adoptar las formas más terribles de violencia, a la vez que exigimos el mayor respeto para nosotros mismos.

7. El hecho de que sea posible hacer que los hombres se sometan a la justicia mediante el uso de la fuerza, no prueba todavía que sea justo someter a las personas a la fuerza.

Pascal.

IV. La ilusión de un sistema de vida basado en la fuerza

1. Qué extraña es la ilusión de que los hombres puedan obligar a otros a hacer lo que ellos consideran bueno para ellos, y no lo que estos últimos consideran bueno para sí mismos, y, sin embargo, todas las desgracias de la vida se basan en esta ilusión. Un grupo de personas obliga a los demás a fingir que disfrutan haciendo las cosas que les han sido prescritas, y les amenaza con toda clase de violencias si dejan de fingir, y están plenamente convencidos de que están haciendo algo útil y digno de alabanza por parte de todos los hombres, incluso por parte de aquellos a quienes obligan a hacer su voluntad.

2. Se han sacrificado tantas víctimas en el altar del dios de la fuerza que veinte planetas tan grandes como la Tierra podrían estar poblados con tales víctimas, ¿y se ha logrado con ello alguna vez la parte más insignificante del propósito?

Nada se ha conseguido, excepto el hecho de que las condiciones de vida de la gente han empeorado sin cesar. Y, aun así, la fuerza sigue siendo la deidad de la multitud. Ante su altar sangriento, la humanidad parece haber resuelto arrodillarse al son del tambor, del cañoneo de las armas y del gemido de la humanidad que se desangra.

A. Ballou.

3. «La autoconservación es la primera ley de la naturaleza», mantienen los opositores a la ley de no resistencia.

«De acuerdo, ¿qué deduces de ello?», pregunto. «Infiero que la autodefensa contra todo lo que amenaza con la destrucción se convierte en una ley de la naturaleza. Y de esto debe deducirse que la lucha, y como resultado de toda lucha, la ruina del más débil, es una ley de la naturaleza, y esta ley sin duda justifica la guerra, la violencia y la venganza; de modo que la deducción directa y la consecuencia de la ley de la autoconservación es que la autodefensa es lícita, y por lo tanto la doctrina del no empleo de la fuerza es errónea, por ser contraria a la naturaleza e imposible de aplicar a las condiciones de la vida en la Tierra».

Estoy de acuerdo en que la autoconservación es la primera ley de la naturaleza y que conduce a la autodefensa. Admito que, siguiendo el ejemplo de las formas inferiores de vida, los seres humanos luchan entre sí, se hieren e incluso se matan unos a otros bajo el pretexto de la autodefensa y la venganza. Pero solo veo en ello que los seres humanos, la mayoría de ellos por desgracia, a pesar del hecho de que la ley de su naturaleza humana superior está abierta a ellos, todavía continúan viviendo de acuerdo con la ley de la naturaleza animal y así se privan de los medios más eficaces de autodefensa que podrían utilizar si solo eligieran seguir la ley humana del amor, en lugar de la ley animal de la fuerza, es decir, devolver bien por mal.

A. Ballou.

4. Está claro que la violencia y el asesinato despiertan la ira de un hombre, y que el primer impulso de este es, por supuesto, oponer violencia y muerte a la violencia y muerte. Tales acciones, aunque afines a la naturaleza animal e irrazonables, no son absurdas ni contradictorias. Sin embargo, no ocurre lo mismo con los intentos de encontrar excusas para estas acciones. En el momento en que los que rigen nuestras vidas intentan justificar estas acciones basándolas en la razón, se ven obligados a construir una serie de ficciones ingeniosas e interesadas para ocultar la insensatez de tales intentos. El principal ejemplo de este tipo de excusa es el de un ladrón imaginario que tortura y asesina a personas inocentes en tu presencia.

«Podrías sacrificar tu propio ser en aras de tu creencia en la ilegalidad de la fuerza, pero, en este caso, sacrificas la vida de otro», dicen los defensores del uso la fuerza.

Pero, en primer lugar, un ladrón así es una circunstancia excepcional. Mucha gente puede vivir cien años sin encontrarse con un ladrón que se dedique a matar inocentes ante sus propios ojos. ¿Por qué debería basar la regla que rige mi vida en tal ficción? Hablando de la vida real y no de ficciones, vemos algo totalmente distinto. Vemos que otras personas, y nosotros mismos, cometemos los actos más crueles, no individualmente, como el ladrón imaginario, sino siempre en alianza con otros, y no porque seamos criminales, como el ladrón, sino porque estamos sujetos a la superstición de la licitud de la fuerza; entonces vemos de nuevo que las acciones más crueles no proceden del ladrón imaginario, sino de personas que basan su norma de vida en la suposición de la existencia de dicho ladrón. Un hombre que reflexiona sobre los problemas de la vida no puede dejar de ver que la causa del mal entre los hombres no está en este ladrón imaginario, sino en los errores humanos, uno de los más crueles de los cuales es que podemos hacer el mal real en nombre del mal imaginario. El hombre que se da cuenta de esto y se dirige a la causa del mal, a la tarea de erradicar el error en sí mismo y en los demás, verá desplegarse ante sus ojos un campo tan vasto y fructífero que nunca comprenderá por qué debería necesitar la ficción del ladrón imaginario para sus actividades.

V. Efectos ruinosos de la superstición de la fuerza

1. Ese mal que los hombres piensan evitar con la fuerza es incomparablemente menor que el daño que se hacen a sí mismos cuando se defienden por la fuerza.

2. No solo Cristo, sino todos los sabios del mundo, brahmanes, budistas, griegos, enseñaron que los hombres racionales no deben devolver el mal con el mal, sino con el bien. Pero los hombres que viven mediante la fuerza dicen que eso no puede hacerse, que algo así empeoraría la vida en lugar de mejorarla. Y tienen razón, en lo que a ellos respecta, pero no en lo que respecta a los que sufren por la fuerza. En un sentido general, sería peor para los primeros, pero sería mejor para todos.

3. Toda la enseñanza de Cristo consiste en amar a los demás. Amar a los demás significa tratarlos como quieres que te traten a ti. Puesto que nadie desea ser tratado por la fuerza, entonces, tratando a otros como ellos te tratarían a ti, tú no puedes, bajo ninguna circunstancia, usar la fuerza contra ellos. Decir entonces, como confesión y práctica de las enseñanzas de Cristo, que los cristianos podemos usar la fuerza sobre las personas, es como insertar una llave en la cerradura por encima de su lugar de giro apropiado y afirmar que usas la llave de acuerdo con su propósito. Sin admitir que bajo ninguna circunstancia el hombre puede usar la fuerza sobre otros, todas las enseñanzas de Cristo son palabras vacías.

Con esta concepción de sus enseñanzas, se puede torturar, robar, asesinar a millones en guerras, como hacen ahora los que se llaman cristianos, pero no así no puede decir que se es cristiano.

4. Es difícil seguir la doctrina de la no resistencia, pero es fácil seguir la enseñanza de la lucha y la venganza.

Para responder a esta pregunta, abre las páginas de la historia de cualquier nación y lee la descripción de cualquiera de las cien mil batallas que los hombres han librado en nombre de la ley de la guerra. Varios miles de millones de hombres han muerto en estas batallas, de modo que se han perdido más vidas, se ha sufrido más dolor en cualquiera de estas batallas de lo que podría haberse perdido en conjunto en épocas de no resistencia al mal.

A. Ballou.

5. El empleo de la fuerza despierta el resentimiento de la gente, y quien recurre a la fuerza para defenderse no solo no consigue, por regla general, protegerse, sino que incluso se expone a peligros mayores, de modo que recurrir a la fuerza para protegerse no es razonable ni eficaz.

6. Cada acto de fuerza no hace más que irritar al hombre, en lugar de subyugarlo. Así queda claro que no se puede corregir a la gente por la fuerza.

7. Si se preguntara cómo puede el hombre despojarse por completo de responsabilidad moral y cometer los actos más perversos sin sentimiento de culpa, no podría idearse un medio más eficaz que la superchería de que la fuerza puede ayudar al bienestar de las personas.

8. El error de que algunos hombres pueden ordenar por la fuerza la vida de otros es particularmente dañino, porque aquellos que caen en este engaño dejan de distinguir el bien del mal.

9. La fuerza solo crea una apariencia de justicia, pero aleja al hombre de la posibilidad de vivir justamente, sin violencia.

10. ¿Por qué se ha degradado tanto el cristianismo? ¿Por qué ha caído tan bajo la moralidad? Solo hay una causa: la creencia en el imperio de la fuerza.

11. No vemos toda la maldad de la fuerza, porque nos sometemos a ella.

La fuerza, por su propia naturaleza, conduce inevitablemente al asesinato.

Si un hombre le dice a otro: «Haz esto, y si te niegas, te obligaré a hacer mi voluntad», solo puede significar que, si no haces exactamente lo que te digo, al final te mataré.

12. Nada retrasa tanto el establecimiento del Reino de los Cielos en la Tierra, como la determinación de la gente para establecerlo mediante actos contrarios a su espíritu: es decir, por la fuerza.

VI. Solo mediante la no resistencia al mal se guiará a la humanidad a sustituir la ley de la fuerza por la ley del amor

1. El significado de las palabras: «Habéis oído decir: "Ojo por ojo, diente por diente". Pero yo os digo: "No resistáis al mal. Y si un hombre golpea..."», está perfectamente claro y no requiere explicación ni interpretación. No se puede entender de otro modo, sino como que Cristo rechazó la antigua ley de la fuerza: ojo por ojo, diente por diente, y rechazó con ello todo el orden mundial basado en esa ley, que sustituyó por una nueva ley de amor a todos los hombres sin distinción, instituyendo con ello un nuevo orden del mundo, basado no en la fuerza, sino en la ley del amor a todos los hombres sin distinción. Y algunos hombres, habiendo captado el verdadero significado de esta enseñanza, previendo que una aplicación enseñanza de la vida destruiría todos los beneficios y ventajas de que gozaban, crucificaron a Cristo, y siguen crucificando a Sus discípulos. Otros hombres, sin embargo, habiendo captado igualmente el verdadero significado de Su enseñanza, se contentaron en tiempos pasados y se contentan hasta el día de hoy con cargar con la Cruz, acelerando así el tiempo en que el mundo será gobernado por la ley del amor.

2. La enseñanza de no oponer la fuerza al mal no es una ley nueva, sino que simplemente señala a la gente una transgresión injustificable de la ley del amor, simplemente demuestra a la gente que la admisión de cualquier acto de violencia contra el prójimo, ya sea con fines de venganza, o para salvarse a uno mismo o al prójimo del mal es incompatible con el amor.

3. Nada obstaculiza tanto la mejora de la vida de las personas como el deseo de mejorarla mediante actos de fuerza. Y la fuerza utilizada por un grupo de hombres contra otros, más que cualquier otra cosa, aleja a la gente de la única cosa que podría mejorar su ida vida, es decir, el deseo de ser mejores.

4. Solo aquellos hombres que encuentran provechoso ordenar la vida de los demás pueden creer que la fuerza puede mejorar la vida de los demás. Pero las personas que han caído en este engaño deberían ver claramente que la vida humana puede cambiar para mejor solo como resultado de un cambio espiritual interior, y nunca como resultado de la fuerza empleada sobre ellos por otros.

5. Cuanto menos satisfecho está un hombre consigo mismo o con su vida interior, más se hace de notar en lo externo, en la vida pública.

Para no caer en este error, el hombre debe comprender y recordar que tiene tan poca vocación o derecho a ordenar la vida de los demás, como los demás lo tienen para ordenar la suya propia, y que él y todos los hombres están llamados únicamente a luchar por su perfección interior, todos los hombres tienen derecho a esto y solo por esta razón pueden influir en la vida de los demás.

6. Con frecuencia los hombres llevan una vida de mal tan solo por intentar ordenar la vida de los demás en lugar de la suya propia. Parecen pensar que su vida es tan solo individual y, por tanto, menos importante que la vida de muchos, de todos. Pero olvidan que, si bien tienen el poder de ordenar su propia vida, no pueden ordenar la vida de los demás.

7. Si el tiempo y la energía que la gente gasta ahora en ordenar la vida de los demás se emplearan en combatir sus propios pecados, aquello por lo que luchan, es decir, alcanzar la meta del mejor orden de vida posible, se produciría muy rápidamente.

8. El hombre solo tiene poder sobre sí mismo. Solo puede ordenar su propia vida como le parezca bueno y apropiado. Y, sin embargo, casi todo el mundo está ocupado ordenando la vida de los demás, y debido a esa misma ansia por ordenar la vida de los demás, se somete a su vez a la vida tal como se la ordenan los demás.

9. Ordenar la vida común de los hombres mediante actos apoyados en la fuerza, sin tener en cuenta su perfeccionamiento interior, es como reconstruir un edificio derrumbado con piedras toscamente labradas y sin usar cemento. No importa cómo se apilen, no se consigue nada, y la estructura debe caer.

10. Cuando le preguntaron a Sócrates, el filósofo, dónde había nacido, respondió: «En la tierra». Cuando le preguntaron de qué país venía, respondió: «El Universo».

Debemos recordar que, ante Dios, todos somos habitantes de una misma tierra, y que todos estamos bajo la ley suprema de Dios.

La ley de Dios es siempre la misma para todas las personas.

11. Ningún hombre puede ser ni instrumento ni fin. En esto consiste su valor. Y como no puede disponer de sí mismo a ningún precio (cosa que iría en contra de su dignidad), tampoco tiene derecho a disponer de la vida de los demás; en otras palabras, está obligado a reconocer la dignidad de la vocación humana en todo hombre y, por tanto, debe expresar su respeto a todo hombre.

Kant.

12. Pues, ¿qué razón mueve a los hombres, si no se puede influir en ellos, salvo mediante el uso de la fuerza?

13. Los hombres son seres racionales y, por tanto, pueden vivir guiados por la razón y, con el tiempo, están obligados a sustituir el uso de la fuerza por el libre acuerdo. Pero cada acto de fuerza pospone este momento.

14. ¡Qué extraño! El hombre está amargado por el mal que procede del exterior, de los demás, mal que no puede impedir, y sin embargo no lucha contra el mal que hay en su interior, aunque este esté sujeto a su poder.

Marco Aurelio.

15. Se puede enseñar a los hombres mediante la exposición de la verdad y el buen ejemplo, pero no obligándoles a hacer lo que no desean.

16. Si los hombres solo buscaran salvarse a sí mismos, en lugar de salvar al mundo; liberarse a sí mismos en lugar de liberar a la humanidad; cuánto podrían lograr para la salvación del mundo y para la libertad de la humanidad.

Hertzen.

17. Al cumplir su propósito interior y vivir para su alma, el hombre trabaja inconscientemente y de la forma más eficaz para mejorar la vida pública.

18. En su juventud, los hombres creen que la vocación de la humanidad es luchar constantemente en pos de la perfección, y que es posible, incluso fácil, corregir a toda la humanidad, destruir todos los vicios y la miseria. Estos sueños no son ridículos, al contrario, contienen más verdad que las ideas de los ancianos, que están impregnadas de error, debido a que estos hombres, después de vivir una vida contraria a la naturaleza del hombre, se empeñan a aconsejar a los demás que no deseen nada, que no se esfuercen por nada y que vivan como animales. El error de estos sueños juveniles estriba únicamente en la propensión que siente la juventud a postergar, en favor de los demás, la búsqueda de la perfección propia y del alma.

Ocúpate de tus asuntos en la vida, perfeccionando y mejorando tu alma, y convéncete de que solo así ayudarás de manera más provechosa a la mejora de la vida común.

19. Si ves que el orden social es malo y deseas corregirlo, recuerda que solo hay un camino: que todas las personas sean mejores; pero para que todas las personas sean mejores solo tienes un medio: ser mejor tú mismo.

20. En todos los casos en que se utilice la fuerza, aplica la persuasión razonable, y rara vez sufrirás pérdidas en el sentido mundano, y estarás muy por delante espiritualmente.

21. Nuestra vida sería hermosa si solo pudiéramos ver aquello que viola nuestra felicidad. Pero nuestra felicidad es violada sobre todo por la superstición de que la fuerza puede dar la felicidad.

22. La seguridad y la felicidad de la sociedad solo están garantizadas por la moralidad de sus miembros. Pero la moralidad tiene por fundamento el amor, que excluye la fuerza.

23. El cambio inminente del orden de vida de las personas que viven en nuestro mundo cristiano consiste en la sustitución de la ley de la fuerza por la del amor, y en el reconocimiento del hecho de que la bienaventuranza de la vida basada no en la fuerza y en el miedo a ella, sino en el amor, es posible y puede alcanzarse fácilmente, y tal cambio nunca puede venir por la fuerza.

24. Se puede vivir según Cristo y se puede vivir según Satanás. Vivir según Cristo es vivir como seres humanos, amando a las personas, haciendo el bien y pagando el bien con el mal. Vivir según Satanás es vivir como bestias, amando solo a uno mismo y pagando mal con mal. Cuanto más intentemos vivir según Cristo, más amor y felicidad reinarán entre los hombres. Cuanto más vivamos según Satanás, más miserable será nuestra vida.

El mandamiento del amor muestra dos caminos: por un lado, el camino de la verdad, el camino de Cristo, que es el camino de la vida y del bien, y por otro, el camino del engaño, el camino de la hipocresía, el camino de la muerte; y aunque pueda parecer terrible renunciar al uso de la fuerza en defensa propia, sabemos que en este ceder está el camino de la salvación.

Renunciar al uso de la fuerza no significa renunciar a proteger tu vida, tus trabajos y de los de tu prójimo, sino simplemente guardarlos de una manera que no sea contraria a la razón y al amor. Proteger la vida y el trabajo propio y ajeno procurando despertar sentimientos de bondad en el infeliz atacante. Para poder hacer tal cosa, el hombre debe ser él mismo bueno y razonable. Si veo, por ejemplo, que un hombre se propone matar a otro, lo mejor que puedo hacer es ponerme en el lugar del amenazado, protegerlo, resguardarlo con mi persona y, si es posible, rescatarlo, arrastrarlo a un lugar seguro para ocultarlo, como quien rescata a un hombre de las llamas de una conflagración o de morir ahogado; o perecer tú o rescatarlo. Y si no puedo hacerlo porque yo mismo soy un pecador errante, eso no significa que yo deba ser una bestia y, mientras hago el mal, buscar excusas para mi forma de actuar.

Sabiduría sectaria rusa.

VII. La corrupción de los mandamientos de Cristo en lo tocante con la no resistencia al mal mediante el uso de la fuerza

1. El fundamento de la ley y el orden entre los paganos era la venganza y la fuerza. El fundamento de nuestra sociedad parece que debería ser inevitablemente el amor y la negación de la fuerza. Y, sin embargo, la fuerza sigue imperando. ¿Por qué? Porque lo que se predica como doctrina de Cristo no es Su doctrina.

2. Es de reseñar que a los hombres que no comprenden las enseñanzas de Cristo les moleste especialmente la mención de la no resistencia al mal por la fuerza. Esa mención les desagrada porque perturba el orden de vida que tienen por habitual. Y, por lo tanto, las personas que no se preocupan por cambiar su acostumbrado orden de vida, se oponen a esta condición básica del amor, calificándola de mandamiento especial, independiente de la ley del amor, y lo enmiendan de diversas maneras, o simplemente lo niegan.

3. ¿Debemos entender las palabras de Cristo, instándonos a amar a los que nos odian, a nuestros enemigos, y prohibiendo la fuerza de cualquier tipo, tal como fueron dichas y expresadas, o como la enseñanza de la mansedumbre, la humildad y el amor, o como algo diferente? Si es como algo diferente, ¿cómo podría enunciarse? Pero nadie está dispuesto a hacer esto último. ¿Qué significa esto? Significa que todas esas personas que se llaman a sí mismas cristianas desean ocultarse a sí mismas y a los demás el verdadero significado de las enseñanzas de Cristo, porque, si se entendieran como es debido, alterarían el orden de su vida. Y este orden de vida es provechoso para ellos.

4. Los hombres que se llaman a sí mismos cristianos simplemente no reconocen el mandamiento de no resistencia como obligatorio, enseñan que no es obligatorio, y que hay casos en los que debe vulnerarse, y, sin embargo, no se atreven a decir que niegan este mandamiento sencillo y claro, que está inseparablemente unido a toda la enseñanza de Cristo, que es la doctrina de la mansedumbre, la humildad, el llevar obedientemente la cruz, la negación de uno mismo y el amor al enemigo, un mandamiento sin el cual toda la enseñanza de Cristo se convierte en palabras vacías.

A esto, y solo a esto, se debe el hecho notable de que, mientras tales maestros cristianos han estado predicando el cristianismo durante más de 1900 años, el mundo todavía continúa llevando una vida pagana.

Todo hombre en este mundo y que lee el Evangelio sabe en su interior que esta doctrina prohíbe hacer el mal al prójimo bajo cualquier pretexto, ya sea por venganza, ya sea por protección, ya sea por salvar a otro, de modo que, si desea seguir siendo cristiano, debe hacer una de las dos cosas: o bien cambiar toda su vida, que está construida sobre la fuerza, es decir, sobre el hacer el mal al prójimo, o bien ocultarse de algún modo a sí mismo lo que exige la enseñanza de Cristo. Y por esta razón los hombres aceptan con facilidad las falsas enseñanzas, que sustituyen la sustancia del cristianismo por sus diversas invenciones.

6. Es extraño, ¿no?, que la gente que acepta la doctrina de Cristo se enfurezca contra la norma que prohíbe el uso de la fuerza en cualquier circunstancia.

Un hombre que acepta el principio de que el sentido y la verdadera actividad de la vida se encuentran en el amor, se enfurece porque se le señala un camino seguro e indudable hacia esa actividad, tanto como cuando le indican los errores más peligrosos que podrían apartarle de este camino. Es lo mismo que un navegante que se enfureciese porque, en medio de bancos de arena y rocas sumergidas, se le señala un canal seguro para seguir su viaje: «¿Por qué estas restricciones?». «Puede que me vea en la necesidad de encallar». Así habla la gente que se enfurece porque, bajo ninguna circunstancia, es correcto usar la fuerza y devolver mal con mal.

Castigo

En el mundo animal, la maldad llama a la maldad, y el animal, incapaz de refrenar el mal que se le causa, se esfuerza por devolver mal con mal, sin darse cuenta de que el mal aumenta el mal de manera inevitable. Pero el hombre, dotado de razón, no puede dejar de ver que el mal aumenta el mal y, por lo tanto, debe abstenerse de devolver mal por mal, pero con frecuencia la naturaleza animal del hombre se impone a su naturaleza racional, y utiliza la misma razón que debería refrenarle de devolver mal por mal, para encontrar una excusa para el mal que perpetra y llama a este mal *castigo retributivo.*

I. El castigo nunca logra su objetivo

1. Algunos dicen que se puede devolver mal por mal para corregir a la gente. Esto es falso. Se engañan a sí mismos. Los hombres hacen mal a cambio mal, no para corregir a otros, sino por venganza. El mal no puede corregirse mediante la comisión del mal.

2. Los rusos utilizan la palabra «instruir» eufónicamente en el sentido de castigar. Solo se puede enseñar con buenas palabras y un buen ejemplo. Dar mal por mal no es enseñar, sino corromper.

3. La creencia supersticiosa de que el mal puede ser destruido mediante el castigo es particularmente dañina, porque la gente que hace el mal en nombre de esta superstición, lo considera no solo permisible, sino incluso beneficioso.

4. Los castigos y las amenazas de castigos pueden refrenar a un hombre por un tiempo de cometer malas acciones, pero no pueden reformarlo.

5. La mayor parte de la miseria humana se debe a que los hombres pecadores han usurpado la prerrogativa del castigo. «Mía es la venganza, yo repararé».

6. Una de las pruebas más ostentosa de que el nombre de «ciencia» es una tapadera no solo para las cosas más insignificantes, sino incluso para las más repulsivas, se encuentra en la existencia de una ciencia del castigo, que es la más innoble de todas las funciones, solo apta para el estadio más bajo del desarrollo humano: el del niño o el salvaje.

II. La creencia supersticiosa en lo razonable del castigo

1. Al igual que existen supersticiones relativas a falsos dioses, predicciones, métodos externos para apaciguar a Dios y salvar el alma, también existe una superstición muy común entre los hombres y es la de que algunas personas pueden obligar mediante el uso de la fuerza a otras personas a llevar una buena vida. Las supersticiones de falsos dioses, profecías de medios misteriosos para salvar el alma son comienzan a disiparse y están casi destruidas. Pero el orden supersticioso de las cosas, que permite el castigo de los malos para hacer felices a los demás, sigue siendo respetado por todos, y los mayores crímenes se cometen en su nombre.

2. Solo los hombres totalmente intoxicados por el ansia de poder pueden creer seriamente que el castigo puede mejorar la vida de las personas. Basta renunciar a la superstición de que el castigo reforma a la gente, para darse cuenta de que un cambio en la vida de un hombre solo puede ser el resultado de un cambio interior, espiritual, en el individuo en cuestión, y nunca del mal que algunos hombres cometen sobre otros.

3. «Y los escribas y fariseos le trajeron una mujer sorprendida en adulterio; y cuando la pusieron en medio, le dijeron: "Maestro, esta mujer fue sorprendida en adulterio, en el acto mismo.

Ahora bien, Moisés con su ley nos ordenó que quienes esto hicieran fueren lapidados, pero ¿qué dices tú?".

Esto decían, tentándole, para tener de qué acusarle. Pero Jesús se inclinó, y con el dedo escribía en el suelo, como si no los oyera.

Y como siguieran preguntándole, se levantó y les dijo: "Aquel que esté libre de pecado entre vosotros, que tire primero la piedra contra ella".

Y de nuevo se inclinó y escribió en el suelo.

Y los que lo oyeron, convictos de su propia conciencia, salieron uno por uno, comenzando por el más viejo, hasta el último; y Jesús quedó solo, y la mujer de pie en medio.

Cuando Jesús se hubo levantado y no vio a nadie más que a la mujer, le dijo: "Mujer, ¿dónde están esos tus acusadores? ¿No te ha condenado nadie?".

Ella dijo: "Ningún hombre, Señor". Y Jesús le dijo: "Tampoco yo te condeno; vete, y no peques más"».

Juan VIII, 3-16.

4. Los hombres inventan argumentos ingeniosos sobre por qué y para qué imponen castigos. Pero en realidad siempre castigan porque piensan que es rentable para ellos mismos.

5. Por su propia mezquindad, por el deseo de vengar una ofensa, por una idea equivocada de autoprotección, los hombres cometen el mal, y luego, en aras de la autojustificación, tratan de asegurarse a sí mismos y a los demás que solo lo hicieron para corregir al que había hecho el mal.

6. La creencia supersticiosa en lo razonable del castigo encuentra mucho apoyo en el hecho de que el miedo al castigo refrena a la gente durante algún tiempo de cometer malas acciones. Pero prohibir bajo pena de castigo no disminuye, es más, aumenta el ansia del mal, igual que una presa no disminuye, sino que aumenta la presión del río.

7. En la sociedad humana actual existe una apariencia de orden, no porque existan penas contra la alteración del orden, sino porque, a pesar del efecto perjudicial de estas penas, las personas se compadecen y se aman unas a otras.

8. Es imposible que un grupo de personas mejore la vida de los demás. Cada uno solo puede mejorar su propia vida.

9. El castigo es perjudicial no solo porque exaspera a quienes son castigados, sino también porque corrompe a quienes imponen el castigo.

III. La venganza en las relaciones personales de la gente

1. Castigar a un hombre porque sus actos son malos es como calentar el fuego. Todo hombre que ha cometido el mal ya está castigado al verse privado de paz y sufrir remordimientos conciencia. Y si no le remuerde la conciencia, ningún castigo que se le pueda imponer lo reformará, tan solo lo exasperará.

2. El verdadero castigo por toda mala acción es el que se sufre en el alma del malhechor, y consiste en la disminución de su capacidad de gozar de las bendiciones de la vida.

3. Un hombre ha hecho algo malo. Y he aquí que otro hombre, o grupo de hombres, no encuentran nada mejor que hacer que cometer otro mal al que llaman castigo.

4. Cuando un bebé da una palmada en el suelo contra el que se ha caído, la acción es inútil, pero inteligible, del mismo modo que es inteligible que un hombre dé saltitos después de haberse golpeado en un dedo del pie. También es inteligible cuando un hombre que ha sido golpeado, en el primer momento del ataque, devuelve el golpe a su agresor. Pero hacer deliberadamente el mal a otro, porque el otro ya lo había hecho antes, y creer que es lo correcto, es apartarse por completo de la razón.

5. En algunos lugares practican el siguiente método para matar osos: cuelgan un gran peso de una cuerda, sobre un recipiente con miel. El oso empuja el peso para apartarlo de su camino con el fin de alcanzar la miel, pero el peso rebota y le golpea. Y así sucesivamente hasta que la pesa mata al oso. Esto es justo lo que les pasa a las personas que devuelven mal por mal. ¿Acaso los hombres no tienen más razón que los osos?

6. Los hombres son criaturas dotadas de razón y, por lo tanto, deberían darse cuenta de que la venganza no puede destruir el mal, que la liberación del mal solo está en aquello que es contrario al mal, es decir, el amor, y no en el castigo, cualquiera que sea el nombre que se le dé. Pero la gente no se da cuenta de esto, creen en la venganza.

7. Si tan solo no hubiéramos aprendido desde la infancia que podemos devolver mal por mal, que podemos obligar a la gente a hacer lo que queremos que hagan, nos maravillaríamos de que la gente corrompa

deliberadamente a los demás enseñándoles a creer que el castigo o cualquier tipo de ejercicio de la fuerza puede ser beneficioso. Castigamos a un niño para enseñarle a no hacer el mal y, sin embargo, por el mismo hecho de castigarlo, inculcamos en su mente la idea de que el castigo puede ser justo y beneficioso.

Y, sin embargo, casi ninguno de los rasgos malignos por los que castigamos al niño puede ser tan dañino como el rasgo maligno que inculcamos en su mente al castigarlo. «Estoy siendo castigado, por lo tanto, el castigo debe ser bueno», así piensa el niño y, a la primera oportunidad, actuará en consecuencia.

IV. La venganza en las relaciones sociales

1. La doctrina de la idoneidad del castigo no es, ni ha sido nunca, de ninguna ayuda en la educación de los niños, ni es de ninguna ayuda en la mejora del orden social o de la moralidad de todos aquellos que creen en la venganza más allá de la tumba; por el contrario, es y ha sido siempre responsable de una miseria incalculable; embrutece a los niños, debilita los lazos de las personas de la comunidad y corrompe al pueblo con amenazas de un infierno, despojando a la virtud de su principal fundamento.

2. La razón por la que los hombres no creen en devolver bien por mal, en lugar de mal por mal, es que se les ha enseñado desde la infancia que, sin esta devolución de mal por mal, todo nuestro tejido social se desbarataría.

3. Si es cierto que todas las personas de bien desean que cesen los crímenes, los robos, la pobreza y los asesinatos que oscurecen la vida de la humanidad, deben comprender que ese fin no puede alcanzarse por la fuerza y la venganza. Cada cosa produce según su especie y, hasta que no nos opongamos a los agravios y asaltos de los malhechores con actos de naturaleza contraria, estaremos haciendo exactamente lo mismo que ellos y así solo despertaremos, alentaremos y desarrollaremos en ellos ese mal que decimos estar tan ansiosos de erradicar. De lo contrario, solo cambiaremos la forma del mal, pero este seguirá siendo el mismo.

A. Ballou.

4. Pasarán décadas, tal vez siglos, y nuestros descendientes se asombrarán de nuestros castigos, igual que ahora nos asombramos ante la práctica de la hoguera y de las torturas. «¿Cómo podían estar tan ciegos ante la insensatez, la crueldad y lo nocivo de lo que practicaban?», se preguntarán nuestros descendientes.

V. El amor fraternal y la no resistencia a el mal deben sustituir la venganza en las relaciones personales entre los hombres

1. En el Nuevo Testamento se dice que, cuando un hombre te hiera en la mejilla derecha, le pondrás también la otra. Tal es la ley de Dios para el cristiano. No importa quién haya usado la fuerza, ni con qué propósito, la fuerza es un mal, tan malo como el mal del asesinato, el mal del adulterio. No importa quién la cometa, ni con qué fin, si un hombre o millones de hombres, todo mal es mal, y ante Dios todos los hombres son iguales. Los mandamientos de Dios son siempre obligatorios para todas las gentes. Por tanto, todos los cristianos deben obedecer siempre el mandamiento del amor: siempre es mejor sufrir por la fuerza que usar la fuerza. Es mejor para el cristiano, tomando un caso extremo, ser asesinado que matar. Si otros me hieren, como cristiano que soy debo razonar así: Yo también tenía la costumbre de herir a la gente, y por eso es bueno que Dios me envíe una prueba para mi propio bien y para mi redención de los pecados. Y si resulto herido sin culpa por mi parte, tanto mejor para mí, pues esto les ha sucedido a todos los hombres santos y, si actúo como ellos, voy a ser como ellos. Es imposible salvar tu alma mediante el mal, es imposible alcanzar el bien por el camino del mal, como es imposible volver a casa alejándose de casa. Satanás no ahuyenta a Satanás, el mal no se vence con el mal, sino que el mal simplemente se añade al mal y se fortalece con ello. El mal solo se vence con la rectitud y la bondad.

Solo con bondad, con bondad, paciencia y largo sufrimiento puede extinguirse el mal.

Enseñanza sectaria rusa.

2. Sabed y recordad que el deseo de castigo es el deseo de venganza, y no es propio de una criatura racional, como es el hombre. Ese deseo solo

es natural al animal que hay en el hombre. Y, por tanto, el hombre debe esforzarse por librarse de este deseo, y no encontrar excusas para él.

3. ¿Qué debes hacer cuando un hombre está enojado contigo y quiere hacerte daño? Se pueden hacer muchas cosas, pero hay una que no debes hacer: no debes hacer el mal, es decir, no debes hacer lo que el otro te quiere hacer.

4. No digas que, si la gente es buena contigo, tú también serás bueno con ellos, y si los hombres te oprimen, tú también los oprimirás. Pero si los hombres os hacen bien, haced bien y, si te oprimen, no los oprimas a ellos.

Mahoma.

5. La doctrina del amor, que no admite violencia, es importante no solo porque es bueno para el hombre, para el alma del hombre, sufrir el mal y dar bien por mal, sino también porque solo el bien puede detener el mal, puede extinguirlo e impedir que vaya más lejos. La verdadera enseñanza del amor encuentra su fuerza en que extingue el mal, no permitiendo que prenda.

6. Durante muchos años, la gente comenzó a apreciar la falta de armonía entre el castigo y las cualidades más elevadas del alma humana, y empezó a inventar toda clase de teorías para justificar esta baja tendencia animal. Algunos dicen que el castigo es necesario para disuadir, otros que es necesario para corregir, y otros que es necesario para que prevalezca la justicia, como si Dios no pudiera establecer la justicia en el mundo sin intervención del hombre para imponer castigos. Pero todas estas teorías son frases vacías, porque, en su raíz, se encuentran los sentimientos malignos: venganza, miedo, amor propio, odio. Se inventan muchas teorías, pero nadie se decide a hacer lo único necesario, es decir, no hacer nada en absoluto, dejando que el que ha pecado se arrepienta o no se arrepienta, se reforme o no se reforme, mientras que los que inventan todas estas teorías, y las aplican en la práctica, podrían dejar en paz a los demás y limitarse a procurar ellos mismos llevar una vida recta.

7. Devuelve bien por mal, y destruirás en el malhechor todo el placer que ve en el mal.

8. Si crees que alguien es culpable ante ti, olvídalo y perdona. Y aprenderás la felicidad de perdonar.

9. Nada regocija tanto a la gente como que se le perdonen sus malas acciones y se le pague bien por mal, ni hay nada tan bienaventurado para quien lo hace.

10. La bondad supera todas las cosas, pues ella misma es invencible.

11. Puedes resistirte a todas las cosas menos a la bondad.

Rousseau.

12. Devolved bien por mal, perdonad a todos. Solo entonces desaparecerá el mal de este mundo, cuando todos los hombres obedezcan este mandato. Sabed que esto es lo único que hay que desear, por lo que hay que esforzarse, pues es lo único que nos librará de los males que padecemos.

13. Se gana el más alto honor ante Dios quien perdona a los que le injurian, por sus ofensas, particularmente cuando aquellos están en su poder.

Mahoma.

14. Se acercó Pedro y le dijo: «Señor, ¿cuántas veces ha de pecar mi hermano contra mí, y yo he de perdonarle? ¿Hasta siete?».

Jesús le dijo: «No te digo hasta siete veces, sino hasta setenta veces siete».

Mateo XVIII, 21, 22.

Perdonar, significa no tomarse venganza, no devolver mal por mal, significa amar. Si el hombre cree en esto, entonces la cuestión no está en lo que el hermano ha hecho, sino lo que tú debes hacer. Si quieres corregir a tu prójimo en su error, dile mansamente que ha obrado mal. Si no te escucha, no le culpes a él, sino a ti mismo por no haber sabido decírselo adecuadamente.

Preguntar cuántas veces debemos perdonar a un hermano, es como preguntar a un hombre que sabe que beber vino es malo, y ha resuelto no beber más vino, cuántas veces debe rechazar el vino cuando se lo ofrecen. Una vez que he decidido no beber, no beberé, no importa cuántas veces me ofrezcan vino. Lo mismo vale para el perdón.

15. Perdonar no es simplemente decir «yo perdono», sino sacar de tu corazón toda malicia, todo sentimiento desafecto contra quien te ha herido. Y para poder hacer esto, recuerda tus propios pecados, porque si lo haces, recordarás peores acciones tuyas que las que han provocado tu ira.

16. La doctrina de la no resistencia al mal que se ejerce mediante el uso de la fuerza no es una ley nueva, sino que simplemente señala la transgresión de la ley del amor que la gente sanciona injustamente, simplemente señala que la sanción del uso de la fuerza contra tu prójimo, ya sea en nombre de la venganza, o en nombre de la supuesta liberación, de otros o tuya, del mal, es incompatible con el amor.

17. La doctrina de que, si amas, no puedes buscar venganza, es tan clara que se desprende del sentido de la enseñanza como algo natural.

Por lo tanto, si en la enseñanza cristiana no se hubiera dicho una sola palabra en el sentido de que el cristiano debe devolver bien por mal, y debe amar a sus enemigos y a los que le odian, cualquier hombre que entendiera la enseñanza podría deducir de ella este mandamiento del amor por sí mismo.

18. Para entender la enseñanza de Cristo sobre devolver bien por mal, debe entenderse de manera correcta y no mediante interpretaciones, con apartados y adiciones. Toda la enseñanza de Cristo consiste en esto: el hombre no vive para su cuerpo, sino para su alma, para cumplir la voluntad de Dios. Pero la voluntad de Dios es que los hombres se amen unos a otros, que amen a todos los hombres. ¿Cómo, pues, puede el hombre amar a todos los hombres y hacer el mal a los demás? El que cree en las enseñanzas de Cristo, no importa lo que le hagan, no hará lo que es contrario al amor, no hará el mal a los demás.

19. Sin la prohibición de devolver mal por mal, toda la doctrina cristiana resulta palabras vacías.

20. Cuando Pedro se le acercó, le dijo: Señor, ¿cuántas veces pecará mi hermano contra mí, y yo le perdonaré? ¿Hasta siete veces?

Jesús le dijo: No te digo hasta siete veces, sino hasta setenta veces siete.

Por eso, se asemeja el Reino de los Cielos a cierto rey que quiso echar cuentas de sus siervos.

«Y, cuando comenzó a echar cuentas, le presentaron a uno que le debía diez mil talentos.

Pero como no tenía para pagar, su señor mandó que lo vendieran a él, a su mujer, a sus hijos y todo lo que tenía, y que se hiciera el pago.

Entonces el siervo se postró y le reverenció, diciendo: Señor, ten paciencia conmigo, y yo te lo pagaré todo.

Entonces el señor de aquel siervo se compadeció, lo soltó y le perdonó la deuda.

Salió el mismo siervo y encontró a uno de sus compañeros siervos, que le debía cien peniques; y echándole mano, le cogió por el cuello, diciendo: Págame lo que debes.

Y el otro siervo, postrándose a sus pies, le rogó, diciendo: Ten paciencia conmigo, y yo te lo pagaré todo.

Y él no quiso, sino que fue y lo metió en la cárcel, hasta que pagase la deuda.

Y cuando sus compañeros siervos vieron lo que se había hecho, se entristecieron mucho, y vinieron y contaron a su señor todo lo que se había hecho.

Cuando su señor, después de haberle llamado, le dijo: Siervo malvado, yo te perdoné toda aquella deuda, porque así me lo pediste:

¿No debías tú también compadecerte de tu compañero siervo, como yo me compadecí de ti?

Y enojado, su señor, lo entregó a los verdugos, hasta que pagase todo lo que le debía».

Así también mi Padre celestial hará con vosotros, si de corazón no perdonáis cada uno a su hermano sus ofensas.

Mateo XVIII, 21-35.

VI. La no resistencia al mal ejercido por la fuerza es tan importante en las relaciones sociales como en las personales

1. La gente insiste en seguir siendo tan malvada como era, pero desea que, a pesar de todo, su vida mejore.

2. No sabemos, no podemos saber en qué consiste la felicidad personal, pero sabemos con seguridad que la consecución de esta felicidad universal solo es posible con el cumplimiento de esa ley eterna del bien que se revela a cada hombre, tanto en los tesoros de la sabiduría humana como en su propio corazón.

3. Se dice que es imposible no devolver mal por mal, pues, de lo contrario, el mal imperaría sobre el bien. Yo creo justamente lo contrario; solo imperará el mal sobre el bien, cuando la gente piense que está permitido devolver mal por mal, tal como se hace ahora entre las naciones cristianas. El mal impera ahora sobre el bien, porque a todos se les inculca que no solo está permitido, sino que es directamente beneficioso causar mal a los demás.

4. Se dice que, cuando dejemos de amenazar al mal con el castigo, se alterará el orden actual de las cosas y todo perecerá. También se podría decir que cuando el hielo del río se derrita, todo se arruinará. Nada de eso. Llegarán los barcos y comenzará la verdadera vida.

5. Al hablar de la doctrina cristiana, los escritores eruditos generalmente asumen que el cristianismo, en su verdadero significado, no está adaptado a la vida, y consideran esto como una cuestión zanjada definitivamente.

«¿Por qué entretenerse con sueños? Debemos ocuparnos de los asuntos prácticos. Debemos cambiar las relaciones entre el capital y el trabajo, debemos organizar el trabajo y la propiedad de la tierra, abrir mercados, fundar colonias para la distribución del excedente de población, debemos definir las relaciones entre el Estado y la Iglesia, debemos formar alianzas y garantizar la seguridad de nuestros dominios, etc.».

«Debemos ocuparnos de asuntos serios, de cosas que merezcan nuestra atención y nuestro interés, y no soñar con un orden mundial en el que los hombres pongan la otra mejilla cuando les golpeen la derecha, cedan el abrigo cuando les roben la camisa y vivan como los pájaros del cielo; todo eso son puras tonterías»; así argumentan muchos, olvidando que la raíz de todas estas cuestiones está en eso mismo que llaman puras tonterías.

Y la raíz de todos estos problemas está por eso mismo en lo que esta gente considera un puro disparate, que todos estos problemas, desde el problema de la lucha del capital y el trabajo hasta los problemas de las nacionalidades y de las relaciones entre el Estado y la Iglesia, giran todos en torno a la cuestión de si hay casos en que el hombre puede y debe hacer el mal a su prójimo o si no hay tales casos ni, de hecho, puede haberlos para un ser humano racional.

De modo que, en realidad, todos estos problemas supuestamente esenciales se reducen a uno solo: ¿es racional o irracional, por tanto, necesario o innecesario devolver mal por mal? Hubo un tiempo en el que los hombres no entendían, no podían entender el sentido de esta cuestión, pero la sucesión de terribles sufrimientos, en medio de los que vive el género humano, ha llevado a los hombres a darse cuenta de la necesidad de resolver de manera práctica este problema. Sin embargo, este problema fue resuelto definitivamente por la enseñanza de Cristo hace diecinueve siglos. Por lo tanto, no es correcto que pretendamos que no conocemos este problema o su solución.

VII. La verdadera visión de los efectos de la doctrina de la no resistencia al mal por la fuerza empieza a calar en la conciencia de la humanidad

1. El castigo es una teoría que la humanidad está empezando a superar.

2. El espíritu de Jesús, que muchos se esfuerzan por sofocar, se manifiesta, sin embargo, cada vez de forma más brillante en todas partes. ¿No ha penetrado el espíritu del Evangelio en la conciencia de las naciones? ¿No empiezan a ver la luz? ¿No se vuelven más claras las ideas sobre derechos y obligaciones para todos?

3. ¿No se oye por todas partes un llamamiento en favor de leyes más equitativas, de instituciones que protejan a los débiles y se basen en los principios de justicia e igualdad? ¿No se extingue poco a poco la antigua enemistad entre los que habían sido separados por la fuerza? Todo esto es un trabajo embrionario, listo para desarrollarse, un trabajo de amor que librará del pecado a la tierra, que abrirá un nuevo camino de vida a las naciones, cuya ley interna no será la fuerza, sino el amor de un hombre por su prójimo.

Lamennais.

Vanidad

Nada arruina tanto la vida del hombre, nada tan ciertamente le roba la verdadera felicidad, como el hábito de vivir no de acuerdo con los preceptos de los sabios de nuestro mundo, no de acuerdo con la propia conciencia, sino de acuerdo con lo que es aceptado como bueno y aprobado por la gente entre la que uno vive.

I. En qué consiste el error de la vanidad

1. Una de las principales causas de la mala vida de los hombres está en hacer lo que hacemos no por el bien de nuestro cuerpo, ni por el bien de nuestra alma, sino por recibir la aprobación del hombre.

2. Ninguna tentación retiene tanto tiempo a los hombres en su esclavitud, ni los aleja tanto de la realización del sentido de la vida humana y de su verdadera felicidad, como el deseo de fama y de aprobación popular, de honores y alabanzas.

El hombre solo puede liberarse de esta tentación mediante una lucha obstinada consigo mismo y un desafío constante a su conciencia de unidad con Dios, que le lleve a buscar únicamente la aprobación de Dios.

3. No nos contentamos con vivir nuestra verdadera vida interior, sino que ansiamos vivir otra, una vida ficticia en el pensamiento de los demás, y para ello nos obligamos a aparentar lo que realmente no somos. Nos esforzamos incesantemente por adornar esta persona ficticia, pero no nos ocupamos de la verdadera criatura que somos en realidad. Si es-

tamos en paz en nuestra alma, si creemos, si amamos, nos apresuramos a contárselo a los demás para que estas virtudes no sean solo nuestras, sino que también se atribuyan a la persona ficticia que está en la cabeza de los demás.

Con tal de hacer creer que tenemos virtudes, estamos dispuestos incluso a renunciar a ellas. Estamos dispuestos a ser cobardes con tal de ganar fama de valientes.

Pascal.

4. Una de las frases hechas más peligrosas e hirientes es: «Todo el mundo lo dice».

5. El hombre perpetra mucha maldad para satisfacer sus pasiones carnales, pero hace todavía más para conseguir elogios en aras de la gloria humana.

6. Cuando sea difícil, por no decir casi imposible, explicar las acciones humanas, ten por seguro que la causa de esas acciones es la sed de gloria humana.

7. No se mece a un bebé para aliviarle de lo que le hace llorar, sino para que deje de llorar. Lo mismo hacemos con nuestra conciencia, cuando sofocamos su voz para complacer a la gente. No calmamos nuestra conciencia, sino que conseguimos lo que buscamos: dejar de oír su voz.

8. No prestes atención al número, sino al carácter de tus admiradores. Puede ser un disgusto desagradar a la gente buena, pero no agradar a la gente mala siempre es bueno.

Séneca.

8. Nuestros mayores gastos los hacemos para parecernos a los demás. Nunca gastamos tanto en la mente o en el corazón.

Emerson.

10. En toda buena acción hay una partícula de deseo de aprobación humana. Pero ¡ay si hacemos las cosas exclusivamente para obtener la gloria humana!

11. Un hombre preguntó a otro por qué hacía cosas que no le gustaban.

«Porque todo el mundo lo hace», respondió el otro.

«Yo no diría todo el mundo. Yo, por ejemplo, no lo hago, luego hay bastantes otros pocos que no obran así».

«Si no todo el mundo, sí muchos, la gran mayoría de la gente».
«Pero dime, ¿hay más gente sabia o gente tonta en este mundo?».
«Desde luego, hay más gente tonta».
«Entonces, haces lo que haces para imitar a los tontos».

12. El hombre se acostumbra fácilmente a la vida más perversa, si todos a su alrededor llevan una vida perversa.

II. El hecho de que muchos tengan la misma opinión no prueba que esta sea correcta

1. El mal no es menos mal porque mucha gente haga el mal, e incluso, como se hace con frecuencia, se jacte de ello.

2. Cuantas más personas sostienen una creencia, más cautelosa debe ser nuestra actitud hacia esa creencia y con mayor cuidado debemos examinarla.

3. Cuando se nos dice: «Haz como los demás», casi siempre eso significa: «Haz el mal».

La Bruyère.

4. Aprende a hacer lo que «todo el mundo» quiere, y en poco tiempo cometerás malas acciones y las creerás buenas.

5. Si tan solo conociéramos el motivo de las alabanzas que se nos hacen o de las censuras que se nos hacen, dejaríamos de valorar las alabanzas y de temer las censuras.

6. El hombre tiene su propio tribunal dentro de sí mismo, que es su conciencia. Solo su juicio debe tenerse en cuenta.

7. Busca al mejor hombre entre los condenados por el mundo.

8. Si la multitud odia a alguien, es bueno primero juzgar muy cuidadosamente por qué es así, antes de unirse a ella para condenarlo. Si la multitud es parcial hacia alguien, es bueno juzgar muy cuidadosamente por qué es así, antes de formarse una opinión.

Confucio.

9. Nuestra vida no puede verse dañada tanto por los malhechores que quieren corrompernos, como por la multitud irreflexiva que nos arrastra como una vorágine.

III. Efectos ruinosos de la vanidad

1. La sociedad le dice al hombre: piensa como nosotros pensamos, cree como nosotros creemos; come y bebe como nosotros comemos y bebemos; viste como nosotros vestimos. Si alguno no cumple con estas exigencias, la sociedad lo atormentará con burlas, chismes y abusos. Es difícil no someterse, pero, si te sometes, todavía estás peor; sométete, y ya no eres un hombre libre; tú, eres un esclavo.

Lucy Mallory.

2. Es meritorio estudiar por el bien del alma, para ser más sabio y mejor. Tal estudio es útil para las personas. Pero, cuando se estudia en pro de la gloria humana, para alcanzar fama de sabio, tal estudio no solo es inútil, sino también perjudicial, y convierte a los hombres en menos sabios y amables de lo que habían sido antes de emprender estos estudios.

Sabiduría china.

3. No te alabes a ti mismo, ni dejes que otros te alaben. La alabanza arruina el alma, porque sustituye el deseo de cuidado del alma por el de gloria humana.

4. Con frecuencia vemos como un hombre bueno, sabio y justo, aunque es consciente de lo malo de la guerra, de comer carne, de robar a las criaturas humanas lo que estas precisan, de condenar a la gente y de muchas otras malas acciones, sin embargo, persiste tranquilamente en seguirlas.

¿Por qué? Porque valora más la opinión de los demás que el veredicto de su propia conciencia.

5. Solo la preocupación por la opinión de los demás puede explicar esa acción humana tan común y, sin embargo, tan extraña: la mentira. Un hombre sabe una cosa, pero afirma otra. La única explicación es que teme no recibir elogios si dice la verdad y cree que será alabado, si dice una falsedad.

6. No respetar la tradición no ha hecho ni una milésima parte del daño que se hace venerando viejas costumbres.

Hace tiempo que los hombres han dejado de creer en muchas costumbres antiguas, pero siguen sometiéndose a ellas, porque creen que la mayoría de la gente los condenará, si dejan de someterse a costumbres en las que ya no tienen ninguna fe.

IV. Combatiendo el error de la vanidad

1. En el primer período de su vida, en su infancia, el hombre vive principalmente para su cuerpo; come, bebe, juega y se divierte. Esa es la primera etapa. Cuanto más crece, más comienza a preocuparse por la opinión de las personas entre las que vive, y en aras de tal opinión, comienza a olvidar las exigencias de su cuerpo: la comida, la bebida, el juego y las diversiones. Esa es la segunda etapa. La tercera y última etapa es cuando el hombres se somete cada vez más a las exigencias del alma y, por el bien de su alma, descuida el cuerpo, las diversiones y la gloria humana.

La vanidad es el primer y más burdo remedio contra las pasiones animales. Pero más tarde hay que librarse del remedio. aquí no hay más que una cura, que es vivir para el alma.

2. Es difícil para un hombre apartarse de los usos aceptados y, sin embargo, cada paso hacia la superación personal te enfrenta a los usos aceptados y te somete a la censura de la gente. El hombre que ha fijado el objetivo de su vida en esforzarse por perfeccionarse debe estar preparado para ello.

3. Es malo molestar a la gente apartándose de su lo que todos aceptan hacer, pero es peor apartarse de las exigencias de la conciencia y la razón para seguir el uso popular.

4. Ahora, como siempre, se acostumbra a ridiculizar al que se sienta en silencio; tanto el que habla mucho como el que dice poco, son objeto de burla; no hay hombre en la tierra que escape a la crítica. Pero nunca ha existido, ni existirá jamás, nadie que sea siempre condenado en todas las cosas, ni tampoco existe nadie que sea siempre alabado por todas las cosas. Por lo tanto, no vale la pena preocuparse por la censura o la alabanza humanas.

5. Lo más importante que debes saber es lo que piensas de ti mismo, pues de ello depende tu felicidad o tu falta de felicidad, pero no de lo que los demás piensen de ti. Por tanto, no te preocupes por el juicio de la gente, sino que esfuérzate por conservar tu vida espiritual en vigor, sin permitir que se debilite.

6. Temes que te desprecien por tu mansedumbre, pero los hombres justos no pueden despreciarte por ello, y los demás no importan; por tanto, no hagas caso de su juicio. ¿Por qué habría de sentirse herido un buen ebanista si un hombre sin conocimientos de ebanistería no aprueba su trabajo?

Los hombres que te desprecian por tu mansedumbre no saben lo que es bueno para el hombre. ¿Por qué has de hacer caso de su juicio?

Epicteto.

Es hora de que el hombre conozca su valor. ¿Es entonces una criatura nacida de ilegítima? Ya es hora de que deje de lanzar tímidas miradas a su alrededor, para ver si ha conseguido agradar a la gente o no. No, que mi cabeza descanse sólida y centrada sobre mis hombros. No se me ha dado la vida para que la muestre, sino para que viva por ella. Reconozco mi obligación de vivir para mi alma. Y no prestaré atención a lo que la gente piense de mí, sino a mi vida, a si estoy o no cumpliendo mi destino ante Aquel que me envió al mundo.

Emerson.

8. Todo hombre que, desde su juventud, se ha entregado a las bajas pasiones animales persiste en entregarse a ellas, aunque su conciencia le exige otras cosas. Lo hace porque otros hacen lo mismo. Otros lo hacen por la misma razón que él. Solo hay una salida: cada hombre debe liberarse de la dependencia de las opiniones de los demás.

9. Un ermitaño tuvo una visión. Vio a un ángel de Dios que descendía del Cielo con una corona brillante en la mano y miraba a su alrededor para ver a quién ceñírsela. Y el corazón del ermitaño ardía en su interior. Y le dijo al ángel de Dios: «¿Cómo puedo merecer esta corona brillante? Haré cuanto haga falta para recibir esta recompensa».

Y el ángel le dijo: «Mira». Y volviéndose, el ángel señaló con el dedo hacia las tierras del Norte. Y el ermitaño miró y vio una enorme nube negra, que cubría la mitad del firmamento y descendía hacia la tierra. Y la nube se abrió, y de ella salió una inmensa multitud de negros etíopes que avanzaban hacia el ermitaño; pero detrás de todos ellos se alzaba un terrible gigante etíope, que era tan alto que, mientras sus inmensos pies tocaban la tierra, la cabeza desgreñada, con sus ojos aterradores, llegaba hasta el Cielo.

«Lucha con ellos, véncelos, y yo pondré la corona sobre tu cabeza».

Y el ermitaño se aterrorizó, y dijo:

«Puedo luchar y lucharé con todos ellos, pero este gran etíope, con los pies en la tierra y la cabeza en el cielo, está más allá de la fuerza humana luchar con él, no puedo vencerlo».

«Loco», respondió el ángel de Dios, «todos estos pequeños etíopes contra los que no quieres luchar por miedo al enorme etíope que tienen detrás son los deseos pecaminosos del hombre, y pueden ser vencidos. Pero el gigante etíope es la gloria humana, por cuya causa los hombres viven en pecado. Es inútil luchar contra él. Es hueco y vacío. Vence al pecado y desaparecerá de la tierra por sí mismo».

V. Cuida tu alma y no tu reputación

1. El medio más rápido y seguro de ser considerado virtuoso no es parecerlo ante los hombres, sino trabajar sobre uno mismo para llegar a serlo.

Sócrates.

2. Mover a la gente a considerarnos buenos es mucho más difícil que llegar a convertirnos en lo que queremos que la gente piense que somos.

Lichtenberg.

3. Quien no piensa por sí mismo, se somete a los pensamientos de los demás. Someter la mente a los demás es un modo de esclavitud más humillante que la sujeción del cuerpo. Piensa con tu propia cabeza, no te preocupes por lo que dirán de ti.

4. Si te preocupas por la aprobación de la gente, nunca decidirás nada, porque algunas personas aprueban una cosa y otras, otra. Hay que decidir por uno mismo, y es mucho más sencillo.

5. Para lucirte ante los hombres, o te alabas a ti mismo o te censuras ante los demás. Si te alabas, la gente no te creerá. Si te censuras, la gente pensará de ti peor de lo que tus palabras merecen. Es mejor no decir nada de uno mismo, y preocuparse por el juicio de la propia conciencia y no por el juicio de la gente.

6. Ningún hombre muestra tanta consideración por la virtud y ni lealtad a la misma como aquel que voluntariamente pierde una buena reputación para permanecer bueno en su interior.

Séneca.

7. Si un hombre ha aprendido a vivir solo para la gloria humana, es porque piensa que es una dificultad que le consideren estúpido, ignorante o muy malvado, por no hacer lo que todo el mundo está haciendo. Pero todas las cosas difíciles requieren trabajo. Y, en este caso, el trabajo debe hacerse desde dos puntos de vista; debes aprender a desdeñar el juicio de la gente y, de nuevo, debes aprender a vivir para las obras, aquellas que son buenas, aunque la gente te condene por hacerlas.

8. Debes hacer lo que consideras correcto, y no lo que consideran así los demás. Esta regla es válida tanto en la vida cotidiana como en la vida intelectual. Es una regla difícil porque, en todas partes, te encuentras con personas que creen conocer tus deberes mejor que tú mismo. Es fácil vivir en el mundo de acuerdo con la opinión del mundo, pero en soledad es fácil seguir la opinión propia; bienaventurado el hombre que, en medio de una multitud, hace lo que él, en soledad, ha determinado que es lo correcto.

9. Todas las personas viven y actúan de acuerdo con sus propios pensamientos y con los de los demás. La principal diferencia entre las personas radica en la medida en que viven de acuerdo con sus propios pensamientos y con los de los demás.

10. Parece sumamente extraño que las personas no vivan ni para su propia felicidad ni para la de los demás, sino tan solo para obtener la alabanza de otras personas. Sin embargo, qué pocos hombres hay que no valoren más la aprobación de sus actos por parte de extraños que su propia felicidad y la de los demás.

11. El hombre nunca recibirá el elogio de todos sin excepción. Si es

bueno, los hombres malos encontrarán algo malo en él y lo ridiculizarán o criticarán. Si es malo, los hombres buenos no lo aprobarán. Para obtener la alabanza de todos, el hombre debe fingir ser bueno ante los buenos y malo ante los malos. Pero, tanto los buenos como los malos, descubrirán con el tiempo su hipocresía y le despreciarán. Solo hay un remedio: sé bueno, no te preocupes por la opinión de los demás, y no busques la recompensa por tu forma de vida en la opinión de la gente, sino en la tuya propia.

«Nadie pone una pieza de tela nueva en una prenda vieja, porque la que se pone para remendar se desprende del vestido, y la rotura se agrava.

Tampoco se echa vino nuevo en odres viejos, pues, de lo contrario, los odres se rompen, el vino se derrama y los odres se pierden; en cambio se echa vino nuevo en odres nuevos, y ambos se conservan».

Mateo IX, 16, 17.

Esto significa que, para empezar a vivir una vida mejor (y para que tu vida sea cada vez mejor, pues en eso consiste toda la vida del hombre) no puedes aferrarte a los viejos hábitos, sino que debes crear nuevos hábitos. No puedes seguir lo que los antiguos consideraban bueno, sino que debes crear nuevos hábitos propios, sin importarte lo que la gente considere bueno o malo.

12. Es difícil discernir si sirves a la gente por el bien de tu alma o de Dios, o para obtener sus alabanzas. Solo hay una manera de cerciorarse: si realizas una acción que crees que es buena, pregúntate a ti mismo si seguirías llevándola a cabo si supieses de antemano que tal acción va a verse ignorada por todos. Si tu respuesta es que lo harás de todos modos, entonces seguramente lo que haces lo haces por el bien de tu alma, por Dios.

VI. Aquel que vive la vida verdadera no busca la aprobación de la gente

1. Vive solo, dijo un sabio. Esto significa que debes resolver el problema de tu vida a solas contigo mismo, con el Dios que vive dentro de ti, y no de acuerdo con el consejo o la crítica de otras personas.

2. La ventaja de servir a Dios, en comparación con servir a los hombres, es que, cuando estás ante la gente, buscas de manera involuntaria cómo

mostrarte a ellos de la forma más favorable y te sientes abrumado si se te muestra de forma desfavorable. Nada hay de todo eso ante Dios. Él sabe cómo eres. Nadie puede alabarte o calumniarte en Su presencia, de modo que no tienes que preocuparte de cómo mostrarte a Él y sí de solo ser bueno.

3. Si quieres tener paz, trata de agradar a Dios. Diferentes personas anhelan diferentes cosas: hoy desean una cosa, mañana otra. Nunca podrás complacer a la gente. Pero Dios, que vive dentro de ti, siempre desea misma una cosa, y tú sabes lo que Él desea.

4. El hombre debe servir a uno de los dos: o a su alma o a su cuerpo. Si quiere servir a su alma, debe luchar contra el pecado. Si quiere servir a su cuerpo, no necesita luchar contra el pecado. Solo tiene que hacer lo que es aceptado por todos.

5. Solo hay una manera de no tener fe en Dios; es pensar siempre que la opinión pública tiene razón y no hacer caso de la propia voz interior.

Ruskin.

6. Cuando estamos sentados en un barco en movimiento y nuestros ojos están fijos en un objeto del mismo barco, no nos damos cuenta de que nos estamos moviendo. Pero si miramos a un lado, a algo que no se mueve con nosotros, por ejemplo, la costa, notaremos inmediatamente que nos estamos moviendo. Lo mismo sucede con la vida. Cuando todo el mundo vive una vida que no es correcta, no nos damos cuenta, pero si uno tan solo despierta espiritualmente y vive una vida piadosa, la vida mala de los demás se hace evidente de inmediato. Y los demás siempre persiguen a los que no viven como los demás.

Pascal.

7. Entrénate para vivir de modo que no pienses en la opinión pública, sino que vivas solo para el cumplimiento de la ley de tu vida, la voluntad de Dios. Tal vida solitaria, con Dios como único compañero, no proporciona ningún incentivo para las buenas acciones en la gloria humana, pero da a tu alma una sensación de libertad y paz y estabilidad y un conocimiento tan seguro de que tu camino es verdadero, como el que vive para la gloria humana nunca podrá conocer.

Y todo hombre puede entrenarse para vivir así.

Falsas religiones

Las falsas religiones son aquellas que las gentes siguen, no porque tengan necesidad de ellas por el bien de sus almas, sino porque tienen fe en quienes las promueven.

I. ¿En qué consiste el engaño de las falsas religiones?

1. Con frecuencia, la gente se imagina que cree en la ley de Dios, mientras que pone su fe meramente en aquello en lo que todos creen. Todos, sin embargo, no creen en la ley de Dios, sino que llaman ley de Dios a aquella que conviene a su vida y no interfiere con ella.

2. Cuando las personas viven en el pecado y el error, no pueden estar en paz. Su conciencia les acusa. Por lo tanto, estas personas han de hacer una de dos cosas: o bien reconocer su culpa ante los hombres y ante Dios y dejar de pecar, o bien continuar con su vida de pecado y sus malas acciones, y llamar buenas a esas malas acciones. Las enseñanzas de las falsas religiones están destinadas a esta clase de personas, ya que, según las mismas, es posible llevar una vida mala y sentirse justificado para ello.

3. Ya es malo mentir a los demás, pero es mucho peor mentirse a uno mismo. Es perjudicial sobre todo porque, si mientes a los demás, puedes ser descubierto, pero si te mientes a ti mismo no hay nadie que te descubra. Por eso, ten cuidado de no mentirte a ti mismo, especialmente en los asuntos de la fe.

4. «Creer o ser condenado». He aquí la fuente principal del mal. Si un hombre acepta sin razonar lo que debería resolver a la luz de su razón, pierde al final la capacidad de razonar, y no solo cae él mismo en la condenación, sino que induce a sus vecinos también a caer. La salvación de las personas consiste en que cada uno aprenda a pensar con su propia mente.

Emerson.

5. El daño causado por las falsas religiones no se puede pesar ni medir.

La religión es la orientación de la actitud del hombre hacia Dios y hacia el mundo, y la definición de su vocación, derivada de esta actitud. ¿Qué puede ser entonces la vida de un hombre, si tanto esta actitud como la definición de su vocación, derivada de esta última, son falsas?

6. Hay tres clases de falsas creencias. La primera es la creencia en la posibilidad de aprender, a través de la experiencia; cosa que, según las leyes de la experiencia, es imposible. La segunda es la admisión, para nuestro perfeccionamiento moral, de cosas que nuestra razón no puede concebir. La tercera es la creencia en la posibilidad de causar, por medios sobrenaturales, actividades misteriosas mediante las cuales la Deidad pueda influir en nuestra moralidad.

Kant.

II. Las falsas religiones responden a las necesidades más bajas, no a las más altas, del alma humana

1. La única religión verdadera no contiene más que leyes, a saber, aquellos principios morales cuya absoluta necesidad podemos reconocer y estudiar nosotros mismos, y que podemos reconocer a través de nuestra razón.

Kant.

2. El hombre solo puede agradar a Dios viviendo en el bien. Por lo tanto, todo lo que no sea una vida buena, recta y limpia, mediante la cual un hombre piense que puede agradar a Dios, es un engaño burdo y dañino.

Kant.

3. La penitencia de un hombre que se castiga a sí mismo, en lugar de aprovechar la disposición de su espíritu para cambiar su modo de vida, es un trabajo baldío; tal penitencia tiene además el mal efecto de hacerle creer que con este acto de penitencia redime el monto de sus deudas y ya no se preocupa más de perfeccionarse a sí mismo, que es el único ser consciente, cuando se es consciente de las propias faltas morales.

Kant.

4. Ya es malo que el hombre no conozca a Dios, pero es peor que reconozca como Dios a lo que no lo es.

Lactancio.

5. Se dice que Dios creó al hombre a su imagen; pero más bien se podría decir que el hombre ha creado a Dios a su propia imagen.

Lichtenberg.

6. Cuando algunos hablan del cielo como de un lugar donde moran los bienaventurados, suelen imaginarlo en algún lugar elevado de los insondables espacios cósmicos. Pero olvidan que nuestra Tierra, vista desde esos espacios cósmicos, parece una estrella celestial y que los habitantes de otros mundos podrían, con la misma razón, señalar nuestra Tierra y decir: «Mira esa estrella, la morada de bienaventuranza eterna, el refugio celestial preparado para nosotros y donde entraremos algún día». En el curioso error de nuestra mente, el vuelo de nuestra fe se asocia siempre a la idea de ascensión, sin darnos cuenta de que, por muy alto que nos elevemos, aún tendremos que descender en alguna parte para poner con firmeza el pie en algún otro mundo.

7. Pedir a Dios cosas materiales, como la lluvia, la recuperación de una enfermedad o la liberación de los enemigos, es un error, aunque solo sea porque la gente puede pedir a Dios cosas opuestas, pero, sobre todo, porque en el mundo material se nos da todo lo que necesitamos. Podríamos rogar a Dios que nos ayude a vivir la vida del espíritu, una vida tal que, en ella, ocurra lo que ocurra, redunde en nuestra bendición. Pero una oración rogando por las cosas materiales es un autoengaño.

8. La verdadera oración es apartarse de todo lo que es del mundo, de todo lo que pueda distraer nuestros sentimientos (los musulmanes hacen lo correcto cuando, al entrar en una mezquita o comenzar a rezar, se tapan los

ojos y los oídos con los dedos), y convocar el principio divino en nuestro interior. Pero lo mejor es hacer lo que Cristo enseñó: entrar en tu reservado en privado y cerrar la puerta; es decir, rezar en soledad, ya sea en tu reservado, en el bosque o en el campo. La verdadera oración es retirarse de todo lo mundano, de todo lo externo, examinar tu alma, tus acciones, tus deseos, no a la luz de las exigencias de las condiciones externas, sino de ese principio divino del que somos conscientes en nuestra alma.

Esta oración es ayuda, fuerza, elevación de espíritu, confesión, examen de los actos pasados y dirección de los actos venideros.

III. Adoración exterior

1. Entre un chamán y un prelado europeo o, tomando al pueblo llano a modo de ejemplo, entre un pagano burdo y sensual que, por la mañana, se coloca sobre la cabeza la pata de una piel de oso y dice: «No me matéis», y un cultivado puritano de Connecticut, puede haber una diferencia en los métodos, pero no la hay en los fundamentos de su fe, pues ambos pertenecen a esa clase de personas cuya idea de servir a Dios no consiste en llegar a ser mejores hombres, sino en la religión o en la observancia de ciertas reglas arbitrarias. Solo aquellos que creen que servir a Dios es esforzarse por llevar una vida mejor son diferentes de estos otros, en la medida en que reconocen una base diferente, enormemente superior, para su fe, que une a todas las personas de mente recta en una iglesia invisible, que es la única que puede ser la iglesia universal.

Kant.

2. El hombre que realiza actos que no tienen nada de ético en sí mismos, para atraer hacia él mismo la buena voluntad de Dios, y lograr de esa forma la realización de sus deseos, está en un error, porque pretende obtener resultados sobrenaturales por medios naturales. Tales intentos se llaman brujería, pero como la brujería suele asociarse con el espíritu maligno y tales esfuerzos, aunque ignorantes, tienen buenas intenciones, llamémoslo fetichismo. Tales actividades sobrenaturales del hombre, tocantes a Dios, solo son posibles en la imaginación y resultan irracionales, aunque solo sea porque no se puede saber si son agradables a Dios. Y si un hombre, además de sus esfuerzos inmediatos para ganar la buena voluntad de Dios, es decir, además de la buena conducta, se esfuerza por adquirir más mérito

por medio de ciertos rituales, o ayudas sobrenaturales, y, con ese fin en la mente, trata de hacerse más receptivo a un estado moral de la mente y a la consecución de sus buenas inclinaciones a través observancias externas que no tienen valor intrínseco, entonces confía en alguna instancia sobrenatural para la corrección de su debilidad natural. Tal hombre, creyendo que actos que no tienen nada de morales o de agradable a Dios por ellos mismos, pueden ser un medio o una condición para la consecución de sus deseos directamente de Dios, está en un error, porque se imagina que puede, sin ninguna inclinación física o moral, hacer uso de medios sobrenaturales que no tienen nada en común con las buenas costumbres, a fin de convocar esta asistencia divina sobrenatural, mediante la observancia de diversas prácticas externas.

Kant.

3. «Y cuando reces, no seas como los hipócritas, que gustan de rezar de pie en la sinagoga y en las esquinas de las calles, para ser vistos de los hombres. En verdad os digo que ya tienen su recompensa.

Pero tú, cuando reces, entra en tu aposento y, cerrada la puerta, reza al Padre que está en secreto; y tu Padre, que ve en secreto, te recompensará en público».

Mateo VI, 5-6.

4. «Guardaos de los escribas, que quieren andar con largas vestiduras y aman los saludos en los mercados, y los asientos más altos en las sinagogas, y los salones principales en las fiestas:

Aquellos que consumen las casas de las viudas, y para para aparentar hacen largas oraciones: estos recibirán mayor condenación».

Lucas XX, 46-47.

Donde hay falsa religión siempre habrá también escribas y siempre actuarán igual que los escribas de antaño contra los que nos advierte la Escritura.

IV. Multiplicidad de enseñanzas religiosas y la única religión verdadera

1. El hombre que no ha pensado en el tema de la religión se imagina que

la única fe verdadera es aquella en la que nació. Pero pregúntate, ¿y si hubieras nacido en otra fe? ¿Serías cristiano si hubieras nacido mahometano? ¿Serías budista si hubieras nacido cristiano? ¿Serías cristiano si hubieras nacido brahmán? ¿Puede ser que solo nosotros tengamos razón en nuestra fe, y todos los demás crean en la falsedad? Tu fe no se convertirá verdad solo porque te afirmes ante ti mismo y ante los demás que es la única fe verdadera.

V. Algunos efectos de la propaganda de las falsas religiones

En 1682, ocurrió en Inglaterra que el Dr. Leighton, un hombre venerable que había escrito un libro contra el episcopado anglicano, fue juzgado en un tribunal y condenado al siguiente castigo: fue cruelmente azotado, luego le cortaron una de las orejas, le abrieron una de las fosas nasales y le marcaron los caracteres S S en la mejilla. Siete días más tarde le azotaron de nuevo, aunque las cicatrices de la espalda aún no se habían curado, le abrieron la otra fosa nasal, le cortaron la otra oreja y le marcaron la otra mejilla. Todo ello en nombre del cristianismo.

Davidson.

2. En 1415, Johannes Huss fue declarado hereje por atacar la religión católica y al papa; fue condenado a muerte sin derramamiento de sangre; es decir, a la hoguera.

Fue ejecutado ante las puertas de la ciudad, entre unos jardines. Cuando lo llevaron al lugar de la ejecución, se arrodilló y comenzó a rezar. Cuando el verdugo le ordenó subir a la hoguera, Huss se levantó y dijo en voz alta:

«Señor Jesucristo, voy a la muerte por la predicación de tu palabra, sufriré obedientemente».

Los verdugos le despojaron de sus ropas y le ataron las manos por detrás, a un poste. Los pies del mártir descansaban sobre un banco. Apilaron a su alrededor haces de leña y paja. Entonces, el representante del Emperador se le acercó y le dijo que, si se retractaba de todo lo que había enseñado, le daría el perdón.

«No», respondió Huss, «estoy libre de culpa».

Entonces, los verdugos prendieron fuego a la hoguera. Huss cantó la oración: «Oh Cristo, Hijo del Dios vivo, ten piedad de mí».

El fuego cobró fuerza y pronto se acalló la voz de Huss.

De este modo, los hombres que se hacían llamar cristianos proclamaban su fe.

¿No está claro que no se trataba de verdadera fe, sino de la más burda de las supersticiones?

3. De todos los métodos de propaganda de falsas religiones, el más brutal es la inculcación de falsas religiones en las mentes de los niños. El niño pide a sus mayores, hombres que han vivido antes que él y han tenido la oportunidad de adquirir la sabiduría de los que les precedieron, que le hablen del mundo y de su vida, y de la relación entre él y los demás, y se le dice no lo que sus mayores realmente piensan y creen, sino lo que la gente pensaba y creía hace miles de años, es decir, cosas que sus mayores no creen ni pueden creer ellos mismos. En lugar del alimento espiritual que el niño anhela, le ofrecen veneno que arruina su bienestar espiritual, veneno del que solo puede librarse a costa de mucho esfuerzo y sufrimiento.

4. Los hombres nunca perpetran acciones malignas con mayor confianza y seguridad que cuando están en lo cierto de que las cometen en el nombre de una falsa religión.

Pascal.

VI. ¿En qué consiste la verdadera religión?

1. Pero no os llaméis Rabí, porque uno es vuestro Maestro, Cristo, y todos vosotros sois hermanos.

Y no llaméis padre vuestro a nadie en la tierra, porque uno solo es vuestro Padre, el que está en los cielos.

Ni os llaméis maestros, porque uno es vuestro Maestro, Cristo.

Mateo XXIII, 8-10.

Esto enseñó Cristo. Y enseñó esto porque sabía que, así como hubo maestros en sus días que enseñaban una falsa doctrina de Dios, también los habría en los tiempos venideros. Él lo sabía y enseñó a sus seguidores a no obedecer a los hombres que se llaman a sí mismos maestros, porque sus enseñanzas oscurecen la doctrina clara y sencilla que es patente a todos los hombres y está implantada en el corazón de todo hombre.

Esta doctrina consiste en amar a Dios como el bien supremo y la verdad, y amar al prójimo como a uno mismo, y hacer a los demás lo que queréis que los demás hagan con vosotros.

2. La fe no reside en saber lo que ha sido y lo que será, ni siquiera en lo que es ahora, sino solo en saber lo que cada uno debe hacer.

3. Por tanto, si traes tu ofrenda al altar, y allí te acuerdas de que tu hermano ha obrado contra ti;

Deja allí tu ofrenda ante el altar, y vete; reconcíliate primero con tu hermano, y luego ven a hacer tu ofrenda.

Mateo V, 23-24.

Aquí reside la verdadera fe, no en el rito, ni en el sacrificio, sino en la comunión con las personas.

4. La doctrina cristiana es tan sencilla que los niños la entienden en su verdadero sentido. Solo no la entienden quienes no desean llevar una vida cristiana.

Para comprender el verdadero cristianismo, es necesario, en primer lugar, renunciar al falso.

5. La verdadera adoración está libre de superstición; cuando la superstición entra en ella, la adoración misma se destruye. Cristo nos mostró dónde está la verdadera adoración. Nos enseñó que, en medio de todas las actividades de nuestra vida, solo nuestro amor mutuo es la luz y la bendición del hombre. Nos enseñó que solo podemos alcanzar la felicidad cuando servimos a los demás y no a nosotros mismos.

6. Si lo que pasa por ser la ley de Dios no exige amor, es fabricación humana y no ley de Dios.

Scovoroda.

7. Nunca conocerás a Dios si crees todo lo que te dicen de Dios.

8. No puedes conocer a Dios por lo que se te dice de Él. Puedes conocer a Dios solo obedeciendo esa ley que es conocida por todo corazón humano.

9. Lo sustancial de la enseñanza de Cristo se encuentra en su manifestación de esa perfección divina a la que el hombre debe tender durante toda su vida. Pero las personas que no desean seguir la enseñanza de Cristo, a veces intencionadamente, a veces sin darse cuenta, entienden la doctrina de Cristo no como Él la enseñó: como un esfuerzo constante en pos de la perfección, sino como si Él hubiera exigido la perfección divina de los hombres. Y tomando este punto de vista corrupto de la doctrina de Cristo, los hombres que no desean seguirle tienen dos caminos abiertos ante ellos: afirman muy correctamente que la perfección es inalcanzable, y luego rechazan toda la doctrina como un sueño impracticable (esto lo hace la gente mundana), o adoptan otro método —el más popular y el más dañino, que es la práctica de la mayoría de la gente que se llama cristiana—, a saber, admitiendo que la perfección es inalcanzable, la corrigen, es decir, corrompen la enseñanza, y en lugar de la verdadera enseñanza cristiana consistente en el esfuerzo constante hacia la perfección divina, observan ciertas reglas llamadas cristianas, que en su mayoría son directamente contrarias al cristianismo.

10. La idea de que las reuniones de cristianos son reuniones de elegidos, de seres superiores, es una idea no cristiana, orgullosa y errónea. ¿Quién es mejor y quién es peor? Pedro era mejor hasta que cantó el gallo y el ladrón era peor hasta que llegó a la cruz. ¿Acaso no conocemos en nosotros mismos un ángel y un demonio que intervienen en nuestra vida, no habiendo criatura que haya desterrado por completo al ángel de su corazón, ni una sin un demonio que a veces le espíe por detrás del ángel? ¿Cómo podemos nosotros, seres contradictorios como somos, organizar reuniones de elegidos y de justos?

Existe una luz de verdad, y hay personas que se esfuerzan por alcanzarla desde todos los lados, desde tantos lados como líneas radiales hay en un círculo, es decir, de infinitas maneras. Esforcémonos con todas nuestras fuerzas hacia la luz de la verdad que nos une a todos, pero por muy cerca que estemos de ella, por mucho que hayamos avanzado hacia una unión con la misma, no nos corresponde a nosotros juzgar.

VII. La verdadera religión une a los hombres más y más

1. La corrupción del cristianismo nos ha alejado de la realización del Reino de Dios, pero la verdad del cristianismo es como la llama de un

fuego de campamento; sofocada durante cierto tiempo por las ramas verdes y que, poco a poco, seca las ramitas húmedas, las prende fuego y se abre paso en una llamarada, aquí y allá. El verdadero significado del cristianismo ya es manifiesto para todos y su influencia es más fuerte que los engaños que lo han sofocado.

2. Escuchad esa profunda insatisfacción con la forma actual de cristianismo que se ha apoderado de nuestra sociedad y se expresa en murmullos de amargo resentimiento y dolor. Todos están sedientos de la llegada del Reino de Dios. Y se acerca.

Un cristianismo más puro reemplaza lenta pero seguramente al que ha estado existiendo bajo ese nombre.

Channing.

3. Desde los días de Moisés hasta los días de Jesús, tuvo lugar un vasto desarrollo mental y religioso entre los individuos y las naciones. Desde los días de Jesús hasta nuestros días este progreso en individuos y naciones ha sido aún más significativo. Se han desechados viejos engaños y nuevas verdades han penetrado en la conciencia de la humanidad. Un hombre no puede ser tan grande como la humanidad. Si un hombre se adelanta tanto a sus semejantes que estos no le comprenden, llega un momento en que le alcanzan, luego le sobrepasan y le superan de tal modo que se hacen incomprensibles para los que se quedaron donde el gran hombre se había parado. Todo genio religioso arroja una luz más brillante sobre las verdades religiosas y contribuye a unir más estrechamente a los hombres.

Parker.

4. Lo mismo que cada hombre individualmente, así toda la humanidad en conjunto debe cambiar, pasar de estados inferiores a un desarrollo superior, sin detener su crecimiento, cuyo límite está en Dios. Cada estado del hombre es el resultado de su estado precedente. El crecimiento se alcanza sin interrupción e imperceptiblemente, como el desarrollo de un embrión, de modo que nada rompe la cadena de las etapas consecutivas de este crecimiento ininterrumpido. Pero si el hombre y todo el género humano están destinados a transformarse, este cambio debe efectuarse tanto en el caso del individuo como en el de todo el género humano en trabajos y sufrimientos.

Antes de alcanzar la grandeza, antes de pasar a la luz, debemos movernos en la oscuridad, debemos sufrir persecuciones, debemos entregar nuestro cuerpo para salvar nuestra alma; debemos morir para nacer a una nueva vida, más vigorosa y más perfecta. Y después de dieciocho siglos, habiendo completado uno de los ciclos de su desarrollo, la humanidad se esfuerza de nuevo por transformarse. Los viejos sistemas, los antiguos órdenes sociales, todo lo que constituía el mundo de antaño está siendo destruido, y las naciones están viviendo en medio de la ruina y el terror y el sufrimiento. Por lo tanto, no debemos perder el valor a la vista de estas ruinas, y de estas escenas de muerte, ya sea que ocurran o estén a punto de ocurrir. La unión de los pueblos no está lejos.

Lamennais.

Falsa ciencia

La superstición de la ciencia consiste en la creencia de que el único conocimiento verdadero necesario en la vida de todos los hombres se encuentra exclusivamente en ese cuerpo de información, recogido al azar del infinito dominio de lo cognoscible, que ha estado bajo la observación de una cierta camarilla de hombres durante un período dado; una camarilla de hombres que se han liberado de la obligación de trabajar, pese a que el trabajo es necesario para la vida y que, por lo tanto, llevan una vida inmoral e irracional.

I. ¿Dónde está la superstición de la ciencia?

1. Cuando los hombres aceptan como verdades indiscutibles lo que otros les ofrecen sin detenerse a examinarlas mediante el ejercicio de su razón, caen en la superstición. Tal es nuestra superstición moderna de la ciencia; esto es, el reconocimiento como verdades indiscutibles de lo que hacen pasar por verdad los profesores, los académicos y los hombres que se autodenominan científicos en general.

2. De igual manera que existe una falsa enseñanza de la religión, también hay una falsa enseñanza de la ciencia. La falsa doctrina de la ciencia consiste en reconocer como ciencia exclusivamente verdadera todo lo que afirman que es tal personas que, en una época determinada, usurpan el derecho de determinar lo que es verdadera ciencia.

Y puesto que no se considera como ciencia lo que es necesario para todos los hombres, sino lo que ha sido determinado por hombres que en un período dado han usurpado el derecho de determinar lo que es ciencia, tal ciencia está destinada a ser falsa. Así ha sucedido en nuestro mundo.

3. La ciencia ocupa, en esta era moderna, literalmente, el mismo lugar que, hace siglos, ocupaba el sacerdocio sacrificial.

Los mismos sacerdotes sacrificiales reconocidos: nuestros profesores, las mismas castas de sacerdocio sacrificial en nuestra ciencia, academias, universidades, congresos.

La misma confianza y ausencia de crítica por parte de los fieles, las mismas discordias entre los fieles que no logran perturbarlos. Las mismas palabras ininteligibles, el mismo orgullo autosuficiente en lugar de pensar:

«¡De qué sirve discutir con él, si niega la revelación!». «¡De qué sirve discutir con él, si niega la ciencia!».

4. El egipcio no consideraba lo que sus sacerdotes le presentaban bajo la apariencia de verdad como una mera creencia (como hacemos nosotros ahora), sino que lo consideraba la revelación del conocimiento más elevado que era capaz de alcanzar el hombre, en otras palabras, como «ciencia»: del mismo modo, los hombres nada sofisticados de hoy en día, que no tienen conocimientos de ciencia, aceptan como verdades indudables todo lo que les ofrecen los sacerdotes modernos de la ciencia: se lo creen todo.

5. Nada subvierte más el verdadero conocimiento que el uso de ideas y frases oscuras. Sin embargo, esta es precisamente la práctica de los supuestos científicos, que inventan palabras oscuras y ficticias para reforzar ideas oscuras.

6. La falsa religión y la falsa ciencia siempre expresan sus dogmas en términos altisonantes, que parecen misteriosos y significativos a los no iniciados. Las discusiones de los científicos son, con frecuencia, tan ininteligibles para ellos mismos como para los demás, semejantes a las discusiones de los predicadores profesionales de religión. Un científico pedante utiliza palabras extranjeras y términos inventados, y transforma las cosas más simples en algo difícil de entender, del mismo modo que las oraciones en un idioma extranjero son ininteligibles para los feligreses analfabetos. Cuanto más sabio es un hombre, más sencillo es el lenguaje en el que expresa sus pensamientos.

II. La ciencia sirve de excusa para el actual orden social

1. Pareciera que, para demostrar la importancia de cultivar lo que se conoce como ciencia, tendríamos que demostrar que este cultivo es útil. Pero los hombres de ciencia suelen decir que, puesto que se ocupan de ciertas tareas, estas ocupaciones están destinadas a resultar útiles.

2. El propósito legítimo de la ciencia es el reconocimiento de verdades que sirven para beneficiar a la humanidad. El propósito espurio es justificar engaños que introducen el mal en la vida del hombre. Tales son las ciencias del derecho y de la economía política, y muy especialmente la filosofía y la teología.

3. Existe tanto fraude en la ciencia como en la religión, y surge del mismo principio; a saber, del deseo de justificar la propia debilidad, por lo que el fraude científico es tan perjudicial como el religioso. Lo correcto sería que los hombres se dieran cuenta de que su vida es mala, que intentaran cambiarla y vivir mejor. Pero aquí entran en juego todo tipo de ciencias: la ciencia del estado, de las finanzas, la teología, la criminología, la ciencia de la administración de la policía, la economía política y la historia, y la más moderna de todas las ciencias, la sociología, que muestra las leyes por las que los hombres viven y deben vivir, y prueban que la mala vida de los hombres no se debe a ellos mismos, sino a las leyes, y que no es deber de los hombres dejar de hacer el mal y cambiar su vida de mala a buena, sino seguir viviendo como hasta ahora, en el mal y la debilidad, pero atribuyendo estos males no a su propio yo, sino a las leyes descubiertas y formuladas por los científicos. Su fraude es tan irrazonable, tan contrario a la conciencia, que la gente nunca lo habría adoptado si no fuera porque les alienta en su mala vida.

4. Hemos ordenado nuestra vida en contra de la naturaleza moral y física del hombre, y estamos plenamente convencidos —solo porque todo el mundo piensa así— de que es la única y verdadera forma de vivir. De forma vaga, sentimos que lo que llamamos nuestro orden social, nuestra religión, nuestra cultura, nuestras ciencias y artes, de alguna manera no nos libran de nuestra miseria, y que incluso la aumentan. Pero no podemos decidirnos a someterlo todo al examen de nuestra razón, porque pensamos que la humanidad, habiendo creído siempre en la necesidad del orden social obligatorio, de la religión y de la ciencia, no puede existir sin ellas. Si el polluelo dentro del huevo estuviera dotado de razón humana y fuera tan poco capaz de usarla como las personas de la época actual, nunca rompería la cáscara de su huevo y nunca conocería la vida.

5. La ciencia se ha convertido en un distribuidor de licencias para vivir del trabajo de los demás.

6. El parloteo metódico de nuestras instituciones de enseñanza superior no es más que una conspiración para evitar la solución de problemas difíciles, dando un significado dudoso a las palabras, porque la adecuada y frecuentemente racional frase «no lo sé» no es bienvenida en nuestras academias.

Kant.

7. No hay dos cosas más divergentes que la ciencia y el beneficio, el conocimiento y el dinero. Si se necesita dinero para ser más culto, si el saber se compra y se vende por dinero, tanto el comprador como el vendedor se engañan a sí mismos. Cristo expulsó a los mercaderes del templo. Lo mismo debería ocurrir con los mercaderes en el templo de la ciencia.

8. No veas la ciencia como una corona que admirar, ni como una vaca que ordeñar.

9. Una de las pruebas más convincentes de que se usa la palabra «ciencia» para describir las ideas más insignificantes y repulsivas es la existencia de una ciencia del castigo, que es la más ignorante de las actividades humanas, propia solo de la fase más baja del desarrollo humano: la infancia o el salvajismo.

III. Efectos nocivos causados por la superstición de la ciencia

1. Ninguna camarilla de hombres alberga ideas más confusas sobre la religión, la moral y la vida que los hombres de ciencia: y aún más sorprendente es el hecho de que, aunque la ciencia ha alcanzado éxitos

realmente considerables en el dominio del mundo material, se ha revelado inútil o directamente perjudicial para la vida de los hombres.

2. Nociva es la difusión entre los hombres de la creencia de que nuestra vida es el producto de fuerzas materiales y depende de tales fuerzas. Pero, cuando esta creencia asume el nombre de ciencia y pasa por ser la sagrada sabiduría de la humanidad, el daño causado por la misma es terrible.

3. El desarrollo de la ciencia no va acompañado de una mejora de la moral. En todas las naciones cuya historia conocemos, el desarrollo de la ciencia condujo directamente a una corrupción de la moral. Nuestra creencia en lo contrario se debe a que confundimos nuestra ciencia banal e ilusoria con el verdadero conocimiento supremo. La ciencia en abstracto, la ciencia como tal, exige respeto, pero la ciencia moderna, que es lo que los locos llaman ciencia, solo merece el ridículo y el desprecio.

Rousseau.

4. La verdadera explicación de la vida insana de la gente en la época actual —tan contraria al pensamiento de los mejores hombres de todos los tiempos— está en el hecho de que a nuestra juventud se le enseñan multitud cosas de lo más abstrusas, tales como el estado de los cuerpos celestes, la condición del globo durante millones de años, el origen del organismo, pero no se les enseña la única cosa necesaria para todos y en todo momento: cuál es el sentido de la vida humana, cómo vivir, qué pensaron al respecto los hombres más sabios de todas las épocas y cómo resolvieron el problema de la vida. A la joven generación no se le enseña todo esto, sino que se le enseñan, bajo el nombre de ciencia, las tonterías más absurdas, que ni los propios profesores se creen. En lugar de roca sólida, la estructura de nuestra vida descansa sobre burbujas llenas de aire. ¿Cómo iba a evitar tal estructura derrumbarse?

5. Todo lo que llamamos ciencia no es más que una invención de hombres ricos para ocupar su tiempo ocioso.

6. Vivimos en la era de la filosofía, la ciencia y la razón. Parece como si todas las ciencias se hubieran combinado para iluminar nuestro camino en el laberinto de la vida humana. Inmensas bibliotecas están abiertas para todos: colegios, escuelas, universidades nos dan la oportunidad de hacer uso de la sabiduría de los hombres acumulada en el curso de miles de años. Parece como si todo colaborara para desarrollar nuestra mente

y fortalecer nuestra razón. ¿Nos hemos vuelto mejores o más sabios gracias a todo ello? ¿Sabemos mejor cuáles son nuestros deberes y qué es lo más importante, dónde reside la felicidad de la vida? ¿Qué hemos adquirido de todo este conocimiento inútil, además de enemistad, odio, incertidumbre y dudas? Cada enseñanza y secta religiosa anuncia que solo ella ha encontrado la verdad. Cada escritor proclama que solo él sabe en qué consiste nuestra felicidad. Uno nos demuestra que no hay cuerpo. Otro que no hay alma. Un tercero, que no hay ninguna conexión entre el cuerpo y el alma. Otro que el hombre es un animal. Y otro más que Dios no es más que un espejo.

Rousseau.

7. El principal mal de la ciencia moderna estriba en que, incapaz como es de estudiarlo todo, al no saber —sin ayuda de la fe— lo que debe estudiar, solo profundiza en las cosas que agradan a los hombres de ciencia que llevan una vida de error.

La cosa más agradable para los hombres de ciencia es el orden social existente, que les es provechoso, y la satisfacción de una curiosidad ociosa que no exige mucho esfuerzo mental.

IV. No hay límite para la cantidad de estudios, pero la capacidad de comprensión del ser humano es limitada

1. Un filósofo persa dijo: «Cuando era joven, me dije a mí mismo que comprendería toda la ciencia. Y acumulé casi todo el conocimiento que se le había dado al hombre. Pero cuando llegué a viejo y repasé todo lo que había aprendido, descubrí que mi vida había terminado y que, sin embargo, no sabía nada».

2. Las observaciones y los cálculos de los astrónomos nos han enseñado muchas cosas maravillosas. Pero el resultado más importante de estas investigaciones es que nos han revelado el abismo de nuestra ignorancia. Sin estos estudios, el hombre nunca podría comprender la inmensidad de este abismo. La meditación sobre este tema debería operar una gran transformación en la determinación de los fines últimos de la actividad de nuestra razón.

Kant.

3. «Hay plantas en la Tierra: nosotros las vemos, pero son invisibles desde la Luna. En estas plantas hay fibras, en estas fibras hay diminutos organismos vivos, pero más allá de eso no hay nada más». ¡Qué seguridad!

«Los cuerpos complejos están compuestos de elementos, y los elementos son indisolubles». ¡Qué seguridad!

Pascal.

4. Carecemos de conocimientos incluso para comprender la vida del cuerpo humano. Consideremos lo que necesitamos saber para ello: el cuerpo requiere espacio, tiempo, movimiento, calor, luz, alimento, agua, aire y muchas otras cosas. En la naturaleza, todas estas cosas están tan estrechamente relacionadas que no podemos comprender una de ellas sin estudiar las demás. No podemos conocer una parte sin conocer el todo. Solo conoceremos la vida de nuestro cuerpo cuando hayamos aprendido todo lo que necesita, y para ello debemos estudiar el universo entero. Pero el universo es infinito, y su conocimiento es inalcanzable para el hombre. Por lo tanto, ni siquiera podemos comprender plenamente la vida de nuestro cuerpo.

Pascal.

5. Las ciencias experimentales, si se persiguen por sí mismas, sin un pensamiento filosófico que las guíe, son como un rostro sin ojos. Ofrecen una forma de ocupación para hombres de capacidad media, pero no dotados de un genio supremo, que solo estorbaría en investigaciones insignificantes. Los hombres de capacidades tan limitadas concentran todas sus facultades y sus conocimientos en un solo campo científico bien definido, en el que pueden alcanzar un conocimiento bastante perfecto, permaneciendo totalmente ignorantes en todas las demás direcciones. Se los puede comparar con los obreros de las fábricas de relojes, en las que unos solo fabrican ruedas, mientras que otros hacen muelles y otros, cadenas.

Schopenhauer.

6. Lo importante no es la masa, sino la calidad del conocimiento. Es posible saber muchas cosas, sin saber lo esencial.

7. El estudio de la historia natural en Alemania ha alcanzado la fase de la locura. Aunque, ante Dios, el hombre y el insecto pueden ser de

igual valor, es diferente en lo que respecta a nuestra razón. Cuántas cosas hay que el hombre debe primero poner en orden antes de poder ocuparse de pájaros y polillas. Estudia tu alma, entrena tu mente para ser prudente en el juicio, infunde misericordia en tu alma. Aprende a conocer al hombre y ármate de valor para decir la verdad por el bien de tus semejantes. Agudiza tu mente con las matemáticas si no encuentras otro medio para alcanzar el mismo fin. Pero guárdate de clasificar mosquitos, cuyo conocimiento superficial es completamente inútil, y cuyo conocimiento exacto te llevaría al infinito.

«Pero Dios es tan infinito en los insectos como en el Sol», dirás. Lo admito de buen grado. También es inconmensurable en las arenas del mar, cuyas variedades nunca te has propuesto sistematizar. Si no sientes ninguna vocación especial por buscar perlas en las tierras donde se encuentra esta arena, quédate en casa y cultiva tu campo: necesitarás de todos tus recursos, y no olvides que la capacidad de tu cerebro es finita. En el lugar donde conservas la historia de alguna mariposa, puede haber espacio para pensamientos de sabios que te sirvan de inspiración.

Lichtenberg.

8. Sócrates carecía de esa debilidad tan común que consiste en discutir en sus estudios sobre toda clase de cosas existentes, especulando sobre el origen de lo que los sofistas llaman naturaleza, y progresando hasta los principios básicos del origen de los cuerpos celestes. «¿Creen realmente los hombres», dijo, «que han alcanzado el conocimiento de todas las cosas que les son esenciales como para dedicarse a especular sobre cosas que tan poco les conciernen?».

Le maravillaba especialmente la ceguera de esos supuestos científicos que no se daban cuenta de que la mente humana es incapaz de desentrañar tales misterios. «Esta es la razón», dijo, «por la que todos estos hombres que se atreven a discutir estos misterios no logran ponerse de acuerdo sobre los principios básicos, y al escucharlos, cuando se reúnen, parece que estamos ante una reunión de locos. ¿Y cuáles son, en efecto, las características distintivas de los desgraciados poseídos por la locura? Temen las cosas en las que no hay nada aterrador, y se enfrentan audazmente a las que sí son peligrosas».

Jenofonte.

9. La sabiduría es un tema grande y extenso. Exige todo el tiempo libre que se le pueda dedicar. No importa cuántos problemas consigas resolver, habrá muchos más que requerirán investigación y solución, y sobre los que tendrás que trabajar. Estos problemas son tan vastos, tan numerosos, que requieren la eliminación de tu conciencia de todos los asuntos extraños para dejar pleno espacio a la labor de tu mente. ¿Debo malgastar mi vida en meras palabras? Sin embargo, sucede con frecuencia que los hombres cultos piensan más en las discusiones que en la vida. Observa cuán grande es el mal causado por discutir en exceso sobre trivialidades y lo perjudicial que puede resultar esto para la verdad.

Séneca.

10. La ciencia es alimento para la mente. Y este alimento puede ser tan perjudicial para la mente como el alimento físico para el cuerpo, si es impuro o demasiado dulce o se absorbe en cantidades excesivas. Es posible comer en exceso mentalmente y enfermar por ello.

Para evitarlo es necesario tomar el alimento mental igual que el alimento físico, solo cuando se tiene hambre, cuando se siente deseo de conocimiento, y aun así solo cuando el conocimiento es necesario para el alma.

V. No hay fin para las variedades de conocimientos. La verdadera ciencia consiste en seleccionar lo más importante y necesario entre ellos

1. No hay nada de vergonzoso o dañino en no conocer. No se puede saber todo, pero sí es vergonzoso y dañino el pretender que se sabe lo que no se sabe.

2. La capacidad de la mente para absorber conocimientos tiene sus límites. Por tanto, no debes pensar que cuanto más sepas, mejor para ti. El conocimiento de una gran cantidad de bagatelas es un obstáculo insuperable para el conocimiento de lo verdaderamente necesario.

3. La mente se fortalece con el estudio de lo que es necesario e importante para el hombre y se debilita con el estudio de lo que es inútil e insignificante, del mismo modo que el cuerpo se fortalece con el aire

fresco y la comida, y se debilita con el aire viciado y la comida.

Ruskin.

4. En los tiempos modernos se ha acumulado un inmenso conjunto de conocimientos dignos de estudio. Pronto nuestras facultades serán demasiado débiles y nuestra vida demasiado breve para asimilar incluso la parte más útil de tales conocimientos. Es una vasta abundancia de tesoros que está a nuestro servicio pero, habiéndola absorbido, debemos rechazar muchas cosas como basura innecesaria. Es mejor no cargar con ella.

Kant.

5. El conocimiento no tiene fin. Por tanto, no se puede decir, de quien sabe mucho, que sepa más que quien sabe muy poco.

6. Uno de los fenómenos más comunes de nuestro tiempo es ver a hombres que se consideran cultos, educados e ilustrados, conocer una vasta masa de cosas inútiles, y que permanecen, sin embargo, sumidos en la más crasa ignorancia, no solo no percibiendo el verdadero sentido de la vida, sino incluso vanagloriándose de su ignorancia. Y, por el contrario, es igualmente frecuente encontrar entre los incultos e iletrados, que no saben nada de agentes químicos, de paralaje o de las propiedades del radio, personas verdaderamente ilustradas que conocen el sentido de la vida y, sin embargo, no se enorgullecen de ello en absoluto.

7. La gente no puede saber o entender todo lo que ocurre en el mundo, por lo que su juicio sobre muchas cosas es incorrecto. Existen dos clases de ignorancia: una es la ignorancia verdadera y natural, que es el estado en que nace el hombre; la otra puede llamarse la ignorancia de los verdaderos sabios. Cuando un hombre agota todas las ciencias y aprende todo lo que los hombres saben o han sabido alguna vez, debe darse cuenta de que todo este conocimiento, en conjunto, es tan insignificante que no puede permitirle comprender el mundo de Dios, y llegará a la conclusión de que la gente culta sabe básicamente tan poco como la gente iletrada ordinaria. Pero hay hombres superficiales que han aprendido un poco de aquí y un poco de allá, que se han familiarizado con el conocimiento superficial de varias ciencias y se han envanecido de tal cosa. Ellos partieron de la ignorancia natural, pero aún no han alcanzado la verdadera sabiduría de aquellos eruditos que han comprendido la imperfección y la futilidad de todo el conocimiento humano. Tales son las personas, sabias según su propia estimación, que traen confusión al mundo. Ellos juzgan todas las cosas confiadamente y de manera precipitada y, por supuesto, yerran constantemente. Saben arrojar polvo a los ojos de la gente y con frecuencia se les honra, pero el pueblo los desprecia, consciente de su inutilidad. Y ellos, a su vez, desprecian al pueblo llano, considerándolo ignorante.

Pascal.

8. A menudo se piensa que cuanto más se sabe, mejor. Pero no es así. Lo importante no es saber mucho, sino saber lo más necesario de la masa de lo conocible.

9. No temas la falta de conocimiento, pero teme el exceso de conocimiento, especialmente si este conocimiento excesivo es para conseguir beneficio o alabanza. Es mejor saber menos de lo que se puede que más de lo que se debe. El conocimiento excesivo hace que los hombres se sientan satisfechos y seguros de sí mismos, y por lo tanto más tontos de lo que serían si no supieran nada.

10. Los sabios no suelen ser eruditos, y los eruditos no suelen ser sabios.

Lao-Tse.

11. Los búhos ven en la oscuridad, pero la luz del sol los ciega. Lo mismo ocurre con las personas cultas. Conocen mucha palabrería científica superflua, pero no saben ni pueden saber lo más necesario en la vida: cómo debe vivir un hombre en el mundo.

12. El filósofo Sócrates decía que la estupidez no es saber poco, sino no conocerse a uno mismo y pensar que se sabe lo que no se sabe. A esto lo llamaba estupidez, antes que ignorancia.

13. Si un hombre conociera todas las ciencias y hablara todas las lenguas, pero no supiera lo que es y lo que debe hacer, sería menos ilustrado que la anciana que cree en un Salvador, es decir, en un Dios cuya voluntad reconoce en su vida, y que sabe que Dios exige de ella justicia. Ella está más iluminada que el científico, porque ha encontrado respuesta a la pregunta más importante: qué es su vida y cómo debe vivir. Sin embargo, el científico, que tiene las respuestas más inteligentes para las preguntas más complejas, pero en el fondo triviales, no tiene respuesta para la pregunta más importante para todo ser racional: ¿por qué vivo y qué debo hacer?

14. Las personas que piensan que lo más importante en la vida es el conocimiento son como polillas que vuelan hacia la vela: ellas mismas sucumben y oscurecen la luz.

VI. ¿En qué consisten la sustancia y el objetivo de la verdadera ciencia?

1. La gente denomina ciencia a aquello que es la ciencia más importante del mundo, según la cual el hombre puede aprender cómo debe vivir en el mundo, o bien se lo denomina a todo aquello que al hombre le halaga saber y que puede o no hacerle ningún bien. El primer tipo de conocimiento es, en verdad, un gran cosa, pero la segunda es en su mayor parte una búsqueda inútil.

2. Hay dos señales inconfundibles que distinguen a la verdadera ciencia: la primera es una señal interior, en la que el siervo de la ciencia cumple su vocación no por ganancia, sino con abnegación, y la segunda es una señal exterior y es la de que su trabajo es inteligible para todos los hombres.

3. La vida de la gente en nuestros días está tan organizada que novecientas noventa y nueve milésimas partes de la gente están constantemente ocupadas con el trabajo físico, y no tienen ni tiempo ni posibilidad de dedicarse a la ciencia o al arte. Pero una milésima parte de la población, habiéndose eximido del trabajo físico, ha creado ciencias y artes a su medida. La pregunta es ¿qué clase de ciencias y artes puede existir en tales condiciones?

4. La tarea vital de todo hombre es ser cada vez mejor. Por tanto, solo son buenas las ciencias que le ayudan en dicha tarea.

5. Un hombre erudito es uno que sabe muchas cosas, a partir de todo tipo de libros. Un hombre culto es aquel que sabe qué es lo que se acepta actualmente entre la gente. Un hombre ilustrado es aquel que sabe por qué vive y qué debe hacer. No intentes ser un erudito o un culto, sino esfuérzate por llegar a ser un ilustrado.

6. Si, en la vida real, la ilusión estropea la realidad solo por un momento, en el dominio de la ilusión abstracta puede gobernar durante miles de años e imponer su yugo de hierro a naciones enteras, ahogando los impulsos más nobles de la humanidad y, con la ayuda de los esclavos engañados por ella, encadenar a aquellos a quienes no puede engañar. Es el enemigo con el que las mentes más sabias de todas las épocas entablaron un combate desigual, y lo que le ganaron en conquista es la herencia más noble de la humanidad. Si se dice que debemos buscar la verdad incluso donde no pueda preverse ningún beneficio de ella, porque la ganancia puede encontrarse donde menos se espera, también podemos añadir que debemos buscar con celo y erradicar toda ilusión allá donde no pueda preverse que pueda causar daño, porque el daño puede aparecer y manifestarse donde menos se espera, ya que toda ilusión contiene un veneno. No hay ilusiones inofensivas y, desde luego, no existen las ilusiones venerables o sagradas. Se puede afirmar con valentía, para consuelo de los que dedican su vida a la noble y ardua guerra contra las ilusiones de cualquier clase, que el error puede hacer su trabajo por la noche, como los búhos y los murciélagos, hasta que aparezca la luz de la verdad, pero hay más probabilidades de que los búhos y los murciélagos asusten al sol y lo hagan volver por donde vino, que de que las viejas ilusiones fuercen la retirada de una verdad manifiesta, plena y claramente expresada, y ocupen sin obstáculos el lugar dejado vacante por ella. Tal es el poder de la verdad: obtiene la victoria con dificultad y con problemas pero, una vez obtenida la victoria, no puede volver atrás.

Schopenhauer.

7. Desde que los hombres viven en el mundo, han existido sabios entre todas las naciones que les han enseñado lo que es más necesario que el hombre sepa: que en esto consiste la vocación y, por tanto, la verdadera bienaventuranza de todo hombre y de todos los pueblos. Solo quien conoce esto puede juzgar de la importancia de todos los demás tipos de conocimiento. No hay fin para los temas científicos y, sin el conocimiento de lo que constituye la vocación y la bienaventuranza de todas las personas, no hay posibilidad de elección entre esta infinita gama de temas y, por esa razón, sin tal conocimiento, todos los demás tipos de conocimiento se convierten en un entretenimiento ocioso y perjudicial, tal como se han convertido entre nosotros.

8. Si los hombres acuden a la ciencia moderna no para satisfacer una

curiosidad ociosa, ni para desempeñar un papel en el mundo de la ciencia, escribir, argumentar o enseñar; ni tampoco para ganarse la vida con la ciencia, sino que acuden a ella con preguntas directas y sencillas sobre la vida, descubren que la ciencia responderá a miles de preguntas complicadas e intrincadas, pero nunca a la única pregunta a la que todo ser racional busca respuesta: ¿qué soy yo y cómo debo vivir?

9. Estudiar todas las ciencias que son innecesarias para la vida espiritual, tales como la astronomía, las matemáticas, la física, etc., así como entregarse a toda clase de diversiones, juegos, montar en carruaje, pasear, es permisible cuando cualquiera de estas ocupaciones no te impiden hacer lo que debes, pero es incorrecto dedicarse a ciencias superfluas, o entregarse a diversiones vacías, cuando obstaculizan las verdaderas tareas en la vida.

10. Sócrates señaló a sus discípulos que, en una educación organizada racionalmente, cada ciencia tiene ciertos límites que deben alcanzarse, pero que no deben sobrepasarse. De la geometría, decía, hay que saber lo suficiente para poder medir correctamente un terreno que se compra o se vende, o para dividir una herencia, o para repartir una tarea entre los obreros. «Esto es tan fácil», decía, «que con un poco de esfuerzo ninguna medida te dará problemas, aunque tuvieras que medir la Tierra entera». Pero no aprobaba que nos enredásemos con problemas difíciles propios de esta ciencia y, aunque él personalmente conocía todas las ciencias, decía que podían llenar la vida del hombre y distraerle de otras ciencias útiles, sin ser ellas mismas de ninguna utilidad.

De la astronomía le parecía deseable conocer lo suficiente como para saber, por simples indicaciones, la hora de la noche, el día del mes, la estación del año, para encontrar la dirección a seguir, para gobernarse en el mar y para aliviar a los vigías. «Su ciencia es tan fácil», añadió, «que es accesible a cualquier cazador o marino o a cualquiera que se preocupe de estudiarla un poco». Pero ahondar en ella tanto como para estudiar el curso de los diversos cuerpos celestes, calcular el tamaño de los planetas y las estrellas, su distancia de la Tierra, sus movimientos y cambios, todo esto lo criticó severamente, porque no veía ninguna ventaja en tal ocupación. Tenía una opinión tan baja de estas cosas no por ignorancia, ya que había estudiado todas estas ciencias, sino porque no deseaba que los hombres malgastasen su tiempo y capacidades en ocupaciones superfluas, en lugar de emplearlos en lo que más necesitan: el perfeccionamiento de su moral.

Jenofonte.

VII. Sobre la lectura de libros

1. Procura que la lectura de muchos autores y de toda clase de libros no produzca confusión e incertidumbre en tu mente. Conviene alimentar la mente solo con escritores de indudable mérito. La lectura excesiva distrae la mente y la aleja del trabajo independiente. Por lo tanto, lee solo libros antiguos y buenos sin lugar a dudas. Si en algún momento concibes el deseo de volverte a obras de carácter diferente, no olvides nunca regresar a las primeras.

Séneca.

2. Lee primero los mejores libros o, de lo contrario, es posible que nunca encuentres tiempo para leerlos.

Thoreau.

3. Es mejor no leer nunca un libro que leer muchos libros y creer todo lo que contienen. Uno puede ser sabio sin leer un solo libro; pero cree todo lo que está escrito en los libros y estarás destinado a ser un necio.

4. En la autoría se repite lo mismo que en la vida real. La mayoría de la gente es tonta e ilusa. Por eso hay tantos libros malos, hay tanta basura literaria entre el buen grano. Tales libros no hacen más que robar el tiempo, el dinero y la atención de la gente.

Los libros malos no solo son inútiles, sino perjudiciales. Nueve décimas partes de los libros se imprimen para sacar el dinero de los bolsillos de la gente.

Por lo tanto, es mejor ni siquiera leer los libros de los que tanto se habla o se escribe. Ante todo, hay que conocer y leer a los mejores autores de todas las épocas y naciones. Tales libros deben leerse antes que nada. De lo contrario, difícilmente se tendrá la oportunidad de leerlos todos. Solo tales autores pueden instruirnos y educarnos.

Nunca podemos leer demasiados libros malos ni demasiados libros buenos. Los libros malos son un veneno moral que atonta a la gente.

Schopenhauer.

5. Las supersticiones y los engaños perturban al pueblo. Solo hay una forma de librarse de ellos: la verdad. Conocemos la verdad tanto en nosotros mismos como a través de los hombres sabios y santos que vivieron antes que nosotros. Por lo tanto, para vivir bien y rectamente, debemos buscar la verdad nosotros mismos y hacer uso de las indicaciones que nos han llegado de los hombres sabios y santos de antaño.

6. Uno de los medios más poderosos para aprender la verdad que libera de la superstición consiste en estudiar todo lo que la humanidad ha hecho en el pasado para reconocer la verdad eterna, común a toda la humanidad, y para expresarla.

VIII. Acerca del pensamiento independiente

Todo hombre puede y debe hacer uso de todo lo que la razón colectiva de la humanidad ha desarrollado, pero al mismo tiempo debe dejar que su razón examine los datos elaborados por toda la humanidad.

2. El conocimiento solo es entonces conocimiento cuando ha sido adquirido por un esfuerzo del propio pensamiento del hombre y no solo gracias a la memoria.

Solo cuando hemos olvidado todo lo que nos han enseñado empezamos a conocer de verdad. No me acercaré ni un ápice al conocimiento de las cosas mientras las mire como me han enseñado a hacerlo. Para conocer un objeto debo acercarme a él como si fuera algo totalmente desconocido para mí.

Thoreau.

3. Esperamos de un profesor que primero haga de su alumno una persona razonadora, luego racional y, por último, culta.

Este método tiene la ventaja de que, aunque el alumno no llegue nunca a la etapa final, como suele ocurrir, puede beneficiarse de la instrucción y se hará más experimentado y sabio, si no para los fines de la escuela, al menos sí para los de la vida.

Pero si este método se invierte, entonces los alumnos son propensos a captar algo de inteligencia antes de que sus facultades de razonamiento se hayan desarrollado, y tienden a llevarse de la escuela un conocimiento prestado, como algo que está pegado a ellos pero que no han asimilado, y sus facultades espirituales permanecen tan estériles como antes, pero al mismo tiempo muy viciadas por una erudición espuria. Esta es la causa de que con frecuencia nos encontremos con hombres cultos (o más bien instruidos) que muestran tan poca razón, y de que salgan al mundo tantos más imbéciles de las universidades que de cualquier otra clase social.

Kant.

4. La ciencia no está en las escuelas. En las escuelas encontramos la ignorancia fina de los zopencos. La ciencia está en los libros y en el trabajo individual e independiente para adquirir conocimiento de los libros, pero de ninguna manera está en las escuelas, donde, desde los días de la invención del arte de la impresión, nada ha quedado de la ciencia sino un rastro mohoso.

El carácter de la instrucción escolar es la pedantería árida que mata la mente. ¿Quién no se cansará de repetir lo mismo una y otra vez durante veinte años? El que instruye casi siempre se dedica a su profesión con aversión y, para aliviar su tedio, cambia la ciencia por el mero formalismo. Y, además, la estúpida monotonía de su oficio lo convierte en un tonto palmario.

N. G. Chernishévski.

5. En todas las clases nos encontramos con personas de superioridad mental aunque con frecuencia no posean ningún aprendizaje. La mente natural puede reemplazar a casi cualquier grado de aprendizaje, pero ninguna cantidad de aprendizaje puede reemplazar a la mente natural y, aunque esta última, en comparación con la primera, tiene la ventaja de una riqueza de conocimiento sobre casos y hechos (información histórica) y definición de causalidad (ciencias naturales), en disposición metódica y constatable con facilidad, esto no da todavía una visión más exacta o más profunda de la sustancia real de todos estos hechos, casos y causalidades. El hombre sin aprendizaje, gracias a la sagacidad y el juicio rápido de todas las cosas, puede prescindir fácilmente de estas riquezas. Un caso, extraído de su propia experiencia, puede enseñarle más que de lo que mil casos —que se puedan conocer sin haber captado

plenamente su significado— puedan enseñar a un erudito, y el conocimiento del hombre no erudito es un conocimiento vivo.

En cambio, por el contrario, mucho de lo que sabe un hombre común y corriente es conocimiento muerto que, si no consiste del todo en palabras huecas, a menudo consiste en ideas abstractas que solo adquieren importancia en la medida en que su poseedor demuestre juicio y una elevada comprensión de las cuestiones que se debaten. Pero, si esta comprensión es escasa, tal discusión está abocada a la quiebra, al igual que un banco que emite obligaciones que superan diez veces sus activos en efectivo.

Schopenhauer.

6. Cuántas lecturas superfluas podríamos evitarnos si pensáramos de forma independiente?

¿Es lo mismo leer que aprender? Alguien afirmó, no sin razón, que, aunque el arte de la imprenta ayudó a la difusión del saber, lo hizo a costa de su calidad y carácter. El exceso de lectura es perjudicial para el pensamiento. Los más grandes pensadores que he conocido entre la gente culta son siempre los que menos han leído.

Si solo se enseñara a pensar, y no solo lo que se debe pensar, se eliminaría este malentendido.

Lichtenberg.

EL
CAMINO
DE LA
VIDA II

Esfuerzo

Pecados, errores y supersticiones obstruyen un alma del hombre y se la ocultan a sí mismo. Para revelarse a sí mismo su alma, el hombre debe hacer un esfuerzo de autoconocimiento y, por eso en ese esfuerzo de autoconocimiento, reside la tarea principal de la vida del hombre.

I. La liberación de pecados, errores y de la superstición está en marcha

1. La renuncia a uno mismo libra a los hombres de los pecados, la humildad de los errores, la veracidad de las supersticiones. Pero, para renunciar a las pasiones del cuerpo, para humillarse ante los errores del orgullo y para examinar a la luz de la razón las supersticiones que le enredan, el hombre debe esforzarse. Solo mediante los esfuerzos de su conciencia puede el hombre liberarse de los pecados, errores y supersticiones que le privan de la felicidad.

2. El Reino de Dios se alcanza mediante el esfuerzo. El Reino de Dios está dentro de vosotros (Lucas XVI, 16; XVII, 21). Estas dos frases del Evangelio significan que solo mediante el esfuerzo de la conciencia, en su propio interior, puede el hombre vencer los pecados, errores y supersticiones que pueden retrasar la llegada del Reino de Dios.

3. Aquí, en la tierra, no puede haber, no debe haber, descanso, porque la vida es progreso hacia una meta que no se puede alcanzar. El descanso es inmoral. No puedo decir cuál es esa meta. Pero cualquiera que esta sea, estamos avanzando hacia ella. Sin este progreso, la vida sería

locura y engaño. Y nos movemos hacia esta meta solo gracias nuestro propio esfuerzo.

Mazzini.

4. Ser cada vez mejor; he aquí toda la preocupación de la vida, y solo se puede ser mejor mediante el esfuerzo.

Todos sabemos que no podemos conseguir nada en el mundo material sin esfuerzo. Debemos darnos cuenta de que, del mismo modo, en la vida del alma, que es la preocupación primordial de la vida, nada puede lograrse sin esfuerzo.

5. La verdadera fuerza no consiste en ser capaz de hacer un nudo con una barra de acero, ni en poseer riquezas ilimitadas, ni en gobernar a millones de personas: la verdadera fuerza consiste en dominarse a uno mismo.

6. Nunca pienses que una buena acción: «no merece la pena, es tan difícil que seré incapaz de realizarla», ni «es tan fácil, puedo hacerla en cualquier momento a mí se me apetezca». Ni pienses ni hables así: todo esfuerzo, aunque su fin sea inalcanzable, aunque su fin sea incluso tan poco importante, todo esfuerzo, repetimos, fortalece el alma.

7. Algunos piensan que, para ser cristiano, hay que realizar obras peculiares y extraordinarias. No es así. Al cristiano no se le exigen tales actos peculiares y extraordinarios, sino un esfuerzo constante de conciencia para librar al alma de pecados, errores y supersticiones.

8. Nuestras malas acciones, fuentes de nuestras desgracias, son fáciles de realizar. Pero lo que es bueno y beneficioso para nosotros requiere un esfuerzo.

Sabiduría budista.

9. Si un hombre tiene por norma hacer solo lo que le place, no estará contento durante mucho tiempo con lo que hace. Las verdaderas tareas son las que requieren un esfuerzo para realizarse.

10. El camino hacia el correcto conocimiento nunca discurre por céspedes aterciopelados, sembrados de flores: el hombre siempre debe abrirse paso hacia él a través rocas desnudas.

Ruskin.

11. La búsqueda de la verdad no se emprende en un estado de ánimo alegre, sino siempre con agitación y emoción; y aun así, esta búsqueda debe continuar, porque si no encuentras la verdad y aprendes a amarla, debes perecer. Pero, podrías decir, si la verdad quisiera yo la encontrase y la amase, se me manifestaría. La verdad se te manifiesta, pero no la ves. Búscala, la verdad así lo quiere.

Pascal.

II. Se requiere esfuerzo para vivir por el alma

1. Soy un instrumento con el que Dios realiza su obra. Mi verdadera felicidad reside en participar en esta obra. Solo puedo participar en esta obra mediante los esfuerzos de mi conciencia para mantener en buen estado, limpia, afilada y precisa la herramienta divina que se me ha confiado: yo mismo, mi alma.

2. La cosa más preciosa para el hombre es ser libre, vivir según su propia voluntad y no según la de otro. Para ser tan libre, el hombre debe vivir para su alma. Y, para vivir para su alma, por su alma el hombre debe dominar las pasiones de su cuerpo.

3. La vida del hombre es un paso gradual desde la naturaleza animal inferior a una conciencia cada vez mayor de la vida espiritual.

4. Hacemos un esfuerzo por despertarnos y nos despertamos de verdad cuando un sueño se vuelve tan horrible que ya no tenemos fuerzas para soportarlo. Lo mismo ocurre con la vida, cuando se vuelve insoportable. En esos momentos, debemos hacer esfuerzos mentales para despertar a una vida espiritual nueva, superior.

5. Debemos esforzarnos por superar los pecados, los errores y la superstición; de lo contrario, en cuanto dejemos de luchar contra ellos, nuestro cuerpo alcanzará el dominio sobre nosotros.

6. Nos imaginamos que el verdadero trabajo debe tener algo que ver con las cosas visibles: construir casas, arar los campos, alimentar al ganado, y que el trabajo sobre nuestra alma, siendo algo invisible, no tiene importancia, que es tan solo algo que podemos hacer o dejar que

se haga por sí solo; pero, en cambio, cualquier tipo de trabajo es insignificante en comparación con el trabajo sobre tu propia alma. Este es el único trabajo verdadero y cualquier otro tipo de trabajo solo es útil mientras se realice esta obra principal de la vida.

7. Aquel que se da cuenta de que su vida es mala y anhela llevar una vida mejor, no debe pensar que no puede empezar a vivir mejor hasta que no haya cambiado las circunstancias de su vida. La vida puede y debe corregirse no mediante cambios externos, sino mediante un cambio interior, un cambio en el alma. El suyo puede hacerse en cualquier lugar y en cualquier momento. Y esto es tarea suficiente para cualquier hombre. Solo cuando un cambio en su alma sea de tal magnitud que él sea incapaz de continuar su vida anterior, solo entonces debe alterar su modo de vida, pero no cuando piense que podría reformarse más fácilmente cambiando su modo de vida.

8. Solo hay una tarea importante en la vida de todas las personas: mejorar su alma. Esta es la única tarea a la que todos los hombres están llamados. Todo lo demás es insignificante en comparación. La verdad de esto queda de manifiesto por el hecho de que es la única tarea a la que puedes dedicarte sin obstáculos, y que es la única tarea que siempre produce alegría al hombre.

9. Tomemos como ejemplo un gusano de seda. Se esfuerza hasta que tiene fuerzas para volar. Tú te aferras a la tierra. Esfuérzate por tu alma y recibirás alas.

Angelus.

III. La búsqueda de la perfección requiere un esfuerzo mental

1. «Sed perfectos, lo mismo que vuestro Padre ha celestial es perfecto», dice el Evangelio. Esto no significa que Cristo ordene al hombre ser tan perfecto como Dios, sino que todo hombre debe esforzarse mentalmente por alcanzar la perfección, y en este esfuerzo está la vida del hombre.

2. Toda criatura crece gradualmente y no de golpe. Una ciencia no se domina de golpe. Nada puede lograrse de golpe. Solo hay un modo de crecer mejor: mediante el juicio sabio y el esfuerzo paciente y constante.

Channing.

3. Lessing decía que no es la verdad lo que da alegría, sino el esfuerzo que un hombre debe hacer para alcanzarla. Lo mismo puede decirse de la virtud: la alegría de la virtud está en el esfuerzo que se hace para alcanzarla.

4. La siguiente admonición está grabada en la bañera del emperador Ching-Chang: «Renuévate a diario por completo; hazlo una y otra vez desde el principio».

Sabiduría china.

5. Si un hombre no se dedica a investigar, o si se dedica a investigar y fracasa en ello, que no desespere ni deje de hacerlo; si un hombre no consulta a personas iluminadas sobre asuntos complicados o, consultándolas, fracasa en alcanzar él mismo la iluminación, que no desespere; si un hombre no medita o, meditando, fracasa en comprender claramente la esencia del bien, que no desespere; si un hombre no distingue el bien del mal o, en la distinción carece de una concepción clara, que no desespere; si un hombre no lleva a cabo buenas acciones o, al llevarlas a cabo, no dedica todas sus fuerzas a ellas, que no desespere; lo que otros han logrado con un solo esfuerzo, él puede ser capaz de lograrlo después de diez intentos; lo que otros han logrado después de cien intentos, él puede ser capaz de lograrlo después de mil.

Aquel que verdaderamente siga esta regla de esfuerzo constante, no importa cuán ignorante sea, alcanzará la iluminación; no importa cuán débil sea, alcanzará la fuerza; no importa cuán depravado sea, seguramente adquirirá la virtud.

Sabiduría china.

6. Si un hombre lleva a cabo buenas acciones simplemente porque ha adquirido el hábito de hacer el bien, la suya no es todavía la vida verdaderamente en rectitud. La vida en rectitud comienza cuando el hombre se esfuerza por ser recto.

7. Dices que no vale la pena esforzarse, porque, por mucho que te esfuerces, nunca podrás alcanzar la perfección. Pero a lo que debes atender no es a alcanzar la perfección, sino al esfuerzo constante por alcanzarla.

8. Que el hombre no piense a la ligera en el mal que hay en su corazón: «Estoy tan lejos del mal que no puede tocarme». Pequeñas gotas llenan de agua un recipiente. Poco a poco, el loco que hace malas acciones se llena de maldad.

Que el hombre no piense a la ligera de la bondad, diciéndose para sus adentros: «No tengo fuerzas para recibir la bondad». Al igual que el vaso que se llena gota a gota, así el corazón del hombre que realiza buenas acciones se llena de bondad a medida que se esfuerza hacia la bienaventuranza.

Sabiduría budista.

9. Para que la vida sea una alegría en lugar de una tristeza continua, sé siempre bueno con todos, tanto con los hombres como con los animales. Para ser siempre bueno, debes entrenarte para serlo. Para entrenarte a ser bueno, no debes cometer una sola acción reprobable sin reprenderte a ti mismo.

Si haces esto, pronto adquirirás el hábito de ser amable con todos, hombres y animales por igual. Y si te acostumbras a la bondad, la alegría reinará siempre en tu corazón.

10. La virtud del hombre no se mide por hazañas prodigiosas, sino por su esfuerzo cotidiano.

Pascal.

IV. En la búsqueda de la perfección el hombre debe confiar solo en su propia fuerza

1. Qué error es pedir a Dios, o incluso a la gente, que nos rescate de una condición indeseable. El hombre no necesita la ayuda de nadie, ni necesita que le rescaten de ninguna condición; solo necesita una cosa: hacer un esfuerzo en su propia mente para liberarse de pecados, errores y supersticiones. Solo en la medida en que el hombre se libera de pecados, errores y supersticiones, su condición puede cambiar o mejorar.

2. Nada debilita tanto la fuerza de un hombre como la esperanza de encontrar la salvación y la felicidad en algo ajeno a sus propios esfuerzos.

3. Debemos liberarnos de la idea de que el Cielo puede corregir nuestros errores. Si preparas la comida descuidadamente, no esperes que la Providencia intervenga para hacerla sabrosa; del mismo modo si, tras una serie de acciones insensatas, has desviado el curso de la vida, no debes

pensar que la intervención divina lo arreglará todo.

Ruskin.

4. En tu interior, se encuentra el conocimiento de lo que constituye la perfección suprema. De igual manera, dentro de tu propio ser se encuentran los obstáculos que se enfrentan su consecución. Tu condición es lo que debes superar para acercarte a la perfección.

Carlyle.

5. Tú mismo pecas, tú mismo abarcas el mal, tú mismo huyes del pecado, tú mismo purificas tus pensamientos, eres malo o eres puro en tu propio ser interior, y ninguna otra persona puede salvarte.

Jampada.

6. Decir que no puedo abstenerme de llevar a cabo una mala acción es tanto como decir que no soy un hombre, sino un animal. Los hombres a menudo piensan así, pero por mucho que lo afirmen, saben en su propio interior que, mientras tengan vida, pueden dejar de hacer el mal y comenzar a hacer el bien.

7. No existe ley moral si no puedo obedecerla. Algunos dicen que nacemos egoístas, codiciosos, lujuriosos y que no podemos ser de otra manera. Sí que podemos. Primero debemos sentir en nuestro interior lo que somos y lo que deberíamos ser, y luego debemos hacer un esfuerzo por esforzarnos hacia aquello que deberíamos ser.

Voltaire.

8. El hombre debe desarrollar sus buenas inclinaciones. La Providencia no arraiga plenamente desarrollada en el hombre; es embrionaria. Para mejorarse a sí mismo, debe hacerlo mediante el trabajo, esa es la principal tarea de la vida de un hombre.

Kant.

V. Solo hay una forma de mejorar la responsabilidad de la sociedad humana, y es mediante los esfuerzos individuales de los hombres que luchan por una vida justa y moral

1. Los hombres solo se acercan al Reino de Dios, es decir, a una exis-

tencia justa y bienaventurada, mediante los esfuerzos de cada individuo que pugnan por vivir una vida de rectitud.

2. Si ves que el orden social es malo y quieres mejorarlo, debes saber que solo hay una manera de lograrlo, y es que todas las personas sean mejores. Y para que todas las personas sean mejores, solo hay un medio al alcance de tu mano: ser mejor tú mismo.

3. Con frecuencia oímos a los hombres sostener que todos los esfuerzos por mejorar la vida, por erradicar el mal, por entronizar la justicia, son infructuosos, que todas estas cosas surgen por sí solas.

4. Los hombres viajan en una barca, los remeros bajan a tierra, pero los que se quedan a bordo no cogen los remos y reman e imaginan que la barca se moverá como antes.

4. «Sí, sería muy cierto, si todo el mundo lo entendiera y se diera cuenta de que es malo e innecesario», así argumentan algunas personas sobre el tema de los males humanos. «Supongamos que un solo hombre deja de hacer el mal, negándose a participar en su comisión, ¿qué supondrá esto en la vida de toda la gente? Las mejoras en la vida humana se producen por la acción concertada de toda la sociedad y no por el esfuerzo individual».

Es cierto que una sola golondrina no hace la primavera. Pero, solo porque una golondrina no hace la primavera, ¿debería esa golondrina, que siente la primavera, abstenerse de volar, quedarse quieta y esperar? Si cada brote, cada brizna de hierba hiciera lo mismo, la primavera nunca llegaría. Así también, en la venida del Reino de Dios, no debo detenerme a pensar si soy la primera golondrina o la número mil, sino sentir la llegada del Reino de Dios, y que debo ahora, mismo, aunque esté solo, hacer cuanto pueda por su realización.

«Pedid, y se os dará; buscad, y hallaréis; llamad, y se os abrirá:

Porque todo el que pide recibe; y el que busca halla; y al que llama se le abrirá».

Mateo II, 7-8.

5. «He venido a traer fuego a la tierra; ¿y qué haré, si ya está encendido?».

Lucas XII, 49.

¿Y por qué este fuego se enciende tan lentamente? Si han pasado tantos siglos y el cristianismo sigue sin alterar el orden social de la vida, ¿cómo nos atrevemos a pensar que estas cosas surgen por sí solas? La mayoría de las personas, aunque llevadas a reconocer la verdad imperativa del cristianismo, siguen absteniéndose de hacer de esta verdad la base de sus acciones. ¿Por qué? Porque la gente espera un cambio de las condiciones externas y se niega a comprender que este cambio se logra gracias a los esfuerzos de cada individuo en su propia alma y no por ninguna mutación externa.

6. Nuestra vida es mala, ¿por qué? Porque los hombres viven en el mal. Por tanto, para que la vida deje de ser mala, debemos transformar a los hombres malos en hombres buenos. ¿Cómo podemos hacerlo? Nadie puede cambiar a todos los demás, pero cada uno puede cambiarse a sí mismo. Al principio, parece que esto no arreglará las cosas. ¿Qué es un hombre contra todos los demás? Pero todo el mundo se queja de que la vida es mala. Y si todo el mundo se da cuenta de que el mal de la vida se debe a que la gente es mala, y que nadie puede cambiar a todos los demás, pero que todo el mundo puede cambiarse a sí mismo, y transformarse en un hombre bueno a partir de un hombre malo, y todo el mundo comienza a corregirse a sí mismo, entonces, inmediatamente, todas las vidas mejorarán.

Por tanto, es culpa nuestra de que nuestra vida sea maligna, y está en nuestras manos trocarla en buena.

VI. El efecto de esforzarse en pro de la perfección conduce a la verdadera felicidad del hombre

1. El esfuerzo moral y el regocijo de la conciencia de la vida se suceden, de igual forma que la alegría del descanso sigue al cansancio del trabajo físico. Sin trabajo físico no puede haber alegría del descanso; sin esfuerzo moral no puede haber alegría de la conciencia de la vida.

2. La recompensa de la virtud se halla en el esfuerzo mismo de una buena acción.

Cicerón.

3. El hombre gritaría de dolor si, al abstenerse de trabajar, experimentara de repente el dolor muscular que es el efecto del trabajo manual. Del mismo modo, el hombre que es ajeno al trabajo espiritual con su ser

interior experimenta un dolor agonizante por las vicisitudes que soporta sin inmutarse aquel que ve que la principal tarea de la vida reside en el esfuerzo por liberarse de los pecados, errores y supersticiones, es decir, en la lucha por la perfección moral.

4. No esperes un éxito rápido o visible de tus esfuerzos en pos del bien. No verás el fruto de tus esfuerzos porque, en la medida en que has avanzado, también ha avanzado el ideal de perfección por el que te esfuerzas. El esfuerzo de la mente no es un medio para alcanzar una bendición, sino que el esfuerzo de la mente en sí mismo es una bendición.

5. Dios dio a los animales todo lo que necesitan, pero no dio al hombre todo lo que necesita; el hombre debe alcanzar por sí mismo todo lo que necesita. a más alta sabiduría del hombre no nació dentro de él; debe trabajar para alcanzarla, y cuanto mayor sea su trabajo, mayor será su recompensa.

Tablas babídicas.

6. El Reino de Dios se toma por la fuerza. Esto significa que, para liberarnos del mal y llegar a ser buenos, necesitamos esfuerzo.

Es necesario esforzarse para abstenerse del mal. Abstente del mal y harás el bien porque el alma del hombre ama lo que es bueno, y hará el bien si está libre del mal.

7. Sois agentes libres, sentís que es así. Todos los argumentos engañosos, sobre que el destino o una ley de la naturaleza dominan todas las cosas, nunca acallarán los dos testigos incorruptibles de la libertad humana: los reproches de la conciencia y la majestad del martirio. Empezando por Sócrates y hasta Cristo, y empezando por Cristo hasta los mártires de todos los tiempos que, de generación en generación, han muerto por la verdad, todos los mártires de la fe prueban el error de esta doctrina de los esclavos, proclamando a voz en cuello: «Nosotros también hemos amado la vida y amado a aquellos seres queridos que hicieron que nuestra vida valiera la pena y que nos imploraron que abandonáramos nuestra lucha. Cada latido de nuestro corazón nos apelaba en voz alta: ¡vive! y, sin embargo, en obediencia a la ley de la vida, ¡preferimos la muerte!».

Y comenzando por Caín, hasta el ser más miserable de nuestros días, todos aquellos que han elegido el camino del mal oyen en lo más profundo de su corazón la voz de la condenación y del reproche, la voz que no les da descanso, que pregunta constantemente: «¿Por qué os apartasteis del camino del bien? Podríais, podéis esforzaros. Sois seres libres. Está en vuestro poder permanecer impregnados de pecados o veros liberados de ellos».

Mazzini.

Vivir en el presente

La gente se imagina que el discurrir de su vida se sitúa sobre el tiempo; en el pasado o en el futuro. Pero eso es una ilusión: la verdadera vida de los hombres no se sitúa en el tiempo, sino que siempre está en ese punto atemporal donde el pasado y el futuro se encuentran y que nosotros, de manera inexacta, llamamos el tiempo presente.

En este punto intemporal del presente, y solo en él, el hombre es libre, y por tanto la verdadera vida del hombre está en el presente, y solo en el presente.

I. La verdadera vida está en el presente

1. El pasado ya no existe, el futuro aún no ha llegado. ¿Qué es entonces? Solo ese punto en el que se encuentran el pasado y el futuro. Eso es semejante a nada, aunque en ese punto se encuentra el total de nuestra vida.

2. Tan solo imaginamos que hay tiempo. El tiempo no existe. El tiempo no es más que un dispositivo mediante el cual vemos gradualmente lo que es en realidad y que es siempre lo mismo. El ojo no ve todo el globo terráqueo a la vez, y sin embargo el globo existe todo a la vez. Para que el ojo pueda ver todo el globo, este debe girar ante el ojo observador. Incluso el mundo gira ante los ojos de los hombres en el tiempo. Para la razón suprema, no existe el tiempo: lo que será es. El tiempo y el espacio son la desintegración de lo infinito para comodidad de las criaturas finitas.

Amiel.

3. No hay antes ni hay después. Lo que sucederá mañana ya existe realmente en la eternidad.

Angelus.

4. No hay tiempo ni espacio: ambos nos son necesarios solo para la comprensión de las cosas. Y por tanto, es un error pensar que las especulaciones sobre estrellas, cuya luz aún no nos ha llegado, o sobre el estado del Sol dentro de millones de años, tienen alguna importancia. No hay nada importante, nada que merezca la pena en tales especulaciones. Todas esas cosas son ociosas diversiones mentales.

5. Si la vida es algo que está más allá del tiempo, ¿por qué se manifiesta en el tiempo y el espacio? Porque solo en el tiempo y el espacio puede haber movimiento, es decir, esfuerzo hacia la expansión, la iluminación, la perfección. Si no hubiera espacio ni tiempo, no habría movimiento y, por tanto, no habría vida.

II. La vida espiritual del hombre está más allá del tiempo y del espacio

1. El tiempo existe solo para la vida física. Pero el ser espiritual del hombre está más allá del tiempo. Está más allá del tiempo porque la actividad del ser espiritual del hombre es solo en esfuerzos de la mente. Pero el esfuerzo de la mente se encuentra siempre más allá del tiempo, porque siempre está en el presente, y el presente no está en el tiempo.

2. No podemos imaginarnos una vida después de la muerte, ni podemos recordar una vida antes del nacimiento, porque no podemos imaginarnos nada que esté más allá del tiempo. Sin embargo, conocemos mejor que nadie nuestra vida más allá del tiempo, es decir, nuestra vida presente.

3. Nuestra alma se ve arrojada a nuestro cuerpo, donde encuentra números, tiempo y espacio. Meditando sobre estas cosas, las llama naturaleza o necesidad y, de hecho, no puede pensar de otro modo.

Pascal.

4. Decimos que el tiempo pasa, pero no es así. Somos nosotros los que

pasamos y no el tiempo. Cuando navegamos por un río nos parece como si las orillas del río se movieran en lugar de nuestro barco. Lo mismo ocurre con el tiempo.

5. Conviene recordar a menudo que nuestra verdadera vida no es la vida física exterior que vivimos aquí en la tierra, ante nuestros ojos, sino que, junto a esta vida, hay dentro de nosotros otra vida, una vida interior y espiritual que no tiene principio ni fin.

III. La verdadera vida está solo en el presente

1. La capacidad de recordar el pasado y de imaginar el futuro se nos da solo para permitirnos, guiados por tal o cual consideración, decidir más correctamente nuestras acciones en el presente, y no para lamentar el pasado o construir para el futuro.

2. El hombre solo vive en el instante presente. Todo lo demás ha desaparecido o es incierto que ocurra.

Marco Aurelio.

3. Nos preocupamos por el pasado y echamos a perder nuestro futuro simplemente porque prestamos muy poca atención al presente. El pasado ya pasó, el futuro aún no ha llegado, solo existe el presente.

4. Nuestro estado futuro siempre parecerá un sueño de nuestro estado presente. Lo importante no es la duración de la vida, sino cómo vivir más allá del tiempo. Y vivimos más allá del tiempo solo mediante un esfuerzo hacia la rectitud. Si vivimos de esta manera, no nos planteamos la cuestión del tiempo.

Emerson.

5. «Vive un día, vive una era». El significado de este dicho es vivir como si en cualquier momento esperaras la última hora de tu vida, y tuvieras tiempo para ocuparte solo de los asuntos más importantes, y al mismo tiempo vivir como si pudieras continuar haciendo sin fin lo que estás haciendo.

6. El tiempo está a nuestras espaldas, está delante, pero no está con nosotros. Si te quedas pensando en lo que fue o en lo que será, perderás de vista lo más importante: vivir el presente.

7. «Un momento es solo un momento», el hombre considera tan a la ligera el momento que lo deja escapar y, sin embargo, toda su vida está únicamente en ese momento, solo en el momento del presente podemos hacer ese esfuerzo que tomará el Reino de Dios por la fuerza, tanto dentro de nosotros como más allá de nosotros.

8. No mañana, sino hoy mismo, puedes vencer los malos hábitos.

Confucio.

Nada tiene importancia salvo lo que hacemos en el momento presente.

9. Es bueno no pensar en el mañana. Para no hacerlo solo hay un medio: pensar sin cesar si estoy cumpliendo la tarea del día, la hora y el momento presentes.

11. Cuando te relacionas con los demás o te dejas llevar por los pensamientos del pasado o del futuro, es difícil darte cuenta de que tu vida está ahora mismo, en el momento presente. Pero qué importante y precioso es recordar esto. Intenta educarte para hacer. El hombre podría evitarse mucho mal si se entrenase a sí mismo para recordar que solo el presente es importante en la vida, que solo el presente existe. Todo lo demás es un sueño.

12. En el momento en que te adentras en el pasado o en el futuro has abandonado la vida presente, y te sientes huérfano, obstaculizado y solo.

13. «Cuánto sufrimiento moral y todo eso para morir al cabo de unos instantes. ¿Vale la pena preocuparse?».

Esto es falso. Tu vida es ahora. Aquí no hay tiempo, el momento presente vale por muchos siglos, si en este momento presente vives con Dios.

Amiel.

14. Dicen que el hombre no es libre porque todo lo que hace tiene una causa que le precede en el tiempo. Pero el hombre actúa siempre en el presente, y el presente está más allá del tiempo, no es más que el punto de contacto entre el pasado y el futuro. Por tanto, en el momento del presente, el hombre es siempre libre.

15. La fuerza divina de la vida solo se manifiesta en el presente; por tanto, las actividades del presente deben tener características divinas, es decir, deben ser racionales y buenas.

16. A un sabio le preguntaron: ¿qué es lo más importante? ¿Quién es el hombre más importante? ¿Y qué momento de la vida es el más importante?

Y el sabio respondió: lo más importante en la vida es amar a todas las personas, pues en eso consiste la vida de todo hombre.

El hombre más importante es aquel con quien tienes tratos en el momento presente, porque no puedes saber si algún día tendrás tratos con algún otro.

Pero el momento más importante es el presente, porque solo en él el hombre tiene poder sobre sí mismo.

IV. El amor solo se manifiesta en el presente

1. Lo más importante en la vida es el amor. Y no se puede amar en el pasado o en el futuro. Solo puedes amar en el presente, ahora, en este instante.

2. Solo cuando no te guíes en tus acciones por el pasado o por el futuro, sino por las órdenes de tu alma en el presente, podrás actuar en plena armonía con el amor.

3. El amor es la manifestación del principio divino para el que no puede haber tiempo, y por eso el amor solo se manifiesta en el presente, ahora, en este instante.

4. No pienses en el futuro, sino esfuérzate ahora mismo por alegrarte la vida a ti mismo y a los demás. «Deja que el mañana se ocupe de sí mismo», es una gran verdad. No saber lo que se necesita para el futuro hace que la vida valga la pena. Solo una cosa es seguramente necesaria y siempre vale la pena: amar a los demás en el momento presente.

5. Amar, en general, significa hacer el bien. Así es como todos entendemos el amor y no podemos entenderlo de otro modo. Y el amor no es una simple palabra, sino lo que hacemos por el bien de los demás.

Si un hombre decide que debe abstenerse de las exigencias de la más mínima manifestación de amor en el presente, en aras de un amor más grande en el futuro, solo se engaña a sí mismo y a los demás y no ama a nadie más que a sí mismo.

No hay amor en el futuro, el amor solo puede existir en el presente. Si un hombre no hace las obras del amor en el presente, no hay amor en él.

6. Buscas lo que es bueno. Pero eso que es bueno solo puede ser ahora. Aquí no puede haber nada bueno en el futuro, porque no hay futuro. Aquí solo está el presente.

7. Nunca pospongas una buena acción si puedes hacerla hoy mismo, pues la muerte no puede detenerse a examinar si has hecho o no lo que debías. La muerte no espera a nadie, no espera nada. Por eso, lo más importante para el hombre es lo que está haciendo en el momento presente.

8. Si solo recordáramos con más frecuencia que el tiempo perdido no se puede recuperar, que el mal una vez cometido no se puede deshacer, haríamos más el bien y cometeríamos menos el mal.

9. No permitas que nos demoremos en ser justos y compasivos. No esperemos a que se produzcan sufrimientos extraordinarios, propios o ajenos. La vida es corta, apresurémonos a alegrar los corazones de nuestros compañeros de viaje. Apresurémonos a ser buenos.

Amiel.

10. Si puedes hacer una buena acción o mostrar tu amor a alguien, hazlo de inmediato, de lo contrario la oportunidad puede pasar para nunca más volver.

11. Los hombres buenos olvidan el bien que han hecho; están tan ocupados en lo que hacen en el momento presente que no pueden pensar en lo que hicieron en el pasado.

Proverbio chino.

12. La vida ahora, en el momento presente, este es el estado en el que Dios habita en nosotros. Y por eso, el momento presente es el más precioso de todos. Utiliza todas las fuerzas de tu alma para que este

momento no pase en vano, para que no eches de menos a Dios, que puede manifestarse en ti.

V. El error de prepararse para la vida en lugar de vivirla

1. «Puedo apartarme por un tiempo de las cosas que mi conciencia me exige, porque no estoy del todo preparado», dice uno. «Pero me prepararé cuando llegue el momento y entonces viviré en perfecto acuerdo con los dictados de mi conciencia».

El error de tal razonamiento reside en el hecho de que el hombre se aparta de la vida en el presente, que es la única vida real, y la pospone para algún futuro, y ocurre que el futuro no le pertenece.

Para no caer en este error, el hombre debe recordar y comprender que no tiene tiempo para hacer preparativos, que debe llevar la mejor vida que pueda ahora mismo, tal como es, que la única mejora que necesita es la mejora en el amor, y esta mejora solo se efectúa en el presente. Por tanto, sin aplazar lo que debe hacer, el hombre debe vivir cada momento esforzándose con todas sus fuerzas por cumplir aquella vocación para la que vino al mundo y que es la única que puede darle la verdadera felicidad. El hombre debe vivir así porque sabe que en cualquier momento puede verse privado de la posibilidad de cumplir tal vocación.

2. «Haré tales cosas cuando sea mayor». «Viviré así cuando termine la universidad, o cuando me case». «Y lo haré cuando críe hijos, o cuando case a mi hijo, o cuando adquiera riqueza, cuando me mude a otra ciudad, o cuando llegue a la vejez».

De esta manera hablan niños, adultos y ancianos, pero nadie sabe si sobrevivirá hasta la noche. No podemos saber si lograremos realizarlas o ninguna de estas cosas, ya que la muerte puede interferir.

La muerte no puede interferir en una sola cosa; la muerte no puede impedir que cumplamos la voluntad de Dios en cualquier momento de nuestra vida, que es amar a todas las personas.

3. Con frecuencia pensamos y decimos que no podemos hacer todas las cosas que deberíamos hacer, debido a la condición en la que nos encontramos. Qué injusto es esto. Tu trabajo interior, que es en lo que consiste la vida es siempre posible. Estás en la cárcel, estás enfermo, estás privado de cualquier clase de actividad exterior, eres humillado, torturado; pero tu vida interior está en tu poder. En tus pensamientos puedes reprochar, condenar, envidiar, odiar o, por el contrario, tan solo con tus pensamientos puedes aplastar todos estos sentimientos y reemplazarlos por buenos sentimientos. Pues cada momento de tu vida es tuyo y ni nadie puede quitártelo.

4. Cuando digo: «No puedo hacerlo», utilizo una expresión equivocada. Debería decir: «Antes no podía hacerlo». Sé muy bien que, en cualquier instante del presente, puedo hacer conmigo mismo lo que quiera. Y es bueno que el hombre sepa esto.

5. La conciencia de la enfermedad, la preocupación por curar y, sobre todo, el pensamiento de: «Ahora estoy enfermo y no puedo, pero cuando me recupere lo haré y tal» es un gran error. Es como decir: No quiero lo que se me da, deseo lo que no tengo. Siempre podemos alegrarnos de lo que tenemos ahora, y siempre podemos hacer todas las cosas posibles a través de lo que es, es decir, mediante las fuerzas con las que contamos.

6. Cada hora presente es una hora crítica y decisiva. Percibe en tu corazón que cada día es el mejor día del año, cada hora la mejor hora, cada instante el mejor instante. El mejor, porque es el único que tienes.

Emerson.

7. Para vivir tu vida de la mejor manera posible, debes recordar que toda tu vida está en el presente y esforzarte por actuar de la mejor manera posible en cada instante presente.

8. No te va bien, y te imaginas que es porque no puedes vivir como te gustaría, y que podrías lograr más fácilmente las cosas que deberías si tu vida se hubiera planteado de otra manera. Esto es una equivocación. Tienes todo lo que puedes desear. A cada instante, puedes hacer lo mejor que te sea posible.

9. En la vida, en la vida real, no puede haber nada mejor que lo que es. Desear algo mejor que lo que hay es una blasfemia.

10. Las obras importantes, las grandes obras, las obras que solo pueden

terminarse en el futuro no son obras realizadas de verdad para Dios. Si crees en Dios, creerás en vivir en el presente, y harás las cosas que se llevan a cabo en el presente.

11. El mayor acercamiento a Dios es concentrarse sobre todo en el presente y, por el contrario, cuanto más te ocupas del pasado o del futuro, más te alejas de Dios.

12. *Memento mori*, ¡recuerda la muerte! Este es un gran dicho. Si tan solo tuviéramos presente que inevitablemente moriremos, y muy pronto, nuestra vida sería completamente distinta. Si un hombre sabe que va a morir dentro de treinta minutos, no hará nada insignificante o tonto en estos últimos minutos. En treinta minutos, seguramente nada malo. Pero ¿el medio siglo o así que te separa de la muerte es esencialmente diferente de media hora?

VI. Las consecuencias de nuestros actos son asunto de Dios, no nuestro

1. Todas las consecuencias de nuestros actos no pueden estar nunca sujetas a nosotros, porque todas las consecuencias de nuestros actos son infinitas en un mundo y un tiempo infinitos.

2. Si puedes ver todas las consecuencias de tu actividad, sabrás que tu actividad es insignificante.

3. La gente dice que no podemos vivir si no sabemos lo que nos espera. La vida verdaderamente buena es aquella en la que no nos preocupamos por lo que le sucederá a nuestro cuerpo, sino por lo que ahora necesitamos para nuestra alma. Y solo necesitamos una cosa para nuestra alma: hacer aquello que la lleve a la unión con todos los hombres y con Dios.

4. Nuestros actos presentes en este instante, ahora, son nuestros, pero lo que será de ellos, eso es asunto de Dios.

San Francisco de Asís.

5. Cuando se vive la vida del espíritu, que está en armonía con Dios, el hombre puede no conocer las consecuencias de sus actos, pero sabrá con certeza que esas consecuencias serán benditas.

6. Un acto, llevado a cabo sin especular sobre sus consecuencias y únicamente en obediencia a la voluntad de Dios, es el mejor acto que un hombre puede realizar.

7. Cuando piensas en las consecuencias de lo que haces, sientes tu debilidad y tu nada. Pero en el momento en que te das cuenta de que lo tuyo ahora es hacer la voluntad de Aquel que te ha enviado aquí, te sientes libre, alegre y fuerte.

8. Si un hombre piensa en el resultado de lo que hace, seguramente está haciendo algo por sí mismo.

9. La recompensa de una vida buena no está en el futuro, sino en el presente. Haz bien ahora, y ahora te irá bien. Y si haces buenas obras, las consecuencias no pueden ser sino buenas.

VII. Los hombres que se percatan del significado de la vida en el presente no se preocupan por el problema de la vida después de la muerte

1. Los pensamientos sobre una vida futura nos confunden. Nos preguntamos qué habrá después de la muerte. Pero no podemos preguntarlo; no podemos preguntarlo porque vida y futuro son términos contradictorios; la vida solo puede ser en el presente. Nos parece que la vida fue y será, pero la vida solo es. No nos corresponde a nosotros decidir los problemas del futuro, sino cómo vivir ahora, en el presente.

2. Siempre estamos en la ignorancia de la vida física, porque la vida física tiene todo su discurrir en el tiempo, y no podemos conocer el futuro. Pero en el dominio de lo espiritual no hay futuro. De ahí que la incertidumbre de nuestra vida disminuye en la medida en que nuestra vida pasa de lo físico a lo espiritual, en la medida en que vivimos el presente.

3. Debemos, honrada y escrupulosamente, llevar a cabo la tarea que se nos ha encomendado, no importa si esperamos ser algún día ángeles o creer que una vez fuimos moluscos.

Ruskin.

4. El principal problema de nuestra vida reside en si, en el breve lapso

de vida que se nos concede, cumplimos la voluntad de Aquel que nos envió a la vida. ¿La cumplimos?

5. En el transcurso de la vida, sobre todo en el transcurso de una buena vida, la importancia del tiempo y el interés por el futuro se desvanecen gradualmente. Cuanto más envejecemos, más rápidamente pasa el tiempo, y menos importancia se concede a lo que será, sino cada vez más a lo que es.

6. Si puedes elevarte en espíritu, por encima del espacio y del tiempo, te encuentras a cada instante en la eternidad.

Angelus.

Hacer el bien y la bondad

Dar Bien por mal es más natural, agradable y racional que dar mal por mal.

1. Y, cuando llegaron al lugar llamado Calvario, allí lo crucificaron, y también a los malhechores, uno a la derecha y el otro a la izquierda.

Entonces, Jesús dijo: «Padre, perdónalos, porque no saben lo que hacen». Y ellos, partiendo sus vestidos, se los echaron a suertes.

Lucas XXIII, 33-34.

2. Nadie se ha cansado nunca de obtener para sí toda clase de bendiciones. Pero la mayor bendición que un hombre puede obtener para sí mismo es actuar en armonía con su razón, y esta ley le ordena hacer el bien a los demás sin cesar, siendo esta la más alta bendición alcanzable.

Marco Aurelio.

3. Devolver bien por mal.

4. ¿Cómo vengarte de tu enemigo? Intenta hacerle todo el bien que puedas.

5. Vence la ira con la mansedumbre, el mal con el bien, la tacañería con los dones, la falsedad con la verdad.

Giampada.

6. Si tratamos a nuestros prójimos como se merecen, solo conseguimos que sean peores. Pero, tratándoles como si fueran mejores de lo que realmente son, les obligamos a ser mejores.

Goethe.

7. Devuelve el bien por el mal, y destruirás todo el placer que el hombre malo obtiene de sus malas acciones.

Quien ha experimentado una sola vez el placer de devolver bien por mal, nunca perderá la oportunidad de experimentar de nuevo dicha alegría.

II. Para creer en el bien, es necesario comenzar a hacer el bien

1. Adorna cada día que pasa con una acción bondadosa.

2. Lo mejor de todo es empezar un día así; piensa al despertar si no puedes dar placer este día, aunque sea a una sola persona.

Nietzsche.

3. La bondad es nuestro deber. Quien cumple con frecuencia este deber y ve cómo se materializan sus buenas intenciones, acabará por amar realmente a aquel con quien ha sido amable. Las palabras «ama a tu prójimo como a ti mismo» no significan que primero debas amarlo y luego, como resultado de tu amor, hacerle el bien. No: debes hacer el bien a tu prójimo, y tu bondad encenderá en tu corazón el amor a la humanidad, que será el resultado de tu disposición a hacer el bien.

Kant.

4. La buena voluntad no es buena por lo que efectúa o realiza, ni tampoco por su utilidad para alcanzar algún fin determinado, sino únicamente por su volición, es decir, estrictamente *per se*: considerada por sí misma, sin comparación alguna, tiene un valor muy superior a todo lo que podría realizarse por ella a favor de cualquier inclinación o, si se quiere, a favor de todas las inclinaciones juntas. Si, por alguna adversidad del destino, o debido a un repertorio demasiado escaso de capacidades asignadas por una naturaleza madrastra, esa buena voluntad se viera totalmente privada de la posibilidad de realizar sus intenciones, si a pesar de su mayor esfuerzo no consiguiera nada, sino que se quedara en mera buena voluntad (por supuesto, no en el simple deseo por nuestra parte, sino habiendo empleado todos los medios a nuestro alcance), incluso en este caso, brillaría por sí mismo como un diamante precioso,

algo que contiene en sí mismo todo su valor.

Kant.

5. ¿De qué le servirá al que vive una vida doméstica virtuosa retirarse a un desierto? Entre todos los que trabajan por la dicha futura, ganará más quien viva bien con su familia.

Sabiduría hindú.

6. Nadie puede tener idea de lo que es bueno hasta que empieza a hacer el bien. Ni nadie puede amar verdaderamente lo que es bueno hasta que aprende a hacerlo con frecuencia y con sacrificio. Ni nadie puede encontrar paz en hacer el bien hasta que no lo hace constantemente.

Martineau.

7. Si no puedes entrenarte para buscar oportunidades para hacer el bien, incluso como un cazador persigue a su presa, al menos no omitas una oportunidad para hacer el bien.

III

La práctica del bien no puede medirse ni por la necesidad del destinatario ni por el sacrificio del dador, sino simplemente por la comunión en Dios que se establece entre el destinatario y el dador.

1. La vida no siempre es una bendición. Solo la buena vida es una bendición.

2. La naturaleza lo ha dispuesto de tal manera que las ofensas se recuerdan más tiempo que las buenas acciones. El bien se olvida, pero las ofensas perduran obstinadamente en la memoria.

3. No es virtud, sino una falsificación e imitación espuria de ella, si se nos induce a cumplir con nuestro deber mediante la promesa de una recompensa.

Cicerón.

4. Un sabio preguntó al espíritu de la sabiduría cómo alcanzar el bienestar corporal y la felicidad sin poner en peligro el alma, y cómo salvar el alma sin poner en peligro el cuerpo.

Respondió el espíritu: No calumnies, no sea que la calumnia y la murmuración recaigan sobre ti, pues se dice que todos los demás espíritus malignos atacan cara a cara, pero solo la calumnia ataca por la retaguardia.

No cedas a la ira, porque el hombre que ha cedido a la ira olvida sus obligaciones y omite hacer el bien.

Cuidado con la timidez, porque el tímido se pierde los placeres del mundo y del alma, y destruye tanto el cuerpo como el alma.

Guárdate de la lujuria, pues sus frutos son la enfermedad y el remordimiento. No guardes envidia en tu corazón, no sea que envenenes tu vida. No cometas pecado por un sentimiento de vergüenza.

Sé laborioso y mesurado, vive de tus ganancias diarias y ahorra para los demás y para Dios. Tal práctica será la manifestación más digna de tus actividades.

No robes los bienes ajenos, ni descuides tu propio trabajo, pues se dice que quien obliga a otros a alimentarle es un devorador de hombres.

No entres en discusión con un hombre taimado, sino que, más bien, déjalo completamente solo.

No te asocies con un hombre codicioso ni confíes en su liderazgo.

No te juntes con ignorantes. No entres en explicaciones ante necios, no aceptes dinero de un malhechor, ni entres en el palacio del rey en compañía de un calumniador.

Sabiduría oriental.

5. Cuando se plantea la cuestión de cuál es realmente esa moralidad pura, la piedra de toque con la que debemos validar el sentido moral de cada uno de nuestros actos, me veo obligado a confesar que solo los filósofos podrían hacer de la solución de esta cuestión un asunto dudoso, pues la sana razón humana considera definitivamente zanjada hace mucho tiempo, no con fórmulas abstractas y generalizadoras, es cierto, sino diferenciando los actos realizados, que distinguimos de manera tan clara como lo hacemos con nuestra mano derecha respecto de la izquierda.

Kant.

6. Haz el bien a tus amigos para que te quieran aún más; haz el bien a tus enemigos para que algún día lleguen a ser tus amigos.

Cuando hables de tu enemigo, recuerda que puede llegar un día en que se convierta en tu amigo.

Cleóbulo.

7. Todos los hombres se acercan, más o menos, a una de las dos fronteras opuestas: la vida solo para uno mismo y la vida solo para Dios.

8. Sabe firmemente y siente profundamente que debes dedicar cada día de tu vida al bienestar de los demás, haciendo por ellos todo lo que puedas. Hacerlo, no hablar de ello.

Ruskin.

9. Encadenar una buena acción con otra de modo que no haya espacio entre ellas, esto es lo que yo llamo una vida feliz.

Marco Aurelio.

10. Cuanto más da un hombre a los demás y menos exige para sí mismo, mejor es. Cuanto menos da a los demás y más exige para sí mismo, peor es.

11. Si has hecho mal a tu prójimo, aunque ese mal sea insignificante, considéralo grande; y si has hecho bien a tu prójimo, aunque este bien sea grande, considéralo insignificante; pero incluso un bien leve que te hayan hecho considéralo grande.

La bendición de Dios descenderá sobre el que da a los pobres; doble bendición recaerá sobre el que, al dar a los pobres, los acoge y los deja partir con bondad.

12. Cuando hagas el bien, agradece poder hacerlo.

Solo hacemos el verdadero bien cuando lo hacemos sin darnos cuenta, cuando salimos de nosotros mismos para vivir en los demás.

IV. La bondad lo supera todo, pues es insuperable en sí misma

1. Todas las cosas pueden resistirse, excepto la bondad.

2. No la condena del mal, sino la elevación del bien, es el medio de establecer la armonía en la vida del individuo y del mundo. Un hombre mal dispuesto condena el mal, pero esta condena es en sí misma el peor de los males, ya que no hace más que ayudar a su crecimiento, mientras que no prestarle atención, y sí cuidar de lo que es bueno, conducirá a la destrucción del mal.

Lucy Mallory.

3. Aquel que ama, esfuerza su mente para buscar la ley de lo que debe, se acerca a la ciencia de la moral.

Aquel que se esfuerza por cumplir con su deber, se acerca al amor a la humanidad, es decir, al deseo de hacer el bien a todas las personas.

Aquel que se apura ante su propia ineficacia en el cumplimiento del deber está cerca de esa fortaleza de alma que es necesaria para el adecuado cumplimiento del deber.

Sabiduría china.

4. La moralidad no puede ser independiente de la religión, pues no es solo uno de los efectos de la religión; es decir, de esa relación del hombre con el mundo de la que es consciente, sino que está ya incluida en esa relación.

5. Si hay un motivo detrás de una buena acción, ya no es buena, como tampoco lo es si tiene una recompensa como efecto. El bien está más allá de la cadena de causa y efecto.

6. Así como las antorchas y los fuegos artificiales palidecen y se desvanecen ante el resplandor del sol, así la sabiduría e incluso el genio son como una belleza pálida y se desvanecen ante la bondad del corazón.

Schopenhauer.

7. La ternura infinita es el mayor don y la mayor posesión de todos los que son verdaderamente grandes.

Ruskin.

8. Las plantas más tiernas se abren paso a través del suelo más duro y de las fisuras rocosas. También la bondad. ¿Qué cuña, qué martillo, qué ariete puede compararse con la fuerza de un hombre bueno y sincero? Nada se le resiste.

Thoreau.

9. Donde hay un hombre, hay una oportunidad para hacerle bien.

Séneca.

Responder a una mala palabra con una buena, prestar un servicio a cambio de una injuria, poner la otra mejilla cuando te golpean la tuya, este es el único medio de domar la malicia.

V. La amabilidad en las relaciones entre los hombres es una obligación. Si no eres bueno con un hombre, eres malo y despiertas su mala voluntad

1. No seas duro de corazón con el que está sometido a la tentación, sino que trata de consolarlo como tú quisieras ser consolado.

2. No dejes para mañana lo que puedes hacer hoy. No obligues a otro a hacer lo que tú mismo puedes hacer. La soberbia cuesta más que todo lo necesario para comer, beber, abrigarse y vestirse juntos.

3. Haber hecho demasiado poco rara vez es motivo de arrepentimiento. Cuántos problemas pasamos por cosas que nunca suceden, simplemente preocupándonos de que puedan suceder. Si estás enfadado, cuenta hasta diez; si estás muy enfadado, cuenta hasta cien.

Jefferson.

4. No desprecies a nadie, reprime en tu corazón todo juicio altanero, toda sospecha injuriosa contra tu prójimo, esfuérzate por valorar las acciones y de las palabras de los demás con un corazón inocente. Da preferencia a los demás, antes que a ti mismo, con toda sinceridad.

La bondad embellece la vida y resuelve sus contradicciones, aclara lo desconcertante, hace fácil lo difícil y convierte la tristeza en alegría.

VI. La bondad es para el alma lo que la salud al cuerpo; si la tienes no la percibes y te dará éxito en todo lo que emprendas

1. Las personas de mayor virtud no se consideran virtuosas, y por eso son virtuosas. Las personas de menores logros virtuosos nunca olvidan sus virtudes, y por eso no son virtuosas. La virtud más elevada no se afirma ni se proclama a sí misma. La virtud más baja se afirma y se proclama a sí misma.

La bondad del orden superior actúa, pero no intenta vindicarse. La bondad del orden inferior se afirma e intenta vindicarse.

La justicia de orden superior actúa, pero no intenta vindicarse. La justicia de orden inferior actúa e intenta vindicarse.

El decoro del nivel más alto actúa, pero no intenta vindicarse. El decoro de orden inferior actúa pero, cuando no consigue provocar una respuesta, impone la obediencia a sus dictados.

Porque, cuando se pierde la virtud de primer orden, la bondad de corazón la suple; cuando se pierde la bondad de corazón, la justicia la suple; pero cuando se pierde la justicia, el decoro la suple.

Las reglas del decoro son solo la apariencia de la verdad y el origen de todo desorden. El ingenio es una flor de la razón, pero el origen de la ignorancia. Por eso el hombre de vida santa se aferra al fruto y no a la flor, rechaza la último y se aferra al primero.

Lao-Tse.

2. El hombre de más altas virtudes se esfuerza por caminar por la senda de la rectitud hasta el final. Llegar a medio camino y debilitarse, eso es lo que hay que temer.

Sabiduría china.

3. La virtud en el hombre debe tener la cualidad de una piedra preciosa, que conserva inalterablemente su belleza natural pase lo que pase.

Marco Aurelio.

4. La conciencia de una buena vida es su mejor recompensa. Aprende la alegría de hacer el bien. Haz el bien en secreto y ruborízate si se da a conocer.

5. El hombre aumenta su felicidad en la medida en que la lleva a la vida de los demás.

Bentham.

6. Es voluntad de Dios que vivamos de la felicidad mutua, y no de la infelicidad mutua y de la muerte de los demás. Las personas se ayudan mutuamente con sus alegrías y no con sus penas.

Ruskin.

7. El bienestar de una planta se encuentra en la luz; por lo tanto, una planta que crece al aire libre no puede cuestionar, ni de hecho cuestiona, en qué dirección debe crecer, si la luz es buena o no, o si no debería esperar otra luz mejor, sino que acepta la única luz que hay en el mundo y se esfuerza por alcanzarla; así también el hombre que ha renunciado al bienestar egoísta no discute qué porción de las cosas tomadas a otros podría regalar; y a qué criaturas favorecidas, o si hay algún amor más elevado que el que ha mostrado lo que pretende, que le es accesible y está inmediatamente ante él. Y no hay otro amor que el de dar el alma por el prójimo; solo entonces el amor es amor, cuando es sacrificio de sí mismo. Solo cuando un hombre da a otro, no solo su tiempo y sus fuerzas, sino cuando consume su cuerpo por el objeto de su amor, cuando entrega su vida misma, solo eso reconocemos todos como amor y solo en ello encontramos todos la bienaventuranza, que es la recompensa del amor. Y solo gracias a que existe ese amor entre las personas, solo gracias a ese hecho existe el mundo.

Nada embellece tanto la vida como el hábito asentado de ser bondadoso.

VII. La bondad no es solo virtud y alegría, sino también un arma para luchar

1. Es difícil ser amable con un hombre vicioso y mentiroso, sobre todo con uno que nos insulta, pero es justo el tipo de hombre con el que debemos ser buenos, tanto por su bien como por el nuestro.

2. Entonces, se acercó Pedro y le dijo: «Señor, ¿cuántas veces pecará mi padre contra mí, y yo le perdonaré? ¿Hasta siete?».

Jesús le dijo: «No hasta siete veces, sino hasta setenta veces siete».

Mateo XVIII, 21-22.

3. Si de verdad crees que tu forma de entender la vida es la correcta y deseas hacer el bien a la gente, si la ocasión lo requiere, esfuérzate en exponer tus opiniones ante los demás, a fin de asegurar a aquellos con quienes conversas la justicia de tu percepción de la vida. Y en tales casos, cuanto más equivocado esté tu interlocutor, tanto más importante y deseable es que comprenda y aprecie lo que tú quieres demostrarle.

Y sin embargo, con frecuencia actuamos de manera totalmente contraria a esta forma de proceder. Conversamos bien con el hombre que está de acuerdo o casi de acuerdo con nosotros; pero cuando vemos que nuestro interlocutor no cree en la verdad que aceptamos, o incluso no la comprende, tratamos, en efecto, de explicarle la verdad, pero, si persiste en no estar de acuerdo con nosotros, o asume, como pensamos, una actitud obstinada, o pervierte el sentido de nuestras palabras, con qué facilidad nos irritamos y perdemos la serenidad. O nos enfadamos y pronunciamos expresiones ofensivas a nuestro interlocutor, o interrumpimos la conversación, pensando que no vale la pena discutir con ese hombre aburrido o terco.

Si pretendes demostrar al hombre con quien conversas alguna verdad particular, lo principal es no irritarse, no hacer uso de una sola expresión poco amable u ofensiva.

Epicteto.

4. Si descubres una falta en algún hombre, corrígelo mansamente, y muéstrale en qué está fallando. Si tu intento es infructuoso, cúlpate solo a ti mismo, o mejor aún, no culpes a nadie.

Marco Aurelio.

5. Si te peleas con un hombre, si está descontento contigo, si no está de acuerdo contigo, aunque tengas razón, la culpa no es suya, sino de tu falta de amabilidad.

VIII. Sin sinceridad, no se puede llevar a cabo una buena obra ni se puede decir la verdad

1. La bondad y la verdad son una misma cosa.

Giusti.

2. Un tallo brota a veces y no da flores. O florece a veces y no da fruto.

Los que conocen la verdad no son iguales a los que la aman; y los que la aman no son iguales a los que hacen, con amor, las obras de la verdad.

Confucio.

3. «¿Por qué me llamáis *Señor, Señor*, y no hacéis lo que yo digo?».

«Cualquiera que venga a mí y oiga mis palabras y las ponga en práctica, yo os mostraré a quién es semejante:

Es semejante a un hombre que edificó una casa, cavó profundamente y puso los cimientos sobre una roca; y cuando se levantó la inundación, la corriente golpeó con furia aquella casa y no pudo sacudirla, porque se hallaba sobre una roca.

Pero el que oye y no hace es semejante a un hombre que edificó sin cimientos una casa sobre la tierra, y a la que la corriente golpeó con furia, y cayó de inmediato; y la ruina de aquella casa fue grande».

Lucas VI, 46-49.

4. Responde al odio con amor. Examina una dificultad cuando aún es fácil resolverla. Las empresas más difíciles del mundo nacen cuando aún son fáciles. Las empresas más grandes del mundo nacen cuando aún son pequeñas.

Lao-Tse.

5. Hay dos caminos que conducen a la virtud perfecta: ser justos y abstenerse de dañar a cualquier criatura viviente.

Libro de Manu.

6. No hay nada peor que la simulación de bondad. La simulación de bondad es más repulsiva que la malicia.

IX. El necesario condimento a todo es la bondad. Las mejores cualidades son inhábiles si carecen de la bondad, y gracias a ella los vicios graves pueden ser perdonados

1. Existe una bondad natural, que depende de causas externas y corporales —herencia, buena digestión o éxito—. Esa bondad es muy agradable tanto para quien la exhibe como para los demás. Y existe una bondad que procede del trabajo espiritual interior. Esa clase de bondad es menos atractiva, pero mientras que la primera no solo puede desaparecer, sino incluso convertirse en malicia, la segunda no solo no puede desaparecer, sino que se fortalece constantemente.

2. Si, al llevar a cabo una buena acción, experimentas una punzada de hostilidad o haces que otros experimenten hostilidad hacia ti, detente inmediatamente. Es una prueba de que no sabes hacer aquello que te comprometiste a hacer. ¿Sientes un dolor físico o espiritual, sientes amargura? para y, por un lado, aprende a hacer el bien sin experimen-

tar un sentimiento de dolor y, por otro, lado eliminar aquello que ha causado el dolor.

3. Debemos valorar incluso la apariencia de bondad en los demás, porque de este juego de fingimiento por el que se aseguran un respeto para sí mismos, que posiblemente sea inmerecido, puede surgir a la larga algo más profundo. Es solo la mera apariencia de bondad en nuestro propio yo lo que debemos extirpar implacablemente, rasgando ese velo con el que nuestro egoísmo podría ocultar nuestros defectos.

Kant.

4. Una buena acción realizada gratifica, pero no satisface. Siempre tenemos la sensación de que deberíamos haber hecho mucho más.

5. Por mucho bien que hagas, seguirá habiendo algo más que desear hacer.

6. No existe una inclinación espontánea hacia las acciones moralmente malas, pero es indudable que existe una inclinación espontánea hacia las acciones buenas.

Kant.

7. Un hombre santo no tiene un corazón implacable. Sintoniza su corazón con los corazones de todas las personas. Actúa hacia un hombre virtuoso igual que hacia un hombre que posee virtud, hacia un hombre vicioso igual que hacia un hombre capaz de virtud.

Sabiduría oriental.

8. Cuanto más sabio y amable es un hombre, más bondad aprecia en los demás.

Pascal.

9. Estimular la bondad es una parte importante de la vida.

Johnson.

10. Para encontrar la alegría de servir a los seres humanos y a todas las criaturas dotadas de vida en general, primero debes aprender a no hacer el mal a los seres humanos y a las demás criaturas vivas, ni a construir tu vida sobre los sufrimientos y la vida de los demás.

La bondad es una característica básica del alma. Si un hombre no es bueno, es que ha cedido a algún engaño, error o pasión que viola esta característica natural.

Sobre la contención

Las gentes echan a perder sus vidas no tanto por no hacer lo que deben hacer, sino por hacer lo que no deben. Por lo tanto, el mayor esfuerzo que el hombre requiere para lograr una vida buena es abstenerse de hacer lo que no debe hacer.

I. Una vida en rectitud requiere sobre todo de la contención

1. Hay una cosa que es esencial para todos los hombres. Esa es vivir una vida en rectitud. Vivir una vida en rectitud, sin embargo, no significa tanto hacer las cosas buenas que podemos hacer como abstenernos de hacer las cosas malas que podemos dejar de hacer.

2. Todos los hombres de nuestra época actual saben que nuestra vida es mala y, no solo condenan el orden que rige en nuestra vida, sino que hacen cosas que, en su opinión, deberían mejorarla. Pero la vida, en lugar de mejorar, empeora cada vez más. ¿Por qué es así? Porque los hombres adoptan los más intrincados e ingeniosos remedios, pero fallan en hacer lo más simple y fácil; no se abstienen de participar en aquellas cosas que hacen nuestra vida mala.

3. Un hombre solo puede saber lo que debe hacer cuando comprende claramente lo que no debe hacer. Absteniéndose de hacer lo que no debe hacer, inevitablemente hará lo que debe hacer, aunque no se dé cuenta de por qué hace lo que hace.

4. Pregunta: ¿qué es mejor hacer cuando se tiene prisa?
Respuesta: nada.

5. Cuando te falte el valor, actúa contigo mismo como con un inválido; pero, sobre todo, no emprendas nada.

6. Si tienes dudas sobre cómo actuar, si hacer o no hacer algo, debes saber de antemano que siempre es mejor abstenerse que hacer. Si no eres capaz de contenerte, o si sabes con certeza que la acción es buena, no debatirás contigo mismo si hacerla o no hacerla; pero si discutes contigo mismo, entonces, en primer lugar, sabes que puedes abstenerte de hacerla, y además puedes estar seguro de que la cosa no es totalmente buena. Si fuera totalmente buena, no discutirías contigo mismo.

7. Si deseas algo tanto que sientes que no puedes contenerte, no confíes en ti mismo. No es cierto que un hombre no pueda abstenerse de nada. Solo no puede contenerse quien se ha convencido de antemano de que no puede contenerse.

8. Que cada hombre, incluso uno que sea joven, examine su vida; y, si lamenta una sola vez haberse abstenido de hacer incluso aquello que es bueno y que debería hacer, habrá cientos de casos que le harán lamentarse de haber hecho lo que no era bueno y no debería haber hecho.

II. Consecuencias de la falta de contención

1. Es menos perjudicial no hacer lo que debemos hacer que no abstenernos de hacer lo que no debemos hacer.

2. La falta de contención en una acción debilita nuestro poder de contención en otra. El hábito de la falta de contención es una corriente secreta bajo los cimientos de una casa. Tal estructura está destinada a derrumbarse.

3. Es peor excederse que no hacer lo suficiente. Es peor precipitarse que llegar tarde.
El remorder de la conciencia es más agudo por lo que has hecho que por lo que has dejado de hacer.

4. Cuanto más difícil es una situación, menos acción requiere. La actividad es lo que suele estropear lo que empieza a arreglarse.

5. La mayoría de los hombres conocidos lo son por haber llegado a aceptar sus inclinaciones maléficas y haber cedido a ellas sin hacer esfuerzos por contenerse.

6. Si sientes que no tienes la fuerza para abstenerte de un antojo físico, la causa se encontrará en el hecho de que no te contuviste cuando podías y el antojo se ha convertido en un hábito.

III. No toda actividad es digna de respeto

1. Es un gran error pensar que la actividad como tal, sin tener en cuenta en qué consiste, es algo honorable y digno de estima. La cuestión estriba en determinar en qué consiste esta actividad y en qué condiciones se abstiene de actuar el interesado.

2. Con frecuencia la gente se abstiene orgullosamente de diversiones inocentes diciendo que no tiene tiempo para ellas, que está ocupada. Sin embargo, aparte del hecho de que un juego alegre y divertido es más necesario e importante que muchos tipos de negocios, el propio negocio, hecho por el bien del que renuncian al placer, es a menudo de tal naturaleza que sería mejor dejarlo sin hacer.

3. La actividad superficial no solo es innecesaria, sino directamente perjudicial para el progreso genuino de la vida. Sin las distracciones proporcionadas por el trabajo de los demás, no hacer nada es una condición muy dolorosa (si no está llena de trabajos internos) y, por lo tanto, si un hombre vive carente de un estado de lujo que le es proporcionado por el trabajo de los demás, no permanecerá ocioso. El daño principal no proviene de la ociosidad, sino de hacer lo que es innecesario y perjudicial.

IV. El hombre solo puede, por tanto, abstenerse de los malos hábitos cuando se da cuenta de que es un ser espiritual y no físico

1. Para aprender a contenerse, el hombre debe aprender a dividirse en un hombre físico y un hombre espiritual, y a obligar al hombre físico a hacer no lo que él desea, sino lo que desea el hombre espiritual.

2. Cuando el alma está dormida e inactiva, el cuerpo obedece irresistiblemente a la manifestación de aquellos sentimientos que despiertan en él por las acciones de las personas que lo rodean. Cuando estas personas bostezan, él también bosteza; cuando se excitan, él también se excita; cuando se enfadan, él también se enfada; cuando se conmueven y lloran, él también derrama lágrimas. Su sometimiento involuntario a los estímulos exteriores es la causa de muchas malas acciones que son ajenas a la armonía con los dictados de la conciencia. Estate en guardia contra estas influencias externas y rehúsa ceder a ellas.

3. Solo si has entrenado al hombre físico desde la infancia para obedecer al hombre espiritual, te resultará fácil refrenarte tus deseos. El hombre que ha aprendido a refrenarse de sus deseos encontrará la vida en este mundo alegre y fácil.

V. Cuanto más combatas el desenfreno, más fácil te resultará la lucha

1. Entre la razón del hombre y sus pasiones existe un estado de guerra civil. El hombre podría descansar un poco si gozase de razón sin pasiones o incluso de pasión sin razón. Pero, teniendo ambas, no puede sustraerse a una lucha, no puede estar en paz con una sin luchar contra la otra. Siempre está en guerra en su interior. Y esta guerra es una necesidad: es la vida.

Pascal.

2. Para apreciar a los demás como a nosotros mismos, y para hacerles lo que quisiéramos que nos hicieran (y he aquí la principal preocupación en la vida) debemos ser dueños de nosotros mismos y, para ser dueños de nosotros mismos, debemos entrenarnos para ello.

3. Cada vez que desees hacer algo, detente y piensa: ¿es bueno lo que deseas?

4. Para no cometer ningún acto malvado, no basta con abstenerse de realizar el acto en sí; aprende a abstenerte de la conversación malvada, y sobre todo abstente de los malos pensamientos. En cuanto observes que una conversación es mala —si ridiculiza, condena o maltrata a otro—, detente, guarda silencio, no escuches. Haz lo mismo cuando entren en tu cabeza malos pensamientos: si piensas mal de tu prójimo (da lo mismo que tu prójimo merezca ser criticado o no), detente y trata de pensar en otra cosa.

Solo cuando aprendas a abstenerte de las malas palabras y de los malos pensamientos tendrás fuerza para abstenerte de las malas acciones.

5. No importa cuántas veces caigas sin lograr la victoria sobre tus pasiones, no pierdas el valor. Cada esfuerzo realizado en la lucha disminuye el poder de la pasión y facilita la victoria sobre ella.

6. El cochero no abandona sus riendas si no logra detener a sus caballos a la primera, sino que continúa sosteniéndolas, y los caballos se detienen. Lo mismo ocurre con nuestras pasiones: si fallas una vez, sigue luchando y al final serás tú el amo y no tus pasiones.

7. Toda pasión en el corazón del hombre es primero un suplicante, luego un invitado y, al final, el amo de la casa. Intenta rechazar a ese suplicante, no abras ante él las puertas de tu corazón.

VI. El valor de contenerse para las personas y para la raza humana

1. Si quieres ser libre, enséñate a refrenar tus deseos.

2. ¿Quién es sabio? El que aprende un poco de todos. ¿Quién es rico? El que está contento con su suerte. ¿Quién es fuerte? El que se contiene.

Talmud.

3. Algunos dicen que el cristianismo es la doctrina de la debilidad porque no prescribe actos, sino sobre todo la abstención de actos. El cristianismo, ¡una doctrina de debilidad! Una hermosa doctrina de debilidad, cuyo fundador murió mártir en la cruz por no contradecirse a sí mismo, y entre cuyos seguidores hay innumerables millares de már-

tires, siendo los únicos que encararon y se resistieron a la malignidad. Los tiranos de antaño, que dieron muerte a Cristo, así como los tiranos actuales, saben muy bien qué clase de doctrina de debilidad es esta, y la temen por encima de todas las cosas. Sienten instintivamente que solo esta doctrina destruirá y desarraigará con toda seguridad el orden de cosas que ellos mantienen. Se requiere mucha más fuerza para abstenerse del mal que para realizar el acto más difícil que consideramos bueno.

4. Todas las prebendas de nuestro estado mundano no son nada comparadas con el dominio del hombre sobre sí mismo. Si un hombre cae al mar, no importa de dónde haya caído o en qué mar. Lo único que importa es si sabe nadar o no. La fuerza no está en las condiciones externas, sino en el arte de dominarse a sí mismo.

5. La verdadera fuerza no está en el que vence a los demás, sino en el que se vence a sí mismo, que no deja que el animal que hay en él domine su alma.

6. En aquel que se entrega a los deseos apasionados, el que busca gratificación, sus pasiones cobran cada vez más fuerza y acaban por atarle con cadenas. El que logra vencer sus pasiones rompe sus cadenas.

Sabiduría budista.

7. ¡Joven! Niégate a satisfacer tus deseos (de diversiones, lujos, etc.), si no por una inclinación a renunciar a todas estas cosas por completo, al menos con el fin de conservar una capacidad de disfrute sin disminuir. Tal economía, al posponer el disfrute, te hará más rico.

Ser consciente de que el disfrute que está al alcance de tus capacidades es más fructífero y amplio (como lo son todos los ideales) que el sentimiento resultante de ese disfrute, porque el disfrute cesa con la satisfacción.

Kant.

8. No te esfuerces tanto en hacer el bien como en ser bueno; no te esfuerces tanto en iluminar como en ser puro. El alma del hombre habita en algo que es como un vaso de cristal, y está en la mano del hombre mantener este vaso sucio o limpio. En la medida en que el vaso está limpio, la luz de la verdad brilla a través de él, siendo una luz para el hombre mismo y para los demás. No te manches, y tendrás luz y darás luz a los demás.

9. Abstente solo de hacer lo que no debes, y harás todo lo que debes.

10. Para hacer lo que quisiéramos, a menudo es necesario simplemente abstenerse de hacer lo que estamos haciendo.

11. Contempla la vida que lleva la gente en nuestro mundo; mirad Chicago, París, Londres, las diversas ciudades, las fábricas, los ferrocarriles, las máquinas, los armamentos, los cañones, las fortalezas, las imprentas, los museos, los rascacielos, y hazte la pregunta: ¿qué es lo primero que hay que hacer para que la gente pueda llevar una buena vida? solo puede haber una respuesta segura: dejar de hacer todas las cosas superfluas que la gente está haciendo. Y lo superfluo en nuestro mundo de hoy representa el noventa y nueve por ciento de las actividades de los hombres.

12. Por más fina y transparente que sea la falsedad que tiene por fuente el contraste entre nuestra vida y nuestra conciencia, se adelgaza y se distiende, pero no se rompe. Y une el orden actual de las cosas e impide que el nuevo orden haga su aparición. La mayoría de la gente, en el mundo cristiano, ya no cree en los principios del paganismo, sino que acepta los principios del cristianismo, reconociéndolos en su conciencia, pero su vida continúa igual que hasta ahora. Para disipar todas las calamidades y contradicciones que afligen al pueblo física y moralmente, es decir, para traer a la tierra el Reino de Dios, que fue predicho a la humanidad hace mil novecientos años, los hombres de nuestros días solo necesitan una cosa: esfuerzo moral. Así como se necesita un simple empujón para dar a un líquido que se ha enfriado por debajo de su punto de congelación su forma cristalina adecuada, de igual manera también se necesita un esfuerzo moral para conducir a la humanidad a esa forma de vida que le es propia, y este esfuerzo moral es la fuerza que alcanza el Reino de Dios.

Este esfuerzo no es el de un movimiento, el del descubrimiento de una nueva filosofía mundial o nuevos pensamientos, o de llevar a cabo nuevas tareas concretas. Es el esfuerzo necesario para entrar en el Reino de Dios o en una nueva forma de vida es un esfuerzo negativo, el esfuerzo de no seguir la corriente, el esfuerzo de no hacer las cosas que no están en armonía con la conciencia interior.

Los hombres se enfrentan a la necesidad de tal esfuerzo, tanto en la crueldad de la vida, como por la claridad y la difusión de la enseñanza cristiana.

13. El más mínimo movimiento de la materia afecta a toda la naturaleza. El océano entero se pone en movimiento por un guijarro. Lo mismo ocurre con la vida espiritual: el más mínimo movimiento crea infinitos resultados. Todo tiene consecuencias.

Pascal.

La palabra hablada

Las palabras son expresiones de pensamientos y pueden servir para unir a las personas o para separarlas; por tanto, deben manejarse con precaución.

I. Grande es el mundo

1. Con una palabra podemos unir a las personas, con una palabra podemos romper su unión; con una palabra podemos servir al amor, y del mismo modo, con una palabra, podemos servir a la enemistad y al odio. Cuidado con la palabra que separa a las personas, o que sirve a la enemistad y al odio.

3. Las palabras son expresiones del pensamiento y el pensamiento es una manifestación del poder divino, por lo tanto, la palabra debe corresponderse con lo que expresa. Puede ser indiferente, pero no puede, no debe ser expresión del mal.

3. El hombre es portador de Dios. Puede expresar la conciencia de su divinidad con una palabra. ¿Cómo no va a ser cuidadoso en el uso de la palabra?

4. El tiempo pasa, pero la palabra permanece.

5. Si tienes tiempo para pensar antes de empezar a hablar, piensa si vale la pena hablar, si es necesario hablar, si no harás daño a alguien diciendo lo que quieres decir. Y la mayoría de las veces sucederá que, si primero piensas, no comenzarás a hablar.

6. Primero piensa, luego habla. Pero detente antes de que alguien diga: «¡Basta!». El hombre es superior al animal en su capacidad de hablar, pero es inferior al animal cuando parlotea al azar.

Saadi.

7. Después de una larga conversación, intenta recordar todo lo que se ha dicho y podrás asombrarte de cuán banales, inútiles y a menudo malvadas eran muchas de las cosas que se decían.

8. Escucha y estate atento, pero habla poco.

Nunca hables si no te preguntan, pero si te preguntan, contesta con brevedad, y no te avergüences si tienes que admitir que no sabes aquello sobre lo que te preguntan.

Sufí.

9. Si quieres pasar por bien informado, aprende a preguntar racionalmente, a escuchar con atención, a responder con calma y a dejar de hablar cuando ya no haya nada que decir.

Lavater.

10. No alabes, no juzgues y no discutas.

11. Escucha con atención el discurso del hombre culto, aunque sus acciones no concuerden con sus enseñanzas. El hombre debe tener instrucción, aunque la instrucción sea una inscripción en la pared.

Saadi.

12. He aquí una frase breve muy útil: «No lo sé». Enseña a tu lengua a usarla con frecuencia.

Sabiduría oriental.

13. Hay un antiguo dicho: «No digas nada malo de los muertos». Qué injusto es. Debería ser más bien: «No digas nada malo de los vivos». ¡Cuánto dolor no eliminaría esta regla del mundo! ¿Por qué no decir nada malo de los muertos? En nuestro mundo se acostumbra a elogiar exageradamente, es decir, a decir falsedades, a los muertos en los obituarios y en las conmemoraciones. Tal alabanza engañosa es perjudicial porque borra en la mente de la gente la distinción entre el bien y el mal.

14. ¿Con qué compararemos la lengua en la boca del hombre? Es la llave de la casa del tesoro; cuando la puerta está cerrada nadie puede decir si

detrás de ella hay piedras preciosas o montones de basura inútil.

Saadi.

15. Si bien los sabios nos enseñan que el silencio es útil, expresarse con libertad es igualmente necesario, solo que hay que hacerlo en el momento oportuno. Pecamos con las palabras, tanto si callamos cuando deberíamos hablar, como si hablamos cuando deberíamos callar.

Saadi.

II. Cuando estés enojado, guarda silencio

1. Si sabes cómo debe vivir la gente y tienes buenas intenciones hacia ella, se lo dirás. Y lo harás de tal manera que confíen en tus palabras. Para que confíen en ti y te comprendan, debes expresar tus pensamientos no con irritación ni enfado, sino con calma y amabilidad.

2. Si quieres transmitir algo de verdad a tu oyente, lo principal es no irritarte y no utilizar una palabra poco amable u ofensiva.

Epicteto.

3. La palabra no dicha es oro.

4. No pensar antes de hablar solo es aconsejable cuando te sientes tranquilo, amable y cariñoso. Pero si estás inquieto e irritado, procura no pecar de palabra.

5. Si no puedes calmar tu ira al instante, refrena tu lengua. Guarda silencio y recuperarás la calma.

Baxter.

6. Procura que, en una discusión, tus palabras sean suaves y tus argumentos firmes. Procura no irritar a tu adversario, sino convencerle.

Wilkins.

7. En cuanto sentimos ira en una discusión, no estamos discutiendo por el bien de la verdad, sino por nuestro propio bien.

Carlyle.

III. No disputar

1. El comienzo de una disputa es como el agua que se filtra a través de la presa, que en el momento en que la atraviesa, ya no se puede contener. Y toda disputa se ve provocada y se mantiene viva por las palabras.

Talmud.

2. La disputa no convence a nadie, solo separa y exaspera. Lo que un clavo es para un martillo, la disputa lo es para las opiniones humanas. Las opiniones que habían sido un poco vacilantes se clavan con firmeza en la cabeza de un hombre después de una riña, como los clavos se clavan hasta la cabeza gracias a un martillo.

Juvenal.

3. La verdad se pierde de vista en las disputas. El que es más sabio detiene la disputa.

4. Puedes asistir a las disputas, pero no participes en ellas. Que el Señor te preserve del mal genio y la exaltación, incluso en su más mínima manifestación. La ira siempre está fuera de lugar y, sobre todo, en un asunto justo, porque lo oscurece y lo enturbia.

Gógol.

5. La mejor respuesta a un loco es el silencio. Cada palabra de réplica rebotará del loco sobre tu propia cabeza. Responder a un insulto con otro insulto es como echar leña al fuego.

IV. No debes juzgar

1. «No juzguéis, para no ser juzgados.

Porque con el juicio con que juzgáis, seréis juzgados; y con la medida con que medís, seréis medidos.

¿Por qué miras la paja en el ojo de tu hermano, y no reparas en la viga en tu propio ojo?

O ¿cómo dirás a tu hermano: "Déjame sacar la paja de tu ojo", y he aquí una viga en tu propio ojo?

Hipócrita, saca primero la viga de tu propio ojo, y entonces verás con claridad cómo sacar la paja del ojo de tu hermano».

Mateo VII, 1-5.

2. Casi invariablemente, si buscamos en nuestro interior, encontramos el mismo pecado que condenamos en otros. Y, si no reconocemos en nosotros el mismo pecado que condenamos en otros, con un poco de búsqueda encontraremos un pecado peor.

3. En el preciso momento en que empieces a juzgar a un hombre, ten presente no decir nada malo, aunque sepas con certeza que existe esa cosa mala, pero sobre todo si no estás seguro de ello y te limitas a repetir las palabras de otro.

4. Juzgar a los demás es siempre inexacto, porque nadie sabe lo que ha ocurrido y está ocurriendo en el alma de aquel a quien se juzga.

5. Es bueno ponerse de acuerdo con un amigo para detenerse mutuamente en cuanto uno de los dos comience a juzgar a su prójimo. Y si no tienes tal amigo, haz tal acuerdo contigo mismo.

6. Condenar a la gente en su misma cara es malo porque la ofende, y condenarla a sus espaldas es deshonesto porque la engaña. Lo mejor es no buscar lo malo en la gente y olvidarlo, y más bien buscar lo malo en uno mismo y recordarlo.

7. Una condena ingeniosa es un pingajo disfrazado con una salsa sabrosa. La salsa oculta el pingajo, y sin darte cuenta eres propenso a llenarte de cosas repugnantes.

8. Cuanto menos está la gente pendiente de los malos actos de los demás, más estricta es consigo misma.

9. Nunca prestes atención a un hombre que habla mal de los demás y bien de ti.

10. El que me calumnia a mis espaldas me teme, el que me alaba en mi propia cara me desprecia.

Proverbio chino.

11. La gente es tan aficionada a la murmuración que es difícil abstenerse de condenar a los que están ausentes, por el deseo de complacer a los oyentes. Pero, si hay que complacer a los hombres, procura poner ante ellos algún otro tipo de agasajo, en lugar de algo tan perjudicial tanto para ti como para aquellos a quienes quieres complacer.

12. Encubre el pecado de otro, y Dios perdonará dos de los tuyos.

V. Efectos nocivos de la falta de contención a la hora de pronunciar palabras

1. Sabemos que una pistola cargada debe manejarse con cuidado, pero nos negamos a darnos cuenta de que una palabra debe manejarse con el mismo cuidado. Una palabra no solo puede matar, sino también causar un mal peor que la muerte.

2. Las agresiones contra el cuerpo despiertan nuestra indignación: la gula, las peleas, el adulterio y el asesinato, pero consideramos con ligereza las ofensas hechas con palabras: la censura, el insulto, el chismorreo, imprimir o escribir palabras corruptoras; sin embargo, las consecuencias de las ofensas de palabra son mucho más graves y de mayor alcance que las corporales. La diferencia es tan solo esta: los efectos de una ofensa corporales son inmediatamente perceptibles. Pero el mal de los delitos mediante la palabra no podemos observarlo porque sus efectos se alejan de nosotros por la distancia y el tiempo.

3. En cierta ocasión, se reunieron en un teatro más de mil personas. En medio de la representación, a un idiota se le ocurrió gastar una broma y gritó una sola palabra: «¡Fuego!». Se desató el pánico, muchos fueron aplastados y, cuando se restableció la calma, veinte personas resultaron muertas y más de cincuenta heridas.

Tal es el mal que puede causar una palabra necia. Ahí, en un teatro, podrías constatar una exhibición de los efectos malignos de una palabra necia, pero sucede con frecuencia que los efectos de una palabra necia pueden no ser tan notorios como en aquel teatro, pero sin embargo causar aún más mal, aunque gradual e inadvertidamente.

4. Nada fomenta tanto la ociosidad como la cháchara. Si la gente solo guardase silencio, sin recurrir a las nimiedades ociosas con las que se pretende desterrar el tedio de la ociosidad, encontraría intolerable la ociosidad y se pondría a trabajar.

5. Hablar mal de los demás perjudica a tres personas de una sola vez: a aquel de quien se habla mal; a aquel a quien se habla mal; pero, sobre todo, a aquel que habla mal de los demás.

Basilio el Grande.

6. Juzgar a la gente a sus espaldas es perjudicial sobre todo porque la crítica de los defectos de un hombre que, confrontada con él, cara a cara, podría serle útil, se oculta a aquel a quien podría hacer bien, y se comunica a aquellos a quienes solo puede hacer daño, despertando en ello un sentimiento de mala voluntad hacia aquel a quien se juzga.

7. Rara vez te arrepentirás de haber guardado silencio, pero ¿cuántas veces no te arrepientes de haber hablado? Y cuánto más te arrepentirías si supieras todas las consecuencias de tus palabras.

8. Cuanto más ansioso estés por hablar, mayor será el riesgo de que digas algo malo.

9. Grande es la fuerza del hombre que guarda silencio, aunque tenga razón.

Catón.

VI. El valor del silencio

1. Da más descanso a tu lengua que a tus manos.

2. El silencio suele ser la mejor de las respuestas.

3. Haz rodar la lengua siete veces, antes de decir una palabra.

4. Hay que callar o pronunciar palabras mejores que el silencio.

5. El que mucho dice, poco hace. El sabio teme siempre que sus palabras prometan más de lo que puede cumplir, y por eso calla más a menudo, y solo habla cuando es necesario para los demás y no para sí mismo.

6. He pasado mi vida entre sabios y nunca he encontrado nada mejor para el hombre que el silencio.

Talmud.

7. Si, de cada cien ocasiones, una lamentas no haber dicho lo que debías, seguramente, de cada cien ocasiones, lamentarás noventa y nueve haber

hablado cuando debías haber callado.

8. El simple hecho de que una buena intención se haya expresado con palabras debilita el deseo de llevarla a cabo. Pero ¿cómo abstenerse de expresar los elevados aunque autocomplacientes entusiasmos de la juventud? Solo en años posteriores, al recordarlos, te arrepientes de ellos como te arrepientes de una flor que arrancaste antes de tiempo y luego encontraste en el fango, marchita y pisoteada.

9. La palabra es la llave del corazón. Si la conversación no conduce a nada, incluso una palabra es superflua.

10. Cuando estés solo, piensa en tus pecados; cuando estés en compañía, olvida los pecados de los demás.

Proverbio chino.

11. Si tienes muchas ganas de hablar, pregúntate: ¿por qué estás tan ansioso por hablar? ¿Es por tu propio beneficio, o por el beneficio, por el bien de los demás? Si es por el tuyo propio, procura guardar silencio.

12. Lo mejor para el necio es callar; pero, si supiera tal cosa, no sería necio.

Saadi.

13. La gente aprende a hablar, pero la ciencia principal reside en cómo y cuándo guardar silencio.

14. Cuando hables, tus palabras deben ser mejores que el silencio.

Proverbio árabe.

15. El hombre de muchas palabras no puede evitar el pecado.
    Si una palabra vale una moneda, el silencio vale dos.
    Si el silencio está hecho para el sabio, cuánto más lo está para el necio.

Talmud.

VII. El valor de contenerse con las palabras

1. Cuanto menos digas, más trabajo llevarás a cabo.

2. Despréndete del juzgar a los demás, y sentirás en tu alma una mayor capacidad de amor, te percatarás de un crecimiento en la vida y la bendición.

3. Mahoma y Alí se encontraron una vez con un hombre que, pensando que Alí lo había herido, empezó a maltratarlo. Durante un tiempo Alí soportó sus ofensas pacientemente y en silencio, pero, al cabo, no pudo contenerse y devolvió ofensa por ofensa. Entonces, Mahoma los abandonó. Cuando Alí se reunió con Mahoma, aquel le reprochó: «¿Por qué me dejaste solo para soportar los insultos de ese insolente?». «Cuando ese hombre te ofendió», replicó Mahoma, «y tú lo soportaste en silencio, vi diez ángeles a tu alrededor y los ángeles le desaprobaban. Pero cuando empezaste a pagarle con ofensas, los ángeles te abandonaron, y yo también me alejé».

Tradición musulmana.

4. Ocultar el defecto de los demás y mencionar lo que hay de bueno en ellos es un signo de amor y el mejor medio de atraer hacia ti el amor de tu prójimo.

Pensamientos piadosos.

5. La bendición de la vida de las personas es su amor mutuo. Y una palabra poco amable puede violar el amor.

Pensamiento

Al igual que un hombre puede abstener de perpetrar un acto, si comprende que es maligno, de igual manera también puede abstenerse de un pensamiento que le atrae, si reconoce que es maligno. Abstenerse del pensamiento es la principal fuente de la fuerza del hombre, porque todos los actos tienen su origen en los pensamientos.

I. El objetivo de la reflexión

1. No puedes liberarte de los pecados, errores y supersticiones mediante un esfuerzo físico. La liberación solo es posible mediante un esfuerzo de pensamiento. Solo mediante el pensamiento puedes enseñarte a ti mismo a ser desprendido, humilde y veraz. Solo cuando un hombre cuando un hombre se esfuerza en sus pensamientos a la abnegación, humildad y veracidad, tendrá fuerza para luchar con el pecado, los errores y las supersticiones en sus actos.

2. Aunque el pensamiento no nos haya revelado la necesidad del amor —el pensamiento no podría revelarla—, el pensamiento desempeña un papel importante al señalar lo que obstaculiza el amor. Ese mismo esfuerzo del pensamiento contra lo que obstaculiza el amor, este mismo esfuerzo del pensamiento, repito, es más significativo, necesario y precioso que todas las demás cosas.

3. Si el hombre no pensara, no podría comprender por qué vive. Y si no comprendiera por qué vive, no podría saber lo que es bueno y lo que es malo. Por lo tanto, nada es más valioso para el hombre que pensar correctamente.

4. Se habla de la enseñanza moral y religiosa y de la ciencia como si fueran dos guías distintas del hombre. En realidad, sin embargo, solo hay una guía: la conciencia, es decir, la conciencia de la voz de Dios que habita en nosotros. su voz decide sin lugar a dudas lo que cada hombre debe y no debe hacer. Y esta voz puede invocarse en todo momento, desde su interior, por cualquier hombre, mediante un esfuerzo de pensamiento.

5. Si un hombre no supiera que puede ver con sus ojos y por esa razón se abstuviera de abrirlos, sería muy lamentable. Y aún más digno de lástima es quien no se da cuenta de que la facultad de pensar le fue concedida con el fin de soportar con serenidad todas las desgracias. Si un hombre es sensato, puede soportar fácilmente las desgracias; primero porque su razón le dice que todas las desgracias pasan y con frecuencia se transforman en bendiciones y, segundo, porque, para un hombre racional todas las desgracias redundan en su beneficio. Sin embargo, la gente, en lugar de afrontar las desgracias, se esfuerza por evitarlas.

¿No es mejor alegrarse de que Dios nos haya dado el poder de no afligirnos por lo que ocurre independientemente de nuestra voluntad, y agradecerle que haya puesto bajo el control de nuestras almas solo lo que está a nuestro alcance, es decir, nuestra razón? Porque no sometió a nuestra alma a nuestros padres, ni a nuestros hermanos, ni a las riquezas, ni a nuestro cuerpo, ni a la muerte. En su misericordia, la sometió solo a lo que depende de nosotros: nuestros pensamientos.

Y debemos observar estos pensamientos y su pureza con todas nuestras fuerzas.

Epicteto.

6. Cuando reconocemos un pensamiento nuevo y comprobamos que es verdadero, nos parece como si lo conociéramos desde hace mucho tiempo y nos limitamos a recordar lo que ya sabíamos. Toda verdad está ya implantada en el alma de todo hombre. Solo es necesario que no la ahogues con la falsedad y, tarde o temprano, se te revelará.

7. Puede suceder con frecuencia que te asalte un pensamiento que te parezca a la vez verdadero y extraño, y no te atrevas a confiar en él. Pero al cabo de un rato, después de haber reflexionado a fondo sobre el asunto, verás que el pensamiento que te había parecido extraño es del tipo más simple de verdad, por lo que en el momento en que, en el momento que lo reconoces, ya nunca puede dejar de creerlo.

8. Todas las grandes verdades, antes de pasar a la conciencia del hombre, deben transitar inevitablemente por tres fases; la primera: «es tan absurda que no vale la pena ni considerarla»; la segunda: «va contra toda moral y religión»; la tercera: «es tan obvia que no vale la pena ni discutir sobre ella».

9. Cuando vivas en compañía de otros, no olvides las cosas que has aprendido en soledad. Y en la soledad considera aquellas cosas que aprendiste de la compañía con los demás.

10. Podemos alcanzar la sabiduría de tres maneras: la primera, por medio de la experiencia, que es la más difícil; la segunda, por medio de la imitación, que es la más fácil; y la tercera, por medio de la meditación, que es la más noble.

Confucio.

II. La vida del hombre está determinada por sus pensamientos

1. El destino del hombre, cualquiera que este sea, depende únicamente de su manera de comprender su vida a través de sus pensamientos.

2. Todos los grandes cambios en la vida del individuo y de la raza humana tienen su origen y su culminación en el pensamiento. Un cambio de sentimientos y acciones requiere en primer lugar un cambio precedente de pensamiento.

3. Para transformar una vida mala en una vida recta, primero hay que intentar comprender por qué la vida se ha vuelto tan mala y qué hay que hacer para volverla buena. Por tanto, para convertir una vida en buena, es preciso pensar primero y después actuar.

4. Sería bueno que la sabiduría se trasmitiese de un hombre que tiene mucho en otro que tiene poco, como se vierte el agua de una vasija en otra, hasta que haya la misma cantidad en ambas. Pero, para poder para recibir sabiduría de otro un hombre, el receptor debe primero pensar por sí mismo.

5. Todo lo que es verdaderamente necesario para el hombre debe obtenerse con un trabajo laborioso y constante. Así se adquieren los oficios y toda clase de conocimientos, e incluso así se adquiere lo que es más necesario en la vida, el arte de vivir una buena vida. Para aprender a vivir bien, primero hay que aprender a pensar bien.

6. La transición de nuestra vida, de una etapa a otra, está determinada no por actos perceptibles que realizamos por nuestra propia voluntad: matrimonio, mudanza a otro lugar de residencia, cambio de profesión, sino por los pensamientos que nos vienen mientras caminamos, o en la oscuridad de la noche, o mientras comemos, particularmente debido a aquellos pensamientos que abarcan todo nuestro pasado, diciendo: «Actuaste mal, deberías haber actuado de otra manera». Y todos nuestros actos siguientes, como esclavos, sirven a tales pensamientos y obedecen a su voluntad.

Thoreau.

7. Nuestros hábitos de pensamiento dan su matiz peculiar a todas las cosas con las que entramos en contacto. Si estos pensamientos son falsos, harán falsas las verdades más exaltadas. Nuestros hábitos de pensamiento forman para nosotros algo mucho más sustancial que la casa en que habitamos. Los llevamos con nosotros como el caracol lleva la concha en la que vive.

Lucy Mallory.

8. Nuestros deseos no serán buenos hasta que corrijamos nuestros hábitos de pensamiento. Los hábitos de pensamiento determinan los deseos. Y los hábitos de pensamiento se forman comulgando con los resultados de la sabiduría de los mejores hombres del mundo.

Séneca.

9. Aquello que está en reposo puede mantenerse en reposo. Aquello que aún en no ha aparecido puede prevenirse con facilidad. Lo que aún es débil puede romperse fácilmente. Aquello que aún es pequeño puede dispersarse fácilmente.

El gran árbol empezó como una pequeña ramita. La torre de nueve pisos comenzó con la colocación de un solo ladrillo. Los viajes de miles de kilómetros comienzan con el primer paso. Cuida tus pensamientos: son el origen de los actos.

Lao-Tse.

10. Nuestros pensamientos, buenos o malos, nos envían al paraíso o al infierno, no en los cielos o bajo tierra, sino aquí mismo, en esta vida.

Lucy Mallory.

11. Algunos dicen que la razón no puede ser la guía de nuestra vida, pero estos son personas cuya razón está tan corrompida que no pueden confiar en ella.

12. Del mismo modo que la vida y el destino de un individuo están determinados por aquello a lo que presta menos atención que a sus actos, es decir, por sus pensamientos, la vida de las comunidades y de las naciones no viene determinada por los acontecimientos que se producen entre ellas, sino por los pensamientos que unen a la mayoría de las personas de estas comunidades y naciones.

13. No pienses que ser sabio es prerrogativa solo de algunas personas especiales. La sabiduría es necesaria para todos los hombres y, por lo tanto, todos los hombres pueden ser sabios. Sabiduría es saber en qué consiste el negocio de la vida y cómo llevarlo a cabo. Y para saber esto, solo se necesita una cosa: recordar que el pensamiento es algo grande y, por lo tanto, dedicarte pensar.

Un pensamiento entró en mi mente y luego lo olvidé. Bueno, no importa, solo fue un pensamiento. Si hubiera sido dinero, habría puesto todo patas arriba hasta encontrarlo. Pero ¡un simple pensamiento! El pensamiento determina tal o cual acto de un individuo y de millones de hombres y, sin embargo, nos atrevemos a pensar que el mero pensamiento es una nimiedad.

III. La fuente principal de los males humanos no está en los actos de los hombres, sino en sus pensamientos

1. Cuando te sobrevengan desgracias, debes saber que no se deben a lo que has hecho, sino a lo que has pensado.

2. Si no podemos refrenarnos de cometer un acto que sabemos que es malo, se debe únicamente al hecho de que primero nos permitimos pensar en ese acto malo y no logramos refrenar nuestros pensamientos.

3. Esfuérzate por no pensar en las cosas que crees que son malas.

4. Más perjudiciales que los malos actos, son los pensamientos que conducen a los malos actos. Un acto malo no tiene por qué repetirse y uno puede arrepentirse de él. Pero los malos pensamientos dan lugar a malos actos. Un acto malo señala el camino a otros actos malos. Los malos pensamientos te arrastran por el camino de los malos actos.

5. El fruto nace de una semilla. También las obras nacen de los pensamientos. Lo mismo que el fruto malo nace de la semilla mala, así los actos malos nacen de los pensamientos malos. Como el labrador separa la semilla buena y verdadera de la semilla de la cizaña, y selecciona de entre la semilla buena la más escogida y la guarda y clasifica, así el hombre prudente trata sus pensamientos: aparta los pensamientos vanos y necios, y conserva los pensamientos buenos, cuidándolos y clasificándolos. Si no rechazas los malos pensamientos ni conservas los buenos, no podrás evitar las malas acciones. Las buenas acciones solo proceden de los buenos pensamientos. Mima los buenos pensamientos, buscándolos en los libros de sabiduría, en las conversaciones sensatas y, sobre todo, en tu interior.

6. Para que una lámpara dé una luz constante, debe colocarse en un lugar protegido del viento. Pero si una lámpara está en un lugar ventoso, la luz parpadeará y proyectará sombras extrañas y oscuras. Del mismo modo, los pensamientos incontrolados, insensatos y mal compuestos proyectan sombras extrañas y oscuras en el alma del hombre.

Sabiduría brahmánica.

IV. El hombre tiene poder sobre sus pensamientos

1. Nuestra vida es buena o mala dependiendo de nuestros pensamientos. Pero podemos dirigir nuestros pensamientos. Por lo tanto, para vivir una vida buena, el hombre debe trabajar sobre sus pensamientos, sin ceder a los malos pensamientos.

2. Procura purificar tus pensamientos. Si no tienes malos pensamientos no cometerás malas acciones.

Confucio.

3. Guarda tus pensamientos, guarda tus palabras, guarda tus acciones del mal. Observa estos tres caminos en pureza, y entrarás en el camino diseñado por el Omnisapiente.

Sabiduría budista.

Todas las cosas están en poder del Cielo, excepto nuestro deseo de servir a Dios o a nosotros mismos. No podemos impedir que los pájaros vuelen sobre nuestra cabeza, pero sí que construyan un nido en ella. Tampoco podemos impedir que los malos pensamientos pasen por nuestra mente, pero sí podemos impedir que aniden en ella y críen una nidada de malos actos.

Lutero.

5. No podemos rechazar un mal pensamiento una vez que entra en nuestra mente, pero podemos reconocer tal pensamiento como malo. Y si sabemos que es malo, podemos negarnos a ceder ante él. Nos viene el pensamiento de que tal o cual hombre es malo. No podría evitar este pensamiento, pero, si me doy cuenta de que es malo, puedo recordar que es erróneo juzgar a la gente y que yo mismo soy malo y, recordando todo, esto puedo refrenarme de juzgar incluso en el pensamiento.

6. Si quieres sacar provecho de tus pensamientos, intenta pensar con total independencia de tus sentimientos y de tu estado de ánimo, sin tergiversar tus pensamientos para justificar los sentimientos que experimentas o los actos que perpetras.

V. Vive la vida del espíritu para gozar de fuerza con la que gobernar tus pensamientos

1. A menudo pensamos que la fuerza física es lo más importante. Pensamos así porque nuestro cuerpo siempre aprecia la fuerza física. Pero la fuerza espiritual, el poder del pensamiento, parece tan insignificante que nos negamos a reconocerlo como fuerza. Y, sin embargo, el verdadero poder capaz de cambiar nuestra vida y la vida de todos los hombres se encuentra solo en la fuerza del espíritu.

2. Lo espiritual dirige lo físico, no lo físico lo espiritual. Por lo tanto, para cambiar su condición, el hombre debe trabajar sobre sí mismo en

el dominio de lo espiritual, en el dominio del pensamiento.

3. Nuestra vida mejora o se deteriora en función de nuestra conciencia de ser criaturas espirituales o materiales. Si somos conscientes de ser una criatura material debilitamos nuestra verdadera vida, fortalecemos y despertamos las pasiones, la codicia, los conflictos, el odio y el miedo a la muerte. Si somos conscientes de ser seres espirituales, estimulamos y elevamos la vida, la liberamos de pasiones, conflictos y odios, liberamos el amor. Y el paso de la conciencia de ser una criatura material a la de un ser espiritual se efectúa mediante un esfuerzo de pensamiento.

4. Esto es lo que Séneca escribió a un amigo:

«Haces bien, amigo Lucinio, en esforzarte con todas tus fuerzas para mantenerte en un espíritu bueno y bondadoso. Todo hombre puede alcanzar en todo momento la misma disposición. Para alcanzarla, no es necesario levantar las manos al cielo y rogar al vigilante del templo que te deje acercarte más a Dios, para que te oiga mejor: Dios está siempre cerca de ti, está dentro de ti mismo. El Espíritu Santo habita en nosotros, testigo y guardián de lo que es bueno y de lo que es malo. Actúa con nosotros como nosotros actuamos con Él. Si le guardamos a él, él también nos guarda a nosotros».

5. Cuando dudes, cuando no sepas qué es lo bueno y qué es lo malo, debes apartarte del mundo; solo la preocupación por cómo el mundo te juzgue te impide ver lo que es bueno y lo que es malo. Retírate del mundo; en otras palabras, entra en ti mismo, y toda duda desaparecerá.

VI. La oportunidad de comunicar mentalmente con los vivos y los muertos es otra de las bendiciones elegidas por el hombre

1. Los jóvenes suelen decir: «No quiero vivir según piensan los demás, debo pensar las cosas por mí mismo». Tus propios pensamientos son más valiosos para ti que los de los demás. Pero ¿por qué pensar en lo que ya está pensado? Toma lo que está ya listo y ve más allá. En la capacidad de beneficiarse de los pensamientos de los demás reside la fuerza de la raza humana.

2. Los esfuerzos que liberan al hombre de pecados, errores y supersticiones tienen su origen en los pensamientos. Una de las principales ayudas del hombre en esta lucha es su capacidad de comulgar con la actividad razonadora de los sabios y santos que nos han precedido. Esta comunión con los pensamientos de los santos y sabios de la antigüedad es la oración, es decir, la repetición de aquellas palabras en las que estos hombres expresaban su relación con su alma, con otras personas, con el mundo y con su principio.

3. Desde antiguo, se ha aceptado que la oración es necesaria para el hombre.

Para los hombres de antaño, y todavía para la mayoría de los hombres de hoy, la oración es una súplica en ciertas condiciones, en ciertos lugares, acompañada de ciertos actos y palabras, dirigida a Dios o a otras divinidades, y destinada a apaciguarlas.

La doctrina cristiana no conoce tales oraciones. Enseña que la oración es necesaria, no como un instrumento de liberación de los males mundanos, ni como un medio de asegurar bendiciones mundanas, sino como un medio de fortalecer al hombre en buenos pensamientos.

4. La verdadera oración es importante y necesaria para el alma, porque en ella, estando a solas con Dios, nuestro pensamiento alcanza el pináculo más alto que le es posible alcanzar.

5. Cristo dijo: «Cuando ores, ora en secreto» (Mateo VI, 5-6). Solo entonces te oirá Dios, Dios que está dentro de ti, y para que te oiga, solo debes disipar todo lo que le oculta de ti.

6. El abatimiento es ese estado del alma en el que un hombre no ve ningún propósito ni en su propia vida ni en la vida del mundo entero. Solo hay un modo de liberarse de esta condición: convocar, desde dentro de uno mismo, los mejores pensamientos de los que se es consciente, ya sean los propios o los de los demás, y este proceso puede iluminarle el sentido de su propia vida. Invocar estos pensamientos puede efectuarse mediante la repetición de aquellas verdades supremas que uno conoce y que puede expresarse a sí mismo, y esto es la oración.

7. Reza sin cesar. La más necesaria y la más difícil de las oraciones es recordar en medio de las actividades de la vida tus deberes para con Dios y Su ley. Si te has asustado, enojado, confundido, tentado, haz un esfuerzo, recuerda quién eres y lo que debes hacer. Al principio es difícil, pero se puede desarrollar el hábito.

8. De vez en cuando, conviene que modifiques tu oración, que es la expresión de tu relación con Dios. El hombre cambia constantemente, crece constantemente, y por eso su relación con Dios debe cambiar y hacerse más manifiesta. Y también su oración debe modificarse.

VII. La vida en rectitud es imposible sin el esfuerzo del pensamiento

1. Aprecia los buenos pensamientos, los tuyos y los de los demás, en cuanto los reconozcas. Nada te ayudará tanto como los buenos pensamientos en la realización de la verdadera tarea de tu vida.

2. Sé dueño de tus pensamientos si quieres alcanzar tu propósito. Fija la mirada de tu alma en esa única luz pura que está libre de pasiones.

Sabiduría brahmánica.

3. La meditación es el camino hacia la inmortalidad; la frivolidad es el camino hacia la muerte. Aquellos que velan en meditación nunca mueren, pero los frívolos y los incrédulos son como los muertos.

Despiértate, y entonces protegido por ti mismo y penetrando en ti mismo, serás inmutable.

Sabiduría budista.

4. La verdadera fuerza del hombre no está en el impulso, sino en el esfuerzo constante e ininterrumpido en pro del bien que determina en sus pensamientos, expresa en sus palabras y realiza en sus acciones.

5. Si al mirar hacia atrás, observas que tu vida ha mejorado y se ha liberado de pecados, errores y supersticiones, debes saber que este éxito solo se lo debes al trabajo de tus pensamientos.

6. La actividad del pensamiento es preciosa no solo porque corrige nuestra vida, sino también porque es útil en la vida de otras personas. Esto es lo que hace que el esfuerzo del pensamiento sea tan valioso.

7. Esto es lo que dice el filósofo chino Confucio sobre la importancia del pensamiento:

El verdadero aprendizaje enseña a los hombres el bien supremo: reformarse y permanecer en ese estado. Para alcanzar el bien supremo es necesario que el bienestar reine en toda la nación. Para que haya bienestar en toda la nación es necesario que haya bienestar en la familia. Para tener bienestar en la familia es necesario tener bienestar dentro de uno mismo. Para alcanzar el bienestar dentro de uno mismo el corazón debe ser corregido. Para tener el corazón corregido, debes tener pensamientos claros y verdaderos.

VIII. El hombre solo se libera de lo animal si tiene la capacidad de pensar

1. El hombre solo se distingue del animal por su capacidad de pensar. Algunas personas aumentan esta capacidad en sí mismas, otras no le prestan ninguna atención. Estos últimos obran como si pensaran que podrían renunciar a aquello que los diferencia de las bestias.

Sabiduría oriental.

2. Una vaca, un caballo o cualquier otro animal, por muy hambriento que esté, nunca abandonará el patio si las puertas se abren hacia dentro. Morirá de hambre si la puerta es robusta y no hay nadie que la abra, porque nunca pensará en marcharse abriendo la puerta. Solo el hombre comprende que debe sufrir por un tiempo, trabajar y hacer cosas que no desea en ese momento, para obtener el resultado deseado. El hombre puede abstenerse de comer, dormir o beber, porque sabe lo que es bueno y lo que debe hacer, o lo que es malo y lo que no debe hacer. El hombre aprende estas cosas a través de su capacidad de pensar.

Tal capacidad es la posesión más valiosa del hombre y debe protegerla y cultivarla con todas sus fuerzas.

3. Comparado con el mundo que le rodea, el hombre no es más que un débil junco, pero un junco dotado de la capacidad de pensar.

La más ínfima nimiedad basta para matar a un hombre. Y, sin embargo, el hombre es superior a cualquier otra criatura, superior a cualquier cosa terrenal, porque incluso cuando está muriendo es consciente de que tal hecho.

El hombre puede ser consciente de su insignificancia ante la naturaleza, pero la naturaleza misma no es consciente de nada.

Toda nuestra ventaja reside en la capacidad de pensar. Nuestro pensamiento nos eleva por encima del resto del mundo. Valoremos y sostengamos nuestro poder de pensamiento e iluminará toda nuestra vida, mostrándonos dónde está el bien y dónde el mal.

Pascal.

4. Un hombre puede aprender a leer y escribir, pero este conocimiento no le iluminará si debe escribir una carta a un amigo o una queja contra alguien que le ha ofendido o desamparado. Un hombre puede aprender a usar instrumentos musicales, pero la música no le dirá cuándo debe cantar o tocar y cuándo debe dejar de cantar y tocar. Así sucede en todas los órdenes. Solo la razón nos sugiere qué hacer, cuándo hacerlo, o qué no hacer y cuándo.

Habiéndonos dotado de razón, Dios puso a nuestra disposición lo más necesario. Dándonos la razón es como si dijera: «Para que evitéis el mal y os aferréis a las bendiciones de la vida, he implantado en vosotros una partícula divina de Mí mismo. Os he dado la razón. Si la aplicáis a todo lo que os sucede, nada en el mundo os resultará un obstáculo o impedimento en el camino que he diseñado para vosotros, y nunca os quejaréis de vuestra suerte ni contra las personas, nunca las juzgaréis ni os acobardaréis ante ellas. No me reprochéis que no os haya dado más. ¿No os basta con poder vivir vuestra vida razonablemente, en paz y felizmente?».

Epicteto.

5. Un sabio proverbio dice que Dios nos visita sin tocar el timbre. Esto significa que no hay tabique entre nosotros y el infinito, que no hay muro entre el hombre —el efecto— y Dios, la causa. El muro ha sido eliminado, estamos abiertos a todos los efectos profundos de las características divinas. Solo el trabajo del pensamiento mantiene abierto el agujero a través del cual nos comunicamos con Dios.

Emerson.

6. El hombre ha sido creado para que piense; ahí radica todo su mérito y valor. El deber del hombre consiste únicamente en pensar correctamente. El orden correcto del pensamiento es empezar por uno mismo, por el Creador y por el propósito de la propia vida. Pero en cambio,

¿en qué piensa la gente del mundo? En ninguna de estas cosas, sino simplemente en pasarlo bien, en hacerse rico, en la gloria, en conseguir un trono, sin pensar en lo que significa ser rey y en lo que significa ser hombre.

Pascal.

Autorrenuncia

La felicidad de la vida del hombre reside en la comunión con Dios y con sus semejantes a través del amor. Los pecados impiden esta comunión. La causa de los pecados está en que el hombre busca construir su felicidad sobre la gratificación de las pasiones de su cuerpo y no sobre el amor a Dios y a sus semejantes. Por lo tanto, la felicidad del hombre reside en la liberación de los pecados. La liberación de los pecados está en el esfuerzo por renunciar a la vida de la carne.

I. La ley de la vida reside en la renuncia a la carne

1. Todos los pecados del cuerpo: adulterio, lujo, pereza, codicia y malicia se deben al reconocer el cuerpo como el yo real de cada uno. La liberación de los pecados solo llega con el reconocimiento del alma como el yo de cada uno, lo que implica la sujeción del cuerpo al alma.

2. «Entonces dijo Jesús a sus discípulos: "Si alguno quiere venir en pos de mí, niéguese a sí mismo, tome su cruz y sígame. Porque, quien quiera salvar su vida, la perderá; y quien quiera perder su vida por mí, la encontrará. Porque ¿qué aprovechará al hombre, si ganara todo el mundo, y perdiese su alma? O ¿qué dará el hombre a cambio de su alma?"».

Mateo XVI, 24-26.

3. «Por eso me ama mi Padre, porque doy mi vida para volverla a tomar. Nadie me la quita, sino que yo mismo la entrego. Tengo poder para entregarla, y tengo poder para recuperarla. Tal mandamiento he

recibido de mi Padre».

Juan X, 17-18.

El simple hecho de que un hombre pueda renunciar a la vida de su cuerpo demuestra claramente que hay algo en el hombre por cuyo motivo renuncia.

5. Cuanto más se cede a lo que es del cuerpo, más se pierde de lo espiritual.

Cuanto más renunciéis a las cosas del cuerpo, tanto más ganaréis en las cosas del espíritu. Juzga cuál de las dos cosas te es más necesaria.

6. La autorrenuncia no es la renuncia a uno mismo, sino el traslado de tu «yo» desde el ser animal al espiritual. Renunciar al yo no es renunciar a la vida. Al contrario, renunciar a la vida carnal es aumentar tu verdadera vida espiritual.

7. La razón demuestra al hombre que la satisfacción de las exigencias de su cuerpo no puede ser su verdadera felicidad, por lo que la razón atrae irresistiblemente al hombre hacia esa felicidad que es su prerrogativa, pero para la que no hay espacio en su vida corporal.

Se suele decir y creer que la renuncia a la vida física es un acto heroico: esto es falso. La renuncia a la vida física no es un acto heroico, sino una condición inevitable de la vida humana. En el caso de los animales, el bienestar de la vida física y la continuidad de las especies resultantes es el fin supremo de la vida. Pero, en el caso del hombre, la vida del cuerpo y la continuidad de las especies son solo una fase de la existencia, en la que se le revela la verdadera bienaventuranza de su vida, y esta no coincide con su bienestar corporal. Para el hombre, la vida del cuerpo no es toda la vida, sino solo un requisito necesario de la verdadera vida, que consiste en la unión cada vez mayor con el principio espiritual del mundo.

II. La inevitabilidad de la muerte necesariamente lleva al hombre a la consciencia espiritual de que no está sujeto a la muerte

1. Cuando nace un niño, le parece que él es lo único que hay en el mundo. No cede a nadie, a nada, no le importa conocer a nadie: solo

dale lo que anhela. Ni siquiera conoce a su madre, solo conoce su pecho. Pasan los días, los meses y los años, y el niño empieza a comprender que hay otros seres como él, y que lo que él anhela para sí, otros lo anhelan también para ellos. Y, cuanto más vive, más se da cuenta de que no está solo en el mundo, y que debe —si es fuerte— luchar con otros por lo que anhela, o si es débil, debe someterse a lo que es. Además, cuanto más vive un hombre, más se da cuenta de que su vida no es más que una temporalidad y que puede terminar en cualquier momento con la muerte. Observa cómo la muerte se apodera ahora de este, ahora de aquel, ante sus propios ojos, y sabe que en cualquier momento puede sucederle lo mismo, como tarde o temprano seguramente sucederá. Y no puede escapar a la comprensión de que no hay verdadera vida en su cuerpo, y todo lo que pueda hacer por su cuerpo, en esta vida, es en vano.

Y cuando el hombre haya comprendido claramente esto, comprenderá también que el espíritu que mora en él no mora solo en él, sino que mora en todos, en el mundo entero, y que este espíritu es el espíritu de Dios. Y habiendo comprendido esto, el hombre dejará de atribuir significado alguno a su vida corporal y, en cambio, desviará su propósito hacia la consecución de una unión con el espíritu de Dios, con aquello que es eterno.

2. Muerte, muerte, muerte te espera a cada instante. Tu vida es pasajera en presencia de la muerte. Si trabajas por el futuro de tu vida corporal, sabes, en tu propio interior, que el futuro solo tiene una cosa reservada para ti: la muerte. Y esta muerte destruye todo por lo que trabajas. Puedes decir que trabajas por el bien de las generaciones venideras, pero ellas también desaparecerán y no quedará rastro alguno de ellas. De ahí que una vida orientada a las cosas materiales no tenga sentido. La muerte destruye toda vida de este tipo. Para que tu vida tenga sentido, debes vivir de modo que la muerte no pueda destruir la obra de tu vida. Tal es la vida que Cristo revela a los hombres. Revela a los hombres que, junto a esa vida corporal que es una mera sombra de la vida, hay también otra, una vida verdadera que da la verdadera bienaventuranza al hombre, y que todo hombre conoce esta vida en su corazón. La enseñanza de Cristo es la enseñanza de la irrealidad de la vida personal, de la necesidad de renunciar a ella y de transferir el sentido y la finalidad de la vida a la vida divina, la vida de la humanidad en su conjunto, la vida del Hijo del Hombre.

3. Para comprender la enseñanza de Cristo en lo tocante a la salvación de la vida, es necesario comprender claramente lo que Salomón, y Buda, y todos los sabios, dijeron sobre la vida personal del hombre. Es posible, como dice Pascal, ignorar todas estas cosas, llevar con nosotros pequeñas pantallas que ocultarían a nuestros ojos el abismo de la muerte hacia la cual nos precipitamos; pero basta pensar por un momento en lo que es la vida corporal de un hombre individual, para darse no cuenta de que esta vida, si es la vida del cuerpo simplemente, no tiene sentido, que es una burla cruel del corazón, de la razón del hombre y de todo lo que hay de bueno en él. Y, por tanto, para comprender la enseñanza de Cristo es necesario, en primer lugar, reflexionar y prestar atención, es necesario experimentar en nuestro interior lo que el precursor de Cristo, Juan, predicó a los hombres acosados de perplejidades, como nosotros. Dijo: «Primero arrepentíos, luego entrad en razón o todos pereceréis». Y Cristo, al iniciar su sermón, dijo lo mismo: «Atended, o pereceréis». Hablando de los galileos que Pilato había matado, Cristo dijo: «¿Pensasteis que estos galileos eran más pecadores que cualquier otro galileo, por haber sufrido tanto? No, yo os digo que, si no os arrepentís, todos pereceréis igualmente». La muerte, lo inevitable, está ante todos nosotros. Pugnamos en vano por olvidarlo, pero esto no nos salvará; al contrario, cuando llegue inesperadamente será tanto más espantosa. Solo hay una salvación: renunciar a la vida que muere, y vivir la vida para la que no hay muerte.

4. Basta renunciar por un momento a nuestra vida habitual y mirarla desde fuera, por así decirlo, para ver que todas las cosas que emprendemos en pro de la supuesta seguridad de nuestra vida, no las emprendemos para hacerla más segura, sino simplemente para ocupar nuestra mente con esa seguridad ficticia y olvidar que nada puede hacer segura nuestra vida. El hombre rico busca la seguridad de su vida en el dinero, y este dinero tienta a un ladrón a matarlo. El hombre nervioso trata de asegurar su vida con medicinas, y estas medicinas lo matan lentamente, o si no lo matan, seguramente lo privan de la verdadera vida. Es lo mismo con las naciones que se arman para asegurar su vida y su libertad, y sin embargo este mismo afán de seguridad conduce a las guerras y a la destrucción de cientos de miles de hombres en los campos de batalla, y a la pérdida también de la libertad de las naciones.

La enseñanza de Cristo, acerca de que no se puede asegurar esta vida, sino que hay que estar preparado para morir en cualquier momento, da más felicidad que la enseñanza mundana de que hay que asegurar la vida, si no por otra razón, al menos porque la inevitabilidad de la muerte y la inseguridad de la vida siguen siendo las mismas, tanto si se siguen las enseñanzas mundanas como las de Cristo; en este último caso, sin embargo, nuestra vida no queda totalmente absorbida por el trabajo baladí de alcanzar una falsa seguridad, sino que queda liberada y puede dedicarse al único fin que le es propio: el perfeccionamiento de nuestra alma y el aumento del amor a los demás.

5. Aquel que, en su cuerpo moribundo, no se ve a sí mismo, ha comprendido la verdad de la vida.

Sabiduría budista.

6. Por eso os digo: No os afanéis por vuestra vida, o por qué habéis de comer o qué habéis de beber; ni por vuestro cuerpo, qué habéis de vestir. ¿No es la vida más que el alimento, y el cuerpo más que el vestido?

Mirad las aves del cielo, que no siembran, ni siegan, ni recogen en graneros; pero vuestro Padre celestial las alimenta. ¿No sois vosotros mucho mejores que ellas?

¿Quién de vosotros puede añadir un codo a su estatura?

Por tanto, no penséis: ¿Qué comeremos, qué beberemos, con qué nos vestiremos?

Antes bien, buscad primeramente el reino de Dios y su justicia, y de todas estas cosas se os proveerá.

No os afanéis, pues, por el día de mañana; porque el día de mañana se afanará en sus cosas. Basta al día con su maldad.

Mateo VI, 25-27, 31, 33, 34.

III. La renuncia al Yo animal revela a Dios en el alma del hombre

1. Cuanto más renuncia el hombre a su «yo» corporal, más se revela Dios en él. El cuerpo esconde al Dios en el hombre.

2. Si quieres alcanzar la conciencia del «yo» que todo lo abarca, primero debes conocerte a ti mismo. Para conocerte a ti mismo debes sacrificar tu «yo» al «Yo» universal.

Sabiduría brahmánica.

3. El que renuncia a su personalidad es poderoso, porque su personalidad ha estado ocultando a Dios en su interior. En cuanto se ha despojado de su personalidad, es Dios quien actúa en él y ya no su propia personalidad.

4. Si desprecias el mundo, poco mérito tienes en él. Para el que vive en Dios, tanto su propio yo como el mundo serán siempre como nada.

Angelus.

5. La renuncia a la vida corporal solo es valiosa, necesaria y bienaventurada si es una renuncia religiosa, es decir, si el hombre renuncia a sí mismo, a su cuerpo, para hacer la voluntad de Dios que habita en él. Pero, cuando el hombre renuncia a su vida corporal no para hacer la voluntad de Dios, sino para hacer su propia voluntad o la voluntad de hombres como él, tal renuncia no es valiosa ni útil ni bienaventurada, sino, por el contrario, perjudicial para sí mismo y para los demás.

6. Si buscas agradar a los demás para que te estén agradecidos, tus esfuerzos serán en vano. Pero si haces el bien a la gente sin pensar en ellos, sino por Dios, no solo te harás bien a ti mismo, sino que la gente también te estará agradecida.

El que se olvida de sí mismo es recordado por Dios, el que se acuerda de sí mismo es olvidado por Dios.

7. Solo cuando dejamos morir al yo en nuestro cuerpo resucitamos en Dios.

8. Si no esperas nada ni buscas recibir nada de los demás, la gente no te atemorizará, lo mismo que una abeja no atemoriza a otra o un caballo no atemoriza a otro. Pero si tu felicidad está en poder de otras personas, siempre temerás a la gente.

Debemos empezar por esto: renunciar a todo lo que no nos pertenece, renunciar a ello hasta tal punto que no tenga dominio sobre nosotros, renunciar a todo lo que el cuerpo necesita, renunciar al amor a las riquezas, a la gloria, a los cargos, a los honores, renunciar a la mujer, a los hijos, a los hermanos. Debemos decirnos a nosotros mismos que ninguna de estas cosas nos pertenece.

Pero ¿cómo conseguirlo? Somete tu voluntad a la de Dios: ¿quiere él que yo tenga fiebre? Así lo haré yo. ¿Quiere Él que haga esto en vez de esto otro? Así lo haré. ¿Desea que me ocurra algo que no espero?

También lo haré.

Epicteto.

9. Nuestra propia voluntad nunca satisface, aunque se cumplan todas sus exigencias. Pero, en el momento en que renunciamos a ella, sentimos un contento completo. Viviendo para nuestra propia voluntad, estamos siempre descontentos; renunciando a ella estamos obligados a estar contentos. La única virtud verdadera es odiarnos a nosotros mismos, porque todo hombre merece el odio por sus pasiones. Pero, odiándose a sí mismo, el hombre busca un ser digno de amor. Siendo, sin embargo, incapaces de amar nada que esté fuera de nosotros, estamos obligados a amar a ese ser que está dentro de nosotros, pero que no es nuestro propio yo, y solo puede haber un ser así: el Ser universal. El Reino de Dios se encuentra dentro de nosotros; la bendición universal está dentro de nosotros, pero nosotros no somos él.

Pascal.

IV. La simple renuncia del Yo hace posible el amor a los otros

1. Solo no perece el que no vive para sí mismo. Pero el que no vive para sí, ¿para qué vivirá? Solo viviendo para Todo se puede vivir sin vivir para uno mismo. Solo viviendo para Todo el hombre puede estar y está en paz.

Lao-Tse.

2. Aunque lo desearas, no puedes separar tu vida de la de la humanidad. Vives en ella, por ella y para ella. Viviendo entre la gente, no puedes escapar a la autorrenuncia, porque hemos sido creados para la reciprocidad, como los pies, las manos y los ojos, y la reciprocidad es imposible sin la autorrenuncia.

Marco Aurelio.

3. No puedes obligarte a amar a los demás. Solo puedes desechar lo que obstaculiza el amor. Y el amor de tu «yo» animal obstaculiza el amor.

4. Ama a tu prójimo como a ti mismo no significa que debas intentar amar a tu prójimo. No puedes obligarte a amar. Amar al prójimo significa dejar de amarte a ti mismo por encima de todas las cosas. Y en el momento en que dejes de amarte a ti mismo por encima de todas las cosas, involuntariamente amarás a tu prójimo como a ti mismo.

5. Para amar a los demás de obra y no de palabra, también debes dejar de amarte a ti mismo de obra y no de palabra. Pero suele suceder lo siguiente: decimos que amamos a los demás, pero los amamos solo de palabra y, sin embargo, no nos amamos a nosotros mismos de palabra sino de obra. Podemos olvidarnos de vestir, alimentar o dar cobijo a los demás, pero nunca nos olvidamos de nosotros mismos. Por eso, para poder amar a los demás con obras, debemos aprender a olvidarnos de vestir, alimentar y dar cobijo, como nos olvidamos de hacer estas cosas por los demás.

6. Debemos entrenarnos para decir dentro de nuestra alma cuando nos encontremos con otra persona: pensaré solo en esta persona, y no en mí mismo.

7. Basta con acordarse de uno mismo en medio de un discurso para perder el hilo del pensamiento. Solo cuando nos olvidamos completamente de nosotros mismos salimos de nosotros mismos, y solo entonces nuestra asociación con los demás es fructífera y podemos servirles y ejercer sobre ellos una influencia benéfica.

8. Cuanto más rico es un hombre en cosas externas, cuanto mejor le va en la vida mundana, tanto más difícil, tanto más alejada de él está la alegría de la renuncia a sí mismo. Los ricos están casi totalmente privados de ella. Pero, en el caso del pobre, cada vez que interrumpe su trabajo para ayudar a otro, cada mendrugo de pan que da a un mendigo, es una alegría de autorrenuncia.

Y si un rico da dos de sus tres millones a su vecino, no puede experimentar la alegría de la renuncia a sí mismo.

9. Érase una vez una sequía destructiva que asolaba la tierra: todos los ríos, arroyos y pozos se secaron, los árboles, arbustos y pastos se secaron, la gente y los animales se morían de sed.

Una noche, una niña salió de su choza con un vaso en la mano en busca de agua para su madre enferma. La niña, al no encontrar agua en ningún sitio, se tumbó en la hierba del campo y se quedó dormida. Cuando se despertó e intentó coger el vaso, casi lo derrama. Estaba lleno de agua fresca y pura. La niña se alegró y estaba a punto de beber cuando se acordó de su madre y, temiendo que no hubiera suficiente para ella, corrió a casa con su vaso de agua. Se apresuró tanto que no se dio cuenta de que había un perrito a sus pies, tropezó y se le cayó el vaso. El perrito gimió lastimeramente. La niña se inclinó para recoger el vaso.

Tenía miedo de haber derramado toda el agua que contenía, pero encontró la taza de pie y aún estaba llena de agua. La niña vertió un poco de agua en la palma de su mano y el perro la lamió y se puso contento. Cuando la niña levantó por fin la taza, esta se había convertido en plata. La niña llevó la taza a casa y se la dio a su madre. Pero la madre le dijo: «Debo morir de todos modos, bébetela tú». Y en ese instante la copa se convirtió en oro. Y la niña, no pudiendo resistir más, estaba a punto de acercar sus labios a la copa, cuando entró un peregrino y le pidió agua. La niña ofreció inmediatamente la copa al peregrino. Y de repente aparecieron en ella siete maravillosos diamantes y un caudal de agua fresca y pura salió de ella.

Pero los siete diamantes se elevaron más y más hasta llegar al cielo y convertirse en una constelación de siete estrellas conocida como Osa Mayor.

10. Lo que das a los demás es tuyo, lo que has retenido pertenece a los demás.

Si has dado algo a otra persona privándote de ti mismo, te has hecho un bien a ti mismo y este bien es eternamente tuyo, nadie puede robártelo.

Pero si has retenido lo que otro desea, lo has retenido solo por un tiempo o hasta que te veas obligado a separarte de ello. Porque seguramente tendrás que separarte de ello cuando llegue la muerte.

11. ¿No llegará nunca el momento en que la gente aprenda que es tan fácil vivir por los demás como morir por los demás, participando en guerras cuya causa puede ser desconocida para ellos? Solo la elevación y la iluminación del espíritu en el hombre podrán lograrlo.

Brown.

V. El que emplea toda su fuerza en satisfacer sus deseos animales lo único que consigue es destrozar su verdadera vida

1. Si un hombre piensa solo en sí mismo y busca su propio beneficio en todo, no puede ser feliz. Si de verdad quieres vivir para ti, vive para los demás.

Séneca.

2. Para comprender cuán necesario es renunciar a la vida de la carne por la vida del espíritu basta con imaginarse cuán repulsiva sería la vida del hombre si se entregara por completo a sus deseos animales. La verdadera vida del hombre comienza solo con su renuncia a la animalidad.

3. En la parábola de la viña, Cristo explica el error de los hombres que aceptan la vida imaginaria —su propia vida animal personal— como si fuera la verdadera vida.

Los hombres que vivían en la viña de un amo concibieron la idea de que eran sus dueños. Como resultado de este error, se vieron inducidos a cometer una serie de actos enloquecidos y crueles que condujeron a su expulsión y exclusión de la vida. También nosotros hemos concebido la idea de que la vida de cada uno de nosotros es de nuestra propiedad personal, que tenemos derecho a ella, que podemos usarla como nos parezca y que no tenemos obligaciones para con nadie. Y la misma serie de actos enloquecidos y crueles y de desgracias, seguidas de la exclusión de la vida, con toda seguridad nos espera a quienes hemos concebido tales errores. Del mismo modo que los moradores de la viña olvidaron o se negaron a darse cuenta de que la viña se había entregado plantada, cercada y provista de un pozo, es decir, que alguien había trabajado en él antes que ellos y, por lo tanto, se esperaba que ellos también trabajaran en ella, así también los hombres que viven una vida personal olvidan todo lo que se ha hecho por ellos antes de su llegada al mundo, y todo lo que se está haciendo por ellos mientras viven, cosa que demuestra que se espera algo de ellos.

Según la doctrina de Cristo, así como los obreros que moraban en la viña que les había preparado su señor debían darse cuenta de que estaban eternamente en deuda con él, así también los hombres debían darse cuenta de que, desde el día de su nacimiento hasta el de su muerte, estaban irremediablemente en deuda con algunos que vivieron antes que ellos, que aún viven y vivirán, así como con lo que fue, es y será siempre el principio de todas las cosas. Han de comprender que cada hora de su vida reafirma tal obligación; por tanto, quien vive para él mismo y niega esa obligación que le ata a la vida y a su principio, se priva a sí mismo de la vida.

4. La gente se imagina que la autorrenuncia es una violación de la libertad. Tales personas no saben que la autorrenuncia nos da la verdadera libertad, liberándonos de nuestro propio yo y de la servidumbre a nuestra propia corrupción. Nuestras pasiones son nuestros tiranos más crueles: renuncia a ellas y realizarás la libertad.

Fénelon.

5. Si un hombre se da cuenta de cuál es su vocación, pero no renuncia a su personalidad, es como un hombre que tiene las llaves de los apartamentos interiores, pero no tiene la llave de la puerta exterior.

6. La realización de la propia vocación, que incluye la ley de la abnegación, no tiene nada en común con el disfrute de la vida. Si mezcláramos la conciencia de nuestra vocación con el disfrute y ofreciéramos esta mezcla como una medicina al alma enferma, los dos principios se distanciarían por ellos mismos. Pero, si no lo hicieran, y la conciencia de la superior vocación del hombre no ejerciera ningún efecto, y la vida del cuerpo hubiera adquirido, debido al afán de gozar, una fuerza supuestamente proporcional a esa vocación, la vida moral se desvanecería sin remedio.

Kant.

VI. La liberación de los pecados solo es posible mediante la autorrenuncia

1. Renunciar a la satisfacción animal por el bien de la bienaventuranza espiritual es una consecuencia de un cambio de conciencia. Y ese cambio de conciencia es que el hombre, que se ha considerado antes tan solo un animal, comienza a reconocerse como un ser espiritual. Si este cambio de conciencia se lleva a cabo, lo que antes se consideraba privación y sufrimiento ya no se entiende como tal, sino como una preferencia natural de lo que es mejor respecto a lo que es peor.

2. Están equivocados quienes piensan y dicen que, para cumplir la vocación de la vida y alcanzar la felicidad, necesitamos salud, comodidad y condiciones externas favorables en general. Esto es falso. La salud, la comodidad y las condiciones externas favorables no son necesarias para el cumplimiento de nuestra vocación y para nuestra felicidad. Tenemos la posibilidad de gozar de la felicidad de la vida espiritual, que nada puede violar, la felicidad del creciente amor interior. Pero debemos tener fe en tal vida espiritual y concentrar en ella todos nuestros esfuerzos.

Puedes vivir la vida del cuerpo y trabajar sobre ella, pero, en el momento en que aparezcan obstáculos en esta vida corporal, retírate de la vida corporal a la vida espiritual. Y la vida espiritual es siempre libre. Es como las alas de un pájaro. Un pájaro puede caminar sobre sus patas, pero en cuanto encuentra un obstáculo o un peligro, el pájaro, teniendo fe en sus alas, las despliega y se eleva.

3. No hay nada más importante que el trabajo interior en soledad con Dios. Este trabajo interior consiste en dejar de buscar la felicidad de tu personalidad animal, en recordarte el sinsentido de la vida corporal. Solo puedes hacerlo cuando estás a solas con Dios. Cuando estás en compañía de otras personas, es demasiado tarde. Cuando estás en compañía de otras personas tus acciones serán buenas solo si has preparado en ti la capacidad de autorrenuncia, a través de la comunión solitaria con Dios.

4. Todo hombre experimenta, tarde o temprano, de forma más o menos clara, una contradicción interior: yo viviría para mí mismo y viviría racionalmente, pero vivir para mí mismo es irracional. esto parece contradictorio, pero ¿lo es? Si es así, entonces hay contradicción en la semilla en descomposición que, al descomponerse, da un brote. Es una contradicción, solo si me niego a escuchar la voz de la razón. La razón muestra la necesidad de trasladar la conciencia de la vida de la vida personal a la vida germinal del espíritu. Me muestra la inutilidad, el sinsentido de la vida personal y me hace una promesa de vida nueva, igual que la semilla crece al atravesar el hueso de la cereza. La contradicción solo se manifiesta entonces cuando nos apoderamos de la forma exterior de la vida desechada, negándonos a separarnos de ella, como si la envoltura exterior de la semilla, una vez que esta ha reventado, insistiera en afirmar su vida. Lo que nos parece una contradicción, no

son más que los dolores del nacimiento a una nueva vida. Basta con que dejemos de resistirnos a esta inevitable sustitución de la vida corporal por la vida espiritual y nos entreguemos a la vida espiritual, y una vida nueva, mejor, la verdadera vida, se revelará ante nosotros.

5. El único trabajo verdadero y gozoso de la vida es atender al crecimiento de nuestra alma, y la abnegación es necesaria para tal crecimiento. Aprende la abnegación en las cosas pequeñas. Habiendo adquirido el arte de la abnegación en las cosas pequeñas, serás capaz de negarte a ti mismo también en las cosas más grandes.

6. Cuando la luz de tu vida espiritual se está apagando, las oscuras sombras de tus deseos corporales se cruzan en tu camino; cuídate de estas sombras espantosas: la luz de tu espíritu no puede disipar su oscuridad hasta que expulses de tu alma los deseos del cuerpo.

Sabiduría brahmánica.

7. La dificultad de liberarse del amor propio se debe principalmente al hecho de que el amor propio es una condición necesaria de la vida. Es necesario y natural en la infancia, pero debe debilitarse y desaparecer de acuerdo con el incremento de la razón.

Un bebé no siente remordimientos de conciencia a causa del amor propio, pero, en proporción a la creciente luz de la razón, el amor propio se convierte en una carga; a medida que avanza la vida, el amor propio disminuye y, con la proximidad de la muerte, desaparece por completo.

8. Renunciar por completo a uno mismo es convertirse en Dios; vivir por completo para uno mismo es convertirse en una bestia. a vida del hombre es un alejamiento cada vez mayor de la vida de las bestias y acercarse a la vida divina.

9. Aborrezco mi vida, siento que estoy todo en pecados, apenas salgo de un pecado caigo en otro. ¿Cómo puedo, aunque sea en cierta medida, corregir mi vida? Aquí solo hay un medio eficaz: darme cuenta de que mi vida está en el espíritu y no en el cuerpo y negarme a participar en las malas acciones de la vida corporal. Solo hazlo con toda tu alma y verás cómo tu vida comenzará a mejorar. Era mala solo porque servías a tu vida corporal con tu vida espiritual.

10. En vano se esforzará el hombre por librarse de los pecados si no renuncia a su cuerpo, si no deja de poner las exigencias de su cuerpo por encima de las exigencias de su alma.

11. Sin sacrificio no hay vida. Lo quieras o no, la vida es un sacrificio de lo material en pro de lo espiritual.

VII. La renuncia de la personalidad animal otorga al hombre una bendición cierta e inalienable

1. Existe una sola ley para la vida de cada individuo y para la vida común de todos los hombres: para mejorar la vida, hay que estar dispuesto a renunciar a ella.

2. El hombre no puede conocer los efectos de su vida de renuncia a sí mismo. Pero dejémosle que lo intente durante una temporada y estoy convencido de que todo hombre honrado admitirá el efecto beneficioso sobre su alma y su cuerpo de esos momentos ocasionales en los que se olvida de sí mismo y niega su personalidad física.

Ruskin.

3. Cuanto más renuncia el hombre a su «yo» animal, más libre es su vida, más valiosa es para los demás y más gozosa para sí mismo.

4. Se dice en el Nuevo Testamento que el que quiera perder su vida la encontrará. Esto significa que solo se da la verdadera vida a quien renuncia a las cosas placenteras de la vida animal.

La verdadera vida del hombre comienza solo cuando el hombre busca el bienestar del alma y no el del cuerpo.

5. La vida del hombre es como la nube que cae en forma de lluvia sobre los prados, campos, bosques, jardines, arroyos y ríos. La nube se vierte, refresca y da vida a innumerables briznas de hierba, arbustos, árboles, y se vuelve luminosa y transparente, y ¡hete aquí que pronto desaparece! Así es también la vida material de un hombre de bien: ayuda a muchísimas personas, les hace la vida más fácil, les pone los pies en los caminos de la rectitud, les consuela, y ahora, habiéndose gastado, muere y viaja adonde mora lo Eterno, Invisible y Espiritual.

6. Los árboles dan sus frutos e incluso su corteza, sus hojas y sus zumos a todos los que los necesitan. Feliz el hombre que hace lo mismo. Pero pocos son los que lo saben y actúan en consecuencia.

Krishna.

7. No puede haber felicidad mientras pienses en ti mismo. Pero esto no puede evitarse del todo. Si queda la menor preocupación por uno mismo, todo se arruina. Sé que esto es duro, pero también sé que no hay otro medio de alcanzar la felicidad.

Carpenter.

8. Muchos imaginan que, si eliminamos de nuestra vida la personalidad y el amor por ella, no quedará nada. Pero esto solo les parece así a las personas que nunca han experimentado las alegrías de la autorrenuncia. Elimina la personalidad de la vida, renuncia a ella y permanecerá lo que forma la sustancia de la vida: el amor que produce la felicidad positiva.

9. Cuanto más reconoce el hombre su «yo» espiritual y más renuncia a su personalidad material, más verdaderamente se comprende a sí mismo.

Sabiduría brahmánica.

10. Cuanto más desplaza un hombre su vida, desde la existencia animal al plano espiritual, tanto más su vida se vuelve libre y gozosa. Pero, para que el hombre pueda retirar su vida de la existencia animal al plano espiritual, debe reconocerse a sí mismo como un ser espiritual. Y para que pueda reconocerse como un ser espiritual, debe renunciar a la vida material. La fe requiere autorrenuncia, la autorrenuncia requiere conciencia. Una ayuda a la otra.

11. Desde el punto de vista de la felicidad, el problema de la vida es insoluble, ya que nuestros objetivos más elevados nos impiden ser felices. Desde el punto de vista del deber, también existe una dificultad, pues el deber cumplido da paz y no felicidad. Solo el amor divino y santo, y la fusión con Dios destruyen estas dificultades, porque entonces el sacrificio se convierte en una alegría constante, creciente e inviolable.

Amiel.

12. La idea del deber en toda su pureza no solo es incomparablemente más sencilla, más clara y más inteligible para todo hombre en la práctica, y más natural ,que el impulso que tiene su principio en la felicidad y

está conectado con ella, o diseñado en relación con ella (y que siempre exige una gran dosis de artificialidad y delicadas consideraciones), sino que es, en efecto, más poderosa, insistente y prometedora de éxito, ante el juicio de la sana razón ordinaria, que todos los impulsos que proceden del egoísmo, si tan solo la idea del deber está sancionada por el sano sentido con entera independencia de los impulsos egoístas.

La conciencia de que *puedo* porque *debo* abre en el hombre un tesoro de dones divinos que le hacen sentir como un profeta inspirado por la majestad y la altura de su verdadera vocación. Y si el hombre le prestara más atención y aprendiera a separar por completo la virtud de las ganancias que son la recompensa del deber cumplido, si el ejercicio constante de la virtud se convirtiera en el objeto principal de la educación privada y pública, la condición moral de los hombres mejoraría rápidamente. Si la experiencia de la historia no ha dado todavía mejores resultados para la enseñanza de la virtud, de esto tiene la culpa la idea errónea de que el impulso que surge del reconocimiento del deber se supone débil y remoto, y que el alma está más fuertemente influenciada por el impulso más próximo, que tiene como fuente el cálculo de las ganancias que pueden esperarse en parte en este mundo, y en parte en el mundo venidero, como recompensa del cumplimiento de la ley. Sin embargo, el reconocimiento por un hombre del principio espiritual que hay en él, evocando la renuncia a su personalidad, mueve al hombre mucho más poderosamente que cualquier recompensa al cumplimiento de la ley de la rectitud.

Kant.

Humildad

La bendición suprema de la que disfruta el hombre en este mundo es la asociación con los de su especie. Las personas orgullosas, al apartarse de los demás, se privan de esta bendición. Pero el hombre humilde elimina todos los obstáculos internos para el alcance de esta bendición. Y, por lo tanto, la humildad es una prerrequisito necesario para la verdadera felicidad.

I. Un hombre no puede estar orgulloso de sus actos, porque lo bueno que hace no lo hace por sí mismo, sino gracias al principio divino que reside en él

1. Solo puede ser humilde quien sabe que Dios habita en su alma. A un hombre así le da lo mismo cómo lo juzguen los demás.

2. El que se considera dueño de su propia vida no puede ser humilde, porque piensa que no tiene obligación de nada con nadie. Pero el hombre que ve su vocación en el servicio de Dios, no puede ser de otro modo que humilde, porque siempre siente que se ha quedado muy corto en el cumplimiento de todas sus obligaciones.

3. Con frecuencia, nos sentimos orgullosos porque hemos obrado bien, olvidando que Dios habita en cada uno de nosotros y que, al obrar bien, somos meros instrumentos por medio de los cuales Él realiza Sus obras.

Dios hace a través de mí lo que quiere y yo me atrevo a sentirme orgulloso. Es como si una roca que impide el curso de un arroyo se jactara de que produce agua y de que los hombres y las bestias beben de ella. Pero podría decirse que la roca puede sentirse orgullosa porque es pura y no estropea el agua. Si es pura, es porque el agua la ha limpiado y la sigue limpiando. No tenemos nada propio, todo es de Dios.

4. Somos instrumentos de Dios. Sabemos lo que debemos hacer, pero no nos es dado saber por qué. Quien comprende esto no puede ser sino humilde.

5. La principal preocupación en la vida de todo hombre es llegar a ser cada vez mejor. Pero ¿cómo podemos ser mejores si nos consideramos buenos?

6. Solo entonces el obrero realizará bien su tarea, cuando se dé cuenta de su condición. Solo cuando el hombre comprenda la enseñanza de Cristo comprenderá claramente que su vida no es suya, sino de Dios, que es quien se la dio, y que el propósito de la vida no está en el hombre, sino en la voluntad de Aquel que le dio la vida, y que, por lo tanto, el hombre solo puede poner trabas a la manifestación de Dios en sí mismo, pero no puede hacer ningún bien por sí mismo.

7. Basta con que te reconozcas siervo en lugar de amo, e inmediatamente la duda, la preocupación y el descontento darán paso a la certeza, la paz y la alegría.

II. Todos los errores provienen del orgullo

1. Si un hombre se esfuerza por alcanzar a Dios, nunca podrá estar satisfecho de sí mismo. Por mucho que avance, seguirá sintiendo su lejanía de la perfección, porque la perfección es infinita.

2. La seguridad en sí mismo es una característica del animal, la humildad es una característica del hombre.

3. Quien mejor se conoce, menos se estima.

4. Quien está satisfecho consigo mismo, está insatisfecho con los demás.
   Quien siempre está insatisfecho consigo mismo, siempre está satisfecho con los demás.

5. A un sabio le dijeron que algunos hombres lo condenaban por malvado. Él respondió: «Menos mal que no lo saben todo de mí, o me considerarían aún peor».

6. No hay nada más útil para el alma que ser consciente de que eres un mosquito insignificante, tanto en el tiempo como en el espacio, y que tu fuerza reside en tu capacidad para comprender tu insignificancia y, por tanto, ser humilde.

7. A pesar de la falta de atención a sus defectos, que es común a todos los hombres, no hay hombre vivo que no sepa más cosas malas de sí mismo que de sus vecinos.

Por eso, a cualquier hombre le debería resultar fácil ser humilde.

Wolseley.

8. Basta con pensar un poco en ello y siempre nos encontraremos culpables de algo ante la humanidad (incluso de la culpa que se deriva de la desigualdad existente entre las personas, por la que algunas disfrutan de ciertas ventajas en aras de las cuales otras deben experimentar privaciones aún mayores), y esto nos impedirá considerarnos por encima de otras personas en virtud de ilusiones egoístas sobre nuestros propios méritos.

Kant.

9. Nuestros defectos solo pueden verse a través de los ojos de los demás.

Proverbio chino.

Cada hombre puede ser para nosotros un espejo en el que podemos ver nuestros vicios y defectos, y todo lo malo que hay en nosotros. Pero, la mayoría de las veces, actuamos como el perro que ladra a su propio reflejo en el espejo creyendo que ve a otro perro en lugar de a sí mismo.

Schopenhauer.

11. Las personas autosuficientes, estúpidas e inmorales suelen inspirar respeto a las personas humildes, inteligentes y morales, porque un hombre humilde, al juzgarse por su propia valía interior, no puede imaginar que una persona malvada pueda estimarse tanto a sí misma.

12. Un hombre enamorado de sí mismo tiene pocos rivales.

Lichtenberg.

13. A menudo, las personas sin conocimientos ni educación, perciben de forma muy clara, consciente y fácil las verdaderas enseñanzas del cristianismo, mientras que las personas más eruditas siguen sumidas en el fango del paganismo más burdo. Esto se debe a que la gente sencilla suele ser humilde, mientras que la gente culta suele estar segura de sí misma.

14. Para comprender racionalmente la vida y la muerte, y para esperar esta última con serenidad, es necesario darse cuenta de la propia insignificancia.

Eres una partícula infinitamente pequeña de algo, y no serías nada si no tuvieras una vocación o una tarea definida. Solo esto da un sentido y un significado a tu vida. Y tu vocación es hacer uso de los instrumentos que se te han dado a ti y a todo lo que vive; emplear tu cuerpo en el cumplimiento de la tarea que se te ha prescrito. Por lo tanto, todas las tareas son iguales y no puedes hacer nada más que lo que se te ha prescrito. En consecuencia, el hombre no puede atribuirse a sí mismo nada importante o grande. Basta con que te atribuyas alguna tarea grande o excepcional, para que no cesen las decepciones, las contiendas, las envidias y toda clase de sufrimientos. Basta con que te atribuyas a ti mismo la importancia de alguna gran planta que da frutos y estás perdido.

La paz, la libertad, la alegría de vivir y la liberación del miedo a la muerte solo se conceden a quien sabe que en esta vida solo es siervo de su Amo.

III. La humildad une a los hombres en el amor

1. Ser desconocido para los hombres, o ser incomprendido por ellos, y no afligirse por ello: he aquí la característica de un hombre verdaderamente virtuoso que ama a sus semejantes.

Sabiduría china.

2. Al igual que el agua no puede permanecer en las alturas, así la bondad y la sabiduría son extrañas a los soberbios; la una y la otra buscan lugares bajos.

Sabiduría persa.

3. Es un hombre bueno aquel que recuerda sus pecados y olvida su bondad, y es un hombre malo aquel que recuerda su bondad y olvida sus pecados.

No te perdones a ti mismo y perdonarás fácilmente a los demás.

4. Puedes reconocer a un hombre bueno y sabio en que considera a los demás mejores y más sabios que él mismo.

5. Las personas más agradables son los santos que se consideran pecadores; las personas más desagradables son los pecadores que se consideran santos.

Pascal.

6. Qué difícil es amar o compadecer a las personas seguras de sí mismas, orgullosas y fanfarronas. Esto, por sí mismo, demuestra no solo lo buena, sino lo valiosa que es la humildad. Más que cualquier otra cosa en la tierra, despierta el sentimiento más precioso de la vida: el amor.

7. Todo el mundo quiere a un hombre humilde. Todos nos esforzamos tanto por ser amados, ¿por qué no íbamos a intentar ser humildes?

8. Para que los hombres vivan bien, por tanto, debe reinar la paz entre ellos. Cuanto más humildes sean los hombres, más fácilmente vivirán una vida de paz.

IV. La humildad une al hombre con Dios

1. No hay nada más fuerte que un hombre humilde, porque un hombre humilde, renunciando a sí mismo, se entrega a Dios.

2. Hermosas son las palabras de la oración: «Ven y habita en nosotros». Todo está comprendido en estas palabras. El hombre tiene todo lo que necesita, si Dios viene a habitar en él. Para que Dios pueda habitar en nosotros, solo debemos hacer una cosa: disminuirnos a nosotros mismos para dar cabida a Dios. En cuanto el hombre se ha disminuido, Dios entra y habita en él. Por tanto, para tener todo lo que le es necesario, el hombre debe humillarse primero.

3. Cuanto más profundamente penetra el hombre en sí mismo, y cuanto más insignificante se muestra ante sí mismo, más se eleva hacia Dios.

Sabiduría brahmánica.

4. En aquel que adora al Altísimo, el orgullo huye de su corazón como la luz de una hoguera ante los rayos del sol. Aquel cuyo corazón es puro y en quien no hay orgullo, aquel que es humilde, constante y sencillo, que mira a cada criatura como a su amigo y ama a cada alma como a la suya propia, aquel que trata a cada criatura con igual ternura y amor, aquel que quiere hacer el bien y ha abandonado la vanidad: en su corazón habita el Señor de la vida.

Así como la tierra se adorna con las hermosas plantas que produce, así se adorna aquel en cuya alma habita el Señor de la vida.

Vishnu Parana.

V. Cómo combatir el orgullo

1. La verdadera humildad es difícil. Nuestro corazón se rebela ante la idea del desprecio y la humillación. Nos esforzamos por ocultar todas las cosas que podrían humillarnos a los ojos de los demás, nos esforzamos por ocultarlas a nosotros mismos. Si somos malos, no deseamos vernos tal como somos. Pero, por difícil que resulte, la verdadera humildad, es posible de alcanzar. Esforcémonos por librarnos de todo lo que la impide.

Pensamientos piadosos.

2. Los mismos defectos que son tan molestos e intolerables en los demás, nos parecen naderías e impalpables en nosotros mismos. No los sentimos. Ocurre con frecuencia que las personas que hablan de los demás y los juzgan con dureza no se dan cuenta de que se describen a sí mismas con exactitud.

Nada nos ayudaría más a corregir nuestros defectos que vernos reflejados en los demás. Si viéramos con claridad nuestros defectos en los demás, deberíamos odiar nuestros defectos como se merecen.

La Bruyère.

3. Nada es tan perjudicial en la búsqueda de la perfección moral como la autosatisfacción.

Por suerte, si mejoramos, la mejora es tan imperceptible que no podemos observar nuestro éxito salvo después de un largo lapso de tiempo. Pero, si notamos nuestra mejora, es señal de que hemos dejado de avanzar o estamos retrocediendo.

4. Evita pensar que eres mejor que los demás y que tienes virtudes de las que otros carecen. Sean cuales sean tus virtudes, carecen de valor si te consideras mejor que los demás.

5. Esfuérzate por no pensar bien de ti mismo. Si no puedes pensar mal de ti mismo, debes saber que ya es bastante malo que no puedas pensar mal de ti mismo.

6. Cualquier comparación de uno mismo con los demás, con el fin de autojustificarnos, es un error y un obstáculo para la buena vida y para su objetivo principal: la búsqueda de la perfección. Compárate solo con la perfección suprema, y no con otras personas, que pueden ser inferiores a ti.

7. Para aprender humildad, esfuérzate por detectar en ti pensamientos orgullosos, cuando estés a solas.

8. Si te maltratan o te condenan, alégrate; si te alaban o te aprueban, ponte en guardia.

9. No temas las humillaciones; si puedes soportarlas con humildad, se redimirán con las bendiciones espirituales que llevan asociadas.

10. Esfuérzate por no ocultar en recovecos oscuros de tu mente los humillantes recuerdos de tus pecados, sino, por el contrario, tenlos siempre a mano para que, al juzgar los pecados de los demás, te acuerdes de los tuyos.

11. Considérate siempre un estudioso. Nunca pienses que eres demasiado viejo para aprender, que tu alma está como debe estar y no puede mejorar. Para un hombre racional no hay graduación escolar: es un aprendiz hasta la tumba.

12. Solo quien es humilde de corazón puede conocer la verdad. La humildad no provoca envidia.

Los grandes árboles son arrastrados por la corriente, los pequeños matorrales permanecen.

Un hombre sabio dijo: «Hijo mío, no te aflijas si no has sido bien valorado, pues nadie puede privarte de lo que has hecho, ni pedirte cuentas de lo que no has hecho. Un hombre prudente se contenta con la estima que se ha ganado».

«Sé bondadoso, respetuoso, amigable, preocúpate por el bien de los demás, y la felicidad vendrá a ti de forma tan natural como el agua encuentra su nivel».

Vishnu.

VI. Efectos del orgullo

1. Quien carece de humildad siempre condena a los demás. Ve los defectos de los demás mientras sus propias pasiones y orgullos crecen sin cesar.

Sabiduría budista.

2. Un hombre que no está iluminado por el cristianismo solo se ama a sí mismo. Y, amándose a sí mismo, sería grande, pero ve que es pequeño, sería importante, pero ve que es insignificante, sería bueno, pero ve que es malo. Y, viendo estas cosas, el hombre comienza a estar a disgusto con la verdad y a inventar aquellos argumentos que le probarían que él es en verdad tal como sería y, habiendo inventado tales argumentos se hace a sus propios ojos grande, importante y bueno. He aquí el doble gran pecado: el orgullo y la falsedad. La falsedad viene del orgullo, y el orgullo de la falsedad.

Pascal.

Quien no aborrece ese amor propio que le obliga a considerarse por encima de todo lo demás en el mundo, está completamente ciego, pues nada está tan en desacuerdo con la justicia y la verdad como esa opinión de sí mismo. Es falsa en sí misma, porque no se puede estar por encima de nada en el mundo, y además es algo injusto, ya que todo el mundo busca lo mismo para sí mismo.

Pascal.

4. Hay una mancha oscura en nuestro sol: es la sombra que proyecta la veneración que sentimos por nuestra propia persona.

Carlyle.

5. No hay superioridad humana —belleza, fuerza, riqueza, honores, aprendizaje, ilustración, incluso bondad— que, sin asociarse con la humildad, no degenere de superioridades y buenas cualidades en características repulsivas. No hay nada más repulsivo que un hombre alardeando de su riqueza, posición, aprendizaje, mente, ilustración y bondad. La gente anhela ser amada por los demás y sabe que el orgullo es repulsivo, y sin embargo no consigue ser humilde. ¿Por qué? Porque la humildad no puede adquirirse de forma independiente. La humildad es el efecto de redirigir tus deseos de dominio de lo material al dominio de lo espiritual.

VII. La humildad ofrece al hombre felicidad espiritual y fuerza para luchar contra las tentaciones

1. No hay nada más útil para el alma que la humillación recibida con alegría. Semejante a una lluvia tibia después del sol deslumbrante y abrasador de la autosatisfacción, la humillación recibida mansamente refresca el alma del hombre.

2. El portal del templo de la verdad y la bienaventuranza es bajo. Solo entrarán en el templo quienes se acerquen a él con la cabeza inclinada hacia abajo. Y felices son los que entran. En él hay amplitud y libertad, y la gente se ama y se ayuda y no conoce penas.

Este templo es la verdadera vida del hombre. El portal del templo es la enseñanza de la sabiduría. Y la sabiduría se concede a los humildes, a los que no se elevan, sino que se menguan.

3. La alegría perfecta, según Francisco de Asís, consiste en soportar el reproche inmerecido y en sufrir incluso el daño corporal sin experimentar enemistad contra la causa del reproche y del dolor. Su alegría es perfecta porque ninguna injuria, insulto o ataque de la gente puede violentarla.

4. «Porque cualquiera que se enaltece será humillado, y el que se humilla será enaltecido».

Lucas XIV, 2.

5. El más débil de la tierra vence al más fuerte; el humilde vence al

exaltado y orgulloso. Solo unos pocos en este mundo se dan cuenta del poder de la humildad.

Lao-Tse.

6. Cuanto más alto se considera un hombre, más débil es. Cuanto más bajo se considera, más fuerte es, tanto ante sí mismo como ante los demás.

7. No hay nada más suave y dócil en la tierra que el agua, y sin embargo, cuando se encuentra con lo que es duro y obstinado, nada puede compararse con ella en fuerza. el débil vence al fuerte. El amable vence al cruel. El humilde vence al orgulloso. Todo el mundo lo sabe, pero nadie actúa en consecuencia.

Lao-Tse.

8. Los ríos y los mares dominan los valles sobre los que fluyen: esto se debe a que son más bajos que ellos.

Por tanto, si un santo quiere estar por encima de la gente esforzarse por estar por debajo de ella. En consecuencia, si un santo vive por encima de la gente, la gente no lo siente. Está por delante de su pueblo, pero el pueblo no sufre por ello. Y por esta razón el mundo reza por él. El hombre santo no discute con nadie y nadie discute con él.

Lao-Tse.

9. El agua es fina, ligera y flexible, pero, si encuentra algo duro y obstinado, nada puede prevalecer contra ella. Derriba casas, arrastra grandes barcos como si fueran cáscaras de nuez, arrastra terraplenes. El aire es aún más fino, más suave y más flexible, y es aún más poderoso cuando se encuentra con lo que es firme, duro y obstinado. Arranca grandes árboles de raíz, destruye casas, levanta el agua en poderosas olas y la empuja en forma de nubes. Lo que es suave, blando y flexible vence a lo que es duro, severo e inflexible.

Así también en la vida de los hombres. Si quieres vencer, sé manso, suave y dócil.

10. Para ser fuerte, sé como el agua. Si no hay obstáculos, fluye libremente; si encuentra una presa, se detiene; si se rompe la presa, fluye de nuevo; en un recipiente cuadrado es cuadrado; en un recipiente redondo es redondo. Por ser tan sumiso, es a la vez el más suave y el más fuerte.

Veracidad

Las supersticiones son un obstáculo para vivir correctamente. La liberación de las supersticiones solo está en la veracidad y no solo para los demás, sino también para nosotros mismos.

I. ¿Cuál debe ser nuestra actitud ante las convicciones y los argumentos preestablecidos?

1. Uno de los métodos más comunes para negar la existencia de Dios es aceptar, siempre e incondicionalmente, la opinión pública como correcta y nunca hacer caso a esa voz de Dios que se escucha constantemente en nuestra alma.

Ruskin.

2. Aunque el mundo entero haya aceptado una doctrina como verdadera, aunque esta sea muy antigua, el hombre debe examinarla a la luz de su razón y rechazarla con valentía si no está de acuerdo con las exigencias de la razón.

3. «Y conoceréis la verdad, y la verdad os hará libres».

Juan III, 32.

4. El hombre que reconoce la divinidad de su alma, debe examinar a la luz de su razón todas las enseñanzas que son aceptadas por la gente como verdades indudables.

5. Aquel que quiera llegar a ser un hombre de verdad, debe renunciar a

complacer al mundo; el que quiera llevar la verdadera vida debe negarse a dejarse guiar por lo que se acepta como bueno y debe buscar asiduamente dónde está y cuál es el verdadero bien. No hay nada más santo y provechoso que la investigación independiente del alma.

Emerson.

6. Si algo es verdad, creámoslo: seamos pobres o ricos, hombres, mujeres o niños. Si algo es falso, que nadie lo crea: ni ricos ni pobres, ni multitudes ni hombres, mujeres ni niños. La verdad debe proclamarse desde las azoteas.

7. Algunos siempre susurran que es peligroso exponer ciertas cosas a la mayoría de la gente. Dicen: sabemos que estas cosas son falsas, pero son necesarias para la gente. Es bueno que la gente crea en ellas y mucho daño puede sobrevenir si su fe en ellas se tambalea.

No; los caminos torcidos seguirán siempre torcidos, aunque estén diseñados para el engaño de la inmensa mayoría de la gente. La falsedad nunca puede hacer bien a nadie. Y, por eso, reconocemos una sola ley para todas las personas: seguir la verdad, tal como la conocemos, sin importar adónde nos lleve.

Clifford.

7. Tanto el bien como el mal se mezclan en nuestra disposición a creer en lo que se nos presenta como la verdad: es esta disposición la que permite el movimiento progresivo de la sociedad, y es esta misma disposición la que hace que este movimiento progresivo sea tan dolorosamente lento; gracias a ella, cada generación recibe sin esfuerzo el conocimiento que es su herencia, adquirida gracias al trabajo de los que le han precedido, y cada generación, gracias a ella, resulta esclava de los errores y las supersticiones de sus predecesores.

Henry George.

8. Cuanto más vive un hombre, más libre se vuelve de supersticiones.

9. Todas las supersticiones no son más que corrupciones del pensamiento y, por tanto, solo es posible librarse de ellas aplicándoles los requisitos de la verdad revelada por la razón.

10. Creer en lo que nos es provechoso y genuinamente agradable en sí mismo es una característica natural de los niños y, por supuesto, de la humanidad en su estadio más infantil. Cuanto más viven el hombre y la humanidad, tanto más esclarecida y segura se vuelve la razón humana, tanto más se liberan el hombre y la humanidad de la idea errónea de que todo lo que es verdadero es provechoso para el hombre. Por consiguiente, todo individuo, y la humanidad en general, a medida que progresan en la vida, deben examinar, a la luz de su razón y de la sabiduría de sus predecesores, todas las afirmaciones relativas a la verdad que se les ofrecen como artículos de fe.

11. Todas las verdades expresadas con palabras conforman una fuerza cuyo efecto es infinito.

II. Falsedades, sus causas y efectos

1. No creas que solo en las cosas importantes es necesario decir y actuar con la veracidad. Es necesario hablar y actuar de forma veraz incluso en los asuntos más insignificantes. Lo esencial no es el grado de mal, mayor o menor, que pueda resultar de tu falsedad. Lo esencial es que nunca actúes con falsedad.

2. Si la vida no está en armonía con la verdad, es mejor reconocer la verdad que esconderla: podemos cambiar nuestra vida en aras de la verdad; pero no podemos alterar la verdad en absoluto, permanecerá como es y no dejará de condenarnos.

3. Todos amamos la verdad más que la falsedad, pero, en asuntos que afectan a nuestra vida, preferimos con frecuencia la falsedad a la verdad, porque la falsedad nos proporciona una excusa para nuestra mala vida, mientras que la verdad la desenmascara.

4. En el caso de toda verdad que entra en la conciencia de la gente y es claramente reconocida, la verdad a la que reemplaza es obvia. Sin embargo, los que se aprovechan o están acostumbrados al engaño, tratan por todos los medios de mantener este. En esos momentos, es particularmente importante proclamar la verdad con valentía.

Si alguien te dice que no vale la pena esforzarse a toda costa en pro de la verdad, porque nunca alcanzarás la verdad perfecta, no confíes en quienes eso dicen, y guárdate de ellos, pues son los más encarnizados enemigos de la verdad, y también tus propios enemigos.

Hablan así solo porque su propia vida no está en concordancia con la verdad, y lo saben, pero quieren que los demás vivan como ellos.

6. Si quieres conocer la verdad, en primer lugar, líbrate por una temporada de todas las consideraciones acerca de tu propio beneficio, al tomar esta o aquella decisión.

7. Te deleita descubrir la falsedad de otros y exponerla, pero entonces ¿cuánto más debería deleitarte si te descubres a ti mismo en una falsedad y lo reconoces? Esfuérzate por concederte tal placer con la mayor frecuencia posible.

8. Cuando la falsedad, con sus tentaciones, resulta tan tentadora, llega un momento en que abruma a un hombre con tales agonías que este se vuelve a la verdad, no por deseo de verdad, sino simplemente para escapar de la falsedad y del inevitable tejido de sufrimiento que resulta de la misma, y solo en la verdad encuentra su salvación.

9. ¿Qué es la nube que ha envuelto al mundo? ¿Por qué no hay luz en ella? ¿Qué lo contamina? ¿Cuál es su gran peligro?

Su peligro reside en que los hombres no viven por la razón divina que les ha sido concedida, sino por esa razón común y corrompida que ha cuajado entre ellos para la justificación de sus pasiones. Los hombres sufren y buscan la salvación. ¿Qué los salvará entonces? Solo respetando su razón y siguiendo la verdad.

De fuentes orientales.

10. La amarga experiencia demuestra que no podemos apegarnos a las antiguas condiciones de vida y que, por lo tanto, debemos encontrar nuevas condiciones, adecuadas a las necesidades modernas; pero, en lugar de utilizar su razón para la determinación y el establecimiento de estas condiciones, emplean su razón para mantener la existencia en la condición que la caracterizaba siglos atrás.

11. La falsedad nos oculta el espíritu de Dios que habita en nosotros y en los demás, y por eso, no hay nada más precioso que la verdad que nos devuelve al amor de Dios y del prójimo.

12. No hay mayor desgracia que el momento en el que el hombre empieza a evitar la verdad por miedo a que le muestre lo malo que es.

Pascal.

13. La señal más segura de la verdad es la sencillez y la claridad. La falsedad es siempre compleja, fantasiosa y ampulosa.

14. Es posible estar solos en nuestro entorno temporal privado, pero cada uno de nuestros pensamientos y sentimientos encontrará su eco en la humanidad. En el caso de unos pocos hombres, a quienes la mayor parte de la humanidad reconoce como sus líderes, reformadores e iluminadores, tal eco es tremendo y reverbera con un poder excepcional. Pero no existe un hombre cuyos pensamientos no produzcan un eco similar, aunque de efecto más débil. Cada manifestación genuina del alma, cada expresión de convicción personal, es útil para alguien o de alguna manera, incluso si tú mismo no eres consciente de ello, incluso si tu boca es silenciada o la cuerda de estrangulación se tensa alrededor de tu cuello. Una palabra dicha a otro conserva su efecto indestructible; como todo movimiento, es indestructible y tan solo cambia de forma.

Amiel.

III. ¿Qué detrae la superstición?

1. Cuanta más veneración rodea los objetos, costumbres o leyes, más cuidadosamente debemos examinar sus pretensiones de venerabilidad.

2. Existen muchas verdades antiguas que nos parecen creíbles simplemente porque nunca hemos reflexionado seriamente sobre ellas.

3. La razón es el mayor santuario del mundo y, por lo tanto, el mayor de los pecados reside en abusar de ella, empleándola para ocultar o corromper la verdad.

4. Recorriendo la historia de la humanidad, observamos de vez en cuando que los absurdos más evidentes pasaron entre los hombres como verdades indubitables, que naciones enteras cayeron víctimas de las supersticiones más salvajes y se humillaron ante otros mortales, frecuentemente ante personajes idiotas o libertinos. Y la causa de estos absurdos y sufrimientos ha sido siempre la misma: aceptar como artículo de fe cosas que hasta los niños podían reconocer como irracionales.

Henry George.

5. Nuestra época es la verdadera era de la crítica. Todo lo que se acepta como artículo de fe se somete a crítica.

La razón solo respeta lo que es capaz de superar una prueba libre y pública.

Kant.

No temas la destrucción que causa la razón entre las tradiciones establecidas por hombres. La razón no puede destruir nada sin sustituirlo por la verdad. Eso es lo que la caracteriza.

IV. Supersticiones religiosas

1. Malo es que la gente no conozca a Dios, pero es peor que reconozca como Dios lo que no lo es.

Lactancio.

2. Ya no tenemos religión. Las leyes eternas de Dios, con su paraíso y su infierno eternos, se han transformado en reglas de filosofía práctica basadas en hábiles cálculos de pérdidas y ganancias, con un débil residuo de respeto, ganado con las alegrías que proporcionan la virtud y la elevada moralidad. Aún empleando el lenguaje de nuestros antepasados, nos hemos olvidado de Dios y, haciendo uso del método moderno de expresión, debemos decir que interpretamos falsamente la vida del mundo. Cerramos tranquilamente los ojos y nos negamos a ver la sustancia eterna de las cosas y solo tenemos en cuenta su apariencia ilusoria.

Consideramos sin alboroto el universo como un gigantesco accidente ininteligible; a juzgar por su aspecto exterior, se nos presenta con bastante claridad como un inmenso corral de ganado o un hospicio con amplias cocinas y mesas de comedor, en las que solo caben personas prudentes.

No, no tenemos Dios. Las leyes de Dios han sido sustituidas por el principio del máximo beneficio.

Carlyle.

3. Dios nos dio Su razón para que Le sirviéramos; pero usamos esta razón para servirnos a nosotros mismos.

4. «Guardaos de los escribas, que quieren andar con ropas largas, y aman los saludos en los mercados, y los asientos más altos en las sinagogas, y las salas principales en las fiestas; Los que devoran las casas de las viudas y, para aparentar, pronuncian largas oraciones: estos sufrirán mayor condenación».

Lucas XX, 46-47.

5. «Pero no os llaméis Rabí, porque uno es vuestro Maestro, Cristo, y todos vosotros sois hermanos. Y no llaméis padre vuestro a nadie en la tierra, porque uno es vuestro Padre, el que está en los cielos.

Ni os llaméis maestros, porque uno es vuestro Maestro, Cristo».

Mateo XXII, 8-10.

6. Sin pureza de alma, ¿por qué adorar a Dios? ¿Por qué decir: iré a Benarés? ¿Cómo alcanzará el Benarés verdadero aquel que ha hecho mal?

La santidad no está en los bosques, ni en el cielo, ni en la tierra, ni en los ríos sagrados. Purifícate y Le verás. Transforma tu cuerpo en un templo, desecha los malos pensamientos y míralo con tu ojo interior. Cuando Le reconocemos, nos reconocemos a nosotros mismos. Sin experiencia personal, las Escrituras por sí solas no desterrarán nuestros temores, del mismo modo que las tinieblas no se disipan con el fuego ilustrado. Cualquiera que sea tu fe y tus oraciones, mientras no haya verdad en ti, no alcanzas el camino de la bienaventuranza. El que reconoce la verdad, nace de nuevo.

La fuente de la verdadera bienaventuranza es el corazón. Loco es quien la busca en otra parte. Es como un pastor que va al extranjero en busca del cordero que se cobija en su seno.

¿Por qué juntáis piedras y construís grandes templos? ¿Por qué os torturáis mientras Dios habita en vosotros constantemente? El perro en tus patios es mejor que un ídolo sin vida en tu casa y, mejor que todos los semidioses, es el gran Dios del universo.

La luz que habita en el corazón de cada hombre como la estrella del alba, esa luz es tu refugio.

Vemana.

7. Qué extraño resulta que el mundo tolere y asuma, de entre las más elevadas revelaciones de la verdad, solo las más antiguas y las que ya no benefician a la época actual, en tanto que menosprecian e incluso odian toda revelación directa, todo pensamiento original.

Thoreau.

8. La conciencia religiosa de la humanidad no es inmóvil, sino que cambia continuamente, haciéndose cada vez más clara y pura.

9. La corrección de los males existentes no puede comenzar de otra manera que poniendo en evidencia la falsedad religiosa y con el establecimiento de la verdad religiosa por parte de cada individuo en su propio interior.

V. El principio racional en el hombre

1. ¿Qué es la razón? Todo lo que definimos es definido por nuestra razón. Y, por tanto, ¿con qué definiremos la razón?

Si definimos todas las cosas a través la razón, por el mismo motivo, no podemos definir la razón. Sin embargo, todos, no solo reconocemos la razón, sino que reconocemos la razón que no deja lugar a la duda y todos la reconocemos igual de bien.

2. El verdadero valor del hombre reside en ese principio espiritual que unas veces llamamos razón y otras conciencia. Tal principio, que se eleva por encima de lo local y temporal, contiene la verdad positiva y la justicia eterna. En medio de lo imperfecto, aprecia lo perfecto. Su principio es general, desapasionado y siempre contrario a todo lo que hay de prejuicioso y egoísta en la naturaleza humana. Su principio nos dice, imperiosamente, a cada uno de nosotros, que nuestro prójimo es tan valioso como nosotros mismos, y que sus derechos son tan sagrados como los nuestros. Nos ordena asumir la verdad, por repugnante que resulte a nuestro orgullo, y ser justos por poco, provechoso que sea para nosotros. Ese mismo principio nos llama a regocijarnos en el amor, en todo lo que es bello, santo y bendito, sin importar en quién podamos encontrar estas cualidades. su principio es un rayo de lo Divino en el hombre.

Channing.

3. Todo lo que conocemos, lo conocemos a través de nuestra razón. Por tanto, no confíes en aquellos que dicen que no debemos seguir nuestra razón. Aquellos que así hablan son como los que nos aconsejan apagar la única luz que nos guía en la oscuridad.

4. Debemos confiar en nuestra razón. Esta es una verdad que no podemos ni debemos ocultar. No podemos creer en Dios si menospreciamos la importancia de esa facultad a través de la cual conocemos a Dios. La razón es esa facultad a la que se dirige la revelación. La revelación solo puede comprenderse mediante la razón. Si, después de recurrir concienzudamente y sin prejuicios a nuestras mejores facultades, una determinada enseñanza religiosa nos parece contraria y carente de armonía con los principios fundamentales de los que no dudamos, debemos renunciar a tener fe en tal enseñanza. Estoy más convencido de que mi naturaleza razonable es de Dios que de que cualquier libro sea una expresión de Su voluntad.

Channing.

5. La razón revela al hombre el sentido y el significado de su vida.

6. La razón no le ha sido dada al hombre para enseñarle a amar a Dios y al prójimo. Todo eso se ha implantado en el corazón del hombre independientemente de la razón. La razón fue dada al hombre para indicarle lo que es verdadero y lo que es falso. El hombre solo tiene que rechazar lo que es falso y aprenderá todo lo que necesita.

7. Los errores y los desacuerdos de los hombres en materia de búsqueda y reconocimiento de la verdad no se deben a otro motivo que a su desconfianza de la razón; en consecuencia, la vida humana, regida por costumbres, tradiciones, modas, supersticiones, prejuicios, violencia y toda clase de cosas, exceptuando la razón, sigue su propio curso, y la razón existe por sí misma. Ocurre también con frecuencia que, si se hace algún uso del pensamiento, no se aplica a la búsqueda y difusión de la verdad, sino a un empeño persistente por justificar y sostener a toda costa costumbres, tradiciones, modas, supersticiones y prejuicios a toda costa.

Los espejismos y desacuerdos entre las gentes, en cuestiones de reconocimiento de la única verdad, no se debe a una diferencia en la naturaleza de la razón humana o a su incapacidad para señalarles la única verdad, sino al hecho de que no confían en ella.

Si tuvieran fe en su razón, encontrarían un método para verificar las indicaciones que les da la razón, tanto a ellos mismos como a los demás. Habiendo encontrado tal método de verificación mutua, estarían convencidos de que la razón es la misma en todos, y se someterían a sus dictados.

Th. Strakhoff.

8. La razón es una y es la misma en todas las personas. Las asociaciones entre hombres y sus influencias mutuas, del uno al otro, se basan en la razón. Los dictados de la razón —que es una y la misma en todas las personas— son obligatorios para todos los hombres.

9. En la medida en que un hombre es veraz, es divino; la invulnerabilidad, la inmortalidad, la majestad de lo divino entran en el hombre junto con la veracidad.

Emerson.

10. Recuerda que tu razón, teniendo en sí misma la facultad de la vida, te hace libre, siempre que no la pongas al servicio de la carne. El alma del hombre, iluminada por la razón, libre de las pasiones que oscurecen este mundo, es una verdadera fortaleza y no hay refugio, disponible para el hombre, que sea más seguro e inaccesible al mal. Quien no sabe esto, está ciego y quien, sabiéndolo, no confía en la razón, es un verdadero desdichado.

Marco Aurelio.

11. Uno de los principales deberes del hombre es permitir que irradie con toda su fuerza ese principio luminoso de la razón que nos ha concedido el cielo.

Sabiduría china.

12. Glorifico el cristianismo porque expande, fortalece y eleva mi naturaleza racional. Si no pudiera seguir siendo racional como cristiano, rechazaría el cristianismo. Por el cristianismo me siento obligado a sacrificar mis bienes, mi reputación, mi vida, pero no existe religión alguna por la que sacrificaría esa razón que me eleva por encima del animal y me hace hombre. No conozco mayor blasfemia que renunciar a la facultad más elevada que Dios me ha dado. Hacer esto es oponerse voluntariamente al principio divino que habita en nosotros. La razón

es la expresión más elevada de nuestra naturaleza pensante. Está de acuerdo con la unidad de Dios y del universo, y se esfuerza por hacer del alma un reflejo y un espejo de la unidad suprema.

Channing.

13. Si un hombre no supiera que puede ver a través de sus ojos y nunca los abriera, sería verdaderamente lamentable. Pero aún más digno de lástima es el hombre que no comprende que se le ha concedido la razón para que pueda soportar todas las vicisitudes. Con la ayuda de la razón podemos soportar todas las vicisitudes. El hombre dotado de razón nunca en su vida se encontrará con vicisitudes intolerables. Estas no existen para él. Pero ¿cómo a menudo, en lugar de afrontar con valentía alguna vicisitud, nos empeñamos de forma pusilánime en evitarla? ¿No es mejor alegrarse de que Dios nos haya dado el poder de soportar con ecuanimidad lo que nos sucede, de forma independiente a nuestra voluntad y agradecerle que haya puesto nuestra alma bajo sujeción solo a lo que depende de nosotros mismos? No ha sometido nuestra alma a nuestros padres, a nuestros hermanos, a nuestro cuerpo o a la muerte. En su bondad, la sometió a una sola cosa: a nuestra razón, que depende de nosotros.

Epicteto.

14. La razón nos ha sido dada por Dios para que le sirvamos. Por lo tanto, debemos conservarla en toda su pureza para que distinga siempre lo verdadero de lo falso.

15. El hombre solo es libre si permanece en la verdad. Y la verdad es revelada por la razón.

VI. La razón: el censor de los credos

1. Cuando un hombre utiliza su razón para la solución de problemas tales como por qué existe el mundo y por qué vive en este mundo, experimenta una sensación parecida al mareo o al vértigo. La mente del hombre no puede encontrar respuestas a estos problemas. ¿Qué significa esto? Significa que la razón no fue dada al hombre para responder a estas preguntas, y que el hecho mismo de formular estas preguntas es

un error de la razón. La razón solo resuelve la cuestión de cómo hemos de vivir. Y la respuesta es muy clara: para hacer el bien a nosotros mismos y a los demás. Esto es necesario para todo lo que vive, yo incluido. Y la posibilidad de vivir así se da a todo lo que vive, incluido yo mismo, mediante el ejercicio de la razón. Y esta solución excluye toda pregunta sobre por qué y para qué.

2. «¿No tenemos razón? ¿No es necesario mantener al pueblo engañado? Mira qué salvajes e incultos son».

No, son salvajes e incultos porque han sido engañados de manera burda. Por lo tanto, en primer lugar, hay que dejar de engañarlos de manera burda.

3. Si Dios, como objeto de nuestra fe, está por encima de nuestro razonamiento, no por ello se deduce que debamos descuidar la actividad de nuestra razón y considerarla perjudicial.

Aunque los objetos de nuestra fe están, sin duda, más allá del ámbito de nuestro razonamiento, la razón tiene una enorme importancia en relación con ellos, porque no podemos prescindir de ella. Tiene las funciones de un censor que, admitiendo del dominio de la fe la verdad que está por encima de nuestra razón, es decir, una verdad metafísica, rechaza sin embargo todas las verdades ficticias que contradicen nuestra razón.

Pero, además de esta función afirmativa, la razón tiene también una función negativa propia, para librar al hombre de los pecados, de los errores (que son excusas para el pecado, los errores (que son las excusas del pecado) y las supersticiones.

Strakhoff.

4. Sé una luz para ti mismo. Sé un refugio para ti mismo. Aférrate a la luz de tu lámpara y no busques otro refugio.

Sutta.

5. «Mientras tengáis luz, creed en la luz, para que seáis hijos de la luz».

Juan VII, 36.

Para conocer la verdadera religión es necesario, no aplastar la razón —como enseñan los falsos maestros—, sino purificarla y ejercitarla, examinar a su luz todo lo que se nos presenta.

6. Si quieres alcanzar el conocimiento del «yo», que todo lo abarca, primero debes conocerte a ti mismo. Para conocerte a ti mismo debes sacrificar tu propio «yo» al «yo» universal. Sacrifica tu vida si quieres vivir en el espíritu. Aparta tus pensamientos de las cosas externas y de todo lo que aparece desde fuera. Esfuérzate por alejar de ti todas las imágenes que surgen para que no proyecten sus negras sombras sobre tu alma.

Tus sombras viven y se desvanecen. lo que es eterno en ti, lo que tiene razón, no pertenece a la vida evanescente. Su principio eterno está dentro de ti, transpórtate a él, y él te revelará lo que es falso y todo lo que es verdadero y todo lo que necesitas saber.

Sabiduría brahmánica.

Los males de la vida

A todo aquello que atenta contra la felicidad de nuestra vida corporal lo llamamos males. Y, sin embargo, toda nuestra vida es un proceso gradual de liberación, de nuestra alma, de aquello que constituye la felicidad de nuestro cuerpo. Por lo tanto, para quien comprende la vida tal como es en realidad, no hay males.

I. Lo que nosotros llamamos sufrimiento es una condición necesaria de la vida

1. Es una bendición para el hombre soportar las desgracias de esta vida terrenal, porque esto le conduce a la sagrada soledad de su corazón, donde se encuentra como exiliado de su tierra natal, obligado a no confiar en ninguna alegría terrenal. Es también un bendición para él encontrarse ante contradicciones y reproches, cuando los demás piensan mal de él, aunque sus intenciones sean puras y sus acciones rectas, pues esto le sirve para mantenerse en la humildad y es un antídoto contra la gloria vana.

Estas cosas son bienaventuradas sobre todo porque nos permiten comulgar con el testigo que llevamos dentro, que es Dios, y podemos comulgar con Él cuando el mundo nos desdeña, nos desprecia y nos priva de amor.

Tomás de Kempis.

2. Cuando Francisco de Asís regresaba con un discípulo de Perusa a Porciúncula, un día de frío y tormenta, discutió con su discípulo sobre en

qué consiste la alegría perfecta. Dijo que la alegría perfecta no consiste en ser alabado por el pueblo por sus virtudes, ni en poseer el don de curar a los enfermos, hacer oír a los sordos, dar vista a los ciegos, ni en prever y predecir el futuro, ni en adivinar el curso de las estrellas y las propiedades de todas las plantas y animales, y ni siquiera en la conversión de todos los hombres a la única fe verdadera. «¿En qué consiste, entonces, la alegría perfecta?», preguntó el discípulo. Y Francisco respondió: «Cuando llegamos al monasterio mojados, sucios, tiritando de frío y hambrientos y llamamos a la puerta, y el portero pregunta: "¿Quiénes sois?" y nosotros decimos: "Hermanos", y él responde: "Mentís, sois vagabundos paseando por la faz del mundo, seduciendo a la gente, robando limosnas. Marchaos, no os dejaré entrar". Si entonces, entumecidos por el frío y el hambre, recibimos estas palabras con humildad y amor y nos decimos que el portero tiene razón y que evidentemente Dios había puesto en su corazón tratarnos así, solo entonces conoceremos la perfección de la alegría».

Tan solo recibe cada tarea y cada injuria con amor hacia quien nos impone la tarea y nos hace la injuria, y cada tarea y cada injuria se transformarán en alegría. Y esta alegría es perfecta porque cualquier otra alegría puede destruirse, pero nada puede destruir esta alegría, porque siempre está al alcance de nuestra mano.

3. Si alguna divinidad nos ofreciera eliminar de nuestra vida todas las penas y todo lo que causa penas, nuestro primer impulso nos tentaría con fuerza a aceptar tal oferta. Cuando las tareas pesadas y las necesidades nos oprimen, cuando las agonías del dolor nos consumen, cuando las ansiedades nos estrujan el corazón, estamos obligados a sentir que no hay nada preferible a la vida sin trabajo, la vida de descanso, seguridad, paz y abundancia. Pero creo que, después de una breve experiencia en una vida así, deberíamos pedir a la divinidad que nos devolviera a nuestra vida anterior, con sus trabajos, necesidades, penas y ansiedades. Una vida totalmente libre de penas y angustias resultaría no solo poco interesante, sino intolerable. Porque junto, con las penas y las causas de las penas, desaparecerían de la vida todos los peligros, obstáculos y fracasos, y con ellos todo esfuerzo y lucha, así la excitación del peligro y la tensión de la batalla, y el triunfo de la victoria. Solo podría quedar la realización sin trabas de los planes. Pronto nos cansaríamos de un juego del que sabemos de antemano que debemos ganar.

Padre Paulson.

II. Los sufrimientos estimulan la vida espiritual del hombre

El hombre es el espíritu de Dios revestido de un cuerpo. Al principio de la vida, el hombre lo ignora e imagina que su vida está en el cuerpo. Pero, cuanto más vive, más claramente se da cuenta de que su verdadera vida está en el espíritu y no en el cuerpo. Toda la vida del hombre consiste en reconocer cada vez más este hecho. Este conocimiento se alcanza más fácil y claramente a través de los sufrimientos del cuerpo, de modo que tales sufrimientos hacen que nuestra vida sea tal como debe ser: una vida espiritual.

2. El crecimiento físico no es más que un almacenar de provisiones para el crecimiento espiritual, que comienza cuando el cuerpo empieza a declinar.

3. Un hombre vive para su cuerpo y dice: Todas las cosas son malas. Otro vive para su alma y dice: No, todas las cosas son buenas. Lo que tú llamas malo es la verdadera piedra de afilar, sin la cual mi alma —lo más precioso que hay en mí— se embotaría y oxidaría.

4. Todas las desgracias de la humanidad en su conjunto, y también de los individuos, conducen, aunque de forma indirecta, al mismo objetivo que se propone al hombre: la manifestación cada vez mayor del principio espiritual en cada individuo y en la humanidad en general.

5. «Porque no he bajado del cielo para hacer mi voluntad, sino la voluntad de mi Padre, que me ha enviado; y esta es la voluntad del Padre que me ha enviado: que, de todo lo que me ha dado, no pierda nada», leemos en Juan VI, 38-39. O sea, que debemos conservar, cultivar y desarrollar en el mayor grado posible esa chispa de divinidad que nos fue dada, que nos fue confiada como un niño es confiado a su nodriza. ¿Y qué es necesario para lograr este propósito? No la satisfacción de las pasiones, no la gloria de los hombres, no una vida de reposo, sino, por el contrario, la abstinencia, la humildad, el trabajo, la lucha, las privaciones, los sufrimientos, las humillaciones y las persecuciones, como tantas veces se dice en el Nuevo Testamento. Y todas estos tránsitos necesarios se nos envían en toda clase de formas, en pequeña o en gran escala. Ojalá supiéramos recibirlos como tareas necesarias y, por lo tanto, felices, en vez de como molestias que atentan contra esa existencia animal que confundimos con nuestra vida y cuya mejora consideramos que es la felicidad.

6. Incluso si el hombre pudiera escapar del miedo a la muerte e ignorarla, los sufrimientos a los que está sometido, terribles, sin propósito, totalmente injustificados e inevitables como son, bastarían para controvertir todo significado racional que se atribuya a la vida, según dicen algunos.

Estoy ocupado en una tarea buena e indudablemente útil y, de repente, me acomete una enfermedad, mi tarea se interrumpe y sufro agonías sin sentido ni propósito. Un tornillo del raíl está oxidado y resulta que se sale justo cuando pasa un tren con una madre cariñosa a bordo, y sus hijos resultan aplastados ante sus propios ojos. Un terremoto debe sacudir el lugar mismo sobre el que se asienta una ciudad, digamos Lisboa o Verny, y personas inocentes resultan sepultadas vivas y mueren en terrible agonía. ¿Por qué ocurren todas estas cosas y miles de otros espantosos accidentes y calamidades sin sentido que infunden terror en los corazones de la gente? ¿Qué sentido tienen?

La respuesta está en que todos estos argumentos son absolutamente correctos para las personas que no reconocen una vida espiritual. Y para esas personas, la vida humana no tiene sentido. Pero el hecho es que la vida de las personas que no reconocen una vida espiritual no puede ser otra cosa que insensata y calamitosa. Porque, si las personas que no creen en una vida espiritual solo sacaran las conclusiones lógicas que inevitablemente siguen a una visión meramente material de la vida, esas personas que consideran la vida como una existencia meramente física no consentirían en vivir ni un momento más. ¿Qué obrero consentiría en trabajar para un patrón que, al contratarlo, estipulase que tiene el derecho de, a voluntad, asar vivo o a fuego lento al obrero, o de desollarlo vivo, o de arrancarle las venas y hacer toda clase de cosas terribles, tal como hace sin ton ni son con sus otros obreros, a la vista del hombre que va a contratar? Si los hombres entendieran realmente la vida, como dicen hacerlo, es decir, como una mera existencia material, ni uno solo consentiría en vivir en este mundo por el mero temor a estos sufrimientos agonizantes e inexplicables que ve a su alrededor y que pueden sobrevenirle en cualquier momento.

Sin embargo, siguen viviendo, quejándose y lamentándose de sus desgracias y siguen viviendo.

No hay más que una explicación para esta extraña contradicción:

en el fondo de su corazón, los hombres saben que su vida no está en el cuerpo, sino en el espíritu, y que sus sufrimientos son siempre necesarios, son requisitos para la felicidad de su vida espiritual. Cuando los hombres, no viendo ningún sentido en la vida humana, se rebelan contra los sufrimientos, pero siguen viviendo, lo que demuestra simplemente que, aunque afirmando mentalmente la materialidad de la vida, saben en su corazón que es espiritual y que ningún sufrimiento puede privar al hombre de su verdadera felicidad.

III. Los sufrimientos enseñan al hombre a mantener una actitud racional ante la vida

1. Todo aquello a lo que llamamos males, todas las penas —si tan solo las comprendiéramos como debiéramos— mejoran nuestra alma. Y en esta mejora reside nuestra vida:

En verdad, en verdad os digo que lloraréis y os lamentaréis, pero el mundo se alegrará; y estaréis tristes, pero vuestra tristeza se convertirá en alegría.

La mujer, cuando está de parto, sufre de tristeza, porque ha llegado su hora; pero, en cuanto da a luz, ya no se acuerda de la angustia, porque se alegra de que haya nacido un ser humano en el mundo.

Juan XVI, 20-21.

2. Los sufrimientos de la vida irracional nos llevan a reconocer la necesidad de la vida racional.

3. Al igual que solo la oscuridad de la noche revela las luces celestes, solo el sufrimiento revela el verdadero propósito de la vida.

Thoreau.

4. Los obstáculos exteriores no causan daño al hombre que es fuerte de espíritu, pues daño es todo aquello que desfigura o debilita, aunque puedan causar daño a los animales que se ven enfurecidos o debilitados ante los obstáculos; pero el hombre que se encuentra con la fuerza del espíritu que se le otorga solo encuentra belleza y fuerza moral añadidas en todos los obstáculos.

Marco Aurelio.

5. El que es joven e inexperto no sabe lo que los hombres mayores aprenden por experiencia, no sabe que todo eso que llamamos dolor es un bien genuino, que es una prueba para comprobar cuán firmes somos en aquello que conocemos y confesamos. Y si no somos firmes, se necesitan pruebas para hacernos firmes.

6. Solo tras de una experiencia de sufrimiento, he descubierto el estrecho parentesco que tienen las almas humanas entre sí. No bien has tenido tu parte de sufrimiento, todos los que sufren se vuelven inteligibles para ti. Pero hay algo más que eso: tu mente se aclara: circunstancias y logros de personas, hasta entonces ocultos para ti, se manifiestan y ves claramente lo que es necesario para cada uno. Grande es Dios que nos ilumina. ¿Nos ilumina con qué? Con las mismas penas de las que huiríamos y nos esconderíamos. En el dolor y el sufrimiento se nos otorga la búsqueda de los granos de sabiduría que no se pueden encontrar en ningún libro.

Gógol.

7. Si Dios nos diera maestros de los que supiéramos con certeza que han sido enviados por Dios mismo, deberíamos obedecerles libre y gustosamente.

Pero disponemos de tales instructores en la necesidad y en todas las vicisitudes de la vida.

Pascal.

8. No solo toda visita de la Providencia es provechosa para toda criatura, sino que es provechosa en el momento mismo en que es enviada.

Marco Aurelio.

9. El hombre que no se percata de la naturaleza benéfica del sufrimiento, no ha comenzado a vivir la vida de la razón, la verdadera vida.

10. Ruego a Dios que me libre del sufrimiento que me atormenta. Pero este sufrimiento me fue enviado por Dios para librarme del mal. El amo usa su látigo sobre un animal para sacarlo de un recinto en llamas y salvarlo, ¡pero el animal reza para escapar del látigo!

11. Lo que consideramos como nuestra desgracia es, en su mayor parte, un bien que aún no hemos comprendido.

IV. Las enfermedades no son un problema, sino una ayuda para alcanzar la vida verdadera

1. La vida consiste en transformar, cada vez más, el animal que llevamos dentro en un ser espiritual. Y lo que llamamos males es necesario para este fin. Solo a través de lo que llamamos males (penas, enfermedades, sufrimientos) aprendemos a transformar nuestro ser animal en espiritual.

El simple hecho, bien conocido por todos nosotros, de que aquellos que triunfan en todas las cosas de la vida, aquellos que siempre están bien y son ricos, que no conocen heridas ni humillaciones, son frecuentemente tan débiles y la mayoría de las veces tan malvados, muestra cuán necesarias son las pruebas para el hombre. Y, sin embargo, ¡nos quejamos cuando nos toca soportarlas!

2. Llamamos desgracia al sufrimiento, pero, si no hubiera sufrimiento, el hombre no sabría dónde termina él y dónde empieza aquello que no es él mismo.

3. Cuando nos sentimos más débiles de cuerpo, es cuando podemos ser más fuertes de espíritu.

Lucy Mallory.

4. No hay enfermedad que pueda impedirnos cumplir con el deber del hombre. Si no puedes servir a tu prójimo trabajando, sírvele con el ejemplo de soportar tu sufrimiento con amor.

5. La enfermedad ataca a todo hombre y este debe prestar atención, no tanto a cómo curarse, sino a cómo vivir mejor en las circunstancias en las que se encuentra.

6. Cuentan una historia sobre un hombre que fue castigado por sus pecados, negándosele la muerte. Puede afirmarse, arriesgándonos, que, si el hombre fuera castigado haciéndole incapaz de sufrir, aquel castigo sería aún más severo.

7. Es un error ocultar a un enfermo que puede morir de su enfermedad. Al contrario, hay que recordárselo. Al ocultarle tal hecho, le privamos de esa bendición que la enfermedad puede darle al estimularle, a través de la conciencia de la proximidad de la muerte, a un mayor esfuerzo hacia la aprehensión de la vida espiritual.

8. El fuego destruye y el calor reconforta. Lo mismo ocurre con la enfermedad. Cuando un hombre con buena salud intenta vivir bien, lo hace con esfuerzo. Pero, en el caso de un hombre enfermo, la carga de las tentaciones mundanas se aligera, y la tarea se hace fácil, e incluso es impresionante pensar cómo esta carga volverá al completo y nos oprimirá de nuevo tan pronto como la enfermedad haya pasado.

9. Cuanto peor se siente un hombre en lo físico, mejor está en espíritu. Y, por eso, el hombre no puede estar mal. Lo espiritual y lo físico son como un par en balanzas: cuanto más pesa lo físico, más sube el espiritual y mejor está con el alma, y viceversa.

10. «La senilidad, la segunda infancia, es la decadencia de la conciencia y de la vida del hombre», dicen algunos.

Me viene a la mente la imagen de San Juan el Divino, que, según la tradición, pasó a un estado de senilidad, a la segunda infancia. La tradición cuenta que solo repitió estas palabras: «¡Hermanos, amaos los unos a los otros!».

Un centenario, apenas capaz de arrastrase, con los ojos llorosos, murmuraba para la eternidad estas palabras: «¡Amaos los unos a los otros!». Para un hombre así, la existencia física es el más tenue de los destellos, todo se ve engullido por una nueva actitud ante el mundo, por una nueva criatura viviente que ya no puede verse atada en la envoltura de la existencia del hombre carnal.

El hombre que conoce la vida por lo que verdaderamente es, no puede hablar de una mengua en la vida por enfermedad o la vejez, no puede afligirse por ello, como tampoco puede afligirse el hombre que se acerca a la luz por la disminución de su sombra en proporción a lo que se acerca a la luz.

V. Las llamadas dolencias son solo nuestros propios errores

1. Si nos ocurre algo desagradable, casi siempre culpamos al destino o a otras personas. No nos damos cuenta de que, si el destino u otras personas pueden causarnos algún mal, entonces, hay algo malo en nosotros. El que vive para su alma no puede sufrir ningún mal de ninguna persona ni de ninguna cosa: las persecuciones, las injurias, la pobreza y la enfermedad son como nada para un hombre así.

Epicteto.

2. Los sufrimientos son especialmente difíciles de soportar para quien, habiéndose apartado del mundo, no ve los pecados por los que trajo sufrimiento al mundo y, por tanto, se considera irreprochable.

3. Los males solo existen dentro de nosotros, es decir, se encuentran en un lugar de donde pueden ser eliminados.

4. Con frecuencia, el hombre superficial que medita sobre las calamidades que tanto oprimen al género humano, pierde la esperanza en la posibilidad de mejorar la vida y experimenta un sentimiento de insatisfacción contra la Providencia que rige el mundo. El suyo es un grave error. Estar satisfecho con la Providencia (aunque nos ponga ahora mismo ante el camino más difícil de la vida) es en el más alto grado, importante no solo para que podamos no perder el valor en medio de las dificultades de la vida, sino sobre todo para que, echando la culpa al destino, no perdamos de vista nuestra propia culpa, que es la única causa de todos los males.

Kant.

5. La desesperanza es el estado del hombre que, sumido en sus desgracias, reprocha a su destino en lugar de a sí mismo, afirmando así su propia autosatisfacción.

«Seríamos seres amables y gentiles, si no estuviéramos irritados. Seríamos seres piadosos, si no estuviéramos tan ocupados. Yo mismo sería paciente, si me encontrase bien. Asombraría al mundo, si me conocieran».

Si nosotros mismos no podemos mejorar y santificar las circunstancias en las que nos encontramos, no seremos capaces de mejorar y santificar ninguna otra circunstancia.

Las dificultades en las que nos vemos no se nos envían para que las suavicemos y superemos con bondad y firmeza; la oscuridad en la que nos hallamos se nos envía para que la iluminemos con la luz divina de los trabajos espirituales interiores; las penas, para que las soportemos con paciencia y confianza; los peligros, para que manifestemos nuestro valor; las tentaciones, para que las venzamos con nuestra fe.

Martineau.

6. El hombre puede escapar de las calamidades que son visitas de Dios, pero no puede escapar de las calamidades que se causa a sí mismo con su mala vida.

VI. El reconocimiento de la naturaleza benéfica de los sufrimientos anula su destructividad

1. ¿Qué hemos de hacer cuando todo nos abandona: la salud, la alegría, los afectos, la frescura de los sentimientos, la memoria, la capacidad de trabajo, cuando nos parece que el sol se enfría y la vida pierde todos sus encantos? ¿Qué hacer cuando la esperanza parece perdida? ¿Nos embrutecemos o nos endurecemos? La respuesta es siempre la misma: debemos vivir la vida del espíritu sin detener su crecimiento.

Que pase lo que tenga que pasar, si tan solo sientes que tu conciencia está tranquila, que estás haciendo lo que tu espiritualidad exige. Sé lo que debes ser, deja el resto a Dios. Y aunque no hubiera un Dios bueno y santo, la vida espiritual seguiría siendo la solución de los misterios y la estrella polar para el progreso de la humanidad, pues solo ella otorga la verdadera felicidad.

Amiel.

2. Busca en los sufrimientos el significado que tienen para el crecimiento de tu alma, y la amargura de los sufrimientos se desvanecerá.

3. Solo debes saber y creer que todo lo que te sucede te conduce a tu verdadera felicidad espiritual, y afrontarás la enfermedad, la pobreza, la desgracia —todo lo que la gente considera desgracias— no como desgracias, sino como cosas necesarias para tu bienestar, igual que el agricultor acepta la lluvia de la que sus campos están necesitados, aunque le empape hasta la piel, o de la misma forma que un paciente traga una medicina amarga.

4. Recuerda que la característica distintiva de los seres racionales es someterse a su destino de libre albedrío, en tanto la rebelión bochornosa contra el mismo es una característica de las bestias.

Marco Aurelio.

5. Todo lo que nos molesta y nos parece un obstáculo para cumplir

la tarea de nuestra vida, es en sí mismo la tarea de nuestra vida. Te acosan la pobreza, las calumnias, las humillaciones. Solo tienes que compadecerte un poco de ti mismo y serás el más desdichado de los hombres. Y solo tienes que darte cuenta de que la tarea de la vida a la que estás llamado es vivir la mejor vida posible, a pesar de la pobreza, la enfermedad y las humillaciones, e inmediatamente reunirás valor y confianza en lugar de abatimiento y desesperación.

6. Cada uno de nosotros tiene su cruz y su yugo, no en el sentido de una carga, sino en el sentido de un propósito en la vida, y si no consideramos nuestra cruz como una carga, la encontramos fácil de llevar; la encontramos fácil de llevar si somos mansos, obedientes, humildes de corazón. Y aún más fácil si nos negamos a nosotros mismos; y aún más fácil si llevamos esta cruz cada hora, como Cristo nos enseña; y aún más y más fácil si nos olvidamos de nosotros mismos en el trabajo espiritual, así como la gente se olvida de sí misma en las preocupaciones del mundo. La cruz que se nos da para llevar es la única cosa sobre la que debemos trabajar. Si la cruz es la enfermedad, llévala obedientemente; si son los insultos de la gente, aprende a dar bien por mal; si es la humillación, humíllate; si es la muerte, recíbela agradecido.

7. Cuanto más rechazas tu cruz, más pesada se vuelve.

Amiel.

8. Es, sin discusión, más importante cómo un hombre asume su destino, que cuál es este en realidad.

Humboldt.

9. Ninguna pena es tan grande como el miedo a la misma.

10. Un caballo obstinado, en lugar de tirar del vehículo al que está enjaezado, se resiste, lucha y es azotado, y al final debe hacer lo que el conductor le ordena. Lo mismo ocurre con el hombre, si se niega a soportar las penas como pruebas y las considera males superfluos y se resiste a ellas.

10. Si tienes un enemigo y puedes aprovecharte de él para aprender en él a amar a tus enemigos, aquello que consideras un mal se convertirá en una gran bendición para ti.

12. La enfermedad, la pérdida de miembros, las decepciones graves, la pérdida de bienes, la pérdida de amigos... todo esto parecen al principio pérdidas irreparables. Pero el paso de los años revela la profundidad del poder curativo que subyace en tales pérdidas.

13. Cuando te consideres desgraciado, recuerda las desgracias de los demás y también el hecho de que las cosas podrían ser peores. Recuerda también aquello de lo fuiste culpable en el pasado y eres culpable ahora; recuerda también que las cosas que llamas desgracias te fueron enviados como una prueba para que pudieras soportar humilde y amorosamente las desgracias y así, gracias a las desgracias, llegar a ser mejor. Y en este hacerse mejor está todo el asunto de la vida.

14. En los momentos difíciles de enfermedad, pérdida y otras penas, más que en ningún otro momento, necesitas orar: no orar para librarte, sino para reconocer que dependes de una voluntad superior. «No se haga mi voluntad, sino la suya; no lo que yo quiero, sino lo que él quiere; no como yo quiero, sino como él quiere. Mi tarea en las circunstancias en que me pusiste es cumplir tu voluntad». En tiempos difíciles, es de lo más necesario recordar que, si las cosas son difíciles, esta dificultad es la tarea que se me ha dado, y que es solo la única oportunidad —que puede no repetirse— en la que puedo mostrar que realmente quiero hacer su voluntad y no la mía.

15. Todo lo que es grande en la humanidad solo se consigue con sufrimiento. Jesús sabía que incluso El solo tenía que esperar y lo previó todo: el odio de aquellos con poder parar destruir, su conspiración secreta y su violencia, y la traición ingrata del mismo pueblo cuya enfermedad había curado y al que había alimentado con el pan celestial de su palabra. Previó la cruz, y la muerte, y que su propio rebaño lo abandonaría, lo cual era aún más doloroso que la muerte misma. Y este pensamiento nunca lo abandona, pero ni por un instante lo detiene. Si su naturaleza física repele el cáliz, su voluntad más firme lo recibe impávida. Y ahí da un ejemplo que debe ser por siempre memorable para todos aquellos que continuarán Su obra, para todos aquellos que, como Él mismo, vendrán a trabajar por la salvación del pueblo y por su liberación de la carga de engaños y males. Si los hombres quieren alcanzar la meta hacia la que Cristo conduce, deben seguir el mismo camino. Solo a tal precio pueden los hombres servir a los hombres.

Si queréis que el pueblo sea verdaderamente fraternal, convocadlo a obedecer las leyes de su naturaleza común, luchad contra toda opresión, toda anarquía, toda hipocresía. Clamas para que el reino de la justicia, el deber, la verdad y el amor descienda sobre la tierra, ¿cómo entonces no se levantarán contra ti aquellos cuya fuerza se basa en cuestiones de naturaleza contraria? ¿Pueden dejar que, sin lucha, destruyas su templo y construyas otro, distinto del suyo, no alzado por manos humanas, sino un templo eterno cuyos cimientos son la Verdad?

Abandona esta esperanza, si alguna vez has sido tan frívolo como para albergarla. Agotarás la copa hasta la última gota. Serás apresado como a un ladrón; se buscará falso testimonio contra ti, y contra tu propio testimonio se levantarán con el grito de: ¡Blasfema! Y los jueces dirán: Es digno de muerte. Cuando esto suceda, alégrate. Este último signo es la señal de que has realizado la verdadera y necesaria tarea.

Lamennais.

VII. Los sufrimientos no pueden impedir que se cumpla la voluntad de Dios

1. El hombre nunca está más cerca de Dios que cuando se encuentra en apuros. Aprovéchalo para no perder la ocasión de acercarte a la única fuente de bienaventuranza inmutable.

2. Qué bueno es el antiguo proverbio de que Dios envía sufrimientos a quien ama. Para quien cree en esto, el sufrimiento no es sufrimiento, sino bienaventuranza.

3. Un hombre racional que ha llegado a una edad avanzada y siente que no puede realizar con su fuerza física ni siquiera una centésima parte de lo que podía, digamos, treinta años antes, tiene pocos motivos para afligirse, del mismo modo que a los treinta años no sintió pena ni siquiera se dio cuenta de que era incapaz de hacer las cosas que podía hacer en los días de su infancia. Solo sabe una cosa: que todo él, sano o enfermo, fuerte o apenas capaz de seguir adelante, entonces y ahora, solo existe para servir a Dios. Y sabe que puede servir a Dios igualmente bien, tanto si es capaz de levantar docenas de kilos con un solo brazo, como si apenas tiene fuerzas para inclinar la cabeza. Ahora sabe que es solo el servicio de su cuerpo lo que requiere más salud y fuerza, y que la fuerza corporal es innecesaria en el servicio de Dios, y que, por el contrario, un estado débil del cuerpo solo estimula el servicio de Dios.

En el momento en que el hombre desvía el sentido de su vida de la búsqueda de bendiciones externas al servicio del Padre, ya no conoce ninguna diferencia entre lo que en la vida mundana se llama buena fortuna y desgracia.

4. Solo dite a ti mismo que todas las cosas que suceden son la voluntad de Dios, y ten fe en que la voluntad de Dios es siempre buena, y no temerás nada, y tu vida será para siempre una vida de bienaventuranza.

La muerte

Si un hombre considera que su vida es la vida del cuerpo, tal vida concluye con la muerte del cuerpo. Pero, si un hombre considera su vida como la vida del espíritu, ni siquiera puede imaginar el fin de su vida.

I. La vida del hombre no cesa con la muerte de su cuerpo

1. La vida entera del hombre, desde su nacimiento hasta su muerte, es como un día de su vida, desde el momento en que se despierta hasta el momento en que se duerme.

2. Recuerda cómo a veces, después de un sueño pesado, te despiertas por la mañana y no te das cuenta de dónde estás, o no reconoces a alguien junto a tu cama, que se esfuerza por sacarte del sueño, mientras tú piensas que no tienes fuerzas para salir del mismo. Cuando, poco a poco, recobras el sentido, empiezas a darte cuenta de quién eres y dónde estás, y los pensamientos comienzan a agitarse en tu cabeza, te levantas y te pones a trabajar. Lo mismo ocurre con el hombre cuando entra en la vida, que reúne fuerzas y razón, y comienza a hacer su trabajo.

La única diferencia es que, en el caso de un hombre que estaba dormido y se despierta, el proceso es breve, cosa de una mañana, pero, en el caso del hombre que nace y crece, el proceso dura meses y años.

Existe también otra semejanza entre la vida de un día y la vida del hombre en su conjunto: cuando el hombre se despierta, se pone a trabajar y está ocupado y, a medida que avanza el día, va acumulando más y más energía hasta que llega el mediodía, pero después ya no tiene tanta energía como por la mañana. Y al llegar la noche, está aún más cansado y desea descansar. Así es la vida del hombre.

En su juventud, el hombre está lleno de brío y vive alegremente; en la madurez carece del mismo vigor, pero con la vejez llega el cansancio, y anhela cada vez más el descanso. Y, así como la noche sigue al día, y el hombre se acuesta a descansar, y los pensamientos de su cabeza se confunden y, quedándose dormido, ya no se apercibe de sí mismo con sus sentidos y se va a algún lugar desconocido, lo mismo sucede con el hombre que muere.

Así pues, el despertar del hombre por la mañana es una especie de nacimiento, el transcurso de su día desde la mañana hasta la noche un pequeño cuadro de la vida, y el sueño es la muerte en miniatura.

Cuando oímos un trueno, sabemos que el rayo ya ha caído y que, por tanto, el trueno no puede matar y, sin embargo, temblamos al oírlo. Lo mismo ocurre con la muerte.

Aquel que no comprende la vida, imagina que, con la muerte, todo está perdido, teme a la muerte y se esconde de ella igual que el necio busca esconderse del retumbar de un trueno, aunque el trueno no pueda matarle en ida de ninguna forma.

3. Si un hombre parte de un lugar que puedo ver, yéndose hacia un lugar donde ya no puedo verle, pero otro llega a este último lugar más rápidamente, no tengo razón para suponer que el que viajaba lentamente haya vivido más que el que viajaba deprisa. Solo sé una cosa: que, si un hombre pasa por delante de mi ventana con lentitud y otro apresuradamente, ambos existían antes de que yo los viera y seguirán existiendo después de que desaparezcan de mi vista. Lo mismo ocurre con la vida de los demás, antes de su muerte pueda llegar a mi conocimiento, tanto si su vida fue breve como larga.

4. Nadie puede otorgarnos la fe en la inmortalidad. No puedes obligarte a creer en la inmortalidad. Para tener fe en la inmortalidad debes ver tu vida en aquellas cosas en las que tal vida es inmortal.

5. La muerte es un cambio de la envoltura a la que está unida nuestro espíritu. No debemos confundir la envoltura con lo que se introduce en ella.

6. Recuerda que no eres, sino que estás de paso, que no estás en una casa, sino en un tren que te lleva a la muerte. Recuerda que tu cuerpo se arrastra o corre hacia la muerte, pero es solo el espíritu dentro de ti el que realmente vive.

7. Aunque no pueda probarlo, sé, sin embargo, que el principio racional, libre e incorpóreo que habita en mí no puede morir.

8. Aunque estuviera equivocado en la creencia de que las almas son inmortales, seguiría estando feliz y contento con mi error; y, mientras viva, ningún hombre tiene el poder de robarme esta confianza. Esta seguridad me da paz y un perfecto contento.

Cicerón.

II. La verdadera vida está separada del tiempo y, por lo tanto, el futuro no existe para la verdadera vida

1. La muerte es la disolución de todos esos órganos de asociación con el mundo que nos provocan la percepción del tiempo. Por lo tanto, la cuestión del futuro no tiene sentido en relación con la muerte.

2. El tiempo oculta la muerte. Quien vive en el tiempo no puede imaginar el cese de este.

3. La razón por la que el pensar en la muerte no produce el efecto que podría producir es que, siendo por nuestra propia naturaleza criaturas activas, en realidad ni siquiera deberíamos pensar en la muerte.

Kant.

4. La cuestión de si hay o no vida más allá de la tumba es la cuestión de si el tiempo es producto de nuestra forma de pensar —limitada como está por nuestro cuerpo— o una condición necesaria de todo lo que existe.

Que el tiempo no puede ser una condición necesaria de todo lo que existe lo demuestra el hecho de que somos conscientes de que hay algo dentro de nosotros que no está sujeto al tiempo. Y, por tanto, la cuestión de si existe o no una vida de ultratumba es en realidad una cuestión de cuál de las dos es real: nuestra idea del tiempo o la conciencia de nuestra vida en el presente.

5. Si un hombre ve su vida en el presente, no puede plantearse la cuestión de su vida en el futuro.

III. La muerte no puede aterrorizar a un hombre que ama la vida del espíritu

1. La muerte nos libra tan fácilmente de todas las dificultades y desgracias que, los que no creen en la inmortalidad, deberían desearla en grado sumo. Pero ,los que creen en la inmortalidad y esperan una nueva vida, deberían desearla aún más ardientemente. Pero ¿por qué la mayoría de la gente no la desea? Porque la mayoría de la gente vive la vida del cuerpo y no la vida del espíritu.

2. El sufrimiento y la muerte solo aparecen, por lo tanto, como males para el hombre si este acepta la ley de su existencia carnal y animal como ley de su vida. Solo cuando, siendo un ser humano, desciende al nivel del animal, solo en tal caso, el sufrimiento y la muerte le observan desde todos los lados como espectros, y le conducen por el único camino de la vida que tiene abierto para él, uno que está sujeto a la razón y encuentra su expresión en el amor. El sufrimiento y la muerte son tan solo la violación que perpetra el hombre de la ley de su vida. Si el hombre viviera una vida plenamente espiritual, no le esperarían ni el sufrimiento ni la muerte.

3. Hete aquí hay una multitud de hombres encadenados. Todos están condenados a muerte y, cada día, algunos de ellos son conducidos para ser ajusticiados a la vista de sus compañeros de condena. Y, los que quedan, observan estas ejecuciones y esperan su turno con temor. Así es la vida para aquellos que no se dan cuenta del significado de su vida. Pero, si el hombre se da cuenta de que el espíritu de Dios habita en él y que puede llegar a ser uno con Él, no puede haber muerte para tal hombre y, por lo tanto, no puede él albergar temor a la muerte.

4. Temer a la muerte es temer a los fantasmas, es decir, temer a algo que no existe.

5. Me gusta mi jardín, me gusta leer libros, me gusta cuidar de los niños. Cuando muera, me veré privado de tales cosas, y por eso odio morir y temo a la muerte.

Puede ser que toda mi vida esté compuesta de tales deseos mundanos y de su satisfacción. Si esto es real, no puedo hacer otra cosa que temer lo que pone fin al placer derivado de la satisfacción de tales deseos. Pero, si estos deseos se transforman dentro de mí, viéndose reemplazados por otro deseo —cumplir la voluntad de Dios, entregarme a Él en la forma en que ahora existo, y en toda clase de formas que pueda asumir— entonces, en la medida en que mis deseos físicos son reemplazados por deseos espirituales, la muerte ya no me parece aterradora. Pero, cuando mis deseos mundanos se ven totalmente suplantados por el único deseo de entregarme a Dios, no me queda más que la vida, y no hay muerte.

Sustituir lo que es eterno por lo que es mundano y temporal: este es el camino de la vida, el camino hacia su bienaventuranza.

6. El hombre que vive para su alma solo ve, en la disolución del cuerpo, una liberación y, en el sufrimiento, el requisito previo y necesario para esta liberación. Pero ¿cuál es el estado del hombre que construye su vida en su cuerpo cuando ve que lo único por lo que vive, su cuerpo, está siendo destruido y de forma dolorosa?

7. El animal muere sin presenciar la muerte y casi sin experimentar ningún temor a ella. Pero ¿por qué le es dado al hombre prever el fin que le espera, y por qué le parece tan terrible, por qué le desgarra tanto el alma que se sabe de hombres que se han suicidado por miedo a la muerte? No puedo responder por qué, pero sé con qué propósito: para que el hombre consciente y racional pueda llevar su vida, desde el dominio de la vida corporal, al de la vida espiritual. Esto no solo destruye el miedo a la muerte, sino que hace que la expectativa de la muerte sea similar a la sensación de un vagabundo que regresa a su hogar.

8. La vida no tiene nada en común con la muerte. Por eso, tal vez nazca siempre en nosotros la absurda esperanza que oscurece nuestra razón y nos obliga a dudar de la certeza de nuestro conocimiento sobre la inevitabilidad de la muerte. La vida del cuerpo se esfuerza por persistir en el ser. Como el loro de la fábula que repite, incluso cuando le están estrangulando: «No es nada».

Amiel.

9. El cuerpo es como muros que confinan al espíritu y obstruyen su libertad. El espíritu se esfuerza de manera incesante por derribar tales

muros, y toda la vida del hombre racional consiste en derribar esos muros, en liberar al espíritu del cautiverio del cuerpo. La muerte es su completa liberación final. Y, por eso, la muerte no solo no es algo terrible, sino que es una alegría para el hombre que vive la verdadera vida.

10. El hombre se resiste a la muerte, incluso como el animal, pero, gracias a su razón, siempre puede sustituir esta resistencia no solo por la sumisión, sino incluso por la aceptación.

11. Si la muerte es aterradora, la causa reside en nosotros y no en la muerte. Cuanto mejor es un hombre, menos teme a la muerte. Para un hombre santo, no existe la muerte.

12. Temes a la muerte, pero piensa qué sería de ti si vivieras eternamente tal y como eres.

13. Es tan poco razonable desear la muerte como temerla.

14. Si un hombre vive después de haberse curado de una enfermedad mortal, es como un carro al que acaban de sacar de un lodazal y dejan en el lado equivocado. No puede escapar del lodazal, ya que tiene que volver a pasarlo.

15. La vida racional es como un hombre que lleva una linterna atada a un palo largo. Nunca puede llegar al final de la porción iluminada de su camino, porque esta siempre va por delante de él. Tal es la vida racional, y solo tal vida no conoce la muerte, porque la linterna no deja de iluminar el camino hasta el último momento, y tú la sigues hasta el final, tan tranquilamente, durante todo el viaje.

IV. El hombre debe amar lo que es inmortal en él

1. El hijo vive siempre en casa del padre, pero el jornalero lo hace tan solo durante una estación. Por eso, el hijo no vivirá como el jornalero, sino que cuidará de la casa de su padre y no pensará solo en su jornal, como hace el jornalero. Si un hombre piensa que su vida no termina con la muerte, vivirá como el hijo en la casa de su padre. Pero si la vida es solo lo que es en este mundo, vivirá como el jornalero que busca aprovechar todo lo que pueda en esta vida.

Y todo hombre debe resolver primero esta cuestión por sí mismo:

si es hijo de su padre o solo un jornalero, si muere completamente o solo en parte, con la disolución de su cuerpo. Pero, si el hombre se da cuenta de que, aunque hay algo en él que es mortal, también hay algo que es inmortal, está claro que también prestará más atención en vida a lo que es inmortal que a lo que es mortal, que no vivirá como un jornalero, sino como un hijo en la casa de su padre.

2. Solo puede creer en una vida futura quien ha asentado en su conciencia una nueva relación con el mundo, para la que no hay lugar en esta vida.

3. El tema de si la vida termina con la disolución de nuestro cuerpo es una cuestión importantísima, a la que no podemos sustraernos. Según creamos o no en la inmortalidad, nuestras acciones serán racionales o irracionales. Por lo tanto, nuestra mayor preocupación debe estar en resolver el problema de si morimos o no completamente con la diso- lución de nuestra carne y, si no, qué hay en nosotros que sea inmortal. Pero, si nos hacemos conscientes de que hay en nosotros algo que es inmortal, nos quedará claro que, en esta vida, debemos preocuparnos más por lo que es inmortal que por lo que es mortal.

La voz que nos dice que somos inmortales es la voz de Dios que habita en nosotros.

Pascal.

4. La experiencia nos enseña que muchas personas familiarizadas con la teoría de una vida de ultratumba y convencidas de su verdad son, sin embargo, dadas a los vicios y cometen acciones mezquinas, inventando artimañas para escapar mediante sus astucias a las consecuencias de tales actos, que les amenazan en el futuro. Sin embargo, casi nunca ha habido un hombre moral que pudiera reconciliarse con el pensa- miento de que la muerte acaba con todo y cuyo noble modo de pensar no alcanzara una elevación más elevada, a través de la esperanza de la vida futura. Por lo tanto, me parece que estaría más en armonía con la naturaleza humana y las buenas costumbres el basar la fe en una vida futura en los sentimientos de un alma noble que, por el contrario, basar su noble conducta en la esperanza de una vida futura.

Kant.

5. Tan solo hay una cosa que sabemos con certeza: que nos espera la muerte. La vida de un hombre es como una golondrina que vuela a tra-

vés de una habitación. Nadie sabe de dónde venimos, nadie sabe adónde vamos. Oscuridad impenetrable detrás de nosotros, densas sombras delante de nosotros. Cuando llegue nuestra hora, ¿qué significado tendrá para nosotros comer alimentos delicados o no, vestir ropas suaves o no, dejar un gran patrimonio o ninguno, llevar laureles o sufrir desprecio, ser considerados eruditos o ignorantes, comparado con la cuestión de cómo estuvimos empleando el talento que nos confió el Maestro?

¿Qué valor tendrán todas estas cosas cuando nuestros ojos se oscurezcan y nuestros oídos se cierren? En esa hora, solo conoceremos la paz si no solo hemos guardado incesantemente el talento de la vida espiritual confiado a nuestro cuidado, sino que lo hemos incrementado hasta tal punto que la disolución del cuerpo haya perdido sus terrores.

Henry George.

6. Del testamento de un gobernante mexicano:

Todas las cosas en la tierra tienen su límite, las más poderosas y las más alegres caen de sus alturas y de su regocijo, y se convierten en polvo. Toda la esfera terrestre no es más que una inmensa tumba y no hay nada en su superficie que no se esconda en la tumba bajo el césped. Las aguas, los ríos y los arroyos se precipitan hacia su destino y nunca regresan a su bendita fuente. Lo que fue ayer ya no es hoy. Y lo que es hoy ya no será mañana. El cementerio está lleno del polvo de aquellos que estuvieron rebosantes de vida, reinaron como reyes, gobernaron naciones, presidieron asambleas, condujeron ejércitos a las batallas, conquistaron nuevas tierras, exigieron obediencia, se hincharon llenos de vanidad, pompa y gloria.

Pero su gloria pasó como el humo negro que sale de un cráter y no dejó tras de sí más que una mención en la página del cronista.

Los grandes, los sabios, los valientes, los bellos, ¡ay!, ¿dónde están? Todos se han mezclado con el barro, y lo que les alcanzó nos alcanzará también a nosotros, y alcanzará a los que vengan después de nosotros.

Pero tened valor, todos vosotros, famosos jefes y verdaderos amigos y fieles súbditos, esforcémonos hacia ese Cielo donde todo es eterno y donde no hay corrupción ni disolución.

La oscuridad es la cuna del sol, y el esplendor de las estrellas necesita de la penumbra de la noche.

Tetzkuko Nezagual Copotl.
(unos catorce siglos antes del nacimiento de Cristo).

7. La muerte es inevitable para todo lo que nace, así como el nacimiento es inevitable para todo lo que ha de morir. Por tanto, no nos afligimos ante lo que es inevitable. El estado previo en el que se hallaban los seres vivos nos es desconocido, su estado actual es manifiesto y su estado futuro no puede conocerse: ¿por qué, entonces, preocuparse o agitarse? Algunos consideran el alma como una maravilla, otros escuchan y hablan de ello con asombro, pero nadie sabe nada seguro al respecto.

Los portales del Cielo están abiertos para ti tanto como necesites. Libérate de preocupaciones y ansiedades, y dirige tu alma hacia lo espiritual. Deja que tus acciones sean guiadas por ti mismo y no por los acontecimientos. No seas de aquellos cuyo propósito en la acción es la esperanza de una recompensa. Permanece atento, cumple con tu deber, abandona todo pensamiento sobre las consecuencias, de modo que te sea indiferente que las cosas acaben acordes o no con tus expectativas.

Bhagavad gita.

8. Puedes librarte de tus pecados, con la vida menguando en tu cuerpo y asistido por tus pasiones. Esto siempre te da un motivo de seguir adelante, por dejar el cuerpo, un anhelo de separación. Pon tu objetivo vital en la liberación de los pecados, y tus dolencias, todos tus males corporales y aún la muerte misma serán bendecidos.

Te estás volviendo débil y viejo, tu cuerpo se está muriendo, pero estás ganando vigor espiritual, crecimiento y nacimiento.

9. Somos como los pasajeros de un barco gigantesco, cuyo capitán tiene una lista de pasajeros que desconocemos y que contiene el destino de tales pasajeros. Hasta que desembarquemos, ¿qué otra cosa podemos hacer sino obedecer las leyes del barco, vivir en paz, concordia y amor con nuestros compañeros de viaje y pasar así el tiempo que se nos ha asignado?

10. ¿Te aterroriza la transformación? Nada se consigue sin transformación. El agua no puede calentarse sin una transformación del combustible. Toda la existencia terrenal es una transformación. Comprende que la transformación que te espera tiene el mismo significado, que también es necesaria en la naturaleza misma de las cosas. Cuida de una sola cosa, que consiste en no cometer ningún acto contrario a la verdadera naturaleza del hombre, pero siempre es necesario actuar, en

todas las cuestiones, de acuerdo con las indicaciones de la naturaleza.

Marco Aurelio.

11. Este sería un mundo terrible si el sufrimiento no produjera el bien. Sería un artefacto monstruoso diseñado con el único propósito de atormentar física y espiritualmente a las personas. Si esto fuera así, este mundo, que engendra el mal sin ningún buen propósito futuro, sino ociosamente y sin rumbo, sería inexpresablemente inmoral. Parecería que atrae a las personas con el propósito de infligirles sufrimientos. Te castiga desde el nacimiento, mezcla amargura con cada copa de alegría y hace de la muerte un horror incesantemente amenazante. Y, por supuesto, si no existiera Dios ni la inmortalidad, la aversión a la vida mostrada por la gente sería perfectamente inteligible. Ella evoca en sus corazones el orden existente, o más bien el desorden, debido al horrible caos moral, que es como debemos denominarlo con propiedad.

Pero, si tan solo hay un Dios y una eternidad por delante, todo cambia. Discriminamos el bien en el mal, la luz en la oscuridad y la esperanza disipa la desesperación.

¿Cuál de las dos suposiciones es más verosímil?: ¿podemos admitir que las criaturas morales —los seres humanos— puedan verse en la tesitura de maldecir, con razón, el orden existente en el mundo, mientras se les abre un camino que resolvería la contradicción? Están obligados a maldecir el mundo y el día de su nacimiento si no hay Dios ni vida futura. Pero si, por el contrario, existen ambos, la vida se convierte en una bendición y el mundo en un lugar de perfeccionamiento moral y de aumento ilimitado de felicidad y santidad.

Erasmo.

12. Pascal dice que, si nos viéramos al soñar siempre en una misma postura, pero en la vigilia en posiciones diferentes, aprenderíamos a considerar los sueños como una realidad y la realidad como un sueño. Esto no es del todo exacto. La realidad difiere de los sueños en el hecho de que, en la vida, poseemos la capacidad de actuar de acuerdo con las exigencias de nuestra moralidad; pero, en los sueños, sabemos que con frecuencia cometemos acciones repulsivas e inmorales que no son propias de nosotros y no podemos refrenarlas. Es más: podríamos decir que, si no conociéramos una vida en la que tuviéramos más capacidad de llevar a cabo las exigencias de nuestra naturaleza moral que en nuestros sueños, deberíamos considerar los sueños como la verdadera vida, y no dudar de que tal no sea la vida real. Ahora bien, toda nuestra vida, desde el día de nuestro nacimiento hasta el momento de la muerte, incluso con sus sueños, ¿no es a su vez una visión onírica que simplemente confundimos con la realidad y con la verdadera vida, y no dudamos de su realidad porque no conocemos esa vida en la que nuestra libertad para seguir las exigencias morales de nuestra alma sería aún mayor que la que disfrutamos ahora?

13. Si este pequeño fragmento de tu vida es todo lo que tienes, procura hacer con él todo lo que puedas.

Said Ben Hamid.

14. «¿Cómo podemos vivir sin saber lo que nos espera?», dicen algunos. Y, sin embargo, solo cuando vivimos sin pensar en lo que nos espera, simplemente para la manifestación del amor que hay en nosotros, solo entonces comienza la verdadera vida.

16. Se dice a menudo: «De qué me sirve esto, ya es hora de que muera». Cualquier cosa que no nos sirva porque ya es hora de que muramos no nos sirve de ningún modo y no debe hacerse de ninguna de las maneras. Pero hay una preocupación que siempre es importante, y cuanto más cerca estamos de la muerte, más necesaria es: la preocupación por nuestra alma. Y tal preocupación consiste en mejorar tu alma.

16. El amor elimina no solo el temor a la muerte, sino incluso el pensamiento de la misma. Una anciana campesina comentó a su hija lo contenta que estaba de morir en verano. Y cuando la niña le preguntó por qué, la moribunda respondió que se alegraba porque es muy difícil cavar una tumba en invierno y mucho más fácil hacerlo en verano. La muerte le resultó fácil a esta anciana porque, hasta el último momento de su agonía, pensó en los demás y no en sí misma. Haz las obras del amor, y no habrá muerte para ti.

17. Sea cual sea el negocio que emprendas, estate siempre preparado para abandonarlo en cualquier momento. Comprueba si eres capaz de desprenderte de ti mismo. Solo entonces podrás hacer bien lo que estés haciendo.

La espera de la muerte nos enseña a actuar así.

18. Cuando viniste a este mundo lloraste, y todos a tu alrededor se alegraron. Vive de tal forma que, cuando tengas que dejar el mundo, todos a tu alrededor lloren, mientras tú tan solo sonríes.

V. Ser consciente de la muerte ayuda a la vida espiritual

1. Desde que el hombre ha dedicado tiempo a la meditación, siempre se ha reconocido que nada estimula tanto la vida moral como ser consciente de la muerte física. Pero la habilidad médica, falsamente dirigida, tiene como objetivo liberar a la gente de la muerte física, enseñándole a esperar lograr una escapatoria de la muerte, a desterrar todo pensamiento de muerte física y privándoles así de un importante estímulo para la vida moral.

2. Para impulsarte a hacer el bien, piensa con frecuencia en que pronto morirás. Imagínate con vividez que estás en la víspera de la muerte y seguramente no disimularás, engañarás, mentirás, condenarás, censurarás, sentirás malicia o te adueñarás la propiedad de otros. En la víspera de la muerte, lleva a cabo tan solo la más simple de las buenas acciones: Ayudar, consolar y mostrar amor a los demás. Y tales actos son, justamente, los que más se necesitan y más alegría dan. Por eso es bueno tener siempre presente la muerte, sobre todo si se está enredado en los asuntos de la vida.

3. Cuando la gente se da cuenta de que ha llegado la muerte, reza y se arrepiente de sus pecados para presentarse ante Dios con el alma pura. Pero ¿no morimos nosotros un poco cada día y no estamos a cada instante al borde de la muerte? Por tanto, no debes esperar la hora de la muerte, sino estar preparado para ella en todo momento,

Y estar preparado para la muerte significa vivir con rectitud.

Esta es justamente la razón por la que la muerte siempre se cierne sobre los hombres para que estén en todo momento preparados para morir, y prepararse para la muerte puede ser vivir con rectitud.

4. No hay nada más cierto que la muerte, nada más seguro que el hecho de que nos llegará a todos. La muerte es más segura que el día de mañana, que la noche después del día, que el invierno después del verano. ¿Por qué, entonces, nos preparamos para la noche y para el invierno, pero no nos preparamos para la muerte? Debemos prepararnos para la muerte.

Solo hay un modo de prepararse para la muerte: vivir con rectitud. Cuanto mejor es la vida que llevamos, tanto menor es el temor a la muerte y tanto más fácil es la muerte misma. No hay muerte para el hombre que practica la santidad.

5. ¡Qué pronto hemos de morir! Y todavía no podemos librarnos del disimulo y de las pasiones, todavía nos aferramos al viejo prejuicio de que las cosas externas del mundo tienen el poder de dañarnos, y aun no logramos ser amables con todos los hombres.

Marco Aurelio.

6. Si tienes dudas y no sabes cómo actuar, imagínate que tendrás que morir antes del anochecer, y tus dudas se disolverán: verás enseguida con perfecta claridad lo que es la llamada del deber y lo que es mero deseo personal.

7. En presencia de la muerte, toda la vida se vuelve solemne, significativa y verdaderamente fructífera y alegre. En presencia de la muerte, no podemos eludir la tarea que se nos ha asignado en esta vida porque, en presencia de la muerte, es imposible ocuparse con celo de otra cosa. Y cuando así nos ocupamos, encontramos que la vida es una alegría y nos liberamos de ese miedo a la muerte que vicia la vida de aquellas personas que no viven en presencia de la muerte.

8. Vive como si estuvieras a punto de despedirte de la vida, y como si el tiempo que te quede fuera un regalo inesperado.

Marco Aurelio.

9. Vive una era y un día. Trabaja como si te quedara una eternidad de vida, y actúa con los demás como si estuvieras al borde de la muerte.

10. Ser conscientes de la proximidad de la muerte enseña a los hombres a saber llevar a término sus asuntos. Y de todos los asuntos humanos solo hay uno que siempre está plenamente perfeccionado: es el amor presente.

11. Vivir ajeno a la muerte y vivir con la plena conciencia de acercarse a ella cada hora son dos modos de existencia totalmente distintos. El primero es afín a lo animal, el segundo a lo divino.

12. Para vivir sin angustia, debemos tener la esperanza de alegrías por delante. Pero ¿qué alegrías se pueden esperar si ante nosotros solo hay vejez y muerte? ¿Qué debemos hacer entonces? Poner el objetivo de nuestra vida, no en las bendiciones del cuerpo, sino en las bendiciones espirituales, no en adquirir más aprendizaje, riqueza, gloria, sino en adquirir más y más bondad, más y más amor, más y más libertad del cuerpo, y entonces la vejez y la muerte dejarán de ser espantos y agonía, y se convertirán en la cosa misma que anhelas.

VI. Agonía

1. Entendemos por muerte tanto la disolución de la vida como los minutos u horas del proceso de morir. Lo primero, la disolución de la vida, no depende de nosotros, pero lo segundo, el proceso de morir, está en nuestro poder. Nuestra muerte puede ser buena o mala. Debemos esforzarnos por morir bien. Esto es algo necesario para los que sobreviven.

2. En los últimos momentos del hombre, la vela a cuya luz pasó las hojas de su libro de angustias, ilusiones, penas y males, se enciende con más fuerza que nunca, iluminando todo lo que antes estaba oscuro, luego parpadea un rato, se atenúa y por fin se apaga para siempre.

3. El moribundo comprende con dificultad a los vivos, pero tú sientes que esta dificultad de comprender lo vivo no se debe al debilitamiento de sus fuerzas mentales, sino a que empieza a comprender otra cosa, algo que los vivos no comprenden, no pueden comprender, y eso absorbe todas sus fuerzas.

4. Por lo general, se piensa que la vida de las personas de edad avanzada no tiene ninguna importancia, que simplemente están terminando sus días. Esto no es cierto: las actividades más valiosas de la vida, más necesarias para ellos mismos y para los demás, se llevan a cabo en los últimos años de la vida de las personas de edad avanzada. El valor de la vida es inversamente proporcional al cuadrado de la distancia a la muerte. Sería bueno que todos comprendieran esto, tanto los ancianos

como quienes los rodean. Pero lo más precioso de todo es el último instante de la agonía.

5. Antes de llegar a la vejez me esforcé por vivir bien. Al llegar a la vejez me esforcé por morir bien. Para morir bien, hay que morir de buena gana.

Séneca.

6. ¿Temo a la muerte? Creo que no, pero, cuando se acerca, o cuando medito sobre ella, no puedo menos de experimentar una sensación de agitación parecida a la que experimenta el viajero que se acerca al punto en que su tren va a caer desde alguna altura elevada a las profundidades del mar, o va a ser llevado en globo a alguna altura vertiginosa. El moribundo sabe que no le sucede nada anormal, sino solo lo que les ha sucedido a millones de personas, que simplemente está a punto de cambiar de medio de transporte, pero no puede evitar un estremecimiento de excitación cuando se acerca al lugar donde se va a efectuar el cambio.

7. Todas las cosas de la villa parecen muy sencillas; todas están conectadas unas con otras, y se explican entre ellas. Pero la muerte parece algo excepcional, una ruptura en la cadena de lo que es simple, claro e inteligible en la vida. Por lo tanto, la mayoría de los hombres tratan de no pensar en la muerte. Esto es un grave error. Al contrario, la vida debe armonizarse con la muerte de tal modo que se dé a la vida algo de la solemnidad y el misterio de la muerte, y a la muerte algo de la claridad, sencillez y obviedad de la vida.

Después de la muerte

Nos preguntan: «¿Qué habrá después de la muerte?». Solo hay una respuesta a esta pregunta: el cuerpo se descompondrá y se convertirá en polvo, esto lo sabemos con certeza. Pero ¿qué será de lo que llamamos alma? A esto no podemos responder, porque la pregunta «qué será» tiene que ver con el tiempo. Pero el alma no es del tiempo. Un alma no fue ni será. Solo es. Sin ella, nada sería.

I. La muerte de la carne no supone el final de la vida, sino solo una transformación

1. Cuando morimos, solo puede ocurrirnos una de estas dos cosas: que lo que consideramos nuestro yo pase a otro ser o que nosotros dejemos de ser cuerpos separados y nos fundamos con Dios. Pase lo que pase, no tenemos nada que temer.

2. La muerte es un cambio de nuestro cuerpo, el mayor, el cambio final. Hemos pasado por cambios corporales continuamente, y estamos siempre pasando por ellos: una vez fuimos fragmentos desnudos de carne, luego bebés pegados al pecho de la madre, luego nos crecieron el pelo y los dientes, luego perdimos algunos dientes y ganamos otros, luego nos creció la barba, y aún más tarde nos volvimos calvos y grises, pero nunca hemos temido ninguno de estos cambios

¿Por qué tememos entonces este último cambio final?

Porque nadie nos ha explicado de forma convincente qué nos ocurrirá después de este cambio. Pero si un hombre nos deja para irse de viaje y no nos escribe, ¿quién puede saber cómo le irá cuando por fin llegue a su destino? Solo podemos decir que no tenemos noticias suyas. Esto es lo que ocurre con los muertos. Sabemos que ya no están con nosotros, pero no tenemos motivos para pensar que han sido destruidos o que están peor de lo que estaban antes de dejarnos. De igual manera, el hecho de que no podamos saber lo que será de nosotros después de la muerte o lo que éramos antes de tener vida, solo prueba que no nos es dado conocer estas cosas y que, por lo tanto, es innecesario que las conozcamos. Solo sabemos una cosa: que nuestra vida no reside en los cambios del cuerpo, sino en lo que habita en nuestro cuerpo, en nuestra alma. Y en el alma no puede haber principio ni fin, porque solo ella *es*.

3. «Una cosa o la otra: o la muerte es aniquilación completa y desaparición de la conciencia o, de acuerdo con la tradición, tan solo es un cambio y una migración del alma, de un lugar a otro. Si la muerte es una destrucción completa y ausencia de conciencia, y es semejante a un sueño profundo y sin sueños, entonces la muerte es una bendición indudable, pues solo tenemos que comparar una noche de tal sueño sin sueños, habida en nuestra propia experiencia, con esas otras noches y días llenos de terror, ansiedades y deseos insatisfechos que experimentamos en el sueño o en la vigilia. Estoy convencido de que pocos encontrarán días y noches más dichosos que las noches sin sueño. De modo que, si la muerte es tal sueño, por mi parte, lo considero una bendición. Pero, si la muerte es el paso de este mundo al otro, y se dice con acierto que encontraremos allí a los sabios y santos que murieron antes que nosotros, ¿puede haber mayor bendición que vivir allí en compañía de esos seres? Yo desearía morir no una, sino cien veces, solo para estar con ellos.

«Por eso pienso que vosotros, oh jueces, y todo el pueblo, no debéis temer a la muerte, sino recordar una cosa: para un hombre bueno no hay mal ni en la vida ni en la muerte».

Sócrates.

4. Quien encuentra el sentido de la vida en el esfuerzo por la perfección espiritual, no puede creer en la muerte, en la interrupción del esfuerzo en pro de la perfección. Lo que está en camino hacia la perfección no puede destruirse, solo puede ser transformado.

5. La muerte es el cese de esa conciencia de vida por la que ahora vivo. La conciencia de vida cesa, esto lo veo en el caso de los que mueren. Pero ¿qué pasa con lo que era consciente? No lo sé, no puedo saberlo.

6. La gente teme a la muerte y desea vivir el mayor tiempo posible. Pero, si la muerte es una desgracia, ¿no es lo mismo morir a los treinta que a los trescientos años? Qué alegría puede haber para el condenado a muerte, si su ejecución se retrasa treinta días, mientras que sus compañeros mueren en tres días. Una vida que debe terminar con la muerte sería la muerte en sí misma.

Scovoroda.

7. Es el sentimiento de cada uno de nosotros de que no se trata de una simple nada, llamada a la vida en un momento dado, por alguna otra cosa. De ahí la confianza universal en que la muerte puede acabar con la vida, pero de ningún modo con la existencia.

Schopenhauer.

8. Los ancianos pierden el recuerdo de los acontecimientos recientes. Pero la memoria es lo que une todas las cosas que ocurren en el tiempo, en un «yo». Y en el caso del anciano, este «yo» terrenal ha terminado, y un nuevo «yo» ha comenzado.

9. Cuanto más profundamente consciente eres de la vida, menos crees en su destrucción en la muerte.

10. No creo en ninguna de las religiones existentes y, por tal razón, no puedo ser sospechoso de seguir ciegamente ninguna tradición o las influencias de la educación. Pero a lo largo de mi vida he reflexionado tan profundamente como he podido sobre el tema de la ley de nuestra vida. Lo he investigado en la historia de la humanidad y en mi propia conciencia, y he llegado a la convicción inquebrantable de que no hay muerte; que la vida no puede ser otra que eterna; que la perfección infinita es la ley de la vida, que cada facultad, cada pensamiento, cada esfuerzo implantado en mí debe tener su desarrollo práctico; que tenemos ideas y tendencias que sobrepasan con mucho las posibilidades de la vida terrenal; que el hecho mismo de que las poseamos y no podamos rastrear su fuente hasta nuestros sentimientos prueba que proceden, en nosotros, de un dominio más allá de esta tierra y que solo pueden rea-

lizarse más allá de ella; que nada perece en la tierra sino la apariencia, y pensar que morimos porque nuestro cuerpo se está muriendo es pensar que el obrero está muerto porque sus herramientas se han gastado.

Mazzini.

11. Si la esperanza de la inmortalidad es un engaño, está claro quiénes son los engañados. No esas mentes vulgares y oscurecidas que nunca se han acercado a este pensamiento majestuoso, ni las personas somnolientas y frívolas que se contentan con un sueño sensual en esta vida y con el sueño del olvido en la vida futura, ni esos amantes del yo, estrechos de conciencia y mezquinos de pensamiento y aún más mezquinos en el amor; no, ellos no. Ellos tendrían razón, y la ganancia sería para ellos. Los engañados serían esos grandes hombres y santos que han sido y son venerados de todos los hombres. Ilusos serían todos aquellos que han vivido para algo mejor que su propia felicidad y que han entregado su vida para hacer felices a los demás.

¡Todos esos hombres engañados! Incluso Cristo habría sufrido en vano, gritando desde su espíritu a un padre imaginario y pensando en vano que se manifestaba a través de él en esta vida. La tragedia del Gólgota habría sido entonces solo un error y la verdad, en aquellos días, habría estado del lado de los que entonces se burlaban de él y clamaban por su muerte, y ahora estaría del lado de los que son perfectamente indiferentes a ese acuerdo con la naturaleza humana que representa esta supuesta pieza de ficción. ¿A quién hemos de adorar, en quién hemos de confiar si la inspiración de las mentes más elevadas es un mero revoltijo de fábulas ingeniosamente urdidas?

Parker.

II. La naturaleza del cambio de existencia, que ocurre con la muerte del cuerpo, es incomprensible para la mente humana

1. Con frecuencia nos esforzamos por imaginarnos la muerte como un paso a algo, pero tal empeño no nos lleva a ninguna parte. Es tan imposible imaginarse la muerte como imaginarse a Dios. Todo lo que podemos saber de la muerte es que, como todo lo que procede de Dios, es una bendición.

2. Algunos se preguntan: ¿Qué será del alma después de la muerte? No lo sabemos, no podemos saberlo. Solo una cosa es cierta: que, si vas a alguna parte, debes haber partido de alguna parte. Lo mismo ocurre en la vida. Si llegaste a la vida, debes haber procedido de alguna parte. De dondequiera o de quienquiera que hayas procedido, allá y a él volverás.

3. No recuerdo nada sobre mí antes de nacer y, por lo tanto, creo que después de la muerte no recordaré nada de mi vida actual. Si habrá una vida después de la muerte, será tal que no soy capaz de imaginármela.

4. La vida entera del hombre es una serie de cambios incomprensibles para un observador, aunque perceptibles para él. Pero el comienzo de estos cambios, que culminan con el nacimiento, y el final de estos cambios, que culminan con la muerte, ni siquiera son perceptibles para la observación.

5. Solo una cosa es importante para mí: saber lo que Dios quiere que haga. Y esto se manifiesta claramente no solo en todas las religiones, sino también en mi conciencia, y por eso mi preocupación es aprender a cumplirlo todo y dirigir todas mis fuerzas hacia ese fin, sabiendo muy bien que, si dedico todas mis fuerzas al cumplimiento de la voluntad del Maestro, Él no me abandonará, y que solo me sucederá lo que debe, y que me irá bien.

6. Nadie sabe lo que es la muerte, y sin embargo todos la temen, considerándola como el mal más terrible, aunque pueda ser la mayor bendición.

Platón.

7. Si creemos que todo lo que nos ha sucedido en la vida ha sido para nuestra bendición, no podemos dejar de creer que lo que nos suceda cuando muramos también redundará en nuestra bendición.

8. Nadie puede jactarse de saber que existe un Dios y una vida futura. No puedo decir que sé sin lugar a dudas que existe un Dios y que hay inmortalidad, pero debo decir que siento tanto que hay un Dios como que mi «yo» es inmortal. Esto significa que la fe en Dios y en otro mundo está tan estrechamente unida a mi naturaleza que esta fe no puede separarse de mí.

Kant.

9. La gente pregunta: «¿Qué habrá después de la muerte?». La respuesta debe ser esta: si realmente dices de corazón, y no solo con tu lengua, «hágase Tu voluntad en la tierra como en el cielo», es decir, tanto en esta vida temporal como en la vida más allá del tiempo, y sabes que Su voluntad es amor, no necesitas pensar en lo que habrá después de la muerte.

10. Cristo moribundo gritó: «Padre, en tus manos encomiendo mi espíritu». Si pronunció estas palabras no solo con la lengua, sino con todo el corazón, ¿qué más puede necesitar el hombre? Si mi espíritu vuelve a Aquel de quien ha procedido, nada puede suceder a mi espíritu sino lo que es mejor.

III. La muerte, una liberación

1. La muerte es la destrucción del recipiente que contenía nuestro espíritu. No debemos confundir el recipiente con lo que se pone en él.

2. Cuando nacemos, nuestras almas se colocan en el ataúd de nuestro cuerpo. Su ataúd —nuestro cuerpo— se destruye gradualmente y nuestra alma se libera cada vez más. Así pues, cuando el cuerpo muere, de acuerdo con la voluntad de Aquel que unió cuerpo y alma, el alma alcanza su completa liberación.

Heráclito.

3. Al igual que el sebo de la vela se derrite con el fuego, así la vida del cuerpo se destruye por la vida del alma. El cuerpo arde en el fuego del espíritu y se consume por completo cuando llega la muerte. La muerte destruye el cuerpo igual que los albañiles desmontan los andamios cuando la estructura está terminada.

La estructura es la vida del espíritu, el andamiaje es el cuerpo. Y quien ha levantado la estructura de su vida espiritual se regocija, al morir, porque el andamiaje de su vida corporal ha sido retirado.

4. Pensamos que la vida termina con la muerte porque consideramos como vida solo el período que va desde el nacimiento hasta la muerte. Pero pensar de esa forma en la vida es como pensar en un arroyo que el arroyo no es el agua en él, sino que consiste en las orillas.

5. Todo en el mundo crece, florece y vuelve a sus raíces. Volver a las raíces es descansar de acuerdo con la naturaleza. lo que está de acuerdo con la naturaleza es eterno; por tanto, la disolución del cuerpo no esconde ningún peligro.

Lao-Tse.

6. Cuando, en los últimos momentos de la agonía, el principio espiritual abandona el cuerpo, sabemos con certeza que el cuerpo es abandonado por aquello que lo ha animado y deja de ser algo separado del mundo material pero combinado con él. Pero, si el principio espiritual pasa a una nueva forma de vida, con nuevas limitaciones, o se une a ese principio sin tiempo ni espacio que le dio la vida, no lo sabemos, no podemos saberlo.

7. El que se ha esforzado toda su vida por dominar sus pasiones, siendo trabado en ello por su cuerpo, no puede sino alegrarse de verse liberado del mismo. Y la muerte no es más que una liberación. El proceso de autoperfeccionamiento, del que tanto hemos hablado, consiste en el esfuerzo por disociar en lo posible el alma del cuerpo, y enseñarle recogerse y a concentrarse en sí misma y con independencia del cuerpo; y la muerte otorga precisamente esta liberación. ¿No es extraño que quien se ha estado preparando durante toda su vida para vivir lo más libre posible del dominio del cuerpo, se sienta descontento en el momento mismo en que esta liberación está a punto de realizarse? Por lo tanto, por mucho que lamente el dejaros y causaros dolor, no puedo sino dar la bienvenida a la muerte como la realización de todo aquello por lo que he luchado durante toda mi vida.

Discurso de despedida de Sócrates a sus discípulos.

8. Solo no cree en la inmortalidad quien nunca ha pensado verdaderamente en la vida.

Si el hombre es solo un ser corporal, entonces la muerte es el fin de algo tan insignificante que no vale la pena lamentarlo. Pero si el hombre es una criatura espiritual, y el alma vive en el cuerpo solo por una temporada, entonces la muerte es tan solo un cambio.

9. Tememos a la muerte tan solo porque confundimos nuestro verdadero yo con el simple instrumento con el que solemos trabajar: nuestro cuerpo. Pero si nos acostumbramos a considerar como nuestro yo al

que dirige el instrumento, es decir, a nuestro espíritu, ¿entonces, no puede haber miedo? El que considera su cuerpo como un instrumento que se le ha dado para trabajar, no experimenta en el momento de la muerte más que la conciencia de torpeza que experimenta el obrero cuando le quitan su herramienta acostumbrada si todavía no le han dado la nueva.

10. El hombre observa cómo las plantas y los animales nacen, crecen, se fortalecen y se multiplican, para luego debilitarse, deteriorarse, envejecer y morir.

Observa el mismo proceso en otras personas, y sabe que lo mismo ocurrirá en su propio cuerpo; sabe que envejecerá, se deteriorará y morirá como todas las cosas que nacen y viven en este mundo.

Pero, además de estas cosas que el hombre observa en sí mismo y en las demás criaturas, conoce también algo en su interior que no se deteriora ni envejece, sino que se hace más fuerte y mejor cuanto más vive; todo hombre es consciente de su propia alma en su interior, a la que no puede ocurrirle lo mismo que a su cuerpo. Por lo tanto, la muerte es un terror solo para aquel que vive con el cuerpo y no con el alma.

11. A un sabio que afirmaba la inmortalidad del alma le preguntaron: «Pero ¿qué hay del fin del mundo?». Respondió: «Para que mi alma viva, no hace falta ningún mundo».

12. El alma no habita en el cuerpo como si estuviera en su casa, sino como errante en un refugio extraño.

Sabiduría hindú.

13. La vida del hombre puede representarse así: el avance a lo largo de un corredor o de un cilindro, primero libre y fácil, luego, debido a la expansión de sí mismo, cada vez más atestado y difícil; a medida que avanza, ve a lo lejos, pero acercándose poco a poco, el resplandor del espacio libre del más allá, y observa a los que le preceden desaparecer en el más allá.

¿Cómo entonces, sintiendo toda la tensión y la presión y el impedimento de su progreso, no habría de anhelar alcanzar el espacio abierto que tiene ante sí? ¿Y cómo entonces, en lugar de desearla, temería acercarse a esta libertad?

14. Cuanto más espiritual se vuelve nuestra vida, más creemos en la

inmortalidad. A medida que nuestra naturaleza se aleja de la tosquedad del animal, nuestras propias dudas se destruyen gradualmente.

El velo del futuro se levanta, la oscuridad se disipa y sentimos nuestra inmortalidad aquí mismo.

Martineau.

15. Quien tiene una visión falsa de la vida tiene también una visión falsa de la muerte.

El que conoce a los demás está bien informado, el que se conoce a sí mismo está iluminado.

El que vence a otros es fuerte, el que se vence a sí mismo es poderoso. Pero aquel que muriendo sabe que no es destruido es eterno.

Lao-Tse.

IV. El nacimiento y la muerte son los límites, más allá de los cuales desconocemos qué es de nuestra vida

1. El nacimiento y la muerte son los límites en dos direcciones. Más allá de cualquiera de ellos hay un misterio por igual.

2. La muerte es lo mismo que el nacimiento. Con su nacimiento, el niño entra en un mundo nuevo, comienza una vida completamente distinta de la que llevaba en el vientre de su madre. Si el niño pudiera contarnos lo que ha experimentado al dejar su existencia anterior, relataría una experiencia similar a la del hombre que deja de vivir.

3. No puedo librarme de la idea de que he muerto antes de nacer, y de que en la muerte volveré de nuevo al mismo estado. Morir y volver a la vida con el recuerdo de una existencia anterior lo llamamos desvanecimiento; despertar con nuevos órganos que deben desarrollarse de nuevo lo llamamos nacimiento.

Lichtenberg.

4. Podemos considerar la vida como un sueño y la muerte como un despertar.

5. Cuando la gente muere, ¿adónde va? Probablemente a allí de donde vienen las personas cuando nacen. La gente viene de Dios, el Padre de

nuestra vida; toda la vida ha sido, es y será siempre de Él. Y todos los hombres vuelven igualmente a Él. El hombre sale de su casa, trabaja, descansa, come y se divierte, vuelve a trabajar y, cuando se siente cansado, regresa a su casa.

Lo mismo sucede con la vida humana: el hombre procede de Dios, trabaja, sufre, es consolado, se alegra y descansa y, después de todas sus vicisitudes, vuelve a casa por donde vino.

6. ¿Acaso no experimentamos una resurrección a partir de un estado en el que conocíamos menos el presente de lo que en el presente conocemos el futuro? Como nuestro estado anterior está en relación con el presente, también lo está nuestro estado actual con el futuro.

Lichtenberg.

7. Viniste a este mundo sin saber cómo, pero sabes que viniste a este mundo como poseedor de ese «yo» específico que eres; entonces, caminaste por el sendero de la vida, y de repente, a mitad de camino, a medias con alegría, a medias con miedo, te tambaleas y te niegas a moverte porque no puedes ver lo que está «allí». Pero ni siquiera habías visto este mundo al que viniste, y aun así viniste. Entraste por la puerta de entrada, pero te niegas a pasar por la puerta de salida. Toda tu vida consistió en avanzar y avanzar en la vida corporal. Y seguiste adelante, apresuradamente a veces, y ahora te afliges porque está sucediendo lo que has estado progresando todo el tiempo. Te horroriza el terrible cambio que se producirá en tu cuerpo al morir. Pero un cambio tan grande te ocurrió también cuando usted nació y no tuvo ningún efecto pernicioso y, de hecho, salió tan bien que odias separarte de tu estado actual.

V. La muerte libera el alma de los límites de la personalidad

1. La muerte es una liberación de la unilateralidad de la personalidad.

A ello se debe, sin duda, la apariencia de paz y serenidad en los rostros de los difuntos. Tranquila y apacible es, por regla general, la muerte de un hombre bueno. Pero morir de buen grado, de buena gana, alegremente, es prerrogativa de quien ha renunciado a sí mismo, de quien ha renunciado a la vida de la personalidad, de quien abniega de ella. Pues solo un hombre así desea, realmente y no en apariencia, la muerte y, por tanto, no requiere ni exige una existencia ulterior de su personalidad.

Schopenhauer.

2. La conciencia de todo lo que está confinado en el interior del cuerpo del individuo se esfuerza por expandir sus límites. Hete ahí la primera mitad de la vida humana. En la primera mitad de su vida, el hombre manifiesta un amor creciente por los objetos y las personas; es decir, sobrepasa sus propios límites y transfiere su conciencia a otros seres.

Pero, por mucho que ame, no puede salir de sus límites y solo en la muerte ve la posibilidad de borrar los mismos. El proceso es similar al de la metamorfosis de una mariposa a partir de una oruga. Somos como orugas; primero nacemos, luego caemos en el sueño de una crisálida. Pero nos conocemos como mariposas en la vida venidera.

3. Nuestro cuerpo encierra dentro de sus límites ese principio divino que llamamos alma. Y estos límites, como un recipiente que da forma al líquido o al gas que contiene, dan a este principio divino su forma exterior. Cuando el recipiente se rompe, lo que contiene deja de tener la forma que tenía y se escapa. ¿Se combina con otras sustancias? ¿Recibe una nueva forma? No sabemos nada de todo eso, pero sabemos con certeza que pierde la forma que tenía en su anterior confinamiento, porque lo que la confinaba ha sido destruido. Esto sí lo sabemos, pero no podemos saber lo que le sucede a lo que ha sido confinado. Solo sabemos que el alma, después de la muerte, se convierte en otra cosa, pero, en la vida presente, no podemos juzgar en qué.

4. Algunos dicen: «La verdadera inmortalidad es solo aquella en la que se conserva mi personalidad». Pero mi personalidad es precisamente lo que más me repugna en este mundo y de lo que durante toda mi vida he tratado de librarme.

5. Si la vida es un sueño y la muerte un despertar, entonces el hecho de que me vea separado de todo lo material es un sueño del que espero despertar al morir.

6. Solo entonces es una alegría morir cuando te cansas de tu separación del mundo, cuando te percatas de todo el horror de la separación y de la alegría, si no de unirte a todos, al menos de escapar de la prisión de

la separación en esta vida, en la que solo raramente se comulga con los demás a través de las chispas pasajeras del amor.

Uno anhela decir: «Basta de esta jaula. Dame otra relación con el mundo, más adecuada a mi alma. Y sé que la muerte me la dará. Y, sin embargo, intentan consolarme con la seguridad de que incluso allí seguiré siendo una personalidad».

7. Bajo mis pies hay tierra firme, helada por el frío del invierno, a mi alrededor hay árboles de crecimiento gigantesco, sobre mí un cielo encapotado; siento mi cuerpo; Los pensamientos surgen en mi mente, pero sé, siento en cada fibra de mi ser que todas estas cosas —la tierra sólida y helada, los árboles y el cielo, mi cuerpo y mis pensamientos— no son más que accidentales, que todas son el producto de mis cinco sentidos, de mi imaginación; un mundo creado por mí mismo, y todo esto es porque yo formo parte de esto y no soy una partícula diferente del mundo, ya que tal es la forma en que me distingo del mundo. Sé que no tengo más que morir, y todas estas cosas no desaparecerán, sino que cambiarán de forma, como cambia la escena en un teatro, donde, en lugar de arbustos y piedras, se forman palacios y torres. Tal será la transformación que la muerte operará en mí, si es que no soy totalmente destruido, y paso a otro ser diferenciado del mundo. Y entonces el mundo entero, aunque permaneciendo inalterado para los que se queden a vivir en él, cambiará para mí. El mundo entero es así y no diferente porque yo me considero una criatura así y no diferente, tan separada del mundo y no diferente. Y no hay fin al número de formas de separación de las criaturas del mundo.

VI. La muerte revela lo que era insondable

1. Cuanto más vive un hombre, más se le revela la vida. Lo que antes era desconocido, se vuelve conocido. Y así hasta la muerte. Pero en la muerte se revela todo lo que el hombre puede conocer.

2. Algo se revela al moribundo en el momento de la muerte. «¿Es esto?», es la expresión que casi siempre nos parece leer en los rasgos del moribundo. Pero nosotros, los que quedamos, no podemos ver lo que se le ha revelado. A nosotros también se nos revelará cuando llegue el momento.

3. Todas las cosas se revelan, mientras vives, a la manera de un ascenso uniforme a niveles cada vez más altos, por escalones regulares. Pero, cuando llega la muerte, lo que antes se revelaba deja repentinamente de revelarse, o el que recibía las revelaciones deja de ver lo que antes se revelaba, porque ve algo nuevo, algo enteramente diferente.

4. El moribundo ya es, en parte, partícipe de la eternidad. Parece como si el moribundo nos hablara desde más allá de la tumba.

Aquello que nos dice, se nos antoja una orden. Nos lo imaginamos casi como un profeta. Es evidente que él siente que la vida se le escapa y la tumba que se abre le indica que el tiempo de la portentosa revelación ha llegado. La esencia de su naturaleza debe manifestarse. El principio divino que está en él no puede permanecer oculto por más tiempo.

Amiel.

5. Todas las desdichas nos revelan ese principio divino, inmortal y autónomo que constituye la base de nuestra vida. Pero la desgracia suprema —como la gente la juzga—, la muerte, nos revela plenamente nuestro verdadero «yo».

La vida es una bienaventuranza

La vida del hombre y su bienaventuranza consisten en la unión cada vez más estrecha del alma que, debido a su cuerpo, está separada de las demás almas y de Dios, con aquello de lo que está separada. El alma efectúa su unión al manifestarse por el amor y liberarse cada vez más del cuerpo. Y por tanto, si el hombre comprende que en esta liberación del alma del cuerpo reside su vida y su bienaventuranza, su vida, a pesar de todas las desgracias, sufrimientos o dolencias, no puede ser otra cosa que un estado de bienaventuranza ininterrumpida.

I. La vida es la bendición más grande que el hombre puede alcanzar

1. La vida, cualquiera que sea su transcurrir, es una bendición que no tiene parangón. Si decimos que la vida es un mal, solo lo decimos en comparación con otra vida imaginaria y mejor. Pero no conocemos otra vida mejor, ni podemos conocerla, y por eso la vida, cualquiera que sea su transcurrir, es para nosotros la más alta bendición.

2. Con frecuencia, despreciamos la bendición de esta vida, anticipando una bendición mayor en algún otro lugar. Pero tal bendición superior no puede existir en ninguna parte, porque en nuestra vida se nos ha concedido una bendición tan grande —la bendición de la vida— que nada es, nada puede ser superior.

3. Este mundo no es una burla, ni un valle de dolores o una transición a un mundo mejor y eterno, sino que este mundo, el mundo en el que

vivimos ahora, es uno de esos mundos eternos que son hermosos y están llenos de alegría, y que no solo podemos, sino que debemos, con nuestro esfuerzo, hacer que sea aún más hermoso y lleno de alegría por el bien de los que viven con nosotros y por el bien de todos los que vivirán después de nosotros.

4. Hacer que cada momento de la vida sea el mejor posible, independientemente de que nos caiga en suerte, de una u otra mano del destino, dispensando favor o dispensando desfavor, he ahí el arte de vivir y la verdadera superioridad de un ser racional.

Lichtenberg.

5. El hombre es infeliz porque no sabe que es feliz.

Dostoievski.

6. No se puede decir que servir a Dios abarque todo el destino del hombre. El destino del hombre es siempre y siempre debe ser su bienaventuranza. Pero como, Dios deseaba dar la bienaventuranza a los hombres, estos, al esforzarse por alcanzarla, deben hacer lo que Dios desea de ellos y, por lo tanto, obedecer Su voluntad.

II. La verdadera felicidad se encuentra en la vida presente y no en la vida de ultratumba

1. Según la falsa enseñanza, la vida en este mundo es un mal, pero la bienaventuranza solo se alcanza en la vida venidera.

2. Según la verdadera enseñanza cristiana, el objetivo de la vida es la bienaventuranza, y esta bienaventuranza se alcanza aquí.

La verdadera bienaventuranza está siempre en nuestras manos. Como una sombra, sigue la estela de una vida buena.

2. Si el paraíso no está en ti mismo, nunca entrarás en él.

Angelus.

3. No creas que esta vida no es más que una transición a otro mundo, y que nuestra felicidad reside solo en eso. Esto es falso. Debemos ser felices en este mundo, aquí mismo. Y para que podamos ser felices aquí, en este mundo, tan solo debemos vivir como desea Aquel que nos envió.

Tampoco debes decir que para que tú puedas vivir con rectitud todos los demás deben vivir con rectitud y deben vivir según la ley Dios. Esto es un error, vive tú mismo según Dios, haz esfuerzos por tu cuenta, y serás feliz, y los demás también estarán mejor en vez de peor.

4. El engaño más común y más dañino que hay entre los hombres es pensar que no pueden alcanzar en esta vida todas las bienaventuranzas que desean.

5. Quienes sostienen que este mundo es un valle de dolores, un lugar de pruebas, etc., y que el otro mundo es un mundo de bienaventuranza, bien podrían sostener que todo el mundo infinito de Dios es bello, y que la vida en todo el mundo de Dios es bella, con la única excepción de en un lugar y un período de tiempo, a saber, donde y cuando vivimos ahora. ¡Qué extraño fenómeno! ¿Acaso no estamos ante una evidente incomprensión del sentido y de la vocación de la propia vida?

6. Vive la vida verdadera y tendrás muchos adversarios, pero incluso tus adversarios te amarán. La vida te traerá muchas desgracias, pero serás feliz incluso con ellas, y bendecirás la vida y harás que otros la bendigan.

Dostoievski.

7. ¡Qué extraño y ridículo es suplicar a Dios! No es necesario suplicarle, sino cumplir Su ley, ser como es Él. La única actitud racional hacia Dios es estarle agradecido por la bendición que me concedió al animarme con Su aliento.

Un patrón ha colocado a sus obreros en tal estado que, cumpliendo las tareas que les mostró, alcanzan la más alta bendición que su mente puede concebir (la bendición del gozo espiritual) y, sin embargo, Le mendigan cosas. Al mendigar, demuestran que no hacen aquello que les fue encomendado.

III. La verdadera bendición solo tú puedes encontrarla, en tu propio interior

1. Dios entró en mí y, a través de mí, procura Su bienaventuranza. ¿Cuál puede ser entonces la bienaventuranza de Dios? Solo ser Él mismo.

Angelus.

2. Un hombre sabio comentó: He recorrido la tierra en mis viajes buscando la bienaventuranza. La he buscado día y noche sin cesar. Una vez, cuando desesperaba de encontrar esta bienaventuranza, una voz interior me dijo: la bienaventuranza está en ti mismo. Hice caso a la voz y encontré la bienaventuranza verdadera e inmutable.

3. ¿Qué otra bienaventuranza querrías, si Dios y el mundo entero estuvieran dentro de ti?

Angelus.

4. Dichosas las gentes, si no llama suyo a nada que no sea su alma. Felices son aunque vivan entre gentes codiciosas y malvadas y odiosas, pues nadie puede arrebatarles su felicidad.

Enseñanza budista.

5. Cuanto mejor vive la gente, menos se queja de los demás. Y cuanto peor vive un hombre, menos contento está consigo mismo y con los demás.

6. El sabio busca todo en sí mismo, el loco todo en los demás.

Confucio.

IV. La verdadera vida es la vida espiritual

1. Lo que llamamos felicidad o infelicidad de nuestro «yo» animal está fuera de nuestra voluntad; pero la bienaventuranza de nuestro «yo» espiritual depende solo de nosotros, de nuestra obediencia a Dios.

2. Todo lo que la gente considera desgracias o males se debe al hecho de que consideran que solo su personalidad material existe realmente: Juan, Pedro, María, Natalia; mientras que la personalidad material lo que representa tan solo es a los límites en los que se ha manifestado el verdadero Todo existente y eterno. Es un engaño de la misma naturaleza que la de los rompecabezas en los que se trazan figuras, a partir de la nada, entre los contornos de árboles y ramas. El hombre puede considerar como sí mismo lo que está limitado por el cuerpo o el Todo

que en él no está limitado por el cuerpo. En el primer caso es un esclavo, impotente y sujeto a toda clase de desgracias; en el segundo es libre, todopoderoso y no conoce males.

3. Aquel que fija el objetivo de su vida en liberar su «yo» espiritual del cuerpo no puede estar descontento, porque lo que desea siempre se cumple.

4. La vida del hombre, llena de sufrimientos físicos, susceptible de ser interrumpida en cualquier instante, esta vida, para no ser la más cruel de las burlas, debe tener un significado tal que ni los sufrimientos ni su duración —corta o larga— puedan afectar al objetivo de la vida.

Y tal significado corresponde a la vida humana. Este significado es la conciencia cada vez mayor de Dios en uno mismo.

5. «Mi yugo es bendito». Los hombres se ponen un yugo que no les conviene e intentan tirar de una carga superior a sus fuerzas. Un yugo inadecuado y una carga excesiva, así es la vida que busca la felicidad del cuerpo o las bendiciones materiales de los demás. La verdadera bienaventuranza se halla en la conciencia creciente de Dios en uno mismo. Solo ese yugo está hecho a la medida de la fuerza de los hombres y es del que habla Jesús. Pruébalo y verás lo agradable y fácil que es. El que quiera saber si digo la verdad, que pruebe y haga lo que yo digo, dijo Jesús.

6. La vida humana es una reunión incesante de lo espiritual, aislado por el cuerpo, con aquello de lo que tiene conciencia de unidad. Lo comprenda o no el hombre, lo quiera o no, esta reunión se realiza sin cesar a través de la condición que llamamos vida humana. La diferencia entre las personas que no comprenden su vocación y no desean cumplirla, y las que la comprenden y desean vivir de acuerdo con ella, es la siguiente: la vida de los que no la comprenden es un sufrimiento continuo, pero la vida de los que comprenden su vocación y la cumplen, es una bendición incesante y creciente.

Los primeros son como animales testarudos a los que el amo debe arrastrar por una cuerda atada al cuello hasta ese refugio donde el animal encontrará alimento y cobijo. Es inútil que el animal luche y se ahogue en sus esfuerzos por resistirse al amo: será llevado al lugar al que todos deben llegar.

Y los segundos son como el animal que, habiendo comprendido

la voluntad del amo, va de buena gana y con gusto adonde este lo conduce, sabiendo que nada más que el bien puede resultar de obedecer la voluntad del amo.

7. Nada prueba tan patentemente que el negocio de la vida es perfeccionarse como el hecho de que, cualquier cosa que desees, además de tratar de perfeccionarte, si tal deseo se ve plenamente satisfecho, en el preciso momento en que se satisfacer, ocurre que la fascinación el deseo desaparece de forma inmediata.

Solo hay algo que nunca pierde su gozoso significado: la conciencia de tu esfuerzo hacia la perfección.

Este incesante autoperfeccionamiento produce una alegría verdadera, incesante y siempre creciente. Cada paso adelante, por este camino, lleva consigo su propia recompensa, y esta recompensa se recibe inmediatamente. Nada puede arrebatársela.

8. Aquel que tiene puesta su vida en el perfeccionamiento espiritual de sí mismo, no puede estar descontento, porque lo que desea está siempre en su poder.

Pascal.

9. Ser bienaventurado, tener vida eterna, permanecer en Dios, estar a salvo, todo equivale a lo mismo: es la solución del problema de la vida. Y esta bendición crece, el hombre siente un dominio cada vez más fuerte y profundo de la alegría celestial. Y esta bendición no conoce límites, pues es la libertad, la omnipotencia y la plenitud de la realización de todos los deseos.

Amiel.

V. ¿Dónde reside la verdadera bendición?

1. Existen pocas bendiciones genuinas. Ya solo eso es una bendición genuina, y un bien que es una bendición y un bien para todos.

Por eso, es necesario desear solo lo que está de acuerdo con el bien común. Aquel que dirija su actividad hacia tal objetivo adquirirá bendición para sí mismo.

Marco Aurelio.

2. En las circunstancias de las personas concurre una combinación de bien y mal, pero en sus objetivos no existe tal mezcla: el objetivo puede ser malo, si se centra en el cumplimiento de la voluntad de la propia naturaleza animal, o bueno, si lo hace en el cumplimiento de la voluntad de Dios. Que el hombre ceda al primer fin, y no podrá sino ser infeliz; que ceda al segundo y no puede haber infelicidad para él: todo para él será bendito.

3. Nadie puede hacer el bien genuino a otro. Un hombre solo puede hacerse a sí mismo el bien genuino. Y el bien genuino consiste solo en esto: vivir para el alma y no a para el cuerpo.

4. Hacer el bien es una ocupación de la que es se puede decir que nos beneficiará con toda seguridad.

5. Un hombre pide ayuda a la gente o a Dios. Pero nadie puede ayudarle, a no ser él mismo, pues nada, salvo su vida en rectitud, puede ayudarle. Y solo él puede hacerlo.

6. Dicen que quien hace el bien no necesita recompensa. Esto es cierto cuando se piensa en una recompensa fuera de él mismo en una recompensa futura y no inmediata. Pero, sin obtener una recompensa, sin que el bien produzca alegría al hombre, este, simplemente, no podría realizar ningún bien. Solo es preciso comprender lo que constituye una verdadera recompensa. La verdadera recompensa no reside en cosas exteriores ni en el futuro, sino en las cosas interiores y en el presente: en la mejora del alma. Ahí se encuentra tanto la recompensa como el incentivo de hacer el bien.

7. Un hombre de vida santa rezó así a Dios: «Oh Señor, ten misericordia de los malvados, pues a los buenos ya les has mostrado misericordia. Son bienaventurados por ser buenos».

VI. En el amor se encuentra la bendición

1. Para ser verdaderamente feliz solo hace falta una cosa: amar, amarlo todo, lo bueno y lo malo. Ama sin cesar, y sin cesar serás feliz.

2. No sabemos, no podemos saber para qué vivimos. Y, por lo tanto,

nos sería imposible saber qué hacer y qué no hacer, si no fuera por nuestro anhelo de bienaventuranza. Tal anhelo nos señala infaliblemente qué hacer, si tan solo consideramos nuestra vida no como una vida animal, sino como un alma que habita en un cuerpo. Y esta misma bienaventuranza que anhela nuestra alma se nos otorga gracias al amor.

3. Nadie se ha cansado nunca de hacerse el bien a sí mismo. Pero el bien supremo es hacer lo que el alma desea, y el alma solo desea una cosa: amar y ser amada. Haz que el objeto de tu vida sea aumentar este amor y descubrirás que tu felicidad estará siempre en tu poder.

4. Si hay un Dios de bondad y si Él creó el mundo, debe haberlo creado para asegurar el bienestar de todos, incluyendo, por consiguiente, también nuestro bienestar, el de los seres humanos.

Y, si no hay Dios, vivamos, por propia decisión, para asegurar nuestro bienestar. Y para que nos vaya bien, debemos amarnos los unos a los otros, debe haber amor. Y Dios es amor, lo que nos lleva de nuevo a Dios.

5. Mi vida no es mía y, por tanto, mi propia felicidad no puede ser su objetivo; solo puede ser su objetivo; solo puede serlo lo que desea Aquel que me envió a la vida. Y Él desea que todos muestren amor hacia todos los demás, que es en lo que consiste la felicidad, tanto la mía como la de todos.

6. El hombre, desde el día de su nacimiento hasta el momento de su muerte, anhela su propio bien, y eso que anhela se le concede tan solo si lo busca allí donde está: en el amor a Dios y a los demás.

7. Algunos dicen: «¿Por qué amar a la gente desagradable?». Porque hay alegría en ello. Pruébalo y constata si es verdad o no.

8. Nada tenemos más que la muerte ante nosotros, nada más que el deber en el presente. ¡Qué deprimente y terrible en apariencia! Sin embargo, si buscas el objeto de tu vida solo en esto: en esforzarte por una comunión de amor cada vez más inmediata con los demás y con Dios, lo que te había parecido espantoso se convierte en suprema e inquebrantable bienaventuranza.

VII. Cuanto más ama un hombre su cuerpo, con mayor seguridad añora la verdadera bienaventuranza

1. Algunas personas buscan la felicidad en el poder, otras en la sed de conocimiento, en la ciencia, otras en los placeres. Estas tres aspiraciones han dado origen a tres escuelas de pensamiento distintas, y todos los filósofos han seguido siempre una de estas tres tendencias. Pero los que más se acercaron a la verdadera filosofía se dieron cuenta de que la felicidad universal —la meta del esfuerzo universal— no debe estar contenida en ninguna cosa particular que pueda estar en posesión solo por unos pocos, y que después de ser dividida más bien aflige a sus poseedores por la porción que les ha sido negada, en lugar de darles alegría por la porción que poseen. Se dieron cuenta de que la verdadera bienaventuranza debe ser tal que todos puedan disfrutar de ella al mismo tiempo, sin carencia y sin envidia, y que sea tal que nadie pueda perderla contra su voluntad. Y tal felicidad existe: es el amor.

Pascal.

2. ¿Por qué corres de aquí para allá, ohm desdichado? Buscas la felicidad y te apresuras hacia alguna parte, mientras que la felicidad está en ti mismo. ¿Por qué la buscas a la puerta de los demás? Si la felicidad no está dentro de ti, no la encontrarás en ninguna otra parte. La felicidad está en tu interior, en que puedes amar a todos, amar a todos no por nada, no por el bien de nada, sino para vivir la vida de todas las personas, en lugar de vivir meramente la tuya. Buscar la felicidad en el mundo y no servirse de la felicidad que habita en tu alma es lo mismo que buscar agua en un lejano charco fangoso, mientras a tu lado brota de la ladera de la montaña un manantial curativo de agua pura.

Angelus.

3. Si anhelas la verdadera felicidad, no la busques en tierras lejanas, en riquezas o en honores, no importunes a los demás, no te acobardes ante ellos ni contiendas con ellos para alcanzar la felicidad. Por tales medios podrías alcanzar propiedades, o rango y toda clase de cosas innecesarias, pero la verdadera felicidad que es necesaria para todos no puede comprarse, no puede alcanzarse importunando, sino que se da libremente. Sabed que todo lo que no podéis tomar libremente no es vuestro, os es superfluo. Podéis tomar siempre libremente aquello que necesitáis, gracias a de vuestra propia vida en rectitud.

Sí, en efecto, la felicidad no depende ni del cielo ni de la tierra, sino únicamente de vosotros mismos.

Existe una sola bienaventuranza en el mundo, y es la única que necesitamos. ¿Cuál es esta bendición? Una vida de amor. Y alcanzar esta bendición es fácil.

Scovoroda.

4. Gracias a Dios porque ha hecho tan fáciles las cosas que son necesarias para los hombres, y tan difíciles las que son innecesarias. Lo que los hombres necesitan más que nada es la felicidad, y ser feliz es lo más fácil de todo. Gracias a Dios.

El reino de Dios está dentro de nosotros. La felicidad habita en nuestro corazón, si está lleno de amor. ¿Cómo sería si esa felicidad, que todos los hombres necesitan, fuera el don de algún lugar en particular, de un período de tiempo, de alguna posición, de la salud o de la fuerza física? ¿Cómo sería si la felicidad se encontrara solo en América o en Jerusalén? ¿En los tiempos de Salomón? ¿O en un palacio real? ¿En la riqueza, en los honores, en un desierto? ¿En la ciencia, en la salud o en la belleza?

¿Podrían vivir todos en América o en Jerusalén? ¿Podrían vivir todos en la misma época? Si la felicidad se encontrase en las riquezas, en la salud o en la belleza, cuán desgraciada sería la suerte de todos los pobres, de los ancianos, de los enfermos y de los hogareños. ¿Podría Dios privar a todos estos de la felicidad? No, gracias a Dios. Él ha hecho superfluas las cosas difíciles. Ha dispuesto que no haya felicidad en las riquezas, ni en los honores, ni en la belleza del cuerpo. La felicidad consiste en una sola cosa; en la bendición de la vida, y esto está al alcance de todo hombre.

5. Los hombres ruegan a Dios que les ayude en las cosas que están fuera de su alcance, y Dios está siempre dispuesto a ayudarles en las cosas que están dentro de ellos. De lo contrario, Él los ayudaría como ellos desean, y no como Él quisiera.

6. Implorar a Dios bendiciones en esta vida es lo mismo que sentarse junto a un manantial de agua y rogarle que nos libre de la sed. Inclínate

y bebe. Se nos ha concedido la plenitud de bendiciones. Solo tenemos que saber aprovecharla.

7. Si consideras que una bendición está más allá de ti, siempre serás infeliz. Comprende que una bendición es solo lo que está en tu poder, y nadie será capaz de robarte tu felicidad.

VIII. El hombre solo es inconsciente de la bendición de la vida si no es capaz de cumplir la ley de la vida

1. Si tú preguntas: «¿Por qué existe el mal?», yo te respondo con la pregunta: «¿Por qué existe la vida?». El mal existe para que haya vida. La vida se manifiesta en el liberarse del mal.

2. Si la vida no te parece una alegría grande e inmerecida, es solo porque tu razón está mal dirigida.

3. Si la vida de las personas no está llena de alegría, es porque no hacen lo necesario para que la vida sea una alegría constante.

4. Si decimos que nuestra vida no es bendición, inevitablemente permitimos que se entienda con ello que conocemos una bendición más alta que la vida. Y, sin embargo, no conocemos ni podemos conocer ninguna bendición superior a la vida. Y, por tanto, si la vida no nos parece una bendición, no es la vida la culpable de ello, sino nosotros mismos.

5. Si alguien dice que, a pesar de hacer el bien, se siente infeliz, no hace más que demostrar que lo que él considera bueno no lo es.

6. Has de saber y recordar que, si un hombre es infeliz, es por su propia culpa. La gente solo es infeliz cuando desea algo que no puede tener; y, por lo tanto, es feliz cuando desea algo que sí puede tener.

¿Qué es lo que la gente no siempre puede tener aunque lo desee, y qué es lo que siempre puede tener cuando lo desea?

Las personas no siempre pueden tener, aunque las deseen, las cosas que no están a su alcance, las cosas que no les pertenecen, las cosas que otros pueden quitarles: todas estas cosas no están en poder de los hombres. Pues solo están en poder de los hombres aquello con lo que ni ningún hombre, ni nada en el mundo, puede inmiscuirse.

Entre las primeras están todas las bendiciones mundanas: riquezas, honores y salud. Y lo otro es nuestra alma, nuestro perfeccionamiento espiritual. Y justo esto último está en nuestro poder y es más necesario que cualquier otra cosa para nuestra felicidad, porque ninguna bendición mundana puede dar la verdadera felicidad, sino simplemente engañar siempre. Pero la verdadera la felicidad proviene de nuestros esfuerzos por llegar más cerca de la perfección espiritual, y tales esfuerzos están siempre en nuestro poder.

Se nos ha tratado como un padre bondadoso trata a sus hijos: Solo se nos han negado aquellas cosas que no pueden darnos la felicidad. Pero se nos han concedido todo aquello que necesitamos.

Epicteto.

7. Un hombre arruina su estómago y se queja de su cena. Lo mismo ocurre con las personas que están insatisfechas con la vida.

No tenemos derecho a sentirnos insatisfechos con esta vida. Si nos parece que estamos insatisfechos con ella, eso simplemente prueba que tenemos buenos motivos para estar insatisfechos con nosotros mismos.

8. Un hombre se extravía y llega a un río que bloquea su camino, y se queja de que quien le encaminó en su viaje le había engañado; se retuerce las manos desesperado, se arroja al río maldiciendo a quien le envió y es destruido, pero se niega a comprender que en, el camino del que se había desviado, había puentes y todas las comodidades para viajar. Lo mismo ocurre con las personas que se desvían del único camino verdadero de la vida. Se sienten insatisfechas con la vida y a menudo se destruyen a sí mismas porque, habiéndose desviado del camino correcto, se niegan a reconocer su error.

9. No creas que no comprender el sentido de la vida humana y quedar perplejo por ello es algo sublime o trágico. Tal perplejidad se parece a la de un hombre que importuna a un grupo enfrascado en la lectura de un buen libro. La perplejidad de este hombre, que no escucha ni comprende lo que se lee, sino que insiste en molestar con su inquietud a los que están dignamente ocupados, no tiene nada de noble ni de trágico, sino que es ridícula, absurda y lamentable.

10. Un hombre que no está acostumbrado al lujo y se encuentra accidentalmente en un entorno lujoso puede fingir, para ganarse la esti-

mación de los demás, que está tan acostumbrado al lujo como para no solo no maravillarse de él, sino incluso tratarlo con desdén: del mismo modo, un hombre que pretende tener una visión elevada del mundo y desdeñar las alegrías de la vida, actúa como si estuviera aburrido de la vida y pudiera imaginar algo muy superior a la misma.

11. Hubo una vez un filántropo que quiso hacer el mayor bien posible a la gente y se puso a pensar cómo podría arreglárselas para no ofender a nadie y, sin embargo, beneficiar a todos. Dar cosas a la gente directamente haría difícil juzgar qué dar a este y a aquel, calibrar quién se lo merece más que sus semejantes, y cómo igualar las cosas. Aquel que recibiera menos se quejaría, diciendo: «¿Por qué le diste a él y no a mí?».

Y concibió la idea de establecer una posada en algún lugar donde solían congregarse multitudes. Y en esta posada reunió toda clase de objetos tocantes a la necesidad y al placer humanos. Dispuso habitaciones confortables, con cómodas chimeneas, combustible, luz, graneros espaciosos llenos de toda clase de grano, depósitos repletas de verduras, frutas y bebidas diversas, camas y ropa de cama, vestimenta y lino y calzado, suficiente para una inmensa multitud. Eso hizo el filántropo y partió, esperando a ver qué ocurría.

Y llegaron a la posada varias gentes rectas que comían y bebían y se hospedaban, unos un día o dos, otros una semana o más, tomando ahora un poco de ropa, o calzado, según fuera su necesidad. Y, al partir, dejaban todas las cosas en orden, tal como las habían encontrado, para que otros forasteros pudieran utilizar las comodidades y, al marcharse, no tenían por menos que dar gracias a su desconocido benefactor.

Pero, antes de no mucho, los fanfarrones, los insolentes y los borrachos entraron en la posada. Saquearon las provisiones y empezaron a pelearse entre ellos por el botín. Primero se limitaron a discutir, luego se pelearon y empezaron a arrebatarse cosas por la fuerza, destruyendo muchos bienes por simple maldad, con el único fin de privar de ellos a los demás. Y, cuando hubieron arruinado todo lo que había a la vista, empezaron a congelarse y a morir de hambre, sufriendo daños unos y otros, y no tardaron en culpar al dueño de la posada por sus malas disposiciones, por no haber proporcionado vigilantes, ni almacenado suficientes provisiones, y por admitir a mala gente. Pero otros afirmaban que nunca había habido dueño y que la posada había surgido por sí sola.

Y aquellos hombres partieron de la posada, hambrientos, fríos e iracundos, y lo único que sabían era maldecirse unos a otros y a la posada, y al que la había construido.

Así es como los que, viviendo para su cuerpo en vez de vivir para su alma, expolian su vida y la de los demás, y se condenan unos a otros en vez de a sí mismos, o a Dios, si lo reconocen, o al mundo, si no reconocen a Dios y suponen que el mundo surgió por sí mismo.

IX. Solo cumplir la ley de la vida otorga bendición al hombre

1. Es necesario estar siempre alegre. Si tu alegría cesa, busca en qué has errado.

2. Si un hombre está insatisfecho con su estado, puede cambiar eso de dos maneras: mejorando las circunstancias de su vida o mejorando el estado de su alma. Lo primero no siempre está en su mano, pero lo segundo siempre lo está.

Emerson.

3. Me parece que un hombre debe tener como primera regla ser feliz y estar contento. Debe avergonzarse de su descontento como de una mala acción, y saber que, si algo está mal en él o con él, no debe contárselo a los demás ni quejarse, sino corregir lo que está mal.

4. El cumplimiento de la ley de Dios, la ley del amor que produce la bendición suprema, es posible en toda condición de vida.

5. En esta vida, todos somos como caballos que están siendo domados y enjaezados a un carro entre fustes. Primero luchamos, anhelando vivir para nosotros mismos, rompemos los ejes y desgarramos el arnés, pero no logramos escapar y solo nos agotamos. Y, solo después de agotarnos, olvidamos nuestra propia voluntad y nos sometemos a otra superior y emprendemos nuestro camino, y entonces encontramos la paz y la felicidad.

6. La voluntad de Dios se cumplirá en todo caso, quiera o no quiera yo obedecerla. Pero está en mi mano, o bien oponerme a esta voluntad y privarme de la bienaventuranza de participar en ella, o bien ser su instrumento, hacerla parte de mí en la medida en que pueda encontrar espacio en mí bajo la forma del amor, vivir por ella y tener la experiencia de una bienaventuranza incesante.

7. «Venid a Mí todos los que estáis fatigados y agobiados, y Yo os aliviaré. Porque mi yugo es fácil y mi carga ligera», dice la enseñanza de Cristo. El significado de estas palabras es que, por muy atribulado que se encuentre un hombre, acosado por penas y desgracias, solo necesita darse cuenta y recibir en su corazón la verdadera enseñanza de que la vida y su bienaventuranza consisten en la unión del alma con aquello de lo que está separada por el cuerpo: con las almas de los demás y con Dios, y todos los males aparentes desaparecerán al instante. Si un hombre pone el objeto de su vida en unirse en amor con todo lo que vive y con Dios, su vida cambia inmediatamente de agonía a bienaventuranza.

Haciendo su voluntad

Dios nos dio su espíritu, nos dio el amor y la razón para que le sirviéramos; pero nos servimos de este espíritu para servirnos a nosotros mismos, que es lo mismo que utilizar la hoja de un hacha para destruir el mango.

El sentido de nuestra vida —su único sentido racional y gozoso— está en servir a Dios en Su obra, que es el establecimiento de Su Reino, y en sentir que le servimos. Puede suceder a veces que no sintamos que estamos sirviendo, y que empecemos a imaginar que nos hemos salido de debajo del yugo, o que las trazas se han debilitado, o esto puede deberse al hecho de que nos hemos acostumbrado al yugo, nos hemos habituado, por así decirlo, y no percibimos el trabajo. En cualquier caso, aunque no sintamos que le estamos sirviendo a través de ninguna sensación externa, sí sabemos en lo más profundo de nuestra alma que no nos hemos negado a servir, que no hemos abandonado el yugo; podemos estar seguros de que estamos sirviendo, y o bien nuestra tarea, de momento, es fácil, o nuestro Maestro nos ha concedido un breve respiro.

Para mí, el sentido de la vida reside exclusivamente en servir a Dios liberando a la gente del pecado y del sufrimiento.

No hay más que un temor: tratar de adivinar la forma en que Dios desea que lo logremos, o hacer una conjetura equivocada o anticiparse, y como resultado, en lugar de ayudar a la obra, obstaculizarla o retrasarla.

No existe más que una manera de evitar tal error: no emprender las cosas, sino esperar la llamada de Dios; en tal situación, no podemos dejar de actuar de una manera u otra: o a favor de Dios o en contra de Dios. Y en tales casos poner todo el empeño del alma en hacer lo primero.

El hombre pone a prueba su razón para preguntarse «¿por qué?» y «¿para qué?». Aplica las preguntas a su propia vida y a la vida del mundo. Los hindúes responden así a la pregunta de «¿por qué?»: Maya tentó a Brahma, que existía en sí mismo, a crear el mundo. Pero para la pregunta «¿con qué propósito?», ni siquiera son capaces de inventar una respuesta tan absurda como esa. Ninguna religión ha inventado una respuesta a esta pregunta, ni la mente del hombre puede concebir respuesta alguna.

¿Qué significa, entonces? Significa que la razón no le fue dada al hombre para responder a tales preguntas; que plantearse tales preguntas constituye un error de la razón. La razón solo encuentra respuesta a la pregunta básica «¿cómo?». Y para saber «¿cómo?», la razón, dentro de los límites de lo finito, responde también a las preguntas «¿por qué?» y «¿para qué?». Pero ¿qué quiere decir con «cómo»? Cómo vivir. ¿Y cómo *vamos* a vivir? En la bienaventuranza. Todo lo que vive lo necesita, incluido yo mismo. Y esta posibilidad está abierta a todo lo que vive, incluido yo mismo. Y tal solución excluye las preguntas «¿por qué?» y «¿para qué?».

Pero ¿por qué y para qué no se concede inmediatamente a todos la bienaventuranza? Otro error de la razón. La bienaventuranza está en la realización de tu bienaventuranza, no hay otra.

«Pero ¿cómo se puede vivir sin saber lo que será; sin saber qué forma tomará la vida?».

La verdadera vida comienza solo cuando no sabemos lo que será. Solo entonces podemos hacer la obra de la vida y cumplir la voluntad de Dios. Él lo sabe. Solo tal actividad es un testimonio de fe en Dios y en Su ley. Solo entonces son posibles la libertad y la vida.

La enseñanza de Cristo se me hizo más clara, se apoderó más de mí, cuando comprendí que mi vida no es mía, sino Suya, que Él me la dio, y que el objetivo de la vida no está en mí, sino en Su voluntad, y que debo aprender cuál es y hacerla. Esto trastornó todas mis nociones previas.

Imagina que la mujer que amas te ha prometido encontrarse contigo por la noche. ¿Cómo pasarás el día, cómo te prepararás para ese encuentro? ¿No temerás morir, no temerás que el mundo se acabe antes de que ese encuentro tenga lugar? Deja que ese encuentro tenga lugar, y después, que pase lo que tenga que pasar.

Esto es lo que significa «desear». Y es de esta manera que me gustaría «desear» hacer la voluntad de Dios. Desear tan apasionadamente algo, y solo ese algo: su cumplimiento. ¿Es esto posible?

¿Es posible? Sí, es posible. Lo único que hace falta es tenerlo claro, trabajar conscientemente, hasta el sacrificio.

Que Dios nos ayude a no dejar nunca de alegrarnos por el hecho de que nada puede nunca, ni bajo ninguna circunstancia, impedir nuestra alegría en el cumplimiento de la voluntad de Dios, si solo la cumplimos con pureza, humildad y en amor.

El verdadero pan de vida es hacer la voluntad de Aquel que nos envió aquí y cumplir Su obra. La voluntad de Aquel que nos envió y Su obra es, en primer lugar, llevar a cabo buenos actos, como un pequeño tributo por la vida que nos fue concedida; y los buenos actos son aquellos que aumentan el amor en los corazones de los hombres; y Su obra es aumentar y hacer crecer ese talento que nos fue dado, que es nuestra alma. Y lo uno no puede realizarse sin lo otro. Es imposible realizar buenos actos que aumenten el amor sin aumentar nuestro talento, que es nuestra alma, sin aumentar el tesoro de amor que hay en ella. Y es imposible aumentar nuestro talento, aumentar el tesoro de amor en nuestra alma, sin hacer el bien a las personas, sin aumentar el amor en ellas. Uno depende del otro, uno prueba al otro. Si estás llevando a cabo un acto que te parece bueno, pero no sientes un aumento de amor en tu alma, si el hacerlo no trae alegría a tu corazón, puedes saber así que el acto que estás llevando a cabo no es recto. Y si estás haciendo algo en provecho de tu propia alma, pero el bien para otras personas no aumenta con ello, puedes saber que lo que estás haciendo por tu alma es un esfuerzo inútil.

Buscad primero el Reino de Dios y su verdad, y lo demás se os dará por añadidura. Procurad ser hacedores de la voluntad de Dios y aparte de eso nada, nada más. Y todo os será añadido: la justicia, la alegría y la vida, por no hablar del alimento y el vestido, que son innecesarios. Aquí no hay más que una cosa necesaria: el pan de cada día, el alimento de la vida, ese alimento del que Cristo dijo: «Mi alimento es hacer la voluntad de Dios».

Hacer la voluntad de Dios es la tarea de la vida; pero ¿dónde está la voluntad de Dios? ¿Es necesario hacer tal o cual cosa para cumplir la ley de Dios? ¿Ponerse en esta condición o en aquella? ¿Renunciar a tus bienes? ¿Abandonar a tu familia? ¿Proclamar ante la gente? ¿Ir a Nínive o a Jerusalén? etc., etc. Y no hay respuesta.

Ni lo uno, ni lo otro, ni de hecho ninguna otra cosa es necesaria, ninguna condición, ninguna acción se corresponden al cumplimiento de la voluntad de Dios; no solo no se corresponden, sino que lo impiden, porque cada acto de tu propia voluntad, cada cambio de condición, es una desobediencia a la voluntad de Dios. Pero el cumplimiento de la voluntad de Dios, y Su Reino, están en tu interior: el cumplimiento no está en las acciones, sino en la obediencia, en una actitud humilde y mansa ante las exigencias de la vida en la que te encuentras.

Pero se podría decir: las exigencias de la vida pueden ser contrarias a la conciencia, o pueden ser contradictorias, o puede que no haya ninguna exigencia.

Tan solo cumple con las exigencias y, si son contrarias a tu conciencia, con mansedumbre y humildad, es decir, sin jactancia ni ira, sino con mansedumbre y humildad, declina cumplirlas, o trata las exigencias que te parezcan contradictorias igualmente con mansedumbre y humildad, dando la espalda a tu propia voluntad, buscando a Dios, y se resolverán las contradicciones. Pero decir que no puede haber exigencias en absoluto, eso es imposible. Aunque se trate de las obvias necesidades del cuerpo, esas también son exigencias, y puedes comer y dormir y alojarte con mansedumbre y humildad.

En efecto, la voluntad de Dios no está en lo que haces, sino en cómo lo haces (qué hacer nos lo indican nuestras propias claves vitales), pero cómo hacer, eso es lo que construye la verdadera vida del espíritu.

Al pensar hace poco en la verdadera labor de un cristiano, vi que consistía en hacer la voluntad del Padre. Pero ¿cuál es la voluntad del Padre? ¿Cómo conocerla sin equivocarse? Porque, cuando empiezas a pensar: «¿Es la voluntad de Dios que yo predique? ¿O que viva de tal o cual manera? ¿O que viva con o sin familia?». Cuando empieces a hacerte estas preguntas, nunca descubrirás la voluntad del Padre, y tan solo caerás en la duda y en la confusión: ¿por qué se nos manda hacer la voluntad del Padre y no se nos muestra dónde está la voluntad del Padre?

Esto es lo que pienso sobre esta cuestión: la voluntad del Padre se nos muestra muy claramente, solo que no la buscamos allí donde se nos muestra.

Siempre pensamos que la voluntad del Padre reside en hacer cosas externas, como Abraham yéndose a un país extranjero, etc., pero la voluntad del Padre es que seamos mansos y humildes, mientras todavía tenemos fuerza en el yugo en el que estamos uncidos, para ir sin preguntar a dónde y por qué vamos, para detenernos cuando se nos ordena, para comenzar de nuevo cuando se nos ordena, para dar la vuelta cuando se nos ordena, sin preguntar a dónde y por qué. «Llevad mi yugo sobre vosotros y aprended de mí, que soy manso y humilde de corazón».

Sé manso y humilde de corazón, conténtate con todo, accede a cualquier condición, y cumplirás la voluntad del Padre. Así pues, para cumplir la voluntad del Padre, no es necesario aprender lo que hay que hacer, sino aprender a hacer aquello para lo que se está llamado.

Para cumplir la voluntad de Dios, debemos hacer Su obra. Para hacer Su obra, se necesitan dos cosas, y ambas a la vez, no una u otra por separado: necesitamos razón y amor, necesitamos verdad y bondad. La razón debe ser amorosa, es decir, su actividad debe tener como fin el amor, y el amor debe ser racional, es decir, el amor no debe oponerse a la razón.

Para ilustrar lo primero, tomemos los esfuerzos de la ciencia, la investigación de la Vía Láctea, los puntos finos de la metafísica, las ciencias naturales, el arte por el arte; para ilustrar lo segundo, el amor por una sola mujer, o por los propios hijos o la nación, que es el amor que tiene por objeto obtener bendiciones animales y no espirituales.

El fruto de la actividad de la razón es la verdad, el fruto de la actividad del amor es la bondad. Pero para que haya fruto, ambas formas de actividad deben coincidir. La bondad resultará solo del amor racional controlado por la verdad, y la verdad de una actividad amorosa que tenga como fin la bondad racional.

Esto no lo he inventado yo, sino que lo he presenciado en la vida.

Todos pensamos que nuestro deber, nuestra vocación es hacer cosas distintas, educar a los hijos, o hacer fortuna, o escribir un libro, o descubrir una ley científica; pero solo una cosa es necesaria: que nuestra vida sea una obra completa, buena, racional; no una obra hecha para los hombres, que tras de ella deje el recuerdo de una vida en rectitud, sino una obra ante Dios: ofrecerte a ti mismo, tu alma, a Él en mejor estado que antes, más cerca de Él, más obediente a Él, más de acuerdo con Él. Es muy difícil pensar esto, y aún más difícil sentirlo. Uno es siempre propenso a desviarse hacia el deseo de la gloria humana, pero es posible, y es necesario. Dios me ayude, lo he sentido a veces, lo siento ahora.

Una característica de la enseñanza de Cristo, que está estrechamente relacionada con el resto de Su enseñanza, un principio básico de hecho de Su enseñanza, que resultó totalmente opacado, incluso se perdió de vista en Su deificación, es la enseñanza que nos traía. Recordad cuántas veces, desde cuántos ángulos distintos Él se refirió a que estaba haciendo la voluntad de Aquel que le envió, diciendo que Él no era nada por sí mismo, que era un embajador, que su vida era una con Aquel que le envió y que su vida, el sentido de toda su vida, estaba en el cumplimiento de su misión. Solo el reconocimiento de Cristo como un ser peculiar, y no como un hombre como nosotros, podría ocultarnos esta base de su enseñanza.

Si toda mi vida consiste en dejar brillar esa luz que hay en mí, es decir, si mi vida está en la luz, entonces la muerte no solo está exenta de terror, sino que es una alegría, porque la personalidad de cada uno de nosotros oscurece esa luz que llevamos. Y la muerte física con frecuencia hace brillar esa luz en la que se centra nuestra vida.

La aplicación práctica de esto reside en que cada uno de nosotros debe poner todo el interés de su vida en cumplir la tarea de ser portadores de la verdad a lo largo de la vida, y en asentarla en los demás, y entonces no tendremos dudas ni sufrimientos, ni ocio vano. Cada uno de nosotros está rodeado de gente y siempre puede cumplir la misión de su vida.

Y debemos tener siempre presente nuestra dignidad de embajadores de Dios, a quienes se ha confiado el cumplimiento de Su voluntad. Si yo fuera embajador del Zar en Turquía, ¡cómo me cuidaría! Y entonces, ¿ser embajador de Dios en el mundo no es nada? A un zar se lo puede engañar, pero a Dios no se le puede ocultar nada.

El hombre es un embajador, como nos dijo Cristo; sí, efectivamente, un embajador. Su única preocupación estriba en cumplir sus instrucciones, y que piensen de él lo que quieran. Que piensen mal de él: a veces incluso esto es necesario para cumplir las instrucciones.

Mi vida no es mía, no puede tener como fin mi bienestar, es de Aquel que me ha enviado, y su finalidad es el cumplimiento de Su voluntad. Y solo en el cumplimiento de Su voluntad puedo ser bendecido.

Tú ya lo sabes; pero es tan significativo para mí, tan gozoso pensar en ello, que me regocijo en cada oportunidad que tengo de repetirlo.

El propósito de la vida no reside ya más en la reproducción de nuestra propia especie —la perpetuación de la raza—, ni en el servicio al hombre, ni tampoco en el servicio de Dios.

¿Reproducirnos para perpetuar nuestra propia especie? ¿Para qué? ¿Para servir a los hombres? Y ¿aquellos a quienes hemos de servir qué han de hacer? ¿Servir a Dios? ¿No puede Él hacer lo que necesita sin nosotros? No puede necesitar nada.

Si Él nos dice que le sirvamos, entonces es solo para nuestra propia bendición. La vida no puede tener otro propósito que la bendición y la alegría. La alegría es el único objetivo por el que vale la pena vivir.

La renuncia, la cruz, el sacrificio de la vida; todo por la alegría.

Y la alegría es y debe ser inviolable y constante.

Y la muerte es pasar a una nueva e insondable alegría, totalmente nueva, diferente y mayor.

Existen innumerables fuentes de alegría: la belleza de la naturaleza, de los animales, de los seres humanos, fuentes de alegría que siempre están con nosotros. Incluso en la cárcel: la belleza de un rayo de sol, las moscas, los sonidos. Pero la fuente suprema de alegría es el amor, mi amor por la gente, el amor de la gente hacia mí.

La belleza es una alegría, pero tomada como alegría, independientemente de la bondad, es repulsiva. Lo descubrí hace tiempo y la abandoné. La bondad sin la belleza es dolorosa. Las dos deben combinarse o, más que combinarse, la belleza debe coronar a la bondad.

Lo que parece incontrovertible desde el punto de vista social carece de sentido desde el punto de vista cristiano. Su diferencia reside en la disparidad de los objetivos que se propone el hombre.

La enseñanza cristiana nos plantea un objetivo diferente del que nos plantea la enseñanza social.

El objetivo que la doctrina cristiana propone al hombre no es la felicidad de tal o cual grupo de seres humanos, que se alcanza mediante la observación de la voluntad y de las leyes de ese grupo, sino la felicidad suprema de todas las personas y del mundo entero, a la que se llega mediante el cumplimiento de la voluntad y de la ley de Dios.

Vivir para uno mismo es una agonía, porque te incita a vivir para una ilusión, para algo que no es, y esto no solo está abocado a la infelicidad, sino que es francamente imposible. Es como vestir y alimentar una sombra. La vida solo puede estar fuera de uno mismo, en el servicio a los demás, aunque no en el servicio a los seres cercanos y queridos, ya que esto también es servir a uno mismo, sino en el servicio a los que uno no ama, y lo mejor de todo, en el servicio a los enemigos propios.

Es verdad que Su obra y su fuerza se me confían. Su obra es manifestarse en el mundo. Y ahí reside toda mi vida.

Es verdad que Su fuerza se me dio para realizar su trabajo. Y Su obra consiste en aumentar su fuerza en mí y en todo el mundo.

La verdadera vida del hombre no se encuentra en la carne, sino en el espíritu. Muchas personas ignoran esto. Y cuando lo ignoran, temen sobremanera lo puede herir su carne, temen sobre todo la muerte. Pero, cuando un hombre sabe que su vida reside en el espíritu, ya no tiene nada que temer, pues nada ni nadie exterior puede hacerle daño.

En los problemas esenciales de la vida, siempre estamos solos; los otros no pueden comprender la verdadera historia de nuestra vida. Y la parte esencial de esta cuestión reside en qué medida vivimos en la carne o en el espíritu.

No importa cuánto te zarandee el destino. No hay en el mundo bendiciones o grandezas externas por las que valga la pena que un hombre suprima en su interior la conciencia de ese espíritu, que rompa su unión con él, que socave la integridad de su alma por una discordia interior con su propio yo.

¿Puedes indicar el tesoro que obtendrías a costa de semejante sacrificio?

Marco Aurelio.

La voluntad de Dios no es que solo yo sea feliz, sino que todos sean felices. Y para que todos sean felices, solo hay un medio: que todos busquen la felicidad de los demás en vez de la suya propia.

Si preguntas a cualquier hombre quién es, ningún hombre puede responder otra cosa que: «Yo soy… yo». Y si cada uno es «yo», entonces un mismo principio reside en todos. Y así es en la realidad.

La vida del hombre es una lucha por la felicidad, y aquello por lo que lucha le ha sido concedido.

El hombre solo ve entonces el mal en forma de muerte y sufrimiento cuando confunde la ley de su existencia animal carnal con la ley de su vida.

Solo cuando, como ser humano, descienda al nivel del animal, verá la muerte y el sufrimiento. La muerte y el sufrimiento son los espantos que desde todas partes le asaltan con el miedo y le empujan hacia el único camino que tiene abierto: el camino de la vida humana, sometida a la razón y manifestándose en el amor. La muerte y los sufrimientos son las transgresiones del hombre a su propia ley de vida. Para el hombre que vive según su ley no hay muerte ni sufrimiento.

«Venid a mí todos los que estáis fatigados y agobiados, y yo os haré descansar. Llevad mi yugo sobre vosotros y aprended de mí, que soy manso y humilde de corazón, y hallaréis descanso para vuestras almas. Porque mi yugo es fácil y mi carga ligera».

Mateo XI, 28-30.

La vida del hombre es un esforzarse en pos de la felicidad; y aquello hacia lo que se esfuerza le es concedido; una vida que no conoce la muerte, y una bienaventuranza que no conoce el mal.

LAS ENSEÑANZAS DE JESÚS

(traducido del inglés por Laud A. Maude)

Las enseñanzas de Cristo

El año pasado formé una clase de niños del pueblo, de diez a trece años de edad. Deseando impartirles las enseñanzas de Cristo de un modo que pudieran comprender y que influyera en sus vidas, les conté con mis propias palabras aquellas partes de los cuatro Evangelios que me parecían las más comprensibles, las más adecuadas para los niños y, al mismo tiempo, las más necesarias para la orientación moral en la vida.

Cuanto más trabajaba en esto, más claro veía, por la forma en que los niños repetían lo que les decía y por sus preguntas, qué era lo que captaban con más facilidad y por lo que se sentían más atraídos.

Guiado por ello, compuse este folleto; y creo que su lectura, capítulo a capítulo, con las explicaciones sobre la necesidad de aplicar a la vida las verdades eternas de esta enseñanza, que la lectura evoca, no puede sino ser beneficiosa para los niños, que, según las palabras de Cristo, son especialmente receptivos a la enseñanza sobre el Reino de Dios.

I

Jesucristo mostró a los hombres, con su enseñanza y con su vida, que el espíritu de Dios vive en cada hombre.

Según la enseñanza de Jesucristo, todos los males sobrevienen a los hombres porque piensan que su vida reside en su cuerpo y no en el

Espíritu de Dios. Por eso disputan entre ellos, por eso sufren sus almas y por eso temen la muerte. El espíritu de Dios es amor. Y el amor vive en el alma de cada hombre.

Cuando la gente llegue a creer que su vida está en el espíritu de Dios, es decir, en el amor, no habrá enemistad, ni sufrimiento mental, ni miedo a la muerte.

Cada uno desea el bien para sí mismo. La enseñanza de Cristo muestra a los hombres que el bien les viene por el amor, y que todos pueden tener este bien. Por eso, la enseñanza de Cristo se llama Evangelio. *Ev* significa «bien», *angelion* significa «nueva»: buena nueva.

1 Juan IV, 7, 12, 16.

II

Jesús nació hace 1908[1] años de María, la esposa de José.

Hasta los treinta años, vivió en la ciudad de Nazaret con su madre, su padre y sus hermanos; y cuando tuvo edad suficiente, ayudó a su padre en los trabajos de carpintería.

Cuando Jesús tenía treinta años, oyó que la gente iba a oír predicar a un hombre santo en el desierto. Su nombre era Juan. Entonces, Jesús acudió al desierto con otros para oír predicar a Juan.

Juan dijo que ya era la hora de la llegada del Reino de Dios, cuando todos comprenderían que todos los hombres son iguales, y que nadie es más alto ni más bajo que otro; y que todos los hombres deben vivir con amor y en concordia con sus semejantes. Anunció que ese momento estaba cerca, pero que solo llegaría del todo cuando la gente dejara de hacer el mal.

Cuando el pueblo llano le preguntó: «¿Qué debo hacer?», Juan les dijo que el que tuviera dos vestidos entregase uno al que no tuviera; y, del mismo modo, el que tuviera comida que la compartiera con el que

---

[1] Esta obra se escribió hacia 1909, Tolstói murió en 1910 y el libro se publicó en 1911 por primera vez (*N. del T.*).

no tuviera. A los ricos, Juan les dijo que no robaran a la gente. A los soldados les dijo que no saquearan, sino que se contentaran con lo que se les daba, y que no empleasen malas palabras. A los fariseos y saduceos, los letrados, les dijo que cambiaran de vida y se arrepintieran: «No penséis», les dijo, «que sois una clase especial de hombres. Cambiad vuestra vida, y cambiadla para que se vea por vuestras acciones que habéis cambiado. Si no cambiáis, no escaparéis al destino del árbol frutal que no da fruto. Si el árbol no da fruto, es cortado para leña; y eso es lo que os ocurrirá si no hacéis el bien. Si no cambiáis de vida, pereceréis».

Juan intentó persuadir a todos para que fueran misericordiosos, justos y mansos. Y a los que prometían enmendar su vida, los bañaba en el río Jordán, como señal del cambio en sus vidas. Y cuando los bañaba decía: «Yo os purifico con el agua; pero solo el espíritu de Dios dentro de vosotros puede haceros completamente puros». Las palabras de Juan, que decía que la gente debía cambiar de vida para que llegase el Reino de Dios, y que solo por el espíritu de Dios los hombres podían quedar limpios, calaron hondo en el corazón de Jesús. Y, para meditar todo lo que había oído decir a Juan, Jesús, en vez de volver a su casa, se quedó en el desierto. Allí vivió muchos días, pensando en lo que había oído de Juan.

Mateo I, 18; Lucas II, 51; III, 23; Mateo III, 1-13; Lucas III, 3-14; Mateo IV, 1, 2

III

Juan dijo que, para que venga el Reino de Dios, la gente debe ser purificada por el espíritu de Dios.

«¿Qué significa ser purificado por el espíritu de Dios?», pensó Jesús. «Si ser purificado por el espíritu de Dios significa no vivir para el propio cuerpo, sino para el espíritu de Dios, entonces el Reino de Dios vendría ciertamente si los hombres vivieran según este espíritu, porque el espíritu de Dios es el mismo en todos los hombres; y si todos los hombres vivieran según ese espíritu, todos estarían unidos, y el Reino de Dios habría llegado. Pero los hombres no pueden vivir solo en espíritu, deben vivir también en sus cuerpos. Si viven para el bien de sus cuerpos, sirviendo a sus cuerpos, y haciendo de ellos su principal preocupación, vivirán todos desunidos, tal como lo hacen ahora, y el

Reino de Dios nunca llegará. Entonces, ¿qué hacer?», se preguntó Jesús. «Vivir solo para el espíritu es imposible, y vivir solo para el cuerpo, como hace la gente del mundo, es un error; y si vivimos así, todos viviremos separados, y el Reino de Dios no vendrá jamás. Entonces, ¿qué hay que hacer? Matarse el cuerpo no sirve, porque el espíritu vive en el cuerpo por voluntad de Dios. Matarse es, por lo tanto, ir contra la voluntad de Dios».

Y habiendo pensado sobre esto, Jesús se dijo: «Se llega a esto: no podemos vivir solo en el espíritu, porque el espíritu vive en el cuerpo. Y no debemos vivir solo en el cuerpo, sirviéndole como hace la mayoría de la gente. Tampoco podemos liberarnos del cuerpo, porque el espíritu vive en el cuerpo por voluntad de Dios. Entonces, ¿qué se puede hacer? Solo una cosa: podemos vivir en el cuerpo como Dios quiere que vivamos; pero mientras vivamos en el cuerpo no debemos servirlo a él, sino a Dios».

Y habiendo llegado a esa conclusión, Jesús abandonó el desierto y recorrió las ciudades y las aldeas para predicar su doctrina.

Mateo IV, 3-10; Lucas IV, 3-15.

IV

Y corrió el rumor sobre Jesús por la comarca, y mucha gente empezó a acudir a él para oír sus palabras.

Y él habló al pueblo diciendo:

«Fuisteis a oír a Juan en el desierto. ¿Por qué fuisteis? Uno va a ver a gente vestida con ropas finas, pero esos viven en palacios; no había nada de eso en el desierto. Entonces, ¿por qué fuisteis a escuchar a Juan en el desierto? Fuisteis a escuchar a un hombre que os enseñó a vivir con rectitud. ¿Qué os enseñó? Os enseñó que el Reino de Dios tiene que venir pero que, para que venga —y para que no haya mal en el mundo—, es necesario que los hombres no vivan separados, cada uno para sí, sino que todos estén unidos, amándose los unos a los otros. Así que, para que venga el Reino de Dios, primero debéis cambiar vuestra vida. El Reino de Dios no vendrá por sí solo; Dios no establecerá ese Reino; pero vosotros mismos debéis y podéis establecer ese Reino de Dios; y lo estableceréis cuando tratéis de cambiar vuestro modo de vida.

«No penséis que el Reino de Dios aparecerá de forma visible. El Reino de Dios no se ve. Y si os dicen: "El Reino de Dios no está en ningún tiempo en concreto, ni en ningún lugar determinado". Está en todas partes y en ninguna, porque está dentro de vosotros mismos, en vuestras propias almas».

Mateo XI, 7-12; Lucas XVI, 16; Lucas XVII, 20-4.

V

Y Jesús explicaba sus enseñanzas cada vez con más claridad. Una vez, habiendo acudido a él mucha gente, comenzó a decirles cómo deben vivir los hombres para que venga el Reino de Dios. Dijo:

«El Reino de Dios es muy diferente a los reinos mundanos. En el Reino de Dios no entrarán los orgullosos y los ricos. Los orgullosos y los ricos gobiernan ahora. Se divierten ahora, y todo el mundo los alaba y respeta ahora. Pero mientras sean orgullosos y ricos, y el Reino de Dios no esté en sus almas, no entrarán en el Reino de Dios. No serán los orgullosos los que entren en el Reino de Dios, sino los mansos; no los ricos, sino los pobres. Pero los mansos y los pobres solo entrarán en él si son mansos y pobres, no porque no hayan podido llegar a ser ricos y famosos, sino porque no pecarían para llegar a ser grandes y ricos. Si eres pobre solo porque eres incapaz de conseguir riquezas, eres como la sal que no tiene sabor. La sal no sirve de nada si no sabe a sal; si no sabe a sal, no sirve para nada y se tira.

Lo mismo te pasa a ti: si eres pobre solo porque no supiste hacerte rico, tampoco sirves para nada: ni para ser pobre ni para ser rico.

Por eso, antes que nada, es necesario estar en el Reino de Dios. Buscad el Reino de Dios y su justicia, y tendréis todo lo que necesitáis.

Y no penséis que os estoy enseñando nada nuevo. Os enseño lo que enseñaron todos los sabios y santos. Solo os enseño a cumplir lo que ellos enseñaron. Y para ello es necesario que cumpláis los mandamientos de Dios y no solo que habléis de ellos, como hacen los falsos maestros, sino que los cumpláis. Porque solo el que cumple los mandamientos de Dios, y con su ejemplo enseña a los demás a cumplirlos, entrará en el Reino de los Cielos».

Mateo V, 1-20; Lucas VI, 20-26.

VI

Y Jesús dijo:

«El primer mandamiento es este: en la antigua ley se decía: "No mates", y: "El que mata es pecador".

Pero yo os digo que, si un hombre está enojado con su hermano, es un pecador ante Dios; y es un pecador aún mayor si dice una palabra grosera de agravio a su hermano. Así que, si comienzas a orar y te acuerdas de que estás enojado con tu hermano, primero ve y reconcíliate con él, o si por alguna razón no puedes hacerlo, quítate el enojo que contra él tienes en tu corazón.

Este es el primer mandamiento.

Otro mandamiento es este: la antigua ley decía: "No cometas adulterio, y si te separas de tu mujer, dale carta de divorcio".

Pero yo os digo que el hombre no solo no debe cometer adulterio, sino que, si mira a una mujer con malos pensamientos en su mente, ya es pecador ante Dios. Y acerca del divorcio os digo que el hombre que se divorcia de su mujer comete adulterio, e induce a su mujer a hacer lo mismo, y también lleva al pecado al que se casa con la mujer divorciada.

Este es el segundo mandamiento.

El tercer mandamiento es este: en la antigua ley se os decía: "No os prestéis juramentos ante vosotros, sino que habéis de prestar vuestros juramentos ante Dios".

Pero yo digo que no juréis en absoluto, sino que, si os preguntan por algo, digáis "sí" si es sí, y "no" si es no. No debéis jurar por nada. El hombre está totalmente en poder de Dios, y no puede prometer de antemano hacer lo que su juramento le obliga a hacer.

Este es el tercer mandamiento.

El cuarto mandamiento es que en la antigua ley se decía: "Ojo por ojo y diente por diente".

Pero yo os digo que no devolváis mal por mal, ni quitéis ojo por ojo, ni diente por diente. Y si alguien te golpea en una mejilla, es mejor que le pongas la otra mejilla, que dar un golpe en respuesta a un golpe. Y si alguien quiere quitarte la camisa, mejor dale también tu abrigo, antes que ser su enemigo y luchar con tu hermano. No debes resistirte al mal con el mal.

Este es el cuarto mandamiento.

El quinto mandamiento es que en vuestra antigua ley se decía: "Ama a los de tu nación y odia a los de las demás naciones".

Pero yo os digo que debéis amar a todos. Aunque los hombres se consideren vuestros enemigos, os odien, os maldigan y os ataquen, debéis amarlos y hacerles el bien. Todos los hombres son hijos de un solo Padre. Todos son hermanos, y por eso debéis amar a todos por igual.

Este es el quinto y último mandamiento».

Mateo V, 21-48.

VII

Y Jesús continuó diciendo a todos los que le escuchaban lo que sucedería si obedecían sus mandamientos.

«No creáis», les dijo, «que, si no os enfadáis con la gente, sois pacíficos con todos, vivís con una sola mujer, no juráis, no os defendéis de los que os ofenden, dais todo lo que os piden y amáis a vuestros enemigos; no penséis que, si vivís así, vuestra vida será más dura y peor de lo que es ahora. No penséis así; vuestra vida no será peor, sino mucho mejor de lo que es ahora. Nuestro Padre celestial nos ha dado esta ley, no para empeorar nuestra vida, sino para que tengamos vida verdadera.

Vivid según esta enseñanza, y vendrá el Reino de Dios, y tendréis todo lo que necesitéis.

A las aves y a los animales Dios les ha dado sus leyes y, cuando viven de acuerdo con esas leyes, las cosas les van bien. Y las cosas os irán bien a vosotros, si obedecéis la ley de Dios. Lo que digo no lo digo por mí mismo, sino que es la ley de Dios, y está escrita en el corazón de todos los hombres. Si esta ley no trajera bienestar a los hombres, Dios no la habría dictado.

La ley, en pocas palabras, es que debemos amar a Dios y a nuestro prójimo como a nosotros mismos. El que obedece esta ley se comporta con los demás como quiere que se comporten con él.

Por eso, todo el que escucha estas palabras mías y las cumple, hace como el que construye su casa sobre una roca. Tal hombre no teme ni la lluvia, ni las inundaciones, ni las tempestades, porque su casa está construida sobre una roca. Pero todo el que oye mis palabras y no las cumple actúa como un hombre irreflexivo que construye su casa sobre la arena. Una casa así no resistirá las aguas ni las tempestades, sino que se derrumbará en ruinas».

Cuando Jesús terminó de hablar, la gente se asombró de sus enseñanzas.

Mateo VI, 26-33; VII, 24-28.

VIII

Después, Jesús comenzó a explicar a la gente, mediante parábolas, el significado del Reino de Dios.

He aquí la primera parábola que les contó:

«Cuando un hombre siembra semilla en su campo, no se queda pensando en ello, sino que duerme por la noche, se levanta por la mañana y se dedica a sus quehaceres sin preocuparse de cómo surgen y crecen las semillas. Las semillas se hinchan y brotan, aparece el verdor, se forman los tallos, luego las espigas, y el grano madura. Y solo cuando el maíz está maduro para la siega, el amo envía a obreros para cosecharlo.

Así también Dios no establece el Reino de los Cielos entre los hombres por su propio poder, sino que deja que los hombres lo establezcan por sí mismos».

Jesús les contó una segunda parábola, para mostrarles que a los hombres que no tienen el Reino de los Cielos en su interior, y a los que, por tanto, Dios no acoge en su Reino, Él los deja en el mundo para que se hagan dignos de entrar en el Reino de Dios.

Dijo:

«El Reino de los Cielos se asemeja a un pescador que echa sus redes al mar y pesca toda clase de peces. Después de pescarlos, los clasifica, se queda con los que necesita y devuelve al mar los que no le sirven».

Y contó una tercera parábola sobre lo mismo:

«Un propietario sembró buena semilla en su campo; pero, cuando la semilla empezó a brotar, creció también cizaña entre ella. Vinieron los labradores y dijeron al dueño: "¿Has sembrado mala semilla? En tu campo crece mucha cizaña. Envíanos a nosotros para que vayamos a arrancarla". Pero el señor les dijo: "No, mejor no lo hagáis, porque al arrancar la cizaña aplastaréis el trigo; dejad que crezcan juntos y, cuando llegue el tiempo de la siega, diré a los segadores que recojan el trigo y tiren la cizaña"».

Así, de igual manera, Dios no permite que la gente interfiera en la vida de los demás, y tampoco interfiere Él mismo. Solo por sus propios esfuerzos puede cada hombre llegar a Dios.

Marcos IV, 26-9; Mateo XIII, 47, 48; 24-30.

IX

Además de estas parábolas, Jesús contó otra sobre el Reino de los Cielos.

Dijo:

«Cuando se siembran semillas en un campo, no todas crecen por igual. Esto es lo que ocurre: algunas semillas caen en el camino, y los pájaros vienen y las recogen. Otras caen en terreno pedregoso y, aunque crecen, es por poco tiempo, porque no tienen tierra en la que hundir sus raíces y, por eso, sus brotes se secan pronto. Y algunas semillas caen entre espinas, y las espinas las ahogan. Pero hay otras que caen en buena tierra y crecen, y un grano da treinta o sesenta granos.

Así sucede con los hombres. Hay algunos que no reciben el Reino de los Cielos en sus corazones; y las tentaciones de la carne vienen a ellos y se apoderan de lo que fue sembrado: estas son las semillas sembradas en el camino. La semilla en el terreno pedregoso es cuando los hombres al principio aceptan la enseñanza de buen grado, pero después, cuando les ofenden y les persiguen, se apartan de ella. Las semillas entre espinos son cuando la gente entiende el significado del Reino de los Cielos, pero las preocupaciones mundanas y la codicia por las riquezas lo ahogan dentro de ellos. Y las que se siembran en buena tierra son aquellos que entienden el significado del Reino de los Cielos, y lo asumen en sus corazones, y estas personas dan fruto, algunos treinta, y algunos sesenta, y algunos cien veces.

De modo que el que haya guardado lo que se le ha dado recibirá más; pero al que no haya guardado lo que se le ha dado, se le quitará todo lo que tiene. Por tanto, intentad con todas vuestras fuerzas entrar en el Reino de los Cielos. No renunciéis a nada, si podéis obtenerlo.

Haced como aquel hombre que, al enterarse de que en un campo había enterrado un gran tesoro, vendió todo lo que tenía y compró aquel campo, y se hizo rico. Haced vosotros lo mismo.

Recordad que un pequeño esfuerzo en pro del Reino de los Cielos da mucho fruto; igual que una pequeña semilla crece hasta convertirse en un gran árbol.

Cada uno puede, a través de su propio esfuerzo, ganar el Reino de Dios, porque el Reino de Dios está dentro de vosotros».

Mateo XIII, 3-8, 12, 19-23, 31, 32, 44-6;
Lucas XVI, 16.

X

Y al oír estas palabras, un fariseo llamado Nicodemo se acercó a Jesús y le preguntó cómo había de entender eso de que el Reino de Dios está dentro de nosotros. Y Jesús le dijo: «Que el Reino de Dios está dentro de nosotros significa que, para entrar en él, hay que nacer de nuevo».

Y Nicodemo preguntó: "¿Cómo puede un hombre nacer de nuevo? ¿Puede un hombre volver dentro de su madre, y nacer de nuevo?".

Jesús le dijo «Nacer de nuevo no significa nacer en la carne, como nace un niño de su madre, sino nacer en el espíritu. Nacer en el espíritu significa comprender que el espíritu de Dios vive en el hombre y que, además de nacer como todo hombre de su madre, nace también del espíritu de Dios. Lo que nace del cuerpo es del cuerpo; sufre y muere. Lo que nace del espíritu es espíritu, y vive por sí mismo, y no puede sufrir ni morir.

Dios puso su espíritu en los hombres, no para que padezcan y perezcan, sino para que tengan una vida alegre y eterna. Y todo hombre puede tener esa vida. Esa vida es el Reino de los Cielos.

Así que el Reino de Dios no debe entenderse como que, en algún momento y en algún lugar en particular, el Reino de Dios vendrá a todo el mundo; sino que si las personas realizan el espíritu de Dios en sí mismas, y viven por él, entonces entran en el Reino de los Cielos, y no sufren ni mueren; pero si las personas no desarrollan el espíritu que está en ellas mismas, y viven por sus cuerpos, entonces sufren y perecen».

Juan III, 1-21.

XI

Cada vez más gente seguía a Jesús y escuchaba sus enseñanzas; y a los fariseos no les gustaba aquello, y empezaron a preguntarse de qué podían acusar a Jesús ante el pueblo.

Un sábado, Jesús y sus discípulos paseaban por los campos, y los discípulos arrancaban espigas, las frotaban entre las manos y comían el grano. Pero, según la enseñanza de los judíos, Dios había pactado con Moisés que los sábados no se trabajara, sino que solo se rezara a Dios. Los fariseos, al ver que los discípulos de Jesús frotaban las espigas un sábado, los detuvieron y les dijeron: «No debéis hacer eso en sábado. No se debe trabajar en sábado, pero vosotros estáis frotando mazorcas. Y la ley dice que los que trabajan en sábado deben ser condenados a muerte».

Jesús oyó esto y dijo: «El Profeta dijo que Dios quiere amor y no sacrificios. Si entendierais esas palabras, no condenaríais a mis discípulos. Los hombres son más importantes que los sábados». Y los fariseos no supieron qué responder, y callaron.

En otra ocasión, unos fariseos vieron que Jesús entraba en casa de Mateo, recaudador de impuestos, y cenaba con los de su casa. Y los fariseos consideraban pecadores a aquellos con quienes cenaba. Así que culparon a Jesús, diciendo que no era lícito comer con los infieles.

Pero Jesús dijo: «Yo enseño la verdad a todos los que quieren aprender la verdad. Vosotros os consideráis fieles y creéis conocer la verdad; por tanto, no tenéis nada más que aprender. De lo que se deduce que solo a los infieles se puede enseñar; ¿y cómo van a aprender la verdad, si no nos mezclamos con ellos?».

Entonces los fariseos, sin saber qué responder, empezaron a reprochar a los discípulos de Jesús que comieran sin lavarse las manos. Ellos mismos observaban de manera estricta su propia tradición de lavarse las manos y sus alimentos, y no comían nada que viniera del mercado, a menos que se hubiera lavado.

Y a esto respondió Jesús: «Nos reprocháis que no guardemos la costumbre de lavarnos antes de comer; pero no es lo que entra en el cuerpo del hombre lo que se puede contaminar. Es lo que sale del alma del hombre lo que lo contamina, porque del alma del hombre sale el mal: el adulterio, el asesinato, el robo, la avaricia, la ira, el fraude, la insolencia, la envidia, la calumnia, el orgullo y todo mal. Todo mal sale del alma del hombre; y solo el mal puede contaminar al hombre. Que haya amor a tus hermanos en tu alma, y entonces todo será puro».

Mateo XII, 1-8; IX, 9-13;
Marcos VII, 1-5; 14-23.

XII

Cierta vez, Jesús se apartó de los discípulos y se puso a orar. Cuando terminó, se le acercaron y le dijeron: «Maestro, enséñanos a orar». Y él les dijo:

«En primer lugar, no debéis orar como se hace a menudo, para que la gente te vea rezar y te alabe por ello. Si se hace así, se hace por el bien de los hombres, y son los hombres quienes lo recompensan. El alma no se beneficia con tales oraciones. Pero, si queréis orar, id a un lugar donde nadie os vea, y allí orad a vuestro Padre; y vuestro Padre os dará lo que necesitéis para vuestra alma.

Y cuando recéis, no lo hagáis en exceso. Vuestro Padre sabe lo que necesitáis y, aunque no lo expreséis, Él os dará todo lo que vuestra alma necesita.

Debéis rezar, ante todo, para que el espíritu de Dios que reside en nosotros sea santificado; para que el Reino de los Cielos entre en nuestras almas; para que no vivamos según nuestra voluntad, sino según la voluntad de Dios; para que no deseemos demasiado, sino solo el alimento de cada día; para que nuestro Padre nos ayude a perdonar a nuestros hermanos en sus pecados, y para que nos ayude a evitar las tentaciones y el mal.

Que vuestra oración sea esta:

"Padre nuestro, que estás en los cielos, santificado sea tu Nombre. Venga a nosotros tu Reino, hágase tu voluntad, así en la tierra como en el Cielo. Danos hoy nuestro pan de cada día. Y perdona nuestros pecados, como también nosotros perdonamos a los que pecan contra nosotros. Y líbranos de la tentación y del mal".

Esta es la manera de orar; pero si queréis orar, preguntaos primero si no hay ira en vuestro corazón contra alguien; y si recordáis que la hay, entonces id primero y reconciliaos con él; o, si no podéis encontrar a ese hombre, sacad la ira contra él de vuestro corazón, y solo después comenzad a orar. Solo entonces vuestra oración os será útil».

Lucas XI, 1; Mateo VI, 5-13;
Marcos XI, 25, 26; Mateo V, 23, 24.

XIII

Sucedió una vez que Jesús fue a cenar con un fariseo. Y mientras él estaba allí, entró una mujer del pueblo. Era una de las infieles. Había oído que Jesús estaba en casa de los fariseos, y fue hasta allí y llevaba un frasco de perfume. Se arrodilló a los pies de Jesús y lloró, y sus lágrimas cayeron sobre sus pies; los enjugó con sus cabellos y derramó sobre ellos el perfume de su frasco.

Y el fariseo, viendo esto, se sintió tentado, y pensó que si Jesús fuera realmente profeta habría sabido que esta mujer era infiel y pecadora, y no habría permitido que lo tocara.

Jesús adivinó lo que pensaba el fariseo, y volviéndose hacia él le dijo: «¿Te digo lo que estoy pensando?».

«Sí, dímelo», dijo el fariseo.

Y Jesús dijo: «Dos hombres debían a un hombre rico, uno 50 libras y el otro 5 libras. Y ninguno de los dos tenía con qué pagar. El hombre rico perdonó a los dos la deuda. Ahora, ¿cuál de los dos crees que amaría y atendería mejor al hombre rico?».

Dijo el fariseo: «Por supuesto que el que más debía».

Entonces Jesús, señalando a la mujer, dijo: «Así es contigo y con esta mujer. Tú te consideras justo, y por lo tanto no le debes mucho a Dios. Ella se considera infiel, y por lo tanto le debe mucho. Cuando entré en tu casa, no me diste agua para lavarme los pies, pero ella me los ha lavado con lágrimas y me los ha secado con sus cabellos. Tú no me besaste, pero ella me besa los pies. No me diste aceite para la cabeza, pero ella derrama rico perfume sobre mis pies. Ella se considera una gran pecadora, y por eso le resulta fácil amar a la gente. Pero tú te consideras justo, y por eso te es difícil amar. Pero al que ama mucho todo le es perdonado».

Lucas VII, 36-48.

XIV

Otro día, pasaba Jesús por Samaria. Estaba cansado, y se sentó junto a un pozo, mientras sus discípulos iban a la ciudad a comprar pan. Una mujer llegó desde el pueblo a buscar agua, y Jesús le pidió que le dejara beber. La mujer le dijo: «¿Por qué? Vosotros los judíos no tenéis nada que ver con nosotros los samaritanos. ¿Cómo puedes pedirme de beber?». Jesús le contestó: «Si me conocieras y supieras lo que enseño, no hablarías así, sino que me darías un poco de agua, y yo te daría el agua de la vida».

La mujer no le entendió, y dijo: «¿De dónde sacarás otra agua? Aquí no hay más agua que esta del pozo de nuestro padre Jacob».

Y le dijo: «El que beba de tu agua querrá volver a beber, pero el que beba de mi agua quedará siempre satisfecho y dará de beber a otros».

La mujer comprendió que hablaba de asuntos piadosos, y dijo: «Pero yo soy samaritana, y tú eres judío, así que no puedes enseñarme. Nuestro pueblo reza en este monte, y vosotros los judíos decís que la única casa de Dios está en Jerusalén».

Jesús dijo: «Antes era así; pero ahora ha llegado el tiempo en que los hombres rezarán al Padre, y no en este monte ni en Jerusalén, sino que todos adorarán al Padre celestial, no en este lugar ni en aquel, sino en espíritu y con sinceridad. Dios es espíritu, y debe ser adorado en espíritu y con sinceridad».

La mujer no entendió lo que le decía, y replicó: «He oído que vendrá el mensajero de Dios, y entonces todo se explicará».

Y Jesús dijo: «Mujer, trata de entender lo que te he dicho, y no esperes nada más».

Juan IV, 4-26.

XV

Jesús iba por los pueblos y aldeas predicando, y también enviaba a sus discípulos a los lugares que pensaba visitar. Les dijo:

«Mucha gente no conoce la bendición de la vida verdadera. Me compadezco de todos ellos, y me gustaría mostrarles lo que sé. Lo mismo que el dueño no puede trabajar solo su campo, sino que llama a los trabajadores para la mies, así os llamo yo a vosotros. Id a las distintas ciudades y contad por todas partes la enseñanza sobre el Reino de Dios. Contad a la gente los mandamientos del Reino, y cumplid vosotros mismos esos mandamientos en todo.

Os envío como ovejas a entre los lobos. Sed sabios como serpientes y puros como palomas. En primer lugar, no tengáis nada propio, no llevéis nada con vosotros: ni bolsa, ni pan, ni dinero, solo la ropa que lleváis puesta y los zapatos que calzáis. Y no hagáis distinciones entre las personas. No elijáis la casa en la que os alojaréis, sino quedaos en la primera a la que lleguéis. Cuando entréis, saludad a los moradores. Si os reciben, quedaos; si no, id a la casa de al lado.

La gente os odiará por lo que decís, y os atacará y os expulsará de un lugar a otro, pero no os amedrentéis. Cuando os echen de un pueblo, id a otro; y si os echan de allí, id a un tercero. Seréis cazados, como ovejas cazadas por lobos, y seréis azotados, y seréis llevados ante los gobernantes, para rendir ante ellos. Y cuando os conduzcan ante los jueces y ante los gobernantes, no penséis en lo que vais a decir, sino sabed que dentro de vosotros vive el espíritu de vuestro Padre, y Él dirá lo que sea necesario.

La gente puede matar vuestros cuerpos, pero no puede hacer nada a vuestra alma, así que no tengáis miedo de los hombres. Temed solo que vuestra alma perezca con vuestro cuerpo, si os desviáis del cumplimiento de la voluntad de vuestro Padre; eso es lo que debéis temer. Ni un pajarillo perece sin la voluntad de vuestro Padre. Sin que sea Su voluntad, no se os cae ni un pelo de la cabeza; y si estáis a Su cuidado, ¿qué tenéis que temer?».

Lucas X, 1-7; Mateo X, 7-12; 16-31.

XVI

Y los discípulos que envió iban por un camino, mientras que Jesús con los demás discípulos iba por otro, por las aldeas y los caseríos.

Y cierta vez llegó a una aldea, y una mujer llamada Marta le invitó a su casa. Entró y comenzó a hablar, y María, la hermana de Marta, se sentó a sus pies a escuchar, mientras Marta se afanaba en preparar la comida.

Marta vio que su hermana estaba sentada a los pies de Jesús, escuchándole; y acercándose a Jesús, le dijo: «Yo sola estoy haciendo todo el trabajo, mientras mi hermana está sentada escuchándote. Dile que venga a trabajar conmigo».

Y Jesús dijo:

«¡Marta, Marta! Estás ocupada y ansiosa por muchas cosas, pero solo una es necesaria. Y María ha escogido esa única cosa que es necesaria, y que nadie puede quitarle. Para la verdadera vida no se necesita alimento para el cuerpo, sino alimento para el alma».

Y Jesús contó una parábola al respecto:

«Un hombre tuvo una vez una cosecha muy buena, y pensó: "Ahora reconstruiré mis graneros y levantaré otros más grandes, y reuniré en ellos todos mis bienes. Y diré a mi alma: 'Aquí, alma, hay mucho de todo. Descansa, come, bebe y vive a tus anchas'". Pero Dios le dijo: "Necio, esta noche te será arrebatada tu alma, y todo lo que has recogido será de otros".

Así sucede a todos los que se preparan para la vida del cuerpo y no viven para el alma.

Solo vive una vida real quien renuncia a su propia voluntad y está siempre dispuesto a hacer la voluntad de Dios. Pero el que está atento a su vida corporal destruye su vida real».

Lucas X, 38-42; XII, 15-21; IX, 23-5.

XVII

Oyó Jesús a unos que contaban cómo Pilatos había matado a unos galileos, y también cómo se había caído una torre y había aplastado a dieciocho hombres. Y Jesús preguntó a la gente:

«¿Creéis que esos hombres eran particularmente culpables de algo? No; todos sabemos que no eran en absoluto peores que nosotros mismos. Y que lo que les ha sucedido a ellos puede sucedernos a nosotros en cualquier momento. Todos podemos morir, hoy o mañana. No podemos escapar a la muerte, así que no hay necesidad de que nos ocupemos de nuestra vida corporal. Sabemos que pronto terminará. Debemos ocuparnos de lo que no muere: la vida del espíritu».

Y lo explicó con una parábola:

«Un propietario tenía en su jardín un manzano que no daba fruto; y dijo a su jardinero: "Hace ya tres años que vengo buscando fruta, y este árbol sigue sin dar fruto. Hay que cortarlo, pues solo ocupa espacio inútilmente". Pero el jardinero le dijo: "Señor, esperemos un poco más; cavaré a su alrededor y lo abonaré, y ya veremos el próximo verano. Tal vez dé fruto. Si el año que viene no da fruto, lo cortaremos".

Lo mismo sucede con nosotros. Aunque vivamos solo en el cuerpo, y no demos el fruto del espíritu, nuestro Maestro no nos corta, no nos da muerte, porque espera fruto de nosotros: la vida del espíritu. Pero si no damos fruto, no podemos escapar a la destrucción. Para comprender esto, no se necesita sabiduría; cada uno puede verlo por sí mismo. Porque no solo sobre los asuntos domésticos, sino incluso sobre las cosas que suceden en el mundo entero, sabemos razonar y adivinar lo que sucederá. Cuando el viento viene del oeste, decimos que lloverá; cuando viene del sur, decimos que hará bueno; y así es. ¿Cómo es que podemos predecir el tiempo, pero no podemos prever que todos debemos morir, y que no es nuestra vida corporal mortal, sino la vida espiritual inmortal, lo que debemos preservar?».

Lucas XIII, 1-9; XII, 54-7.

XVIII

En otra, ocasión Jesús contó a la gente una parábola de cómo es la vida del hombre. Dijo:

«Había un hombre rico que tenía que ausentarse de casa. Y antes de irse llamó a sus esclavos y les dio diez libras de plata, una libra a cada uno, y les dijo: "Trabajad cada uno por vuestra cuenta, mientras estoy fuera, con lo que os he dado". Dicho esto, emprendió su viaje. Cuando se hubo marchado, los esclavos se sintieron libres e hicieron lo que quisieron. Pero cuando el amo regresó, llamó a sus esclavos y ordenó a cada uno de ellos que le contara lo que había hecho con la plata. El primero llegó y dijo: "Con tu libra de plata he ganado diez libras". El amo le dijo: "Está bien, buen servidor; has sido fiel en lo poco, así que te daré grandes cosas para que las administres. Sé mi igual y comparte todas mis riquezas".

Vino el segundo esclavo y dijo: "Amo, con tu libra de plata he ganado cinco". Y el amo le dijo: "Has hecho bien, buen esclavo. Tú también serás mi igual en toda mi hacienda".

Entonces llegó el tercer esclavo y dijo: "Aquí está tu libra de plata, Señor; la envolví en un pañuelo y la guardé, porque te conozco: eres un hombre severo. Obtienes donde no pusiste nada, y cosechas donde no sembraste; y tuve miedo de ti". Y el amo dijo: "Necio esclavo, te juzgaré por tus propias palabras. Dices que por miedo a mí guardaste mi plata y no la usaste. Si sabías que soy severo y que tomo donde no he puesto, ¿por qué no hiciste lo que te ordené? Si hubieras usado mi plata, mi riqueza habría aumentado, y habrías hecho lo que te dije. Pero resulta que no has hecho precisamente aquello para lo que te di la plata; por eso no debes quedártela".

Y el amo ordenó que le quitaran la plata al que no la había usado, y que se la dieran a los que habían trabajado más. Entonces, los servidores dijeron al amo: "Señor, ellos ya tienen mucho". Pero el señor dijo: "Dádselo a los que han trabajado mucho, porque los que usan lo que se les da obtienen más; pero a los que no lo usan se les quita todo"».

«Así es la vida de los hombres», dijo Jesús. «El amo rico es el Padre. La plata es el espíritu de Dios en el hombre. Así como el amo no trabajaba él mismo con su plata, sino que decía a cada uno de sus esclavos que trabajara con lo que se le había confiado, así nuestro Padre celestial ha dado a los hombres su espíritu, para que lo acrecienten en sí mismos y utilicen lo que se les ha dado. Y los hombres sabios comprenden que la vida del espíritu les es dada para hacer la voluntad del Padre, y aumentan en sí mismos la vida del espíritu, y se hacen partícipes de la vida del Padre. Pero los necios, como el esclavo insensato, temen perder su vida corporal, y hacen solo su propia voluntad, y no la voluntad de su Padre; y así pierden la verdadera vida.

Tales personas pierden lo que es más precioso: la vida del espíritu. Por eso, no hay error más perjudicial que considerar que la propia vida es del cuerpo y no del espíritu. Uno debe ser uno con el espíritu de la vida. Quien no está con él, está contra él. Hay que servir al espíritu de la vida y no al propio cuerpo».

Lucas XIX, 11-26; Mateo XXV, 14-30; Lucas XI, 23.

XIX

Un día, llevaron ante Jesús a unos niños. Sus discípulos empezaron a rechazarlos; pero Jesús, al ver esto, dijo:

«No hay que rechazar a los niños. No hay que echar a los niños, sino aprender de ellos, pues están más cerca del Reino de Dios que los adultos. Los niños no hablan mal, no son maliciosos, no cometen adulterio, no juran, no se pelean con nadie y no saben distinguir entre su nación y las demás. Los niños están más cerca que los adultos del Reino de los Cielos. No hay que alejar a los niños, sino tener cuidado de no conducirlos a la tentación.

Las tentaciones destruyen a los hombres moviéndoles, bajo la apariencia de lo que es bueno y agradable, a realizar las acciones más dañinas. Si un hombre cede a la tentación, destruye tanto su cuerpo como su alma. Por eso, es mejor que el cuerpo sufra a que caiga en la tentación. Como un zorro que ha metido la pata en una trampa se la muerde para escapar, así es mejor que todo hombre sufra en su cuerpo antes que ceder a la tentación. Es mejor que no solo una mano o un pie, sino incluso todo el cuerpo perezca, antes que llegar a gustar del mal y acostumbrarse a él. Las tentaciones traen dolor al mundo. Por las tentaciones, todo mal viene al mundo».

Mateo XIX, 13, 14; Lucas XVIII, 2-9; Lucas XVIII, 17.

XX

Y Jesús también dijo que, de todas las tentaciones, la peor es la ira.

«Un hombre se enoja con su hermano por los pecados de este, y piensa que enojándose puede curar a su hermano de sus pecados, y olvida que ninguno de nosotros puede juzgar a su hermano, porque cada uno de nosotros está lleno de pecado; y, antes de corregir a nuestro hermano, debemos corregirnos a nosotros mismos; de lo contrario, podríamos ver un granito de polvo en los ojos de nuestro hermano, y no ver ni una viruta en los nuestros. Y por tanto, si crees que tu hermano ha actuado mal, elige un momento y un lugar donde puedas hablar con él a solas, y dile con delicadeza lo que tienes contra él. Si te escucha, en lugar de ser tu enemigo se convertirá en tu amigo. Pero si no te escucha, compadécete de él y déjale en paz».

Y uno de los discípulos preguntó: «¿Y si no me escucha y vuelve a ofenderme, he de perdonarle otra vez? ¿Y si me ofende una y otra vez, una tercera y una cuarta y una séptima vez, debo perdonarle aun entonces?».

Y Jesús respondió: «No solo siete veces, sino setenta veces siete, debemos perdonar; porque así como Dios nos perdona todos nuestros pecados, con tal de que nos arrepintamos de ellos, así también nosotros debemos perdonar siempre a nuestros hermanos».

Mateo VII, 1-5; XVIII, 15-22.

XXI

Para explicar esto, Jesús les contó la siguiente parábola:

«Un hombre rico empezó a echar cuentas con sus deudores. Y le trajeron a un deudor que le debía mil libras, y que no tenía con qué pagarlas. Y el hombre rico podría haber vendido la hacienda del deudor, y a su mujer e hijos, y al hombre mismo. Pero el deudor imploró misericordia y el rico se compadeció de él, y le perdonó toda la deuda. Y cuando le hubo perdonado la deuda, se acercó al segundo un pobre que le debía algo y le pidió que le perdonara su deuda. Pero el deudor que había sido perdonado no quiso perdonar la deuda al pobre, sino que le exigió el pago inmediatamente. Y por más que el pobre le rogó, el otro no tuvo piedad, sino que lo metió en la cárcel. Esto se supo y la gente acudió al rico, y le contó lo que había hecho su deudor. Entonces el rico llamó al deudor y le dijo: "Te perdoné toda tu deuda porque me lo pediste; y tú deberías haber perdonado a tu deudor, como yo te perdoné a ti. Pero ¿qué has hecho?". Y entonces el rico hizo cumplir la ley a su deudor.

Lo mismo nos sucede a nosotros, si no perdonamos de corazón a todos los que son culpables para con nosotros. Toda disputa con nuestro hermano nos ata, y nos aleja de nuestro Padre. Por eso, para no alejarnos de Dios, debemos perdonar a nuestros hermanos y vivir pacífica y amorosamente con los hombres».

Mateo XVIII, 23-35, 18, 19.

XXII

Una vez, acudieron a Jesús unos fariseos y le preguntaron si un hombre podía dejar a su mujer y tomar otra. Jesús les respondió:

«Sabéis que un niño solo puede nacer de un padre y una madre. Dios lo ha dispuesto así, y el hombre no debe violar lo que Dios ha dispuesto. Si un hombre viola lo que Dios ha dispuesto y deja a su esposa y toma a otra mujer, comete un triple pecado: contra sí mismo, contra su esposa y contra los demás. Él se daña a sí mismo, porque se acostumbra a la disolución. Perjudica a su mujer, porque, al abandonarla, la induce al mal. Perjudica a otras personas, porque las tienta, dándoles ejemplo de adulterio».

Y los discípulos dijeron a Jesús: «Es demasiado difícil vivir con una sola mujer. Si hay que vivir con una sola mujer hasta la muerte, sea como sea, entonces es mejor no casarse».

Jesús les respondió: «Uno puede abstenerse de casarse en absoluto. Pero si un hombre desea vivir sin esposa, que sea muy puro y no piense en mujeres. Está bien para el hombre que pueda vivir así; pero, si no puede hacerlo, que se case y viva con una sola mujer hasta la muerte, y que no se deje tentar por otras mujeres».

Mateo XIX, 3-12.

XXIII

Un día se acercaron a Pedro los recaudadores de los diezmos para el Templo y le preguntaron: «¿Pagará tu amo lo que se debe?». Pedro respondió que sí. Jesús, al oír esto, dijo a Pedro: «¿Qué opinas, Pedro, sobre de quién cobra el Rey los impuestos, de sus hijos o de los extraños?». Pedro respondió: «De los extraños». «Así pues nosotros, si somos hijos de Dios», dijo Jesús, «no necesitamos pagar diezmos. Pero para no tentarlos, págalos; no porque estemos obligados a pagar, sino para no llevarlos a la tentación».

En otra ocasión, algunos fariseos estaban en connivencia con los oficiales del Rey y se acercaron a Jesús para pillarle en sus palabras, «y ver si rehusaba su obligación para con el Rey». Le dijeron: «Tú lo enseñas todo con verdad, así que dinos: ¿debemos pagar impuestos al

Rey?». Jesús respondió: «Mostradme con qué pagáis los impuestos al Rey». Ellos le mostraron una moneda. En la moneda estaba estampada la cabeza del Rey. Jesús la señaló y dijo: «Dad al Rey lo que es del Rey; pero lo que es de Dios —vuestras almas— no se lo deis a nadie más que a Dios. Vuestro dinero, vuestros bienes, vuestro trabajo, todo lo que alguno os pida, dádselo; pero no hagáis por nadie lo que es contrario a las leyes de Dios».

Mateo XVII, 24-7; XXII, 15-22.

XXIV

Sucedió un día que los discípulos de Jesús llegaron a una aldea y pidieron que se les permitiera pasar allí la noche. Pero nadie les dejó entrar. Los discípulos se acercaron a Jesús y se lo contaron, diciendo: «¡Allí vive gente tan malvada que merecen que los mate una tormenta!».

Y Jesús, entristecido, dijo: «No entendéis a qué espíritu pertenecéis. Yo no enseño a destruir, sino a salvar. ¿Cómo se puede desear el mal al prójimo? En todo hombre vive el mismo espíritu de Dios que en vosotros, y no debéis desear mal a lo que está dentro de vosotros».

En otra ocasión, los escribas y fariseos llevaron a Jesús una mujer sorprendida en adulterio, y la pusieron delante de él, diciendo: «Maestro, esta mujer fue sorprendida en adulterio y, según la ley de Moisés, tales mujeres deben ser lapidadas. ¿Qué dices al respecto?».

Lo decían para tentarle. Si hubiera dicho que había que lapidarla, habría sido contrario a su enseñanza del amor a todos; pero si hubiera dicho que no debía hacerse, habría hablado contra la ley de Moisés. Jesús, sin embargo, no contestó nada, sino que, agachándose, se puso a escribir con el dedo en la arena.

Le volvieron a preguntar lo mismo, pero él levantó la vista y dijo: «Decís que, según la ley, debe ser lapidada; pues hacedlo. Pero que tire la primera piedra aquel que esté libre de pecado». Dicho esto, inclinó la cabeza y volvió a escribir en el suelo. Los acusadores se fueron retirando uno tras otro, y Jesús se quedó solo con la mujer.

Cuando Jesús levantó la cabeza, y no viendo a nadie más que a la mujer, le dijo: «¿Así que nadie te ha condenado?». Ella respondió: «Nadie, Señor».

«Entonces, tampoco yo te condeno», dijo Jesús. «Vete y no peques más».

Lucas IX, 52-6; Juan VIII, 3-11.

XXV

Jesús enseñó a la gente que todos los hombres son hijos de un solo Padre y que, por tanto, toda la ley de Dios consiste en amar a Dios y al prójimo.

Y un legista, sabiendo esto, y deseando atrapar a Jesús a través de sus palabras, y demostrarle que todos los hombres no son iguales, y que hombres de diferentes naciones no pueden ser igualmente hijos de Dios, preguntó a Jesús: «Tú nos enseñas a amar a nuestro prójimo. Pero ¿quién es mi prójimo?».

Jesús le respondió con una parábola, y dijo: «Había un judío rico, y sucedió que, en cierta ocasión, cuando regresaba a su casa, fue atacado por unos ladrones, que lo golpearon, le robaron y lo abandonaron al borde del camino. Un sacerdote judío que pasaba por allí vio al hombre herido, pero siguió de largo sin detenerse. Y otro judío, un levita, también pasó y vio al herido y siguió de largo. Entonces, un hombre de otra nación, un samaritano, llegó por el camino, vio al herido y, sin tener en cuenta que los judíos no consideraban a los samaritanos como su prójimo, sino como extranjeros y enemigos, se compadeció del judío, lo levantó y lo llevó sobre su asno a una posada. Allí lavó y curó sus heridas, pagó al posadero por él y solo se marchó cuando el judío pudo valerse sin él.

Preguntáis: "¿Quién es el prójimo?"», dijo Jesús. «Aquel en quien hay amor considera a todo hombre su prójimo, no importa a qué nación pertenezca».

Lucas X, 25-37.

XXVI

La enseñanza de Jesús se difundía cada vez más, y los fariseos se enojaban cada vez más contra él. Decían a la gente: «No le hagáis caso; os engaña. Si fuerais a vivir según sus mandamientos, habría más mal que ahora en el mundo».

Jesús lo oyó y les dijo:

«Decís que enseño al pueblo a no buscar riquezas, sino a ser pobre; a no enojarse, a no exigir ojo por ojo y diente por diente, sino a soportarlo todo y amar a todos, descarto pagar el mal con el mal, y que, si los hombres siguieran mis enseñanzas, su vida sería peor que antes. Decís que en lugar del mal antiguo habría un mal nuevo, lo cual no es cierto. No soy yo quien pone un mal en lugar de otro, sino que sois vosotros quienes expulsáis el mal con el mal. Queréis destruir el mal con amenazas, ejecuciones, juramentos y matanzas. Pero el mal sigue sin ser destruido. Y no puede ser destruido así, porque ningún poder puede destruirse a sí mismo. Yo no expulso el mal con los medios que vosotros empleáis. Yo destruyo el mal con el bien. Destruyo el mal llamando a los hombres a cumplir los mandamientos que los salvarán de todo mal».

Mateo XII, 24-8.

XXVII

Un día, acudieron a Jesús su madre y sus hermanos, y no podían llegar hasta él, porque había mucha gente a su alrededor. Un hombre se dio cuenta de esto, y se acercó a Jesús y le dijo: «Tus parientes, tu madre y tus hermanos, están ahí fuera y desean verte».

Y Jesús dijo: «Mi madre y mis hermanos son los que conocen la voluntad del Padre, y la cumplen.

Para todo hombre, la voluntad de Dios, su Padre, debe ser más importante que su padre, su madre, su mujer, sus hijos, sus hermanos o sus hermanas, o que todos sus bienes, e incluso que su vida corporal.

En los asuntos mundanos, todo hombre razonable, antes de empezar a hacer algo, calcula si lo que pretende hacer es rentable, y si es rentable lo hace, y si no, no lo hace. Cualquiera que desee construir una casa, antes de empezar, se sienta y recuenta cuánto dinero necesitará, de cuánto dispone y si será suficiente para terminar la casa; para que no suceda que, habiendo comenzado a construir, no pueda terminar, y tan solo haya desperdiciado sus fuerzas y su tiempo. Y todo rey, si quiere ir a la guerra, considera primero si con 10 000 hombres puede combatir contra 20 000. Si calcula que no puede, envía mensajeros para hacer las paces, y no lucha.

Así pues, todo hombre debe comprender que todo lo que considera suyo: su familia, sus bienes y su misma vida corporal, le será arrebatado hoy o mañana, y que lo único que es suyo, y que nunca le podrá ser arrebatado, es su vida espiritual, y que solo puede y debe preocuparse de ella».

Al oír esto, un hombre dijo: «Muy bien, si hay vida espiritual; pero ¿qué pasa si lo damos todo y no hay tal vida?».

A esto respondió Jesús:

«Todos saben que existe una vida espiritual, y que solo ella no muere. Todos sabéis eso, pero no obráis según lo que sabéis, no porque lo dudéis, sino porque os desvían de la vida real las falsas preocupaciones».

Y les contó la siguiente parábola:

«Un señor preparó un banquete y envió a sus criados a invitar a los comensales; pero estos se negaron a venir. Uno dijo: "He comprado tierras y tengo que ir a verlas". Otro dijo: "He comprado ganado y tengo que ir a arar con él". Otro dijo: "Me he casado y es mi fiesta de bodas". Volvieron los criados y dijeron a su amo que no quería asistir nadie. Entonces el amo mandó invitar a los mendigos, que no se negaron a acudir y celebraron la fiesta.

Del mismo modo, solo cuando los hombres están libres de las preocupaciones corporales conocen la vida espiritual».

Lucas VIII, 19-21; Mateo XII, 46-50;
Lucas XIV, 26-33, 15-24.

XXVIII

Una vez, acudió un joven a Jesús y se arrodilló ante él, diciendo: «Buen Maestro, dime qué debo hacer para alcanzar la vida eterna».

Jesús respondió: «¿Por qué me llamas bueno? Nadie es bueno sino Dios. Tú conoces los mandamientos. Guárdalos».

Y el joven preguntó: «¿Cuáles? Aquí hay muchos mandamientos».

Jesús respondió: «No mates, no cometas adulterio, no mientas, no robes, no ofendas a nadie y honra a tu padre y a tu madre».

Y el hombre dijo: «He guardado estos mandamientos desde que

era un niño».

Jesús lo miró y sintió cariño por él, y dijo: «Una cosa te falta. Anda, vende todo lo que tienes y repártelo entre los pobres».

El joven, turbado, se marchó sin responder, pues era muy rico.

Y Jesús dijo a sus discípulos:

«¡Ved lo difícil que es para un rico entrar en el Reino de los Cielos!». Los discípulos quedaron consternados ante estas palabras, pero Jesús las repitió diciendo: «Sí, hijos; es muy, muy difícil que un rico entre en el Reino de Dios. Es más fácil que un camello pase por el ojo de una aguja que un rico entre en el Reino de los Cielos». Y aún estaban más consternados, y decían entre sí: «¿Cómo puede uno vivir, si no debe tener nada? Uno se congelaría y moriría de hambre». Pero Cristo dijo: «Solo parece espantoso al hombre físico; pero para el hombre espiritual es fácil. El que crea y lo pruebe verá que esto es verdad».

Marcos X, 17-27; Mateo XIX, 18.

XXIX

Jesús también dijo: «No puedes servir a dos señores al mismo tiempo: Dios y las riquezas; la voluntad del Padre y tu propia voluntad. Debes elegir entre los dos; y servir a uno o al otro». Al oír esto, los fariseos, que gustaban de las riquezas, se rieron de las palabras de Jesús. Y él les dijo: «¿Creéis que, porque los hombres os honran por vuestras riquezas, sois realmente honorables? No. Dios no mira lo que está fuera, sino el corazón. Los bienes que los hombres tienen en gran estima carecen de valor a los ojos de Dios. No son los ricos, sino los pobres los que entran en el Reino de los Cielos».

Jesús sabía que los fariseos creían que, después de la muerte, algunos van al infierno y otros al cielo, y les contó esta parábola sobre las riquezas:

«Vivía una vez un hombre muy rico; organizaba banquetes, se vestía con ropas finas y se divertía todos los días. Y en aquel mismo lugar vivía un mendigo llagado, llamado Lázaro. Lázaro entró en el patio del hombre rico con la esperanza de conseguir algunas de las sobras de la mesa del rico. Pero no consiguió nada, porque los perros del rico se comieron las sobras, y también lamieron las llagas de Lázaro. El rico y

Lázaro murieron. Y el rico, en el infierno, vio a lo lejos a Abraham y, con él, al llagado Lázaro. Y el rico dijo:

"Padre Abraham, no me atrevo a molestarte; pero veo contigo a Lázaro el llagado, que solía yacer a mi puerta; envíamelo, y que moje su dedo en agua para refrescar mi garganta, porque estoy ardiendo en fuego". Pero Abraham dijo: "¿Por qué habría de enviarte a Lázaro a las llamas? Tú tuviste todo lo que quisiste en el otro mundo, y Lázaro no tuvo más que tristeza. Quisiera hacer lo que me pides, pero no puedo, pues no hay comunicación entre nosotros y tú". Entonces el rico dijo: "Si es así, padre Abraham, al menos envía a Lázaro a mi casa. He dejado cinco hermanos y lo siento por ellos. Que les cuente lo que traen las riquezas, no sea que también ellos lleguen al tormento que yo sufro". Y Abraham dijo: "Ya lo saben. Moisés y todos los profetas lo han contado". Pero el hombre rico replicó: "Aun así, sería mejor que alguien resucitara de entre los muertos y fuera a ellos: eso les haría recapacitar". Pero Abraham replicó: "Si no escuchan a Moisés y los profetas, tampoco escucharían, aunque alguno resucitase de entre los muertos"».

Lucas XVI, 13-15; 19-31.

XXX

Después de esto, Jesús se fue a Galilea y vivió allí con sus padres. Cuando llegó la fiesta judía de la siega, los hermanos de Jesús se prepararon para subir, y pidieron a Jesús que fuera con ellos a la fiesta. Ellos no creían en su enseñanza, y le dijeron: «¡Veamos! Dices que el culto judío a Dios es erróneo, y que tú conoces la manera correcta de adorar a Dios, a través de los actos. Si realmente crees que sabes lo que nadie más sabe, entonces, ven con nosotros a la Fiesta, allí habrá mucha gente, y podrás anunciarles a todos tu enseñanza. Si todos te creen, tus discípulos verán que tienes razón. ¿Por qué esconderse? Dices que nuestro culto a Dios es erróneo, y que tú conoces el camino correcto: pues bien, ¡muéstraselo a todo el mundo!».

Y Jesús les dijo: «Hay un tiempo para todo. Yo iré cuando llegue el momento». Así que sus hermanos se fueron, pero él se quedó.

En la Fiesta, había mucha gente que discutía sobre las enseñanzas de Jesús. Unos decían que su enseñanza era verdadera; otros, que su enseñanza solo molestaba a la gente. Cuando la fiesta estaba mediada, el propio Jesús llegó a Jerusalén y entró en el Templo. En el pórtico del Templo había ganado: vacas y toros, así como ovejas, y jaulas de palomas, y cambistas que se sentaban junto a los mostradores con dinero. Todo esto se necesitaba para los sacrificios a Dios. Pero Jesús, entrando en el Templo y viendo allí a mucha gente, echó primero fuera del Templo el ganado, y soltó las palomas, y derribó las mesas de los cambistas, y luego dijo a la gente:

«El profeta Isaías dijo: "La casa de Dios no es el Templo de Jerusalén, sino todo el mundo del pueblo de Dios". Y el profeta Jeremías también dijo: "No creáis la falsedad de que esta es la casa del Eterno; no lo creáis y, en vez de ello, cambiad de vida y no deis falso testimonio, ni oprimáis al forastero, a la viuda y al huérfano; no derraméis sangre inocente, y no entréis en la casa de Dios y luego digáis: 'Ahora podemos hacer el mal con toda seguridad'. No hagáis de mi casa una cueva de ladrones. Yo, Dios, no me alegro de vuestros sacrificios, pero me alegro de vuestro amor mutuo". Comprended que estas palabras del profeta significan: el templo vivo es todo el mundo de los hombres, cuando se aman unos a otros. Debemos servir a Dios no en un Templo, sino viviendo en el espíritu y con buenas acciones».

Toda la gente escuchaba y se asombraba de sus palabras, y se preguntaban unos a otros: «¿Cómo es que él, sin haber estudiado, sabe todo esto?». Al oír Jesús que todos se asombraban de sus palabras, dijo: «Mi enseñanza no es mía, sino de Aquel que me envió; porque el que inventa para sí busca la fama de los hombres, pero el que busca lo que quiere Aquel que le envió es sincero y no hay falsedad en él. Yo solo os enseño a cumplir la voluntad del Padre. Si empezáis a cumplir la voluntad de Dios, sabréis que no he inventado lo que digo, sino que esta enseñanza viene de Dios».

Y muchos dijeron: «La gente dice que es un falso Profeta, pero aquí habla abiertamente ante todo el mundo, y nadie dice nada contra él. Lo único que impide creer que es el Mesías (el Mensajero de Dios) es que está escrito que, cuando venga el Mesías, nadie sabrá de dónde viene; pero nosotros conocemos a este hombre, y a toda su familia».

Entonces, Jesús les dijo: «Me conocéis a mí y sabéis de dónde vengo en el cuerpo, pero no sabéis de dónde vengo en el espíritu. No sabéis de quién vengo en el espíritu, aunque Él es el único al que debéis conocer.

Si os hubieran dicho que yo soy el Mesías, habríais creído en mí, el hombre; pero vosotros no creéis al Padre, que está en mí y en vosotros. Hay que creer solo al Padre».

Juan VII, 1-29; II, 13-16;
Mateo XXI, 13; XII, 7.

XXXI

Y mucha gente, viendo todo esto y oyéndole, decía: «Realmente es un profeta». Otros decían: «Este es el Mesías». Pero algunos decían: «¿Puede venir el Mesías de Galilea? Se dice en las Escrituras que el Mesías vendrá de la descendencia de David, de Belén, el lugar de donde salió David».

Y se suscitó una disputa acerca de él, y la agitación cundió entre las gentes.

Entonces, los Sumos Sacerdotes enviaron hombres para prenderlo, pero los hombres no pudieron decidirse a hacerlo; y cuando volvieron a los Sumos Sacerdotes y a los fariseos, estos les preguntaron: «¿Por qué no lo habéis traído?». Y ellos respondieron: «Ningún hombre ha hablado jamás como este».

Les dijeron los fariseos: «¿También vosotros os habéis extraviado? ¿Acaso cree en él alguno de los gobernantes o de los fariseos? Solo los malditos creen en él, y no conocen la ley».

Y todos volvieron a sus casas.

Pero Jesús se fue al Monte de los Olivos, y pasó allí la noche con sus discípulos; y por la mañana fue otra vez al Templo, y mucha gente acudió a escucharle, y les enseñó otra vez, diciendo: «Mi enseñanza da luz al mundo. Quien la acepte no caminará en tinieblas, sino que verá claramente lo que es bueno y lo que es malo. Yo enseño lo que mi Padre, el Espíritu que me envió, enseña a todo hombre».

Y le preguntaron: «¿Dónde está tu Padre?».

Él respondió: «Si me conocierais, conoceríais también a mi Padre».

Le preguntaron: «¿Quién eres tú?».

Él dijo: «Yo soy ese espíritu que no tuvo principio ni tendrá fin. Yo soy el Hijo del Hombre, pero reconozco que el espíritu de Dios es mi Padre. Cuando resucitéis en vosotros al Hijo del hombre, sabréis quién soy y comprenderéis que no hago nada por mí mismo, ni digo nada por mí mismo, sino que hago y digo solo lo que mi Padre me ha enseñado».

Juan VII, 40-9, 53; VIII, 12-29.

XXXII

Los judíos rodearon a Jesús y le dijeron: «Todo lo que dices es difícil de entender, y no concuerda con nuestras Escrituras. No nos atormentes, sino dínoslo claramente: ¿Eres tú el Mesías que, según nuestras Escrituras, ha de venir al mundo?».

Jesús les respondió: «Ya os he dicho quién soy, pero no lo creéis. Haced lo que os digo, y entonces comprenderéis quién soy y para qué he venido. El que me sigue y hace lo que digo —el que comprende mi enseñanza y la cumple— está conmigo y con el Padre. El Padre y Yo somos uno».

Y los judíos, ofendidos por estas palabras, tomaron piedras para matarlo.

Y él les preguntó: «¿Por qué queréis matarme?».

Le respondieron: «Queremos matarte porque tú, un hombre, te haces pasar por Dios».

Y Jesús les respondió : «He dicho que soy hijo de Dios, y que soy uno con el Padre cuando hago su voluntad. El que se reconoce hijo de Dios deja de ser esclavo y recibe la vida eterna. Al igual que el criado no vive siempre en casa de su amo, pero el hijo del amo vive siempre en casa, así el hombre que vive en el espíritu está unido al Padre y vive eternamente. En verdad os digo que el que guarde mi palabra no conocerá la muerte jamás».

Entonces, los judíos le dijeron: «Ahora sabemos que hay un demonio en ti. Abraham ha muerto y los profetas también, pero tú dices que el que cumpla tus palabras no conocerá la muerte jamás. ¿Acaso eres tú más grande que nuestro padre Abraham? Abraham y los profetas están muertos, pero ¡el que cumpla tus palabras no conocerá la muerte!».

Y Jesús dijo: «En verdad, en verdad os digo que antes de que Abraham existiera, Yo existía».

Jesús hablaba de ese espíritu de Dios que vivía en él, y que vive en todo hombre, y que no tiene principio ni fin; pero ellos no lo entendían. Los judíos no sabían qué hacer con él, y no podían condenarlo. Y él se fue a la otra orilla del río Jordán, y se quedó allí.

Juan X, 24-38; VIII, 34-59.

XXXIII

En cierta ocasión, cuando Jesús regresaba a Jerusalén, dos de sus discípulos, Santiago y Juan, se le acercaron y le dijeron: «Maestro, prométenos que harás lo que te pidamos».

Jesús dijo: «¿Qué queréis?».

Le respondieron: «Deseamos ser tus iguales».

Pero Jesús dijo: «Vosotros mismos no sabéis lo que pedís. Todos pueden entrar en el Reino de los Cielos gracias a su propio esfuerzo, pero nadie puede hacerlo por otro».

Jesús llamó a los demás discípulos y les dijo: «Los hombres mundanos valoran quién es más alto y quién más bajo entre ellos; pero entre vosotros, ninguno debe ser más alto y ninguno más bajo. Entre vosotros, el que sirva a todos será el más alto. El que quiera ser el primero entre vosotros, que se considere el último; porque la voluntad del Padre es que el Hijo del hombre no viva para ser servido, sino para servir a todos y dar su vida corporal por la vida del espíritu».

Marcos X, 35-45.

XXXIV

A propósito de esto, Jesús les contó otra parábola. Dijo:

«Un señor salió una mañana temprano a contratar jornaleros para su viña, y habiendo acordado pagarles un chelín al día, los envió a su viña. Cuando a la hora del desayuno volvió a salir, vio a otros hombres sin trabajo, y les dijo: "Vosotros también podéis ir a mi viña, y os pagaré lo que es justo". Y fueron. Volvió a hacer lo mismo a la hora de la comida y por la tarde. Y, cuando ya era de noche, volvió a encontrar hombres sin trabajo, y les dijo: "¿Por qué estáis aquí todo el día sin trabajar?". Ellos respondieron: "Nadie nos ha contratado". Y él les dijo: "Id también vosotros a mi viña, y se os pagará lo que es justo".

Cuando llegó la hora de pagar, el dueño de la viña dijo a su mayordomo: "Llama a los jornaleros y págales a todos por igual, empezando por los últimos hasta los primeros". Y los que vinieron por la tarde recibieron un chelín.

Aquellos que habían sido contratados primero pensaban que recibirían más; pero ellos también recibieron un chelín cada uno. Entonces, esos primeros empezaron a quejarse al dueño de la viña, diciendo: "Estos hombres solo han trabajado una hora, mientras que nosotros hemos trabajado todo el día desde por la mañana, y tú los igualas a nosotros".

El amo les dijo: "No deberíais rezongar. ¿Acaso no aceptasteis trabajar por un chelín? Tomad lo que os corresponde y marchaos. Si quiero dar a los últimos tanto como a los primeros, ¿no puedo hacer lo que quiera con lo que es mío? Os ofende mi generosidad y tenéis celos de vuestros hermanos. Eso no está bien".

Y ocurre lo mismo con los hombres: si un hombre hace lo que Dios quiere que haga, temprano o tarde, todos recibirán por igual, los últimos lo mismo que los primeros».

Mateo XX, 1-16.

XXXV

Y Jesús lo explicó con otra parábola. Dijo:

«Un hombre tenía dos hijos, y el menor te quiso alejarse de su padre, y le dijo: "Padre, dame mi parte de la propiedad". Y su padre así lo hizo. Entonces el hijo menor tomó su parte, y se fue a un país extranjero. Allí malgastó todo lo que tenía y acabó siendo pobre y se hundió tan bajo que tuvo que convertirse en porquero.

Y no tenía para comer más que las bellotas que daban a los cerdos. Y reflexionando sobre su vida, se dijo: "Hice mal en dejar a mi padre. En casa de mi padre había de todo, y hasta sus jornaleros tienen para comer; mientras que aquí yo me alimento de comida de cerdos. Mejor sería que fuera a ver a mi padre, me postrara a sus pies y le dijera: "He pecado, padre, contra ti, y no soy digno de ser tu hijo. Acógeme como jornalero".

Pensando esto, volvió a su padre; y cuando llegó cerca de la casa, su padre lo vio, y salió a recibirlo, y lo tomó en sus brazos y lo besó.

Y el hijo dijo: "Padre, he pecado contra ti y no soy digno de ser tu hijo". El padre no respondió a estas palabras, sino que ordenó a sus criados que trajeran las mejores ropas y buenos zapatos, e hizo que su hijo se los pusiera. También ordenó a un criado que matara un ternero cebado. Y cuando todo estuvo listo, el padre dijo a los de su casa: "Este hijo mío estaba muerto y ha vuelto a la vida, estaba perdido y ha sido encontrado. Celebremos esta alegría".

Cuando todos se hubieron sentado a la mesa, el hijo mayor volvió del campo y vio que había banquete en la casa. Y llamando a un jornalero, le preguntó: "¿Por qué está nuestra gente de fiesta?". El jornalero le respondió: "¿No has oído que tu hermano ha vuelto y que tu padre se alegra?".

El hermano mayor se ofendió y no entró en casa. Pero su padre salió a su encuentro y lo llamó. Pero el hijo mayor no quiso entrar, sino que dijo a su padre: "¡Tantos años he trabajado para ti, y nunca he desobedecido tus órdenes, y sin embargo nunca has matado para mí un ternero cebado! Mi hermano menor se fue y malgastó toda su hacienda con borrachos, y ahora le haces semejante festín".

Y el padre respondió al hijo mayor: "Tú estás siempre conmigo, y todo lo mío es tuyo. Y no debes dolerte, sino alegrarte, de que tu hermano, que estaba muerto, ahora está vivo de nuevo y, después de estar perdido, ahora ha sido encontrado".

Así recibe Dios a todos, cuando —tarde o temprano— vuelven al Padre y entran en el Reino de los Cielos».

Lucas XV, 11-32.

XXXVI

Un día, Jesús dijo a sus discípulos: «Decidme, ¿cómo entiende la gente mis enseñanzas?». Y ellos respondieron: «Algunos piensan que enseñas lo mismo que Juan; otros dicen que enseñas lo que enseñó Isaías, y otros dicen que tu enseñanza es como la de Jeremías, y que eres un profeta».

«Sí», dijo Jesús, «pero ¿cómo entendéis vosotros mi enseñanza?».

Y Simón Pedro dijo: «Creo que enseñas que el espíritu de Dios vive en todo hombre y que, por tanto, todo hombre es hijo de Dios».

Jesús le dijo «Eres feliz, Simón, por haber comprendido esto. Ningún hombre podría habértelo ida enseñado, pero tú lo has comprendido porque Dios habita en vosotros. No soy yo con mis palabras quien os lo ha mostrado, sino Dios, mi Padre, Él mismo os lo ha mostrado».

En aquel tiempo, Jesús dijo a sus discípulos que, en Jerusalén, no podría escapar a los ataques e insultos de los que no creían en sus enseñanzas; pero que, si lo mataban, solo matarían su cuerpo, y no ese espíritu de Dios que vivía en él.

Al oír estas palabras, Pedro, muy apenado, se agarró de la mano de Jesús y le dijo: «No vayas a Jerusalén».

Jesús respondió: «No hables así. Si tienes miedo del sufrimiento y de la muerte por mí, eso demuestra que no piensas en lo que es piadoso, sino solo en lo que es humano. En esta vida, los que viven para el Reino de Dios deben sufrir, porque el mundo ama lo suyo y odia lo que es piadoso. Los hombres mundanos siempre han atormentado a los que cumplían la voluntad del Padre».

Y, llamando a la gente y a sus discípulos, Jesús dijo: «El que quiera vivir según mi enseñanza, que renuncie a la vida de su cuerpo y esté dispuesto a soportar todos los sufrimientos, pues quien teme por su vida corporal perderá su verdadera vida; pero quien renuncia a su vida corporal salvará su verdadera vida. Y el que quiera cumplir mi enseñanza, que no lo haga con palabras, sino con obras».

Luego, les contó esta parábola:

«Un hombre tenía dos hijos; y dijo al primero: "Ve y trabaja en mi huerto". El hijo respondió: "No quiero", pero después se arrepintió y fue. El padre se dirigió al segundo hijo y le dijo lo mismo. El segundo respondió: "Iré enseguida". Pero no fue. ¿Cuál de los dos cumplió la voluntad de su padre?».

Y los discípulos dijeron: «Él primero».

Y Jesús dijo: «Y yo os digo que los publicanos y los adúlteros entrarán en el Reino de Dios antes que los que hablan, pero no actúan».

Mateo XVI, 13-17; 21-25; XXI, 28-31.

XXXVII

Entonces, los discípulos dijeron a Jesús: «Tu enseñanza es dura. Auméntanos la fe en que, si vivimos como nos enseñas, nos irá bien».

Jesús comprendió que deseaban conocer la recompensa por una vida en rectitud, y les dijo:

«La fe no estriba en la creencia en recompensas, sino que la fe es una comprensión clara de lo que es la vida. Si entiendes claramente que tu vida está en el espíritu de Dios, no esperarás ninguna recompensa. Un amo no da las gracias a un criado por cumplir con su deber. Y un criado, si comprende que es un criado, no se ofende por ello, sino que hace su trabajo y sabe que recibirá lo que le corresponde. Así también vosotros debéis cumplir la voluntad del Padre, y comprender que sois criados; y, cuando hayáis cumplido con vuestro deber, no esperéis recompensa, sino que contentaos con lo que obtengáis. No debemos estar ansiosos por recibir recompensa, sino por no destruir la vida que se nos ha dado, para que podamos cumplir la voluntad del Padre.

Por eso, estad siempre dispuestos, como criados que esperan al amo. Los criados no saben si volverá pronto o tarde, pero tienen que estar siempre preparados.

Y así es en la vida. Siempre, en cada momento, hay que cumplir la voluntad de Dios y no decirse a uno mismo: "Aquí o allí, haré tal o cual cosa".

Por tanto, vivid siempre en el espíritu y en el presente. Para la vida del espíritu no existe el tiempo. Tened cuidado de no agobiaros ni aturdiros con la bebida, la comida excesiva o las preocupaciones, y en cambio dejad que el espíritu de Dios gobierne siempre sobre vuestros cuerpos».

Lucas XVII, 5-10; XII, 36-40; XXI, 34.

XXXVIII

Y Jesús les contó otra parábola, para mostrarles cómo debe vivir la gente. Dijo:

«Un señor plantó un huerto, y lo cavó, y lo arregló, e hizo todo para que diera el mayor fruto posible. Y envió trabajadores al huerto para que lo trabajaran, recogieran los frutos y luego le pagasen según lo convenido. Llegado el momento, el amo envió a un criado a recibir el pago; pero los jornaleros habían olvidado que el huerto no lo habían plantado y arreglado ellos, y que habían llegado cuando ya estaba listo; y echaron al mensajero del amo con las manos vacías, y vivían en el huerto como si fueran los amos, sin tener en cuenta que el huerto no era suyo y que vivían en él con permiso del amo. Cuando el amo envió a su mayordomo para recordar a los jornaleros que se les debía el pago, pero ellos también lo echaron. Entonces, envió a su hijo. Pero los jornaleros pensaron que si mataban al hijo se quedarían con todo. Y lo mataron.

¿Qué podía hacer el amo? Solo podía despedir a los trabajadores y enviar a otros en su lugar.

El amo es el Padre; el huerto es el mundo; los trabajadores son los hombres; el pago es la vida del espíritu; los mensajeros del amo son hombres santos que recuerdan a la gente que no deben vivir para su cuerpo, sino para el espíritu.

Las personas que se han extraviado imaginan que la vida les es dada para el bienestar corporal, y no para el cumplimiento de la voluntad del Padre, y matan en sí mismas la vida del espíritu, y pierden así su verdadera vida».

Marcos XII, 1-9.

XXXIX

Después de esto, Cristo acudió otra vez a Jerusalén, y habló a la gente en el Templo sobre la mala vida de los fariseos. Dijo:

«Guardaos de la enseñanza de los escribas, que se hacen llamar maestros ortodoxos. Guardaos de ellos, porque han ocupado el lugar de los verdaderos maestros, los profetas. Se han arrogado el derecho de enseñar a los hombres la voluntad de Dios. Hablan, pero no hacen lo que enseñan. Quieren ser maestros e intentan presumir: se disfrazan, se otorgan títulos, pero no hacen nada útil. No les creáis. Recordad que nadie debe llamarse a sí mismo "Maestro". Estos que se llaman a ellos mismos maestros ortodoxos de la verdad piensan que uno puede ser conducido a Dios mediante ceremonias y votos externos, y no ven que lo externo no importa, sino que todo lo importante está en el alma del hombre. Cumplen con lo que es externo y fácil, pero lo que es realmente necesario y difícil (amor, misericordia y verdad) lo dejan de lado. Lo único que les importa es cumplir la ley exterior, y por medios exteriores conseguir que los demás la acepten. Por eso son como sepulcros blanqueados: limpios por fuera, pero abominables por dentro.

Por fuera, honran a los santos y a los mártires; pero en realidad son ellos los que atormentaron y mataron a los santos. Eran y son los enemigos de todo lo bueno. De ellos procede todo el mal del mundo, pues ocultan lo que es bueno y llaman bueno al mal. Y eso es lo que más hay que temer, pues vosotros mismos sabéis que cualquier error se puede corregir, pero que, si la gente comete un error en cuanto a lo que es bueno, eso es un error que no se puede corregir. Y eso es justo lo que hacen estos autodenominados pastores».

Después dijo Jesús: «Quise unir a todos los hombres aquí en Jerusalén, para que vivieran amándose y sirviéndose unos a otros; pero esta gente solo sabe matar a los que enseñan lo que es bueno».

Y dicho esto, salió del Templo.

Y Jesús dijo: «En verdad os digo, que este Templo caerá en ruinas con todos sus ornamentos y no quedará nada de él. Pero hay un Templo de Dios: los corazones de los que se aman».

Y le preguntaron: «¿Cuándo será ese Templo?». Y él respondió: «No será pronto. Durante mucho tiempo, la gente utilizará mis enseñanzas para engañar a los demás, y esto causará guerras y conmociones, y habrá mucha anarquía y poco amor.

Pero, cuando todos hayan comprendido la verdadera enseñanza, entonces el mal y las tentaciones llegarán a su fin».

Lucas XX, 46; Mateo XXIII, 1-39;
Marcos III, 28,29; Mateo XXIV, 1-14.

XL

Los escribas y fariseos trataron por todos los medios de destruir a Jesús. Se reunieron en consejo y empezaron a discutir cómo hacerlo: «Hay que detener a este hombre. Sus enseñanzas son tan persuasivas que, si se le deja en paz, todo el mundo le creerá y abandonará nuestra religión. La mitad del pueblo ya cree en él; y, si todos creen en su enseñanza de que todos los hombres son hijos de un solo Padre, y que todos son hermanos, y que no hay nada en nuestro pueblo hebreo que lo haga diferente de otras naciones, los romanos vendrán y nos conquistarán, y ya no habrá reino hebreo».

Y los escribas y los fariseos discutieron largamente el asunto. Deseaban matar a Jesús, para librarse de él; pero temían al pueblo y no se atrevían a hacerlo.

Entonces, su Sumo Sacerdote, cuyo nombre era Caifás, dijo: «No debéis tener tanto miedo. A veces, hay que matar a un hombre para salvar a toda una nación. Y si no acabamos con este hombre, perecerá toda la nación; o si no perece, se dispersará y abandonará nuestra única y verdadera fe. Así que no debemos dudar en matar a Jesús».

Y, cuando Caifás hubo dicho esto, todos estuvieron de acuerdo con él, y decidieron matar a Jesús. Y querían prenderle en seguida y matarle; pero Jesús no estaba en Jerusalén, ni sabían dónde estaba.

Pero, cuando se acercó la fiesta de la Pascua, los sumos sacerdotes pensaron que Jesús vendría seguramente con los demás a la fiesta, y dijeron a sus criados que, si alguno veía a Jesús, se lo trajera.

Y, en efecto, seis días antes de la Pascua, Jesús dijo a sus discípulos: «Ahora, vayamos a Jerusalén».

Pero los discípulos sabían que los sumos sacerdotes querían matarlo, y le rogaron que no fuera a Jerusalén. Le dijeron: «Los sumos sacerdotes están decididos a lapidarte. Si vas allí seguro que te matarán».

Respondió Jesús: «Solo el que camina en tinieblas tropieza y cae; pero el que camina a la luz del día no tropieza. No puede equivocarse el hombre que vive a la luz de la voluntad de Dios y hace lo que Dios quiere. Un hombre así no puede tener miedo. Vayamos a Jerusalén».

Se prepararon y se fueron.

Juan XI, 47-57, 7-10.

XLI

Cuando en Jerusalén se enteraron de que acudía Jesús, las gentes salieron a su encuentro, lo rodearon, lo montaron en un asno, corrieron delante de él, rompieron ramitas de los árboles y las arrojaron al camino, gritando: «¡Aquí está nuestro verdadero Rey! Nos ha hablado del verdadero Dios». Y así entró Jesús cabalgando en Jerusalén. Y la gente preguntaba: «¿Quién es ese?». Y, los que lo conocían, contestaban: «Es Jesús, el Profeta de Nazaret, de Galilea».

Cuando llegó al Templo, Jesús se apeó del asno, entró en el Templo y comenzó a enseñar al pueblo. Al verlo, los fariseos y los sacerdotes se decían unos a otros «¡Mirad lo que hace ese hombre! El pueblo entero va detrás de él».

Hubieran querido apresarlo de inmediato, pero no se atrevieron, porque temían al pueblo. Y planearon cómo hacerlo sin provocar al pueblo.

Jesús, sin inmutarse, enseñaba a la gente. Además de judíos, había en el Templo griegos gentiles. Los griegos habían oído que la enseñanza de Jesús no era solo para los judíos, sino para todos los hombres, y querían oírle. Se lo contaron a Felipe, y Felipe se lo dijo a Andrés. Los discípulos tenían miedo de reunir a Jesús y a los griegos. Temían que la gente se enfadara con Jesús por no hacer ningún diferencia entre los judíos y las demás naciones; y, al principio, no se decidían a decirle lo que querían los griegos; pero al fin se lo dijeron.

Al oír que los griegos querían ser sus discípulos, Jesús se sorprendió al principio. Sabía que, si no hacía distinción entre judíos y paganos, los judíos se enfadarían con él. Pero pronto se rehízo y dijo: «No hay diferencia entre judíos y gentiles; el mismo Hijo del Hombre está en todos los hombres. Aunque perezca por ello, ha llegado el momento de reconocer al Hijo del Hombre, el único espíritu de Dios en todos los hombres. El grano de trigo solo da fruto cuando perece. Y el hombre solo da fruto cuando entrega su vida para cumplir la voluntad de Dios. Quien ama su vida material, disminuye su vida espiritual; pero quien está dispuesto a renunciar a su vida material, recibe la vida espiritual.

Mi alma está ahora en conflicto, sobre si debo ceder a consideraciones de mi vida temporal, o hacer la voluntad del Padre. Pero ¿puedo, ahora que ha llegado el momento en que debo hacer aquello para lo que he sido enviado al mundo, decir: "Padre, líbrame de lo que debo hacer"? No puedo decir eso, sino que solo puedo decir: "Padre, hazte sentir en mí, para que glorifique al Hijo del Hombre y una a todos los hombres"».

Y los judíos replicaron a esto, diciendo: «Sabemos que el Cristo debe venir, pero no entendemos lo que quieres decir con "glorificar al Hijo del Hombre"».

Y Jesús respondió: «Glorificar al Hijo del Hombre, es vivir en la luz espiritual y todos tenemos la luz espiritual en nosotros. Glorificar al Hijo del Hombre por encima de lo que es de la tierra, significa creer que el espíritu de Dios vive en cada hombre. El que cree en mi enseñanza no me cree a mí, sino al espíritu de Dios; y el espíritu de Dios da vida al mundo, y vive en cada uno de vosotros. Y el que entiende mi enseñanza conoce ese espíritu, porque ese espíritu vive en él y da vida al mundo. Si alguno oye mis palabras y no las entiende, no le culpo, porque no he venido a culpar, sino a salvar. El que no entiende mis palabras no cree en el espíritu de Dios, porque lo que digo no lo digo por mí mismo, sino por el espíritu del Padre. Y el espíritu del Padre vive en mí. Lo que digo, el espíritu me lo ha dicho».

Dicho lo cual, Jesús se fue y volvió a esconderse de los Sumos Sacerdotes.

Mateo XXI, 7-12; Juan XII, 19-36; 44-50.

XLII

Y muchos de los ricos y poderosos, de los había entre los que oyeron estas palabras, creyeron la enseñanza de Jesús; pero temían confesarlo delante de los fariseos, porque ni uno solo de los fariseos reconocía aquella enseñanza. Estos no reconocían la verdad de la enseñanza, porque estaban acostumbrados a creer la enseñanza humana, y no la de Dios.

Y otra vez se reunieron los Sumos Sacerdotes y los Escribas en el Tribunal de Caifás, y empezaron a considerar cómo prender a Jesús en secreto, para matarle. Tenían miedo de prenderle abiertamente. Y uno de los primeros discípulos de Jesús, Judas Iscariote, llegó a su reunión, y dijo: «Si tenéis miedo de apoderaros de Jesús abiertamente, delante del pueblo, yo encontraré un momento en que haya poca gente con él y os mostraré dónde está, y entonces podréis apoderaros de él. ¿Qué me daréis por ello?». Y ellos le prometieron treinta monedas de plata. Judas aceptó y, desde ese momento, empezó a buscar la ocasión de entregar a Jesús a los sumos sacerdotes, para que lo prendieran.

Mientras tanto, Jesús se había marchado de nuevo de Jerusalén, y solo tenía consigo a sus discípulos. Y cuando llegó el primer día de la Fiesta de los Panes sin Levadura, los discípulos le preguntaron: «¿Dónde celebraremos la fiesta de la Pascua?». Y Jesús les dijo: «Id a una de las aldeas y entrad en la primera casa, y decid que no tenéis tiempo para preparar la Pascua y que, por lo tanto, pedís que se os permita celebrar allí la Fiesta».

Así lo hicieron sus discípulos, entraron en la aldea, y allí fueron a la primera casa, y el dueño de la misma les hizo pasar.

Cuando llegaron todos —Jesús y sus doce discípulos, con Judas Iscariote entre ellos—, se sentaron a la mesa para celebrar la fiesta de la Pascua. Y Jesús adivinó que Judas había prometido entregarlo a los fariseos para que lo mataran, pero no quiso devolver a Judas mal por mal, ni acusarlo delante de todos los discípulos; sino que, como siempre había enseñado a sus discípulos a amar, solo quería ablandar el corazón de Judas por intermedio del amor.

Y, cuando él y sus doce estaban sentados a la mesa, Jesús tomó un poco de pan, lo partió en doce trozos y dio un trozo a cada uno, diciendo: «Esto es mi cuerpo, tomad y comed». Luego, vertió vino en una copa y se la dio a los discípulos, diciendo: «Bebed todos de esta copa. Es mi sangre».

Y cuando, uno tras otro, hubieron bebido vino de la copa, dijo: «Sí, esto es mi sangre, que derramo por los pecados del mundo». Dicho esto, Jesús se levantó de la mesa, se quitó el manto, se anudó una toalla, tomó un cántaro de agua y dijo que ahora iba a lavar los pies a todos los discípulos. Se acercó primero a Pedro, pero este se apartó, diciendo: «¿Puede un maestro lavar los pies a sus discípulos?». Jesús dijo: «Te parece extraño que quiera lavarte los pies, pero pronto sabrás por qué lo hago. Lo hago porque, aunque sois puros, no lo todos lo sois».

Jesús pensaba en Judas cuando dijo esto. Y Jesús lavó los pies a todos los discípulos, incluso a Judas. Y, cuando lo hubo hecho y se hubo puesto su manto, habló para todos los discípulos, y dijo:

«¿Sabéis ahora, por qué hice esto? Lo hice para que siempre hagáis lo mismo, los unos a los otros. Yo, vuestro Maestro, lo hago para mostraros cómo comportaros con los que os ofenden. Si entendéis esto, y actuáis así, os irá bien siempre».

Dicho esto, Jesús se entristeció y añadió: «¡Sí, sí! ¡Uno de aquellos a quienes lavé los pies me traicionará!».

Los discípulos se miraban unos a otros y no sabían a quién se refería. Y uno de los discípulos estaba sentado cerca de Jesús, y Simón Pedro a le hizo una seña con la cabeza para que preguntara a Jesús a quién se refería. Así lo hizo, y Jesús dijo: «Es aquel a quien daré un pedazo de pan». Y, entregando un pedazo de pan, a Judas Iscariote, le dijo: «Lo que quieres hacer, hazlo pronto». Al principio, nadie entendió lo que significaban las palabras de Jesús; pero Judas sí las entendió y, en cuanto hubo tomado el pedazo de pan, se levantó y salió; y, cuando los discípulos comprendieron lo que sucedía, ya era demasiado tarde para tratar de atraparlo, pues la noche estaba oscura.

Y cuando Judas se hubo ido, Jesús dijo: «Hijos, no estaré mucho tiempo con vosotros. No discutáis mis enseñanzas, sino que, como dije a los fariseos, haced lo que yo hago. Os doy un mandamiento nuevo: tal como os he amado hasta el fin, así también vosotros debéis amaros siempre, y hasta el fin, los unos a los otros y amar a todos los hombres. En este mandamiento reside toda mi enseñanza. Solo guardando este mandamiento podréis ser mis discípulos. Amaos los unos a los otros y amad a todos los hombres».

Juan XII, 42, 43; Mateo XXVI, 3-5; 14-28;
Juan XIII, 2-35.

XLIII

También dijo a sus discípulos: «La vida consiste en acercarse cada vez más a la perfección de Dios. Ese es el camino. Yo lo sigo, y vosotros conocéis el camino».

Entonces, Tomás le dijo: «No, no sabemos adónde vas, y por eso no podemos saber el camino».

Jesús respondió: «Yo voy al Padre, y mi enseñanza es el camino hacia Él. Uno no puede unirse con el Padre de la vida, si no es a través de mi enseñanza. Cumple mi enseñanza sobre el amor, y conocerás al Padre».

Felipe dijo: «Muéstranos al Padre».

Y Jesús respondió: «¿Cómo es que no conocéis al Padre? Mi enseñanza es que yo estoy en el Padre y el Padre en mí. El que vive por mi enseñanza y cumple mis mandamientos, conocerá al Padre. Yo moriré, y los hombres mundanos no me verán, pero mi espíritu no morirá, y viviréis por él. Y entonces comprenderéis que yo estoy en el Padre, y el Padre en mí».

Y Judas (no el Iscariote, sino otro), preguntó: «¿Por qué tu espíritu vendrá solo a nosotros, y no a todos los hombres?».

Y Jesús respondió: «El Padre ama al que cumple mi enseñanza, y mi espíritu vive en él. Pero el Padre no ama al que no cumple mi enseñanza, y su espíritu no vive en ese hombre. Mi enseñanza no es mía, sino del Padre.

Esto es todo lo que puedo deciros ahora. Pero mi espíritu, el espíritu de la verdad, entrará después en vosotros y os lo mostrará todo, y entonces recordaréis y comprenderéis mucho de lo que os he dicho. Y cuando lo entendáis, tendréis la paz: no una paz como la que tienen los mundanos, sino una paz del espíritu tal que nada temeréis.

¿Por qué lamentáis que os deje? Voy al Padre, y de Él volveré a vosotros como espíritu de verdad, y entraré en vuestros corazones. No debéis entristeceros por mi muerte, sino alegraros; porque en lugar de mí —mi cuerpo— tendréis mi espíritu en vuestros corazones, y eso es mejor para vosotros».

Juan XIV, 1-28.

XLIV

«Si os dejáis guiar por mi ley de amor y la cumplís, tendréis todo lo que deseáis, porque la voluntad del Padre es que tengáis lo que deseáis. Como el Padre me ha dado lo que es bueno, así yo os doy lo que es bueno. Si cumplís mi mandamiento como yo cumplo el de mi Padre, seréis bienaventurados. Mi mandamiento es que os améis los unos a los otros como yo os amo; es decir, que estéis dispuestos a renunciar a vuestra vida corporal por amor. Sois iguales a mí, si hacéis lo que os he enseñado. No os considero esclavos, sino iguales a mí, porque os he explicado todo lo que he entendido del Padre, y podéis hacer lo que yo hago. Os he dado la única enseñanza verdadera; y esa enseñanza da el único bienestar verdadero.

Toda mi enseñanza es que os améis los unos a los otros. No os extrañéis si el mundo os odia y os persigue, porque mi enseñanza resulta odiosa para el mundo. Si fuerais uno con el mundo, este os amaría. Pero yo os he separado del mundo, y por eso os odiará y os perseguirá. Si me persiguen a mí, también os perseguirán a vosotros. No pueden evitarlo, porque no conocen al Padre. No han entendido mi enseñanza, porque no han comprendido lo que les he dicho acerca del Padre. Por eso me han odiado aún más.

Debería deciros mucho más, pero os sería difícil comprenderlo ahora. Pero, cuando el espíritu de la verdad entre en vosotros, os mostrará toda la verdad, pues no os dirá nada nuevo ni propio, sino que os dirá lo que viene de Dios, y os mostrará el camino en todos los acontecimientos de vuestra vida. Su espíritu, en vuestro interior, os dirá lo mismo que yo os digo».

Juan XV, 7-26; XVI, 12-15.

XLV

Después de esto, Jesús levantó los ojos al cielo y dijo: «Padre mío, has dado a tu hijo la libertad de la vida, para que reciba la vida verdadera. La verdadera vida es conocer al Dios verdadero. Y yo lo he mostrado a los hombres. He hecho lo que me has ordenado. Antes eran Tuyos, pero, según tu voluntad, les he mostrado la verdad: que Tú estás dentro de ellos, y ellos te han reconocido. Todo viene de Ti. Han entendido que lo que es mío es Tuyo, y lo que es Tuyo es mío. Yo ya no soy del mundo, sino que voy a Ti; pero ellos están en el mundo, y por eso te ruego, Padre, que los guardes en la verdad. No te ruego que los saques del mundo, sino que los libres de la mentira y los fortalezcas en la verdad, para que todos sean uno: como Tú estás en mí y yo en Ti, que ellos también estén en nosotros, que todos estén unidos en uno, y que los hombres comprendan que no han nacido de su propia voluntad, sino que tú, amándolos, los has enviado al mundo, como también a mí me has enviado.

¡Padre Justo!, el mundo aún no te conoce, pero yo sí te conozco, y ellos han aprendido a conocerte por mí. Y yo les he explicado que Tú, amándolos, les has dado la vida, ¡para que tu amor por ellos vuelva de ellos a Ti!».

Juan XVII, 1-26.

XLVI

Después, Jesús se levantó y se fue con sus discípulos al monte de los Olivos. Y por el camino, les dijo: «Sí, ha llegado el momento en que, como se dice en las Escrituras, matarán al pastor y se dispersarán las ovejas.

Así sucederá con vosotros. Yo seré apresado, y vosotros huiréis».

«No, no huiré», dijo Pedro, «aunque todo el mundo huyera, yo nunca te dejaría. Contigo estoy dispuesto a ir a cualquier parte: ¡a la cárcel o a la muerte!».

Pero Jesús dijo: «No te jactes de antemano de lo que vas a hacer. Puede ser que esta noche, antes de que canten los gallos, me niegues no una sino tres veces».

«De ninguna manera», dijo Pedro; y los demás discípulos dijeron lo mismo.

Cuando llegaron al huerto de Getsemaní, Jesús les dijo: «Esperad aquí un poco. Quiero orar». Y tomó consigo solo a Pedro y a los dos hijos de Zebedeo. Y les dijo: «Estoy triste. Quedaos conmigo». Se alejó un poco de ellos, se echó en tierra y se puso a orar, diciendo: «Padre mío, líbrame de lo que me espera», guardó silencio unos instantes y añadió: «Pero no se haga mi voluntad, sino la Tuya, y que no sea como yo quiero, sino como Tú quieres». Pero ellos se habían dormido.

Jesús los despertó y les dijo: «Sed fuertes de espíritu. Solo el espíritu es fuerte, la carne es débil».

Y otra vez se apartó Jesús, y otra vez se puso a rezar, y dijo: «¡Padre mío!, ¡hágase Tu voluntad; no la mía, sino la Tuya!».

Dicho esto, volvió junto a los discípulos y vio que estaban otra vez dormidos. Y alejándose de ellos por tercera vez, volvió a decir: «¡Padre mío, no se haga mi voluntad, sino la Tuya!».

Luego volvió junto a los discípulos y les dijo: «Venid, voy a entregarme en manos de los mundanos».

Mateo XXVI, 30-46.

XLVII

Y, justo cuando acababa de decir esto, apareció Judas Iscariote y, con él, soldados y servidores de los Sumos Sacerdotes, con armas y luces. Judas se acercó en seguida a Jesús, le saludó y le besó.

Y Jesús le dijo: «Amigo, ¿por qué has venido?».

Entonces, los guardias rodearon a Jesús y quisieron prenderlo. Pero Pedro arrebató una espada al criado del Sumo Sacerdote y le cortó la oreja derecha. Al ver esto, Jesús dijo a Pedro: «Vuelve a meter la espada en su vaina. Todos aquellos que empuñen la espada por la espada perecerán».

Después de esto, Jesús se volvió a la gente que había venido a buscarle y dijo: «¿Por qué habéis venido por mí con armas, como si vinierais a por un ladrón? ¿Acaso no he estado entre vosotros, en el Templo, todo el día, enseñándoos? ¿Por qué no me prendisteis entonces?».

Entonces, el oficial dijo a los soldados que ataran a Jesús. Y los soldados lo ataron, y lo llevaron primero a Caifás. Este era el mismo Caifás que, al decir que era mejor que pereciera un solo hombre a que lo hiciera toda la nación, había persuadido a los fariseos para que destruyeran a Jesús. Y llevaron a Jesús al patio de la casa.

Los discípulos de Jesús huyeron todos. Solo uno de ellos, Pedro, siguió a Jesús de lejos, y observó para saber adónde lo llevaban.

Cuando llevaron a Jesús al patio del Sumo Sacerdote, entró también Pedro, para ver qué pasaba. Una mujer que estaba en el patio lo vio y le preguntó: «¿Tú también estabas con Jesús de Galilea?». Y Pedro se asustó; y, para no ser acusado junto con Jesús, dijo: «No sé de qué me hablas».

Cuando llevaron a Jesús a la casa, Pedro, con el resto de la gente, entró en el porche con el resto de la gente. Allí ardía una fogata y otra mujer se calentaba junto a ella. Cuando Pedro se acercó al fuego, esta mujer lo miró y dijo: «Creo que este hombre estuvo con Jesús de Nazaret». Pedro se asustó aún más y empezó a jurar que nunca había estado con Jesús y que no sabía nada de él.

Poco después, otras personas se acercaron a Pedro y le dijeron: «De todos modos, se ve que eres uno de los alborotadores. Por tu forma de hablar se ve que eres de Galilea». Y Pedro volvió a jurar que nunca había visto a Jesús. Y apenas hubo dicho esto, cuando cantó un gallo, y Pedro recordó las palabras de Jesús: «Antes de que canten los gallos esta noche, quizás me habrás negado no una, sino tres veces». Pedro se acordó de esto, salió al patio y lloró amargamente.

Mateo XXVI, 47-58; Juan XVIII, 12-14;
Mateo XXVI, 69-75

.

XLVIII

Los ancianos y los escribas se reunieron en casa del Sumo Sacerdote. Cuando estuvieron todos reunidos, hicieron entrar a Jesús, y el Sumo

Sacerdote le preguntó qué enseñaba y quiénes eran sus discípulos.

Jesús respondió: «Siempre he hablado abiertamente ante todos, y nunca he ocultado nada. ¿Por qué me preguntas a mí? Pregunta a los que oyeron y entendieron mi enseñanza. Ellos te lo dirán».

Cuando Jesús dijo esto, uno de los criados del Sumo Sacerdote le golpeó en la cara y le dijo: «¿Con quién crees que estás hablando? ¿Se responde así al Sumo Sacerdote?».

Jesús dijo: «Si he respondido mal, dime en qué me equivoqué. Pero si no he contestado mal, ¿por qué me pegas?». El Sumo Sacerdote y los Ancianos trataron de condenar a Jesús, pero no pudieron encontrar ninguna prueba que lo inculpase. Por último, buscaron a dos testigos falsos, y estos dijeron que Jesús había declarado que podía destruir el Templo y reedificarlo en tres días. El Sumo Sacerdote le preguntó a Jesús: «¿Qué dices a esto?». Pero Jesús no respondió. Entonces, el Sumo Sacerdote le dijo: «Di, pues, ¿eres tú el Cristo, el Hijo de Dios?». Y Jesús : «Sí, soy Hijo de Dios».

Entonces, el Sumo Sacerdote gritó: «¡Blasfemas contra Dios! ¿Qué otras pruebas necesitamos? Todos habéis oído cómo blasfema». Y el Sumo Sacerdote se dirigió a la asamblea, diciendo: «¡Ahora vosotros mismos habéis oído cómo blasfema contra Dios! ¿No lo condenáis por esto?».

Y todos respondieron: «¡A muerte!».

Entonces, todo la gente y los guardias se echaron encima de Jesús y empezaron a escupirle en la cara y a golpearle en la mejilla. Le cerraron los ojos, le golpearon y preguntaron: «¡Anda ahora, Hijo de Dios! Adivina quién te ha golpeado». Pero Jesús se mantuvo en silencio.

Marcos XIV, 53; Juan XVIII, 19-23;
Mateo XXVI, 59-68.

XLIX

Luego de esto, Jesús fue conducido, atado, ante el gobernador romano Poncio Pilatos. Cuando lo llevaron ante Pilatos, este salió al pórtico y preguntó a los que lo habían traído: «¿De qué acusáis a este hombre?». Y ellos respondieron: «Es un malhechor; por eso lo hemos traído».

Pilatos respondió: «Si lo consideráis un malhechor, juzgadlo vosotros mismos, según vuestras propias leyes». Pero ellos dijeron: «Te lo hemos traído para que lo ejecutes; porque a nosotros no nos está permitido dar muerte a nadie».

Entonces, Pilatos volvió a preguntarles de qué acusaban a Jesús; ellos respondieron: «Agita al pueblo, le prohíbe pagar impuestos a César y se llama a sí mismo Rey de los Judíos».

Pilatos los oyó y ordenó que llevaran a Jesús a su Tribunal.

Cuando Jesús compareció ante él, Pilatos le preguntó:

«¿Eres tú el Rey de los judíos?». Jesús respondió: «¿Me lo preguntas por ti mismo, o repites lo que otros te han dicho?».

Pilatos replicó: «¡Yo no soy judío! Tu propio pueblo te ha traído ante mí, porque te haces llamar Rey».

Jesús dijo: «Sí, soy rey; pero mi reino no es de la tierra. Si yo fuera un rey terrenal, mis súbditos lucharían por mí y no me habrían entregado en manos de los judíos. Pero ya ves lo que me han hecho. Mi reino no es de este mundo».

Entonces, Pilatos preguntó: «¿Aún te consideras rey?».

Jesús dijo: «Yo enseño a la gente la verdad sobre el Reino de los Cielos. Y el que vive de la verdad es rey».

Pilatos dijo: «¿La verdad? ¿Qué es la verdad?».

Y Pilatos, dando la espalda a Jesús, salió a los judíos y les dijo: «No creo que este hombre haya hecho nada malo; ni hay por qué condenarlo a muerte».

Pero los Sumos Sacerdotes insistieron, diciendo que había hecho mucho mal, que había agitado al pueblo y había levantado a toda Judea.

Entonces Pilatos, en presencia de los Sumos Sacerdotes, interrogó de nuevo a Jesús; le dijo: «¿Ves cómo te acusan? ¿Por qué no te defiendes?». Pero Jesús guardó silencio y no dijo ni una palabra más; de modo que Pilatos se quedó perplejo ante su actitud.

Luego, Pilatos recordó que Galilea estaba bajo el rey Herodes, y preguntó: «¿No es de Galilea?». Le contestaron que sí. Y Pilatos dijo: «Si es de Galilea, está bajo la autoridad de Herodes». Y, para librarse de los judíos, Pilato envió a Jesús a Herodes.

Juan XVIII, 28-38; Lucas XXIII, 2-7;
Marcos XV, 3-5.

EL CAMINO DE LA VIDA

L

Y llevaron a Jesús ante Herodes. Herodes había oído hablar mucho de Jesús y se alegró de verlo. Herodes hizo que llevasen a Jesús a su presencia y comenzó a interrogarle sobre varias cosas; pero Jesús no respondió. Ante Herodes, los Sumos Sacerdotes y los escribas acusaron a Jesús de muchas cosas, como habían hecho ante Pilatos, y dijeron que era un rebelde. Pero Herodes consideró que Jesús era un necio y, para dejarlo en ridículo, dio orden de que le pusieran un manto rojo; y, con ese vestido de tonto, lo envió de vuelta a Pilatos.

Cuando lo llevaron ante Pilatos por segunda vez, Pilato volvió a llamar a los jefes de los judíos y les dijo: «Habéis traído a este hombre ante mí, como a alguien que incita al pueblo a la rebelión, y yo lo he examinado ante vosotros, y no encuentro que haya sido un rebelde. Lo envié con vosotros a Herodes, y como veis, tampoco allí se ha encontrado nada grave contra él. Por eso creo que no debe ser ejecutado, sino azotado y luego puesto en libertad».

Pero, cuando oyeron esto, todos gritaron: «¡No! ¡Matadlo a la manera romana... clavadlo en una cruz».

Pilato los oyó y dijo: «Muy bien. Pero es una antigua costumbre que, en Pascua, se perdone a un criminal. Aquí hay un ladrón, Barrabás, que ha sido condenado a muerte, y ahí está este hombre. Uno de los dos puede ser liberado. ¿Quién será: Jesús o Barrabás?».

Pilatos quería salvar a Jesús; pero los Sumos Sacerdotes persuadieron al pueblo, y todos gritaron: «¡Barrabás! ¡Barrabás!».

Entonces, Pilatos preguntó: «¿Y qué haremos con Jesús?». Y todos volvieron a gritar: «¡Crucifícalo a la manera romana!».

Pero Pilatos seguía sin querer ejecutar a Jesús, y de nuevo empezó a tratar de persuadir a los Sumos Sacerdotes para que dejaran ir a Jesús. Dijo: «¿Por qué os ponéis contra él? No ha hecho ningún mal; y no hay razón para ejecutarlo».

Pero los Sumos Sacerdotes y sus servidores volvieron a gritar: «¡Crucifícalo! ¡Crucifícalo a la manera romana! ¡Crucifícalo! ¡Crucifícalo!». Y entonces Pilatos dijo: «Siendo así, tomadlo y crucificadlo vosotros, porque yo no encuentro en él ningún delito».

Y los Sumos Sacerdotes dijeron: «Exigimos lo que es lícito. Según la ley, debe ser crucificado, por llamarse a sí mismo "Hijo de Dios"».

Entonces, Pilatos se quedó perplejo, porque no sabía lo que significaba «Hijo de Dios».

Volvió a entrar en el Patio y, llamando de nuevo a Jesús, le preguntó «¿De dónde eres? ¿Quién eres y de dónde vienes?». Pero Jesús no respondió. Pilatos dijo: «¿Por qué no me respondes? ¿No sabes que estás en mi poder, y que puedo crucificarte o liberarte?».

Entonces, Jesús respondió: «No, no tienes poder sobre mí. El poder solo viene de arriba».

Lucas XXIII, 8-16; Mateo XXVII, 15-23;
Juan XIX, 6-11.

LI

Pilatos deseaba tanto liberar a Jesús que, dirigiéndose de nuevo al pueblo, dijo: «¿Cómo es que queréis crucificar a vuestro "rey"?».

Pero los judíos respondieron: «Si liberas a Jesús, demostrarás que no eres un fiel servidor del César, porque el que se hace rey es enemigo del César. Nosotros tenemos un solo César; crucifica, pues, a ese "rey"».

Cuando Pilatos oyó estas palabras, comprendió que debía crucificar a Jesús. Por tanto, Pilatos salió al encuentro de los judíos, se echó agua en las manos y dijo: «Me lavo las manos de la sangre de este inocente».

Y el pueblo gritó: «¡Que su sangre caiga sobre nosotros y sobre nuestros hijos!».

Entonces, Pilatos mandó azotar a Jesús. Y cuando los soldados lo hubieron azotado, le pusieron una corona en la cabeza y un bastón en la mano, le echaron el manto rojo sobre los hombros y comenzaron a burlarse de él. Y se inclinaban ante él, diciendo: «¡Albricias, Rey de los Judíos!». Y le golpearon en la mejilla y en la cabeza, y le escupieron en la cara. Y todos gritaban: «¡Crucifícalo! Nuestro rey es el César... ¡Crucifícalo!».

Luego de esto, Pilato mandó crucificar a Jesús. Entonces, le quitaron el manto rojo y le pusieron sus propios vestidos, y le hicieron llevar la cruz al lugar de la ejecución, llamado Gólgota, para que fuera crucificado allí. Y lo clavaron en la cruz, y a otros dos hombres con él, uno a cada lado, con Jesús en medio.

Y Jesús dijo: «¡Padre, perdónalos, porque no saben lo que hacen!».

Juan XIX, 12-18; Mateo XXVII, 24-31;
Lucas XXIII, 34.

LII

Cuando Jesús estaba colgado en la cruz, la gente lo rodeaba y lo maltrataba. Algunos se le acercaban, asintiendo con la cabeza y diciendo: «¡Hete aquí! Tú querías destruir el Templo de Jerusalén y reconstruirlo en tres días. Pues bien. Sálvate a ti mismo, baja de la cruz».

Y los Sumos Sacerdotes y los escribas estaban allí y también se reían de él, diciendo: «¡Ha salvado a otros, pero no puede salvarse a sí mismo! Demuestra ahora que eres el Cristo. Baja de la cruz y te creeremos. Dijo que era el Hijo de Dios, y que Dios no le abandonaría... ¿Por qué le ha abandonado ahora Dios?».

Y el pueblo, los Sumos Sacerdotes y los soldados le maltrataron.

Y uno de los ladrones que estaban crucificados junto a él también dijo: «¡Si eres el Cristo, sálvate y sálvanos!». Pero el otro ladrón, al oír esto, dijo: «No temes a Dios. Estás colgado en una cruz por tus malas acciones y, sin embargo, ofendes a un inocente. Tú y yo estamos crucificados por un motivo; pero este hombre no ha hecho nada malo». A la hora novena Jesús dijo en voz alta:

«¡Eli, Eli, lama sabacthani!», que significa «Dios mío, mi Dios, ¿por qué me has abandonado?».

Y cuando la gente lo oyó, se rio y dijo: «Está llamando al profeta Elías. A ver si viene Elías».

Después, Jesús dijo: «¡Dadme algo de beber!». Y un hombre tomó una esponja, la empapó en vinagre y se la tendió a Jesús en una caña. Jesús chupó la esponja y dijo en voz alta: «¡Consumado es!». Y luego bajó la cabeza y murió.

Mateo XXVII, 39-44; Lucas XXIII, 39-41;
Mateo XXVII, 46-9; Juan XIX, 28-30.

Colofón

Esta obra se terminó de imprimir durante los Juegos Olímpicos de París en 2024, 114 años después de la muerte del autor.

Otros títulos de la colección

REBELIÓN EN LA GRANJA

GEORGE ORWELL

edaf

SOBRE LA FELICIDAD
SOBRE LA BREVEDAD DE LA VIDA

SÉNECA

Sabiduría estoica para el lector actual

edaf

SOBRE LA AMISTAD, LA VIDA Y LA MUERTE

SÉNECA

Sabiduría estoica para el lector actual

edaf

SÉNECA

SOBRE LA PAZ MENTAL
SOBRE LA FIRMEZA DE CARÁCTER

Sabiduría estoica para el lector actual

edaf